# 노출
## 포스트휴먼 시대 환경 정치학과 쾌락

**Exposed**
Environmental Politics & Pleasure
in Posthuman Times

저자
스테이시 얼라이모
Stacy Alaimo

역자
김명주 김정숙 이연숙 지명훈

노출: 포스트휴먼 시대 환경 정치학과 쾌락

Exposed: Environmental Politics & Pleasure in Posthuman Times

**저자** 스테이시 얼라이모 **역자** 김명주 · 김정숙 · 이연숙 · 지명훈
**1판1쇄** 2023년 4월 14일 **1판2쇄** 2024년 2월 26일
**발행인** 이진숙
**펴낸곳** 충남대학교출판문화원 **주소** 대전광역시 유성구 대학로 99
**전화** 042-821-6045 **홈페이지** www.cnupress.co.kr **E-mail** cnupress@cnu.ac.kr

ISBN 979-11-6503-201-2 93840
정가 18,000원



*이 책은 2021년도 국립대학교 혁신사업 지원에 의하여 번역 출간 되었음.

# 노출 Exposed

## 포스트휴먼 시대 환경 정치학과 쾌락

Environmental Politics & Pleasure in Posthuman Times

**저자** 스테이시 얼라이모 | **역자** 김명주 김정숙 이연숙 지명훈

충남대학교출판문화원

## 일러두기

1. 작품이나 영화의 이름은 겹낫표(『』)로 표시함.
2. 개별 논문이나 에세이는 홑낫표(「」)로 표시함.
3. 블로그명, 웹사이트명, 프로젝트명은 겹낫표(『』)를 사용함.
4. 단체명, 기관명, 개별 작품명은 홑낫표(「」)를 사용함.
5. 국내에서 아직 통일되지 않은 용어들은 다음과 같이 번역함.

agency: 행위능력 혹은 작용능력
agent: 행위주체
agentism: 행위능력주의
anthropos: 인간(구분을 위해 이 경우 괄호에 원문을 병행함.)
antihuman: 반인간
corporeality: 육체성 혹은 신체성
embeddedness: 착근성
embodiment: 체현
environmentalist: 환경론자
force: 세력
inhuman: 몰인간
material feminism: 물질적 페미니즘
nonhuman: 비인간
onto-epistemology: 존재-인식론
pleasure: 유쾌함, 즐거움, 쾌락
the human: 인간
trans-corporeality: 횡단-신체성

스테파니를 위하여

# 전 지구적으로 노출되고, 지역적으로 수리한다!
## Global Exposures, Local Repairs

나의 책 『노출: 포스트휴먼 시대 환경 정치학과 쾌락』(2016)이 한국어로 번역되어 영광이다. 이 책은 『몸적 자연: 과학, 환경, 물질적 자아』*Bodily Natures: Science, Environment, and the Material Self*[1](2010)에 뒤이어 출간된 책이다. 『몸적 자연』도 한국어로 번역되었다. 『몸적 자연』의 '횡단-신체성'Trans-corporeality이란 개념은 인간을 '환경'으로부터 분리하는 입장에 반대한다. '횡단-신체성'은 우리 몸을 횡단하는 물질과 세력forces을 강조하고, 우리를 세상의 물질과 연결한다. 산업화된 세계 안에서 인간의 물리적 상호연결성은 울리히 벡Ulrich Beck이 주장하듯이 개개인은 스스로 처한 안전과 관련된 위협을 막을 수 있는 능력이 없다는 뜻이다. 물, 공기, 음식, 가구와 의류의 독성, 미세 플라스틱, 방사능 등은 부지불식간에 우리의 건강을 해칠 수 있다. 건강에 끼치는 해악만이 중요하다고 한다면 인간중심주의를 재강화하는 것처럼 보일 수도 있지만, 횡단-신체성은 몸과 세상의 경계를 허물어뜨림으로써 사실상 인간을 탈중심화한다. 횡단-신체성은 '환경'이 분리되어 멀리 외부에 있거나, 우리가 언제든지 원할 때만 선택될 수 있는 것이 아니라고 말한다. 횡단-신체성은 스스로 탈신체화되어 있다고 상상하는 서구 인본주의적/자본주의적/개인주의의 지배 주체를 거부한다. 지금 화학 오염과 다른 독성 물질이 우리의 몸과 마음에 영향을 미치고 있으며 윤리학과 정치학이 보다 물질적이고 포스트휴먼적 방식으로 재고되어야 할 때, 인간은 중심 형상figure이고 환경은 배경ground이라는 기존의 관계는 시대착오다. 횡단-신체성은 현대 이론가

---

1 우리말 번역 제목은 『말, 살, 흙: 페미니즘과 환경 정의』(그린비, 2018)다.

들이 신물질론new materialisms이라고 부르는 것의 환경론적 형태다. 신물질론은 세상이 언제든지 활용되고 통제될 수 있는 불활성의 수동적 '자원'이 아니라, 종종 놀라운 결과를 야기하는 살아있고, 능동적이며, 상호 연결된 물질이라고 주장한다. 살아 있는 모든 존재는 몸, 장소, 통제 불능의 물질이 서로 횡단하는 교차로에 거주한다. 일상에서 예상치 못한 기이한 행위능력을 발휘하는 독성은 봉준호 감독의 탁월한 영화 『괴물』과 같은 공포 영화에 잘 극화되어 있다. 이 영화에는 주한 미군이 독성 화학 물질을 한강에 실제로 버림으로써 생겨난 돌연변이 괴물이 등장한다. 이 영화는 비가시적 위협을 가시적 힘으로 변환시킴으로써 독성으로 가득한 세상에 거주하는 낯선 위협을 극화한다. 괴물로 인하여 일상 현실에 대한 소위 '정상적' 수용이 흔들린다. 괴물은 영화의 시간과 공간을 가로질러 등장 인물들을 빠르고 요란하게 파괴하지만, 실제 독성은 천천히, 조용히, 보이지 않게 우리를 공격한다.

이 책 『노출』은 횡단-신체성 개념을 인류세로 확장한다. 인류세anthropocene란 인간종이 지질학적 규모로 지구를 변형시켰다는 사실을 특징으로 하는 시대다. 인류세에서 개인, 주체, 인간이 된다는 것은 무슨 의미일까? 아이러니하게도 인류세의 '인류'anthro는 인간종의 엄청난 세력을 강조하는 반면, 실제로 우리 대다수는 힘, 행위능력, 통제력을 상실했다고 느낀다. 사회적 압박, 상상을 뛰어넘는 불평등, 식량과 식수 부족, 기후 변화, 오염, 해양 생태계의 파괴, 여섯 번째 대멸종의 가공할 만한 위력을 마주하고 우리는 과연 무엇을 할 수 있을까? 나는 횡단-신체성이 인류세의 주체성과 인간의 행위능력을 어떻게 이해해야 할지 방법을 제시한다고 주장한다. 횡단-신체적 주체는 다양한 규모의 생물학적, 기술적, 경제적, 사회적, 정치적 시스템, 과정, 사건에 뒤엉켜있으며 이들을 통해서 생성된다. 모든 종이 상호 횡단하여 영향을 끼치고 변화하는 모습의 지도를 그리는 것은 횡단-신체적 윤리학과 정치학의 서곡이다. 이 책 『노출』은 페미니즘과 환경 운동이 주도하는 "반란을 일으키는 노출"insurgent exposure을 옹호한다. 즉 취약함을 공유하는 것이 윤리적 연결과 정치적 행동의 기반이라는 뜻이다. 이 책은 인간, 다른 생명체, 생태 시스템이 서로 즐겁게 연결된 양태를 탐구한다. 즐겁게 상호 연결하는 것이 인간과 다른 것 사이에 놓인 실질적이고 비유적인 벽을 허물게 한다. 그런 벽은 망상인데도, 환경적 관심과 위기를 불식하고 부정하게 만든다. 대다수 학문적/대중적 책이나 시각물은 마치 인간이 망가진 행성 위에서 안전하게 부유하는 듯 인류세를 외부적 시각으로 묘사하는 반면, 이 책은 앎, 존재, 행위를 보다 몰입하는immersive 방식으로, 즉 우리가 영향을 끼친 그 세상에 바로 우리 자신이 깊이 잠겨있음을 지각하는 방식을 취한다.

『몸적 자연』이 기본적으로 환경 보건과 환경 정의 운동에 초점을 맞췄다면, 『노출』은 "반란을 일으키는 노출"과 더불어 횡단-신체성 개념을 다양한 현장과 주제로 확장한다. 즉 야생 동물을 위한 공간이 있는 곳에 거주하는 즐거움, '퀴어' 동물의 존재 인정, 나체 시위 운동, 기후 변화의 젠더화, 플라스틱 오염, 해양 산성화, 인류세를 상상하는 대안적 방식과 같은 주제로 확장한다. 한국 독자들은 태평양에 가까이 사는 까닭에 이 책의 3부에 특히 관심을 가질지도 모르겠다. 3부는 전 세계 바다와 인간이 맺는 관계와 영향에 초점을 맞춘다. 3부의 한 장은 플라스틱 오염에 관련된 액티비즘 미디어에 반대하여 생명이 바다에서 기원한다고 주장하는 과학적 서사를 비판적으로 검토한다. 이때 해양의 익족류 껍질이 용해되는 환각적인 이미지를 소개한다. 위기와 변화의 조류가 밀려드는 21세기 초반 어디에도 안전한 지반은 없다. 인간이 마구 착취할 수 있도록 가만히 있는 것도 없다. 이 책은 인간이 이 세상에 잠겨있으며 서로를 연결된 존재로 인식할 것을 요청하고, 그런 인식이 우리의 윤리학과 정치학을 바꿀 수 있다고 주장한다.

『노출』은 코비드-19 팬데믹 이전에 출간되었다. 그런데 이 책의 제목 "노출"은 코로나 이후인 지금 색다른 의미로 다가온다. 코로나 바이러스에 대한 백신 개발에도 불구하고 노출은 여전히 우리 신체가 언제든지 투과될 수 있음을 자각하게 만든다. 투과적 존재성에 대한 자각이야말로 원치 않는 바이러스의 투과로부터 자신을 안전하게 지킬 수 있는 최선의 길이다. 미국과 다른 나라에서도 팬데믹 중 얼굴에 마스크 쓰는 문제가 정쟁화되었다. 팬데믹을 부정하는 보수 진영은 내가 이 책에서 명명한 "고탄소 남성성"을 주장했다. 즉 그들은 마스크 쓴 얼굴이 취약해 보인다면서 마스크 쓰기를 거부하고, 마스크가 다른 사람에 대한 윤리적 책임인데도 이 책임을 공격적으로 부정했다. (이 책에서 미국 특정 그룹의 고탄소 남성성을 기술할 때엔 이런 만화 같은 버전의 공격적 언사를 일삼는 사람이 곧 미국의 대통령이 될 거라고 상상하지 못했다.) 기후 변화를 부정하듯 팬데믹을 부정하는 사람들은 비가시적 위협으로부터 스스로 안전하고, 자아의 견고한 경계 안에서 안전을 보장받고 있으며, 자신이 외부 세계로부터 분리되어 있다고 상상할 수 있는 '권리'를 주장한다. 그들은 취약함을 공유하기보다 남을 지배하는 데서 '힘'을 찾는다. 그러나 팬데믹의 인식론적 불확실함은 특히 팬데믹 초기 과학적 정보가 뒤범벅일 때 인류세가 처한 광범위한 곤경을 확실시했다. 인간이 기후학적, 생태적 시스템을 망가뜨리면서 세상은 전보다 더욱 불확실해졌다. 인수 공통 질병이 증가하면서 인간과 비인간 모두가 이제 똑같이 위협 받고 있다.

이 책의 부제인 "쾌락"pleasure은 "노출"이란 용어와 충돌한다. 바이러스, 화학 물질, 핵 방사능에 노출되는 것이 전혀 유쾌할 수 없기 때문이다. 하지만 우리가 인간 이외의 세상을 경험하고 세상과 연결되는 쾌락 쪽으로 방향을 틂으로써 다른 종에 대한 관심과 돌봄의 실천을 권장하고 격려할 수 있다. 이는 내게 해당되는 말이다. 코로나 때문에 모든 것이 폐쇄되었을 때 나는 우리 집 앞마당과 뒷마당을 토종 동식물이 거주할 수 있는 장소로 만드는 데 많은 시간과 생각과 에너지를 쏟았다. 나는 오레곤의 토종 식물을 찾아냈고, 새, 꿀벌, 나비, 기타 곤충이 살 수 있는 거주지를 만들어냈다. 팬데믹으로 인한 고립, 산불, 기후 변화, 여섯 번째 대멸종을 경험하면서 나는 식물과 동물이 생존하도록 도울 수 있는 실질적이고 유용한 뭔가를 하고 싶었다. 식물을 보고 만지는 몸의 쾌락, 내가 마당에 마련한 꿀, 열매, 씨앗을 먹으러 오는 새를 지켜보는 짜릿한 즐거움 덕에 나는 넓은 생태계와 연결되었고, 살아있는 존재들이 제각각 지닌 아름다움과 경이로움을 느낄 수 있었다. 아침에 벌새가 있는 마당에서 명상한다. 어떤 날에는 벌새들이 날아오르며 내 얼굴을 빤히 들여다 본다. 벌새의 빛나는 초록빛 날개에 감탄하고, 점점 커지는 그들의 울음소리가 즐겁다. 내 마당을 야생 동식물이 거주하는 공간으로 만듦으로써 나의 지식, 존재, 거주가 다른 존재들과 함께하는 존재 양태로 변모한다. 이런 존재 양태는 내게 깊은 기쁨을 주고, 다종의 생물이 사는 세계에 우리가 잠겨있다는 사실을 부정하면서 오로지 '생산성'만을 중시하는 자본주의의 단절되고 분리된 삶과 큰 대조를 이룬다. 야생이 거주하는 마당 만들기는 작고 소박한 활동에 불과하지만, 나는 이런 활동이 인류세를 수리하는 긍정적인 방식이 될 수 있다고 믿는다. 우리 각자는 놀랍게도 다양한 방식으로 빠르게 변화하는 다종의 생태계를 변화시키는 데 참여할 수 있다. 우리는 관계성, 연결, 돌봄의 윤리학을 실천하고, 이 세계에 모두가 잠겨있다는 사실을 충분히 인식할 수 있도록 "반란을 일으키는 노출"의 정치학을 실천할 수 있다.

2022. 12.23

스테이시 얼라이모

# 목 차

# 서론

## 소멸하는 가운데 거주하기

# 서론

## 소멸하는 가운데 거주하기

인류세는 뭔가를 바로잡을 시간이 아니다. 인간 활동이 지구의 지질학적 시대를 통째로 변경했음을 깨닫게 되면 세계가 인간 주체를 위해 단지 배경으로만 존재한다는 상식적 가정은 무너진다. 신물질론new materialisms은 물질의 작용 능력과 그 중요성을 강조한다. 그래서 신물질론은 우리가 한때 '자연'이라고 불렸던 것들이 인류세에서조차 혹은 특히 인류세에서 더욱 직접적으로 행위하고 상호 작용하며, 심지어 인간의 몸 속에서 작용할 뿐만 아니라 인간 몸을 통해서 인간 몸의 주변에서도 작용한다고 주장한다. 지금은 누구나 인간이 지구의 지질학적 변천 속에서 점차 형성된 존재라고 믿는다. 그런 시대에 인간이 된다는 것은 무엇을 의미할까? 인간이 급속히 변화하는 물질 세계에 깊이 뿌리박혀 있으며, 물질 세계에 노출되어 있고, 심지어 그 물질로 구성되어 있다면 대체 어떤 형태의 윤리학과 정치학이 가능할까? 다양한 종들은 생생하게 살아있는 반면 인간은 살flesh에 불과함을 폭로해버린다면, 인간의 예외성은 과연 사라지고 대체될 수 있을까? 환경론자, 페미니스트, 퀴어 주체들은 어떤 형태의 저항과 쾌락을 만들어낼 수 있을까?

이 책 『노출: 포스트휴먼 시대 환경 정치학과 쾌락』에 담긴 글들은 정치적 참여와 이론적/방법론적 전환을 다루고 있다. 이 책은 신물질론을 인류세의 거대한 시간과 지리학적 범위를 구성하는 윤리적 시간들과 빠르게 변천하는 정치적 공간의 맥락 속에 위치시킨다. 이 책은 거대한 지형도 그리기나 아주 명료한 개념화를 시도하고픈 유혹을 뿌리친다. 그런 시도는 이 책이 구상하는 인식론적, 윤리적, 정치적 참여의 착근된embedded 형태와 상반된다. 이 책은 인간의 살이 장소와 맞물려있기에 물질 세계로부터 인간을 분리하는 서구의 지배적 양태에서 벗어나야 한다고 주장한다. 이 책은 먼저 집home이 누군가를 길들이지 않고 벽이 무엇인가를 분리하지 않는 장소에 거주하는 쾌락을 검토하면서 시작하고, 바다 생물의 껍질이 소멸하는 서식지를 상상하고 인류세의 바다가 사멸하는 모습을 축약적으로 보여주면서 끝난다. 미지의 미래에 근본적인 경계가 해체되고 소멸하는 가운데 거주한다는 것은 페미니스트와 환경론자가 주장하는 일종의 윤리적 실천이다. 그런 실천은 종종 즉흥적이다. 활동가, 예술가, 보통 사람들은 21세기와 앞으로 수천 년 동안 내내 엄청난 양으로 유통될 플라스틱 물체를 구입하거나 폐기하는 행동처럼 가장 소박한 행동조차 훼손과 책임의 네트워크에 휘말릴 수밖에 없다는 사실을 잘 안다. 역설적으로 인류세의 지질학적 시간 규모는 거대한 반면, 환경적 재앙에 대한 인간의 대응 규모는 종종 턱없이 사소하다. 예를 들어, 로지 브라이도티Rosi Braidotti는 "지속 가능한 생성"sustainable becoming이라는 새로운 윤리적 주체를 이렇게 묘사한다. "[새로운 윤리적 주체는] 매일의 삶에서 작고 평범한 실천에 뿌리내리고 소박한 희망을 실천한다. 지속할 만한 변화의 문턱을 붙잡고, 유지하고, 지도를 그리는 단순한 전략이다."[1] 난 브라이도티처럼 희망적이지 않다. 이 책의 결론에서 주장하듯이 "지속 가능성"이라는 개념에 대해 나는 비판적인 입장을 취한다. 하지만 나 역시 2010년 출판된 내 책 『몸적 자연: 과학, 환경, 물질적 자아』에서 개진했던 개념이면서 이 책에서 더욱 발전시키는 개념인 횡단-신체성을 윤리적 주체의 모델로써 제시하고, "매일의 삶에서 평범한 실천에 뿌리를 둔"[2] 사람을 옹호하긴 한다. 이 책 『노출』은 평범하면서도 비범한 실천, 일상적이고 개인적이면서도 극적이고 심지어 엉뚱한 실천에 참여하는 사람들을 찾아낸다. 이전 책인 『몸적 자연』은 환경 보건과 환경 정의 운동에 초점을 맞추고 있는 반면에, 이 책은 조경 예술, 행위 예술, 나체 시위, 해양 보존, 플라스틱 액티비즘, '퀴어' 동물과의 과학적/대중적 조우와 같이 다양하게 혼합된 주제들을 두루 다루고 있다. 환경 재앙을 다루는 이 책에서 유머를 기대하지 않겠지만, 이 책이 분석하는 예술과 액티비즘은 종종 변덕스럽거나 우습다. 이들의 즉흥성은 유머러스하고 적어도 권위적이거나 거만하지 않다. 예를 들어 5장에서 논의하는 「플라스틱 오염 연대」는 짤막한 녹화 동영상 제작을 후원하고 있는데, 이 동영상은 풍자적이고 장난기 가득하다. 3장에서 논의하는 라 티그레사La Tigresa는 나무를 보호하기 위해서 벌목하는 자들을 나체로 쫓아가서 확성기에 대고 고래고래 시를 읊어댄다. 다양한 동성 동물들이 성기를 서로 문질러 줄 때 이 행위는 성적이지 않다는 일부 과학자들의 터무니없는 주장과, 고탄소 남성성을 과시하고자 트레일러 히치에다 금속 "고환"을 매달고 다니는 이야기에는 나름의 유머가 있다. 우리가 웃을 수 없다면 우리는 이 혁명을 원하

1 Rosi Braidotti, *Transpositions* (Malden, Mass: Polity, 2006), 278.

2 Stacy Alaimo, *Bodily Natures: Science, Environment, and the Material Self*(Bloomington: Indiana UP, 2010). 나는 희망이 강력한 정치적 힘임을 안다. 많은 사람들에게 희망은 생존에 필수적이다. 하지만 나는 불교의 이상인 "올바른 의도"right intention를 선호한다. "올바른 의도"는 예상되는 결과에 초연하다. 통제를 포기하면 시간 속에서 미래를 기획해야 하는 정치적 투쟁을 지속하는 데 문제가 될 수도 있다. 하지만 신물질론적으로 갑작스럽게 뭔가 출현하고 내부적으로 활발한 행위능력을 이해한다면 통제를 포기해도 괜찮다.

지 않을 것이다. 그러나 지금 혁명이 일어나고 있다면 그 혁명은 소박하다. 브라이도티가 표현하듯 혁명은 "매일의 삶에서 평범한 미시적 실천"[3]으로 구성될 것이다.

인류세는 초월적이고 확실한 지도 작성, 명료한 지식 시스템, 확신 있는 인식론을 위한 시간이 아니다. 분명히 그 모두가 우리를 곤경에 빠뜨리고 말았다. 외부화된 '자연' 위에 인간이 군림할 수 있다는 생각은 이제 지나친 자만일 뿐이고, 예기치 못하고 종종 원치 않는 방식으로 앙갚음 당할 뿐이다. 그렇다고 해서 현상학적 조우나 전적으로 지엽적인 인식론을 옹호하지는 않는다. 예를 들어 현상학의 직접성으로는 서구의 평범한 시민과 소비자가 속한 위험-손해-과실-책임이라는 네트워크를 횡단-신체적으로 파악할 수 없다. 앞으로 논의될 일부 액티비즘과 행위 예술은 몸과 장소가 직접적이고 즉각적으로 접촉하고 있음을 극화한다. 반면 이러한 극화는 폭넓은 사유의 맥락과 과학 지식의 지평 안에서 논의된다. 우르줄라 K. 하이즈Ursula K. Heise는 자신의 책 『장소와 행성의 감각』에서 "생태-코스모폴리탄적 접근은 신체 경험과 감각 지각과 더불어 추상적이고 고도로 매개된 종류의 지식과 경험도 가치 있게 여긴다. 이런 지식과 경험도 생태계의 연결성을 이해하는 데 신체 경험과 감각 지각만큼이나 혹은 더 큰 도움을 준다"[4]고 주장한다. 하이즈는 환경론에 매우 중요한 로컬과 글로벌, 즉각성과 고도 매개성에 대한 이중적 이해를 명료하게 설명하고 있다. 하이즈는 결론에서 "위험 시나리오가 점점 확장됨으로써 글로벌 연결성은 꾸준히 늘어나고 있다"[5]고 추가 설명한다. 정말로 그렇다.

환경 위기를 극복하려면 과학적 탐구가 필요하다. 그러나 과학 기술 연구

---

3 Braidotti, *Transpositions*, 278.

4 Ursula K. Heise, *Sense of Place and Sense of Planet: The Environmental Imagination of the Global* (New York: Oxford UP, 2008), 62.

5 Ibid, 210.

가 오랫동안 주장해온 바와 같이, 탐구할 과학의 종류와 방식은 사회적, 경제적, 정치적 세력의 영향을 크게 받는다. 이 책은 그 자체로 과학 연구는 아니어도 과학과 관련된 글을 여럿 분석하고 있다. 그리고 활동가, 예술가, 보통 사람들이 과학적 데이터와 과학적 관점을 연결하고 활용하는 방식도 추적한다. 과학 관련 대중저 글은 그것이 책, 잡지, 웹사이트, 소설 비니어 어디에 실리든 간에 환경론에서 가장 중요한 장르 중 하나다. 하지만 그런 글들은 환경 인문학, 생태 문화 연구, 과학 연구 내부에서는 상대적으로 소외받고 있다. 이 책의 5장에서는 레이첼 카슨Rachel Carson과 닐 슈빈Neil Shubin의 『당신 안의 물고기』를 비교하는데, 카슨은 환경론적 지향을 지닌 바다 관련 글에서 다윈처럼 혈통 군집community of descent을 제안한 사람이다. 슈빈은 자신의 책 『당신 안의 물고기』에서 인간이 바다에서 유래했다고 주장하지만, 인간의 예외성을 주장하기 위해서 결국 세상을 거대한 약방으로 보는 실용적인 입장을 취하고 만다. 과학과 관련된 대중적 글은 사실과 데이터뿐만 아니라, 이야기, 이데올로기, 가치, 윤리, 정치, 정동, 심지어 종적 정체성까지도 종종 전달한다. 5장에서는 찰스 무어 선장Captain Charles Moore이 어떻게 과학, 액티비즘, 청중 매료의 필요성을 양립시키는지 논의한다. 그는 우리가 책임져야 할 음흉한 물질 조각인 플라스틱이 "인간의 대리물"로써 지니는 파괴적 행위능력을 극화한다. 6장은 해양의 산성화에 대한 상징적이고 시각적인 묘사를 배경으로 인류세라는 지질학적 시대에 대해 대중과 이론이 어떻게 반응하는지 분석한다. 과학적 개념들이 비유적 표현이나 아이콘, 미학이나 시각 양태로 변환되면, 그때 이들은 액티비스트 주류 미디어 전체에 걸쳐 유통되고 반향된다. 그러면서 환경론적 지형을 형성한다.

울리히 벡Ulrich Beck이 주장하듯 "위험 사회"에서 살려면 과학적 지식을 가지고 예측을 일상화해야 한다. 그러나 위험 사회의 시민은 음식에 독이 들어 있다는 뉴스를 나중에서야 듣는 고통을 겪을 뿐만 아니라 "위험을 예측하는 주권마저 상실했음"에 "이중의 충격"[6]으로 고통을 겪는다. 나는 이러한 주권 상실을 주권적 개인 주체가 침식 당하는 순간으로 보고 이를 재정비하여 상호주체성intersubjectivity 혹은 횡단-주체성trans-subjectivity으로 초대하는 계기로 삼고자 한다. 횡단-주체성은 벡이 사용하는 용어는 아니지만, 이 말은 자아에 대한 포스트휴먼적, 반인본주의적인 감각을 지닌 누구나 넓은 물질 세계로 자아를 활짝 열고, 결국 이해하든 못 하든 온갖 종류의 물질과 물질적 행위 작용이 자신을 관통하게 만드는 것을 의미한다. 아드리아나 페트리나Adriana Petryna의 탁월한 저서 『노출된 생명: 체르노빌 이후 생물학적 시민들』은 생명-정치학적 주체를 절대적 노출absolute exposure의 관점에서 정의한다. "질병이 개인의 삶에 깊숙이 침투하면서 과거 치안 가능했던 선을 넘어 폭력의 한 유형을 만들어냈다. 이런 인위적이고 기술적인 힘으로부터 자연적으로 면역될 수 있는 장소는 이제 없다. 면역은 완전히 와해되었다. 이 세계에서 사람들이 살려면 완전한 무방비 상태를 기본값으로 하고 자신과 몸을 개조해서 현재 생명 정치 체제의 보호를 받아야 한다."[7] "완전한 무방비 상태"인 '노출'의 느낌을 앞으로 논의될 시나리오나 액티비즘에다 적용하는 것은 잘못일 수 있다. 왜냐하면 그것들이 체르노빌만큼 재앙적인 사건들은 아니기 때문이다. 하지만 머지않아 발생할지도 모르는 재앙을 목전에 둔 지식 있고 공감할 수 있는 시민이라면 누구든지 '노출'의 윤리학과 정치학을 실천할 것이다. '노출'은 여기저기 차이가 나고, 고르지도 못하고, 균형이 맞지 않을 수도 있다. 그러나 '노출'을 실천한다는 것은 상호 침투하기 어려운 서구 인간 주체가 이젠 더 이상 지속될 수 없다는 직관 혹은 철학적 확신에 따른다.

'노출'을 윤리적이고 정치적 행동으로써 실천한다는 것은 끔찍한 사건에 대한 책임을 부정하기보다 오히려 감당한다는 것을 의미한다. 또한 그것은

---

**6** Ulrich Beck, *Risk Society: Towards a New Modernity*, trans. Mark Ritter (London: Sage, 1992), 54.

**7** Adriana Petryna, *Life Exposed: Biological Citizens after Chernobyl* (Princeton, N.J.: Princeton UP, 2002), 216.

재앙으로부터 비롯되어 특별히 뒤엉켜버린 취약함과 공모의 문제와 더불어 산업화된 세상에서 재앙이 일상과 분리되면서도 동시에 연결된 여러 문제를 해결하려고 노력하는 것을 의미한다. 취약함의 반란으로써 '노출'을 이해하는 것은 추상적 동맹이기보다는 물질적 동맹을 수행한다는 뜻이고, 경계와 주권을 상실했기 때문에 정치적 행위능력이 난처함에 처해도 그 난처함 가운데 거주한다는 뜻이다. 인간이 영락없이 신체적 존재라는 물질적 페미니즘의 관점에서 접근한다면 벡이 논의하는 주권의 상실은 인식론적일 뿐만 아니라 존재-인식론적이다(존재-인식론이란 캐런 버라드가 사용한 단어로 존재론과 인식론이 밀접하게 연관됨을 강조한 신조어다. 역주). 이것이 바로 내가 옹호하는 횡단-신체적 주체trans-corporeal subject다. 이 책에 있는 여러 글은 횡단-신체적 주체성을 페미니즘 관점에서 개진하고 있다. 횡단-신체적 주체성이란 신체가 장소로 확장되고, 장소는 신체에 깊은 영향을 끼친다는 뜻이다. 이런 방식으로 자신이 장소 안에 존재함을 극화하는 것은 이성적이고 탈신체적인 서구 주체가 우월하다는 가정을 비판하고, 세상으로부터 거리를 둠으로써 객관성이 가능하다는 가정도 비판한다. 노출된 주체는 알지 못하는 물질과 세력에 의해 '항상 이미' 침투되어 있다. 윤리학과 정치학은 거기에서 시작되어야 한다. 만일 침투가 뭔가 성(性)적인 것을 암시한다면 더욱 좋다. 이 책의 여러 에세이들은 거의 성적이고 퀴어적인 방식의 정치학을 실행하면서 노출과 쾌락을 포함하는 시위와 공연을 분석한다. 이러한 공연은 페미니즘이 반복해서 폭로했던 이성주의의 위기를 예시한다. 또한 그 공연들은 쾌락, 욕망, 관능, 에로티시즘이 장소에 노출된 인간을 통해서 생생하게 살아있음을 보여주고, 환경론적 윤리학과 정치학에 영감, 자극, 에너지를 풍성하게 부여한다. 그러나 나는 이러한 공연들을 단순히 퀴어나 페미니스트 환경론으로 환원하려는 유혹에 저항한다. 나는 각각 장들이 다양성을 지니도록 내버려 두고, 종합적인 이론의 지형도를 그리고 싶은 욕망은 절제한다.

나는 인식론적 겸손이 실용주의적 우월감을 거부하는 환경론적 윤리학으로 기능할 수 있다고 오랫동안 믿었다. 그래서 나는 학계가 최근 "지식 버리기"unlearning와 심지어 "실패"에 관심 두는 것을 환영했다.[8] 2장에서 비인간nonhuman '퀴어' 동물은 분류에 '실패'하기 때문에 인식론적-윤리적 감각을 일깨운다고 주장한다. 갑자기 세상은 누군가 상상했던 것보다 훨씬 더 퀴어할 뿐만 아니라, 더욱 놀랍게도 세상이 퀴어 자체임을 알게 된다고 나는 주장한다. 주체할 수 없이 풍요로운 퀴어의 세상과 함께 느끼는 쾌락은 덜 매력적인 생각들 때문에 주춤한다. 인류세, 기후 변화, 여섯 번째 멸종[9], 국내/국제적 빈부 격차의 증가, 신자유주의적인 불안, 미국 인종 차별의 맹렬한 부활, 작은 규모지만 학계의 지적 삶에 대한 위협이라는 당연한 문제들은 해결되어야 하고, 그러려면 버려야 할 지식이 매우 많다. 아일린 조이Eileen Joy는 이렇게 말한다. "뭔가를 배우려면 항상 이미 아는 것을 버려야 한다. 당신이 안다고 생각했던 모든 것을 계속적으로 뒤엎어야 한다. 그러므로 배운다는 것은 어렵고 우울하다." 하지만 "창의적이고 생산적이며 금세 사라지는 구역"인 현재 안에서 "우리는 융단처럼 다양한 무늬와 빛깔의 생성 기술을 실천해야 한다"[10]고 말한다. "융단처럼 다양한 무늬와 빛깔의 생성 기술"은 이 책이 분석하고 있는 예술가와 활동가의 실천들이다. 예술가와 활동가는 과학적 데이터와 도표를 다루지만 '환경'을 외부화하는 지배적 충동을 저지하고, 대신 그들이 거주하는 즉각적이고 다층적인 환경 '안'에서 실천한다. 주디스 (잭) 할버스탬Judith (Jack) Halberstam은 『실패의 퀴어 예술』이라는 책이 앎과 존재의 대안적 방식을 다루고 있다고 말한다. "앎과 존재의 대안적 방식은 지나

8 예를 들어 "기존 지식을 새롭게 하는 교육학"이라는 학술대회를 보라. 이는 Eamonn Dunne, Aiden Seery, Michael O'Rourke가 조직한 학술대회인데, 학술대회의 웹사이트에 게시된 학회의 "비논리적 근거" Irrationale는 이렇게 말한다. "배움에 대한 충실도는 어리석음의 요청에 진실한 것이며, 인식론적 교육적 겸손을 취하는 것이며, 타자 앞에 겸손한 것이다. 왜냐하면 누구도 잘 모르기 때문이다." http://www.unlearningconf .com/irrationale/ 참조.

9 여섯 번째 멸종은 충적세 혹은 인류세의 멸종이라는 이름으로도 불리는데, 분명한 시작점은 없다. 하지만 21세기로 들어서면서 멸종의 속도가 가속화되고 이러한 멸종이 대략 인류 때문에 발생하는 것은 분명하다. 2050년까지 백만 개의 종이나 혹은 모든 종들 중 30%에서 50%가 멸종할 것으로 예상된다.

10 Eileen Joy, in Eileen Joy and L. O. Aranye Fradenburg, "Unlearning: A Dialogue," 미출판 논문. "The Pedagogics of Unlearning" (Trinity College, Dublin, September 6-7, 2014), 16, 13.

치게 낙관적이지도 않고, 허무적인 비판의 수렁에 빠지지도 않는다. 이 책은 잘 실패하는 것, 종종 실패하는 것, 사무엘 베켓Samuel Beckett의 말대로 더욱 잘 실패하는 방법이 무엇인지 배우는 것에 대해 말한다."[11] 이 책이 분석하는 환경론적 액티비즘은 좀처럼 탄소 경제, 숲의 벌목, 해양 환경의 황폐화, 플라스틱 양산을 저지하지 못하기 때문에 실패로 간주될 수도 있다. 그러나 인류세의 규모 안에서라면 어떤 액티비즘, 어떤 정치학, 어떤 윤리학, 어떤 정부 정책이든지 간에 실패할 수밖에 없다. 하지만 브라이도티가 주장하듯이, 그럼에도 불구하고 우리는 계속한다. "별 이유 없이 그냥 세상을 사랑하기 때문에."[12] 이 책이 탐색하는 많은 표면적 "실패"는 확실히 "잘 실패하는" 경우다. 그 실패는 창의성이 풍부하고, 절묘하고, 열정적이고, 대담하기 때문이다. 나는 문화 연구자로서 대중적이고 별난 텍스트들, 예술, 영화, 공연을 진지하게 수용하면서, 그것들의 복잡성을 캐내고 착근된 궤적을 분석한다. 내 생각에 문화 연구 중에서 가장 핵심적인 작업 중 하나는 로라 키프니스Laura Kipnis의 『허슬러』 잡지 분석이다. 그 분석에서 키프니스는 『허슬러』 발행인인 래리 플린트Larry Flynt를 "저차원 이론가"low theoretician로 부르면서 『허슬러』의 "지적 작업"은 "전형적인 인류학적 연구의 관례를 따르고 있다"[13]고 주장한다. 할버스탬에 따르면 "저차원 이론"이란 쉽게 접근할 수 있으면서도 "감시망을 피할 수 있는 이론 모델이고, 고차원 이론의 고상함이 필요로 하는 지식의 위계를 무시하는 괴짜 텍스트를 모아서 만든 이론 모델"이다.[14] 이 책 『노출』은 수십 년간 연구했던 고차원 이론으로부터 나오긴 했지만, 이 책의 각 장들은 저차원의 영역을 어슬렁거린다. 즉 소박하면서도 세속적인 현장, 텍스트, 시위를 소개하고, 일상적 만남과 실천에 초점을 맞추고 있다. 횡단-신

11 Judith Halberstam, *The Queer Art of Failure* (Durham, N.C.: Duke University Press, 2011), 24.

12 Braidotti, *Transpositions*, 278.

13 Laura Kipnis, "(Male) Desire and (Female) Disgust: Reading Hustler," in *Cultural Studies*, ed. Lawrence Grossberg, Cary Nelson, and Paula Treichler (New York: Routledge, 1992), 376, 379.

14 Halberstam, *Queer Art of Failure*, 16.

체적 주체의 윤리학과 정치학이란 언제나 바로 지금 여기에서 뒤엉킨 물질성을 '통해서' 또 물질성 '안'에서 실천하는 것이다.

고차원의 관점들은 인간이라는 앎의 주체를 세상에 뒤엉키게 만들지 않고 저 너머에 두는 까닭에 페미니스트나 환경론자 모두에게 문제적이다.[15] 도나 해러웨이Donna J. Haraway는 이제 고전이 된 「상황적 지식」이라는 논문에서 "어디에서나 볼 수 있는 정복적 응시," "영원한 비전의 관점," 표식이 없고 탈신체화된 관점인 소위 "신의 속임수"god trick를 비판한다.[16] 그러한 관점이 인류세의 지배적 시각인데 이제 너무 진부하다. 이 점은 6장에서 논의될 것이다. 21세기의 환경, 경제, 지구 정치학적 공포 때문에 현재와 미래에 존재하는 전 지구적이고 추상적인 인간 주체를 위한답시고 탈신체화된 시스템이 '자원'을 보존할 수 있으며 '자원'에 대한 객관적인 지도를 그릴 수 있다고 믿는 허황된 신념이 확산되는 지금, 해러웨이가 오래 전에 썼던 글로 다시 돌아가 보면 유익할 것이다. 해러웨이는 "페미니스트의 객관성이란 주체와 객체의 분열과 초월이 아니라 제한된 위치와 상황에 따른 지식을 의미한다. 이런 방식으로 우리가 어떻게 볼 것인가에 대해 답변할 수 있다"[17]고 주장한다. 앞으로 나올 장에서는 초월을 비판하고, 주체와 객체의 분열도 비판한다. 대신 신물질론적 노출이라는 대안을 제시한다. '횡단-신체성'이란 개념은 명백히 해러웨이의 페미니즘적 인식론의 영향을 받아 형성되었다. 왜냐하면 횡단-신체성은 자아의 견고한 위치성을 인정하고, 주체와 객체의 분열은 부정하고 있기 때문이다. 앎의 주체는 자신이 알려고 하는 객체와 절대로 분리되지 않는다. 그러나 '위치성'positionality이라는 개념은 내가 수잔 헤크만Susan

---

15 *Undomesticated Ground: Recasting Nature as Feminist Space* (Ithaca, N.Y.: Cornell University Press, 2000)에서 얼라이모의 페미니스트 인식론을 참조. 그리고 Sandra Harding, *Sciences from Below: Feminisms, Postcolonialisms, Modernities* (Durham, N.C.: Duke University Press, 2008) 참조.

16 Donna J. Haraway, "Situated Knowledges: The Science Question in Feminism and the Privilege of Partial Perspective," in *Simians, Cyborgs, Women: The Reinvention of Nature* (New York: Routledge, 1991), 188, 189.

17 Ibid., 190.

Hekman과 함께 편집한 『물질적 페미니즘』과 내 책 『몸적 자연』에서 심도 있게 논의되었다.[18] 나는 캐런 버라드Karen Barad의 이론으로부터 '횡단-신체적 주체'라는 개념을 발전시켰다. '횡단-신체적 주체'란 물질적으로 "상황에 놓인"situated주체다. 세상의 물질 자체가 횡단-신체적 주체를 통해서 교차하고 통과하는 까닭이다. 또한 가장 본질적인 국면의 자아를 물질 세계에서 출현하는 물질 자체로 이해하는 존재-인식론을 제시한다. 초월적 인식론이 환경 파괴에 기름을 부었고 야생 동물과 더불어 가축과 실험실 동물까지 모두 훼손시켰기 때문에, 인식론은 윤리학과 관계가 있다. 버라드가 이른바 "윤리-존재-인식론"이란 개념을 만들었을 때, 이는 "윤리학과 지식과 존재가 서로 뒤엉켜있음"[19]을 고려하기 위해서다. 실제로 버라드가 주장한 "행위능력의 리얼리즘"agential realism은 인식론을 존재론적 문제로 만든다. 이 책이 분석하는 예술가와 활동가처럼, 버라드는 인간이 "세계-몸이라는 역동적 구조 공간의 일부"이고, "세계의 생성은 깊은 윤리적 문제"라고 주장한다.[20]

버라드는 물질적 페미니즘과 신물질론의 탁월한 이론가이며, 물질적 윤리학뿐만 아니라 물질의 행위능력에 대해서 가장 철저하고 풍부하게 설명하는 학자다. 눈부시게 소중한 버라드의 사유는 이 책 전체에 걸쳐 나타난다. 그러나 이 책은 문화 연구이므로 예상치 못한 방식으로 물질의 행위능력을 극화하는 여러 활동가의 텍스트를 즐겨 소개한다. 예를 들어 이 책의 5장에 나오는 「플라스틱 오염 연대」의 예술가와 활동가는 땅 전체에 넘쳐나는 흉악한 플라스틱이 인간과 비인간의 신체에 침투하는 모습을 묘사한다. 많은 환경 활동가가 소비품, 오염, 독성, 비인간 동물과 인간 사이의 상호 작용을 파악하는 동시에 중요하게도 신물질론 이론들이 발전하고 있다. 제프리 제롬 코엔Jeffrey Jerome Cohen은 물질의 행위능력에 대한 신물질론 이론과 액티비

18 Stacy Alaimo and Susan Hekman, eds, *Material Feminisms* (Bloomington: Indiana University Press, 2009).

19 Karen Barad, *Meeting the Universe Halfway* (Durham, N.C.: Duke University Press, 2007), 185.

20 Ibid.

즘 사이에 관계가 있다고 본다. "행위능력은 각양각색의 관계들 가운데 분배되어 있는데 반드시 미리 알 수 있는 것은 아니다. 일정한 패턴을 따라서 나타나는 행위는 처음엔 놀랍다가 이내 혼란스러워진다. 이러한 행위능력주의 agentism는 일종의 액티비즘이다. 즉 비인간이 우리가 통제할 소유물이 아니고, 그들이 자신의 욕망과 더불어 심지어 의지까지도 소유함을 받아들이는 것이다. 그렇게 하면서 우리는 인간중심주의에서 벗어나 환경을 이해하게 된다. 인간중심주의는 출발점이기보다는 오히려 문제를 야기하고 있음을 알아야 한다."[21] 앞으로 나올 장들에서 활동가, 예술가, 기타 다른 사람들이 어떻게 "인간중심주의에서 벗어나" 작업하는가를 탐색한다. 종종 인간 특성을 특정한 범주 너머로 확대시키고, 심지어 그런 인간 특성을 아예 소멸시켜버리는 상상력을 발휘한다. 인간 거주지의 구조들은 비인간체가 지닌 놀라운 행위능력으로 개방될 때 덜 인간중심적으로 설계될 수 있다.

21세기 환경 정치학은 디지털 형태로 유통될 뿐만 아니라 일상의 물질적 차원으로 골고루 스며든다. 브루스 브론Bruce Braun과 새라 J. 왓모어Sarah J. Whatmore는 『정치적 문제들: 과학 기술, 민주주의, 공적 삶』의 서문에서 이렇게 질문한다.

> 만일 우리가 정치학의 "내용"stuff이 단순히 정치적 활동이 아니라 사회적 정치적 삶에서 물질적 과정과 실체가 구성되는 과정임을 진지하게 받아들인다면 어떨까? 즉 물체, 정보 물질, 몸, 기계, 심지어 미디어 생태계를 포함하여 상상 가능한 모든 것이 우리가 공유하는 공통 세계일 뿐만 아니라, 우리가 함께 사는 타자들과 촘촘한 관계 구조를 구성하고 있다면 어떨까? 이 내용을 진지하게 받아들이기 시작한다면, 정치학—하나의 범주로써 소위 "정치적인 것"—에 어떤 일이 벌어질까?[22]

21 Jeffrey Jerome Cohen, "Introduction," in *Prismatic Ecologies: Ecotheory beyond Green*, ed. Cohen (Minneapolis: University of Minnesota Press, 2013), xxiv.

22 Bruce Braun and Sarah J. Whatmore, "The Stuff of Politics: An Introduction," in *Political Matter: Technoscience, Democracy and Public Life*, ed. Braun and Whatmore (Minneapolis: University of Minnesota Press, 2010), xi.

환경론적으로 깨인 일반 사람들의 실천뿐만 아니라 환경론적 액티비즘의 새로운 실천 형태는 소위 모든 형태의 '물질'을 진지하게 받아들일 때 위와 같은 질문과 연결된다. 미크 스미스Mick Smith는 "생태적 인식을 지닌 무정부적 윤리학과 정치학"을 옹호하면서 "그런 윤리학과 정치학은 가장 적대적인 환경에서조차 매일 실천되고 있으며, 종종 윤리학이나 정치학의 형태를 취하지도 않거니와 더 높은 권위의 허락을 받으려고 애쓰거나 요청하지도 않은 채 매일 실천되고 있다"[23]고 말한다. 나는 스미스의 무정부적 윤리학과 정치학에 상당 부분 동의한다. 그의 무정부적 윤리학과 정치학은 야생에 주의를 기울이면서 야생의 예측 불가능한 활력을 무정부적 힘으로써 부각시킨다. 그러나 야생을 긍정하려면 신물질론적 감각이 보완되어야 한다고 나는 생각한다. 신물질론적 감각이란 물체, 물질, 환경, 적어도 인간에 의해서 변경되고 생산된 것들 모두의 내부 안에서 혹은 서로 간에 물질적 행위능력이 작용하고 있음을 아는 것이다. "물질"을 진지하게 받아들인다는 것은 (기본적으로 사적인) 윤리학의 영역과 (기본적으로 공적인) 정치학 영역의 뒤섞음을 의미한다. 그래서 개인적인 것이 정치적이라는 페미니즘의 주장과 다르지 않다. 그러나 물질적 페미니스트나 신물질론적 환경론은 몸, 소비품, 물질 사이에서 이루어지는 물질적 교환으로 인해 모두가 윤리적-정치적으로 참여하고 개입할 수 있게 만드는 계기가 됨을 강조한다. 이성적 정치 토론을 위한 텅 빈 상상적 공간이 누구도 기대하지 못한 기이한 일상의 물건들—비닐 봉지, 휴대폰, 살충제, 자전거, 수은이 가득한 참치—로 꽉 차서 흘러 넘치게 되면 윤리학과 정치학은 서로에게로 흘러 들어간다. 공적 영역은 마치 쓰레기 매립지처럼 이해될 필요가 있다. 버라드가 주장하듯이 "세상의 생성이 깊은 윤리적 문제가 된다"[24]면, 그 윤리적 문제는 이미 그렇듯이 정치적일 수밖에

---

23 Mick Smith, *Against Ecological Sovereignty: Ethics, Biopolitics, and Saving the Natural World* (Minneapolis: University of Minnesota Press, 2011), 183.

24 Barad, *Meeting the Universe Halfway*, 185.

없다. 왜냐하면 무엇이 선善인지 그 본질을 탐구하려면 세상이 어떻게 생성되고 있는지, 누구를 위해서 생성되고 있는가를 이어서 질문해야 하기 때문이다. 윤리적인 것과 공적인 것, 개인적인 것과 정치적인 것, 국내적인 것과 지구적인 것의 제각각 영역들이 모두 허물어져 섞여버렸다면, 각각의 영역들은 상상을 초월하는 인류세 규모의 문제들, 이를테면 환경 변화, 해양 산성화, 멸종과 같은 문제에 이르게 된다. 그리고 생체 이물적xenobiotic 화학 물질의 생산은 수많은 종에게 영향을 끼치면서 개인의 윤리학과 정치학은 거대한 지리적 · 시간적 규모로 확대된다. 3장에 나오는 나체 시위자들은 바로 그런 거대한 규모의 주장을 펼친다. 그들은 특정한 장소 안에서 인간의 신체성과 물질 세계는 분리될 수 없다는 사실을 극화하면서, 자신들의 시위가 정치적 효과를 지니고 널리 퍼질 수 있기를 희망한다. 『돌: 비인간의 생태학』이란 책에서 코엔은 "인간중심주의를 넘어 사유하는 생태학적 프로젝트는 시간과 지리적 규모를 확대할 것을 요구"하지만 "확대된 틀은 [인간과 세계가] 물질적으로 친밀하다는 사실을 희생함으로써 [둘의] 분리를 강조하는 위험에 처하게 된다고 주장한다."[25] 이 책에 나오는 많은 예술가, 작가, 이론가, 활동가는 물질적 친밀함을 거대한 규모로 확장시키려고 노력한다.

비판적 포스트휴먼 학자와 동물 연구자는 윤리학과 정치학이 분리될 수 없다고 본다. 서구의 사유 안에서 윤리학이나 정치학 모두 비인간 존재들의 생명에 대해서는 관심을 가져본 적이 없다. 윤리학과 정치학의 관계는 오랜 역사를 지닌 문제라서 여기에서 해결될 수는 없다. 그럼에도 불구하고, 포스트휴먼 신물질론, 횡단-신체성, 일부 환경론적 액티비즘은 윤리학과 정치학의 범주를 뒤섞고 있다. 그들의 관심 대상이 비인간 생명이기 때문일 뿐만 아니라, 그들은 가정의 영역에서 가장 사적인 윤리적 실천조차 거대한 정치적 경제적 곤경, 이를테면 전 지구적 자본주의, 노동과 계급 불평등, 기후 불

25 Cohen, "Introduction," in *Stone: An Ecology of the Inhuman* (Minneapolis: University of Minnesota Press, 2015), 9.

평등, 신자유주의, 신식민주의, 산업형 농업, 공장식 축산, 오염, 기후 변화, 멸종 등등과 밀접하게 연결되어 있음을 알기 때문이다. 윤리적인 것과 정치적인 것은 인류세에 대한 다른 질문들과 마찬가지로 갑자기 규모를 변경하여 즉시 삶과 세계에 개입해야 할 문제가 되고 있다. 우리가 사는 삶과 세계는 어떤 안정된 배경이 없고, 그 무엇도 반듯하게 바로잡을 수 없는 곳이다. 우리가 살고 있는 이 진창 같은 곳에 대해서는 스테파니 레메나거Stephanie LeMenager가 석유 문화petroculture를 분석하면서 가장 아름답게 표현한다. 석유 문화에서는 심지어 미디어—"활기"를 경험하기 위한 매개물—조차 석유에 전적으로 의존하고 있다. "우리는 자신을 근대인, 특히 근대 미국인으로서 경험하고 있는데, 이는 매일 석유 속에서, 석유 안에서 살면서, 석유를 숨쉬고, 석유를 감지하는 경험이다. [석유와의] 관계는 영락없이 과도하게 깊다."[26] 그렇게 [석유로] 침윤된 삶의 세계에서는 초연하고 건조한 주장보다는 좀 더 몰입된 실천과 방법론이 필요하다.

이 서문을 쓰는 내내 나는 "페미니즘"과 "환경론"을 환경론적 페미니즘이나 생태적 페미니즘이란 용어로써 결합하지 않고, 각 영역을 분리된 범주로 유지했다.[27] 환경 담론들은 종종 '자연'이란 단어를 전통적인 의미 그대로 사용하는 경향이 있다. 하지만 '자연' 개념은 오랫동안 인종 차별, 성차별, 식민주의, 동성애 혐오, 본질주의를 지지하는 데 활용되었다. 그런 까닭에 '자연'

---

26 Stephanie LeMenager, *Living Oil: Petroleum Culture in the American Century* (New York: Oxford University Press, 2014), 6. 레메나거는 요즈음 실제 경험을 미디어로 만드는 작업을 묘사하기 위해서 필립 오슬랜더Philip Auslander에 의지한다. 이 점은 레메나거의 글에 훨씬 더 상세하게 설명되어 있다.

27 새로운 에코페미니즘을 주장하는 다른 관점을 알려면, 그레타 가드Greta Gaard의 수준 높고 종합적인 연구를 참고하기 바란다. 그 글은 "지구 젠더 정의, 기후 정의, 지속 가능한 농업, 건강하고 저렴한 주택, 보편적이고 신뢰할 만한 건강 돌봄, 특히 산모와 유아의 건강 돌봄, 안정되고, 믿을 만하고, 무료 혹은 저렴한 재생산 기술, 식품 안전, 성적 자결권, 에너지 정의, 상호종 정의, 생태적, 다양한 포괄적 교육 과정, 근본주의 없는 종교적 자유, 토착민의 권리, 위험한 쓰레기 생산과 폐기" 등등 다양한 이슈들이 생태적 페미니즘의 관점에서 분석되어야 한다고 주장한다. 가드는 이런 상이한 문제들이 생태적 페미니즘적 분석 안으로 들어와야 한다고 주장한다. 그는 "생태적 페미니즘의 교차적 접근은 이런 이슈들을 잘 짜맞춰서 사람들이 인종, 계층, 젠더, 섹슈얼리티, 종, 나이, 장애, 자연과 같은 경계를 횡단하는 공통적 원인을 알아챌 수 있게 만든다. 그래서 참여하는 이론, 교육, 액티비즘의 기반을 구축할 수 있게 된다"고 말한다. Greta Gaard, "Ecofeminism Revisited: Rejecting Essentialism and Re-placing Species in a Material Feminist Environmentalism," *Feminist Formations* 23, no. 2 (2011): 44.

개념은 변동적이다. 그래서 페미니스트는 이 단어에 조심스럽게 접근한다. 예를 들어 3장과 4장에서는 나체 시위 운동에서 노출된 몸을 인종적으로 차별하는 난처한 문제를 분석하고 있고, 또 반환경론적 하위 문화 안에서 흑인성에 지나치게 주목하는 문제도 분석하고 있다. 마지막 결론 장에서 엘리 클레어Eli Clare는 회복 불능의 장애를 가지고 사는 것과 생태적 "회복"을 기획하는 담론이 서로 고통스럽게 충돌하고 있음에 주목한다. 더 나아가 대부분의 페미니즘과 퀴어 이론들은 환경론적 인식이 없거나 다종적 관점과 관심을 갖지 않는 까닭에 그 어떤 자연스러운 동맹 같은 것은 없다. 스튜어트 홀Stuart Hall을 반복하자면, 그 어떤 보장도 없다. 그러나 인간으로 제대로 대접받지 못해 온 사람들이 만들어낸 이론, 관점, 텍스트, 예술품, 실천, 존재 양태는 포스트휴머니즘을 비롯하여 몰인간주의inhumanism (로빈슨 제퍼스의 개념으로 인간은 지나치게 자기중심적이라서 사물의 놀라운 아름다움에 너무나 무심한데, 이런 자기중심성을 부정해야 한다는 신념, 역주), 비인간nonhuman으로의 전회, 신물질론, 비판적 동물 연구, 과학 연구, 인류세에 대한 성찰, 환경 인문학에 매우 소중한 공헌을 하고 있다. 이렇게 쑥쑥 생겨나는 영역들이 학문 분야로 자리 잡고 있는데, 이런 분야들이 권위를 획득할 때 (서구적, 인본주의적) 인간의 중심으로 인식되지 않았던 사람들의 연구나, 그들에 대한 연구가 부디 주변화되지 않기를 바란다. 만일 주변화된다면 이는 매우 아이러니하다. 더욱이 루이스 어드리치Louise Erdrich, 린다 호건Linda Hogan, 옥타비아 버틀러Octavia Butler 같은 원주민 혹은 아프리카계 미국 작가들이 쓴 문학은 인간/비인간 관계를 사유하는 데 매우 소중한 자산들이다. 나는 반복해서 그들의 작품을 읽곤 한다. 실비아 윈터Sylvia Wynter와 킴 톨베어Kim TallBear와 같은 학자들의 혁신적인 작업도 포스트휴머니즘과 물질적 전환에 분명 파란을 일으키며 이들을 변형시키게 될 것이다.

나는 환경론과 페미니즘을 섣불리 통합하는 입장에 저항하면서, 양쪽의 (정치적, 하위 문화적, 학계) 운동들 사이 또 내부에서 생겨나는 긴장, 모순,

동맹에 늘 기민하게 주의를 기울인다. 한편 나는 그들의 상호관계는 서로 공유하는 영역 훨씬 너머에서 더욱 생산적일 수 있다고 믿는다.[28] 이 책은 페미니즘과 환경론이 서로 교차하고 동맹할 뿐만 아니라 서로 갈등하는 지점들을 추적한다. 위로를 주는 해답보다는 심란하게 만드는 질문을 제시한다. "라 티그레사"(스페인어로 '호랑이'라는 뜻으로, 그는 가수, 헤어드레서, 배우, 모델이다. 역주)는 남성 벌목자들의 벌목을 막으려고 그들에게 벌거벗은 가슴을 드러낸다. 그때 그녀는 페미니스트인가? 기후 재앙 환경론자들 중에서 여성의 취약함에 대해 문제 제기하는 일부 페미니스트 시민단체들이 '자연'을 가정용 자원이라고 가정하는데, 그때 그들은 과연 환경론자인가? 『길들여지지 않은 땅: 자연을 페미니스트 공간으로 재구성하기』에서 나는 퀴어 페미니즘과 젠더를 최소화하는 페미니즘이 '여성'이라는 범주를 불안하게 만드는 것처럼, 같은 방식으로 페미니스트 문학, 이론, 예술, 액티비즘이 소위 '자연'이라는 특정 개념을 변형시키는 방식을 논의한다. 『길들여지지 않은 땅』은 젠더 본질주의, 인종 차별적 분류, 이성애 규범성의 기초를 구축하는 데 복무하지 않는 '자연'을 개념화한다. 물질적 페미니즘은 포스트구조주의와 포스트모던 페미니즘에 대해 예리한 문화적 정치적 비판을 유지하면서 동시에 몸, 물질, 환경의 물질성이 지닌 중요성을 적극적으로 부각시킨다. 바로 이 물질적 페미니즘이 환경론과 페미니즘을 생산적으로 동맹 맺게 만드는 새로운 가능성을 창조해냈다. 환경론과 페미니즘의 동맹은 본질주의를 부정하며 이를 조잡하고 터무니없는 것으로 본다.[29] 더 나아가 결론에서 논의하듯이, 페미니즘 이론, 예술, 액티비즘은 오랫동안 객체였던 존재들이 주체로서 나아가는 역

---

28 2001년 리처드 트와인Richard Twine은 "생태적 페미니즘은 몸의 철학을 확장함으로써 서로 다른 억압들 사이에 상호연관성을 밝혀내는 전통을 강화할 수 있다"고 주장하고, "특정한 몸을 경시하도록 만드는 관념이 자연과 동물성과 관련된 담론에서 비롯된다"고 강조한다. "Ma(r)king Essence: Ecofemi nism and Embodiment," *Ethics and Environment* 6, no. 2 (2001): 31 참조. 본질에 대한 새로운 개념화가 어떻게 이원론을 파열시킬 수 있는가에 대한 트와인의 논의는 물질적 페미니즘과 상당한 공통점을 가지고 있고, 『물질적 페미니즘』을 거의 10년쯤 앞서고 있다.

29 본질주의에 대한 리처드 트와인의 주장에 관련해서는 이전 주석을 참고 바람.

설과 씨름해왔다. 스스로 세상에 속하는 물질 자체로 생각했던 페미니즘의 역사를 감안할 때 이제 페미니즘은 특별히 유력한 포스트휴머니즘과 신물질론에 개입할 태세를 갖추고 있다. 물질적 페미니즘은 신물질론과 포스트휴머니즘의 핵심에 놓여 있다. 이는 덜 중요한 잔가지이거나 추가물 혹은 지엽적인 선택지가 아니다.

이 책은 노출과 쾌락에 대한 물질적 이해가 인간을 비인간the nonhuman/몰인간the inhuman/인간 이상의 것the more than human과 연결하는 존재론, 인식론, 윤리학, 정치학을 지지한다고 논의한다. 이 책은 일종의 문화 연구 기획으로써 활동가의 실천과 더불어 다른 소위 '저차원' 실천도 진지하게 받아들인다. 그 모두가 정치적 주장을 창의적으로 표현하기 때문이다. 또한 이 책은 환경론적 인문학의 작업으로써 기후 변화, 생물학적 다양성, 지속 가능성, 해양 보존, 환경 액티비즘의 문제에 천착하고 있으며, 더불어 인류세를 묘사하는 문제도 다루고 있다. 그리고 이 책은 신물질론 연구로써 인간 몸의 물질성이 어떻게 포스트휴머니즘의 쾌락과 환경론적 시위를 촉발하고, 또한 몸의 물질성으로 인하여 인간이면 누구나 세상을 구성하는 괴이한 행위능력 속에 푹 잠겨있다는 감각이 어떻게 형성 가능한지에 초점을 맞춘다. 이 책은 3부로 구성되어 있다. 1부의 제목은 "포스트휴머니즘의 쾌락"인데, 여기서는 서로 다른 글 두 개를 소개한다. 첫 번째 글 "거주의 윤리학: 쾌락이 관건이다"는 환경론적으로 즐겁게 거주하는 것을 옹호하면서 풍경 예술, 종을 초월하는 예술, 건축, 시, SF 소설을 논의하고 있다. 두 번째 글인 "포획에서 벗어나기: 퀴어 동물의 과학, 문화, 쾌락"은 비인간 동물들의 "일탈적" 쾌락이 과학자들과 문화 이론가들에 의해 그동안 왜 간과되었는지를 탐구한다. 2부 "반란을 일으키는 노출"insurgent exposure은 두 개의 장을 아우르고 있다. 하나는 "나체의 언어: 환경 시위에서 단어쓰기, 나체되기, 욕망하기"이고, 두 번째 글은 "기후 시스템, 고탄소 남성성, 페미니스트 노출"이다. 이들 글에서는 소위 "고탄소"carbon-heavy 남성성이 어떻게 기후 변화에 일조하는지, 또 인간을

[물질적] 원소에 노출시키는 시위 형태를 분석하고 있다. 소비주의와 미국의 국가주의는 남성화된 강고한 몸을 장려하는 반면, 일부 액티비즘은 인간과 장소의 횡단-신체적 연결성에 대한 환유로써 나체의 몸을 전시한다. 3부 "인류세 바다의 낯선 행위능력"은 해양 보존 운동에서 신물질론의 중요성을 논의하고 있다. "인류의 해양 기원설, 플라스틱 액티비즘, 바나의 신물질론"은 인간은 절대 침해 당할 수 없다고 단정하는 과학의 기원 이야기를 비판하면서 대신 인간과 해양 생물을 가로지르는 낯선 물질적 행위능력을 추적하는 활동가, 과학자, 이론가들을 주목한다. "산성에 잠긴 당신의 껍질: 물질 속에 잠김, 인류세가 녹다"라는 장은 환경에 대한 노출이나 급진적 개방성 개념을 극단으로 밀어붙여 상상 속에서 환각적 소멸에 이르게 한다. 환각적 소멸은 인류세 바다와 멸종 현장에 대한 비유적 표현이다.

이 책(원래 제목은 『시위와 쾌락』)은 내 평생의 열정과 정치적 소명에 따라 쓰였고, 나의 이론적 천착이 이 책 안에 고스란히 드러나 있지만 내가 애초 기획했던 책은 아니다. 내가 바다로 가는 중에 우연히 일이 생겼다. 하지만 이 책 내내 자본주의적 개인주의와 인본주의적 무심함을 비판하고 더불어 [물질 속에] 잠김과 낯선 행위능력에 대해 논의하고 있음을 감안한다면 이 책이 온전히 적절함을 뒤늦게 깨달았다. 이 책은 많은 사람들, 서로 다른 학계 공동체, 특정한 사건들, 성가신 물체들 덕택에 만들어졌다. 나는 그 모두에게 큰 빚을 지고 있다. 그들 중 많은 이들에게는 이 책 안에 충분히 감사함을 표하지 못할 것이다. 다른 책들보다 이 책을 쓰면서 정치적 공동체와 학문적 우정의 의미를 훨씬 더 강조했다. 나는 그들 없이 사유하거나 사는 것을 상상할 수 없다.

# 1부

## 포스트휴머니즘의 쾌락

# 1장

## 거주의 윤리학: 쾌락이 관건이다

땅의 훼손은 언제나 감춰졌는데 이는 이 나라의 관례다.

-조이 윌리엄스Joy Williams, 『병든 자연』

그레고리 케이코Gregory Caicco는 그가 편집한 책 『건축, 윤리학, 장소의 인간 특질』의 서문에서 "디네 호건의 노래"Diné Hogan Song(거주지에 대한 미국 원주민 나바호족의 노래, 역주)를 부분적으로 인용한다:

> 하이에 네 야나이
> 그것이 거주하는 곳에 놓여 있다. 거주하는 곳에 놓여 있다,
> 여기 거주하는 곳에 놓여 있다.
> 그것이 거주하는 곳에 놓여 있다. 거주하는 곳에 놓여 있다,
> 여기 거주하는 곳에 놓여 있다.
> 이제 새로 시작하는 곳의 가장자리에, 그것이 거주하는 곳에 놓여 있다.

케이코는 이 노래가 "우리의 의도"를 구현했다고 말한다. 케이코의 의도란 "서구 전체가 아니라면 적어도 근대성의 안팎에서 윤리적으로 거주할 수 있

는 장소의 대안을 탐색하는 것이다."[1] 이 노래의 반복적인 후렴인 "그것이 거주하는 곳에 놓여 있다"는 현대 미국에서 벌어지고 있는 거주지 파괴를 보여준다. 땅을 누구도 소유하지 않은 빈 땅 '무주지'terra nullius로 여김으로써 미국 원주민과 비인간 거주자들에 대한 공격이 용인되었고, 그런 공격으로 인하여 거의 반유토피아적인 '장소 없는 장소'placeless places—'장소 아닌 장소'—가 양산되었다. 이 노래가 나바호족 이외 다른 사람들에게 들려줄 목적을 지닌 것은 아니지만, 거주하는 장소의 파괴적 상태를 반복해서 말함으로써 거주와 윤리학의 문제를 제기한다. 나는 북부 텍사스에 살고 있는데, 최근 이곳에서 벌어지는 도시 난개발, 환경적 인종 차별, 공기 오염, 수질 오염, 수압 파쇄 등이 가정에 끼치는 영향과 더불어 그 어느 때보다 빠르게 진행되는 거주지의 파괴를 보면서 나는 절망을 느낀다.[2] 그러나 나는 이 글에서 제한된 공간인 '집'home에 초점을 맞추려고 한다. 즉 '집'의 영역이 어떻게 서구적 "인간"을 담는 결정적 그릇 역할을 해왔는지 생각해볼 참이다. 경계를 지닌 공간인 집은 안전하다는 환상으로 만들어졌고, 소비주의라는 양분을 먹고, 국가주의적 판타지가 제공하는 연료를 주입받는 곳이다. 길들이지 않는 집, 단절시키지 않는 벽으로 만들어진 집을 다시금 설계할 수 있는 거주의 윤리학이 가능할까? 거주의 윤리학은 상호 연결의 쾌락과 예상치 못한 것들을 [발견하는] 쾌락 속에서 신나게 즐기는 것이다. 거주의 윤리학은 "자연"으로 알려진 근본적으로 이질적인 존재와 관계 맺음이 가능함을 받아들인다.

---

1 Gregory Caicco, "Introduction," in *Architecture, Ethics, and the Personhood of Place*, ed. Gregory Caicco (Lebanon, N.H.: University Press of New England, 2007), 1.

2 Amy Kaplan's "Manifest Domesticity," in *No More Spheres: A Next Wave American Studies Reader*, ed. Cathy N. Davidson and Jessamyn Hatcher (Durham, N.C.: Duke University Press, 2002), 184-207 참조. 이 글은 미국 남북 전쟁 이후 가정에 대한 이데올로기가 '명백한 운명' 이데올로기와 연결된다고 주장한다. 가정과 '명백한 운명'은 정치적으로 사실상 분리되지 않는다고 주장한다.

## 우리 땅의 안전

가스통 바슐라르Gaston Bachelard는 "집은 몽상가를 보호한다. 집은 누군가가 평화롭게 꿈꾸도록 허용한다"[3]고 말한다. 바슐라르의 몽상가는 아마도 남성일 텐데, 그 남성 몽상가는 안락하고 여성적 영역인 집안에서 피난처를 발견한다. 이처럼 아늑한 표현에도 불구하고, 집(가정)이라는 장소는 그 자체로 —공적 영역과 대척 관계라는 점에서—적어도 이백 년 동안 서구의 여성들에게는 문제적 장소다. "페미니즘"이라는 용어 자체는 시대에 뒤진 용어일지 모르지만, 페미니스트는 대체로 (특혜 받은) 여성들을 위해 만들어진 '집'이라는 공간의 문제점을 다각적으로 지적해왔다. 니나 베임Nina Baym이 말하는 "가정 소설류"를 썼던 19세기 미국 여성 작가들은 집의 가치와 이상이야말로 집을 넘어 더 넓은 문화를 위한 도덕적 고양의 원천이라고 상상했다.[4] 20세기로 넘어갈 즈음 여성 클럽 운동에 참여하는 활동가들은 「지방 자치제 살림」municipal housekeeping을 통해 울타리로 꽉 막힌 집으로부터 탈출하려고 시도했다. 그들은 집안 살림과 공적 활동이 유사하다고 보고, 그 유사성을 통해 공적 영역으로 진출할 수 있으리라 생각했다. 그런데 내가 『길들여지지 않은 땅』에서 논의하듯이 상황은 정반대가 되었다. 19세기 초반부터 20세기 후반까지 북미주 여성 작가, 이론가, 활동가의 오랜 전통은 집이라는 공간이나 가정적 가치로부터 돌아섰다. 대신 "길들여지지 않은 땅"인 자연으로 향했다. "길들여지지 않은 땅"은 여성을 구속하는 집의 젠더 규범으로부터 자유로운 장소였다.[5] 나는 페미니스트가 자신들에게 더욱 쾌적한 거주지를 만들어내기 위해서 자연을 혁신적으로 재개념화해 온 중요성을 과소 평가하지

---

**3** Gaston Bachelard, *The Poetics of Space*, trans. Maria Jolas (Boston: Beacon Press, 1964), 6.

**4** Nina Baym, *Woman's Fiction: A Guide to Novels by and about Women in America*, 1820-1870 (Ithaca, N.Y.: Cornell University Press, 1978).

**5** Stacy Alaimo, *Undomesticated Ground: Recasting Nature as Feminist Space* (Ithaca, N.Y.: Cornell University Press, 2000).

않는다. 또한 집이라는 공간을 환경론자들에게 알맞은 거주지로써 재상상하는 것도 중요하다. 왜냐하면 집은 우리 대부분이 실제로 살고 있는 곳—우리들 중 어느 누구도 사회적 가치를 벗어 던지고 사막을 방황하는 메리 오스틴Mary Austin의 "걷는 여자"[6]처럼 살 사람은 없을 테니—이며, 집은 페미니스트, LGBTQ[7], 그리고 다른 길들여지지 않은 존재들을 끈질기게 배제시켰던 강력한 이데올로기적 공간이다.

인간의 집이라는 공간은 비인간 존재들, 생태계, 자연 환경을 가차 없이 침범하고 훼손시키고 말았다. 집은 인간에게 바람직하다고 여겨지는 몇 개의 비인간 종을 제외하고는 모두 제거해버림으로써 정제된다. 동사 "길들이다"domesticate가 동물을 가축화하는 것을 가리킬 때 이는 '돌봄'과 '통제'를 동시에 의미한다. 도나 해러웨이의 '반려종' 개념과 같은 동물 연구의 최신 작업은 길들인 동물뿐만 아니라 심지어 식물조차 행위능력agency을 지니고 있음을 강조한다. 개가 전형적으로 보여주듯 반려종은 인간 진화의 경로를 변경시킨 거나 다름없고, 마이클 폴란Michael Pollan의 사과, 튤립, 마리화나의 경우(마이클 폴란은 『욕망의 식물학』에서 사과, 튤립, 마리화나, 감자가 인간의 욕망—달콤함, 아름다움, 중독, 통제—을 만족시키도록 진화했다고 주장, 역주)와 마찬가지로 인간을 유혹해서 그들이 시키는 대로 행동하도록 만들기도 한다.[8] 그럼에도 불구하고, 공장식 축산, 사육장, 실험실 안에서만 존재하는 수없이 많은 동물들에게 길들이기란 결과적으로 그들에게 감금과 고통만을 줄 뿐이다. 인문 지리학자인 이-푸 투안Yi-Fu Tuan이 설명하듯이 "길들이기란 지배를 의미한다. 두 단어는 다른 존재에 대한 지배라는 점에서—누군가의 집이나 영역으로 데려온다

6 Austin의 "Walking Woman"의 분석을 보려면 주석 5)의 3장을 보라.

7 최근 평등한 결혼이 승리를 거뒀지만 사실상 퀴어인들을 결혼 속으로 밀어 넣어버리면서 적어도 "길들이기"의 두 가지의 의미 [돌봄과 통제]에서 볼 때 결혼은 일종의 길들이기다.

8 Donna Haraway, *The Companion Species Manifesto: Dogs, People, and Significant Otherness* (Chicago: Prickly Paradigm Press, 2003); Michael Pollan, *The Botany of Desire: A Plant's Eye View of the World* (New York: Random House, 2002).

는 점에서—근본적으로 같은 의미를 지니고 있다."[9] 서구 문화에서 애완 동물을 길들인다는 것은 그들을 인간의 "가족" 안에서 종속적 위치로 자리 잡게 하고, 집이나 적어도 마당으로 데려와서 익숙하게 만드는 데 치우쳐 있다. 반면에 집은 야생 존재들의 접근을 막고 인간의 영역을 확고하게 만들려는 목적으로 설계되어 있다. '길들이다'의 대안적 정의인 "친밀하고 편안하게 (더불어) 살기"는 드물게 사용되긴 하지만 이 정의를 통해 다른 동물들을 울타리 밖으로 몰아내기보다는 인간의 거주지에서 더불어 사는 모습을 상상하는 것이 가능하다.

도나 해러웨이나 발 플럼우드Val Plumwood의 작업과 마찬가지로 현대 환경 윤리학과 환경론적 페미니즘은 수백 년간 지속되어온 서구적 사유, 즉 자연과 인간을 적대적 관계에 두는 사유(여성, 유색인, 토착인, 장애인을 인간과 자연이라는 양쪽 범주 모두와 불편한 관계에 두는 사유)를 비판하면서 비인간 자연과의 유사성, 연속성, 상호 연결성을 강조하고 있다. 해러웨이의 '사이보그' 비유는 인간과 동물, 자연과 문화의 경계를 허물면서 "우리의 몸과 도구를 설명하는 이원론의 미로로부터 빠져나올 것"을 우리에게 제안한다. 플럼우드는 서구 문화에서 끈질기게 지속되는 자연/문화, 몸/마음의 이원론을 없애려면 "우리 자신이 동물이고 몸을 가진 존재이며 더욱 '자연적'임을 재인식할 필요가 있고, 또 자연이 데카르트 개념보다 더욱 정신적이라는 사실도 재인식해야 한다"[10]고 주장한다. 그러나—벽, 바닥, 천장을 가진—집은 구분된 공간으로써 바깥을 계속 바깥에 있도록 하며, 인간을 집 안에서 보호받아야 할 존재로 정의한다. 사실상 도구 제작이나 언어와 더불어 [인간의] 건축물 자체도 동물과 인간을 구별하는 신뢰하기 어려운 척도 중 하나다. 제

9 Yi-Fu Tuan, *Dominance and Affection: The Making of Pets* (New Haven, Conn.: Yale University Press, 1984), 99.

10 Donna Haraway, *Simians, Cyborgs, and Women: The Reinvention of Nature* (New York: Routledge, 1991), 181; Carolyn Merchant, *Earthcare: Women and the Environment* (New York: Routledge, 1995), 217; Val Plumwood, *Feminism and the Mastery of Nature* (New York: Routledge, 1993), 124.

이콥 브로노우스키Jacob Bronowski (폴란드-영국계의 수학자이며 철학자, 역주)가 표현하듯이, "인간은 특이한 존재다. 그는 동물들 가운데 자신을 독특하게 만드는 재능을 가지고 있다. 그래서 다른 동물들과 달리, 인간은 풍경 안에 있는 하나의 존재가 아니라, 풍경을 만드는 자다. 인간은 몸과 마음으로 자연을 탐구하는 자다. 인간은 전 대륙에 편재하면서 자기 집을 '찾아낸' 것이 아니라, 자기 집을 '만들어 낸' 동물이다."[11] 곤충을 포함해서 동물도 꽤 탁월한 건축가이긴 하지만, 인간의 '집'이 문자적으로나 상징적으로 인간을 정의하는 공간임은 분명하다. 대체로 서구 근대의 도시나 교외의 마당과 정원조차 모두 울타리로 둘러싸여 경계가 명확하고 "청결한" 집 자체의 연장일 뿐이다. 집, 마당, 아파트 단지, 출입 통제문이 있는 공동체는 자신의 소유에 대한 지배와 돌봄의 영역을 명확하게 금을 그어 표시하면서 질서와 통제를 부여한다.[12] 이곳에는 경직성의 미학이 지배하고 갑작스러운 놀라움은 금지되어 있다. 소위 "맥맨션"McMansions(개성없이 대량으로 건설되는 현대식 주택, 역주)들은 바깥 세계의 상당 부분을 모조리 먹어 치우고 있다. [바깥 세상과의 경계에 있는] 창문들은 자체 경계성을 길들이기 위해서 "특별하게 취급되고 있다." 알베르토 페레즈-고메즈Alberto Pérez-Gómez와 루이스 펠레티어Louise Pelletier가 표현하듯이, "우리가 사는 세상은 인공물의 세상인데, 이 인공물은 더 이상 우리 의식과 바깥 실재(우리가 창조하지 않는 것) 사이를 잇는 다리 역할을 하지 못한다. 인공물은 오히려 벽을 만들어 도망치는 것을 불가능하게 만들고, 우리를 통제와 자기-지시성과 사이버 공간에 대한 몽상으로 에워싼다."[13]

---

11 Jacob Bronowski, as quoted in Jerry Kastner and Brian Wallis, *Land and Environmental Art* (London: Phaidon, 1998), 11.

12 일본식 건축은 놀라운 대조를 이룬다. 일본식 건축에서는 "확실한 중심이 부재하고, 모호한 공간은 지배적 질서의 부재와 애매한 겹겹의 경계에 근거한다." 일본식 집은 "모든 것—형태, 실체, 그것들의 의미와 더불어—이 계속적으로 이어져서 끝나지 않는다." Botond Bognar, "The Place of No-Thingness: The Japanese House and the Oriental World Views of the Japanese," in *Dwellings, Settlements, and Traditions: Cross-Cultural Perspectives*, ed. Jean- Paul Bourdier and Nezar AlSayyad (New York: Lanham, 1989), 196.

13 Alberto Pérez-Gómez and Louise Pelletier, *Architectural Representation and the Perspectival Hinge* (Cambridge, Mass.: MIT Press, 1997), 384.

사이버공간이 나오기 이전부터 환경 예술가들은 자기-지시성의 벽을 무너뜨리기 위해 자연 물질과 아이러니를 활용했다. 예를 들어 월터 드 마리아Walter de Maria의 설치물인 '뉴욕 흙방'New York Earth Room은 박물관의 벽을 관통하여 [흙이라는] 이질적 물질을 슬쩍 끌어들이고, 흙더미가 실내에 차분하게 놓여 있는 광경을 연출한다[14]. 박물관의 부드러운 흰 벽은 검은 흙넝어리와 현저하게 대조된다. 본래 순수하고 균형 잡혔을 방이 흙으로 가득하게 되었을 때 통상적으로 배제되던 물질이 전면에 드러난다. 그래서 이 설치물은 —물질과 공간에서 적절하게—본질적이면서도 그간 부정되었던 흙과 여성에 대한 뤼스 이리가레의 해체적 논의가 타당함을 입증해준다.[15]

우리는 "집이 몽상가를 보호한다"는 말을 좋아한다. 하지만 이 말에 대해 우리는 이렇게 질문할 수 있다. 우리는 무엇으로부터 보호받아야 한단 말인가. 신체적 · 심리적 안전이 필요해서 집에 울타리를 만듦에도 불구하고, 보호에 대한 꿈은 선의일지라도 집의 경계가 인종적, 계층적, 국가적 경계를 위한 소우주 역할을 하면서 이 꿈은 국가적인 망상으로 변질된다. 1997년 출간된 『공포의 건축』이란 책의 서문에서 낸 엘린Nan Ellin은 "무엇이든 개인 소유로 만들려는 충동은 통제문이 있는 공동체의 증가, 입구를 통제하는 주택가 건설, 보안 울타리를 세워 이웃 동네와 명확하게 분리하는 데서 잘 요약되어 있다"고 말한다. 그러나 "출입 통제문, 방범, 보안 시스템"을 구축하는 환경 양상들은 "점점 증가하는 편집증과 불신으로 인한 대중적 공포감"[16]을 조장하고 있다. 에드워드 J. 블레이클리Edward J. Blakely와 메리 게일 스나이더Mary Gail Snyder는 "게이트가 세워진, 담장이 있는 사적 공동체"를 "새로운 형태의 차별"이라고 부른다. 이런 차별 속에서 "공포에 질린 미국의 중산층"은 "요새

---

14 Walter de Maria, New York Earth Room, 1977. 뉴욕 다이아 예술센터 (Dia Center for the Arts, New York)에 설치.

15 Luce Irigaray, *This Sex Which Is Not One*, trans. Catherine Porter (Ithaca, N.Y.: Cornell University Press, 1985), 77.

16 Nan Ellin, "Shelter from *the Storm or Form Follows Fear* and Vice Versa," in *The Architecture of Fear*, ed. Nan Ellin (New York: Princeton Architectural Press, 1997), 33, 42.

를 세움"fort up[17]으로써 반분리주의 학교 정책에 대응한다. "요새를 세우려는" 편집증적 욕망은 2001년 9월 11일의 테러 공격 후에 더욱 강화되고 공인을 받았다. 테러 이후 미국의 「국토 안보국」은 잠재적인 생화학 테러 가스를 막기 위해서 시민들에게 강력 테이프를 구입하도록 지시했었다. 아이러니하게도 2001년 5월 대통령 조지 부시는 미국의 먹는 물에 더 많은 비소를 쓰도록 허용한다고 선언했다. 9/11 비극에도 불구하고 테러의 위협은 공기, 물, 음식, 의복, 일상적인 가정 물품을 통해서 매일 전달되는 독성의 위협보다 실제로 발생 가능성이 적다. 집에 대해 국가가 지닌 환상만큼이나 실제 집을 침범 불가능하게 만들려면 얼마나 많은 강력 테이프가 필요한 것일까? 이미 집 안에 존재하는 위협을 어떻게 막아낼 수 있을까?

뛰어난 예술품과 영화들이 집의 안전에 대한 환상을 벗겨내고 있다. 예술가 리사 레벤즈Lisa Lewenz는 1984년 자신이 제작한 달력에다 1979년 원자로의 일부 용해를 경험했던 펜실베니아의 유명한 스리마일섬 원자력 발전소를 담았다. 이 원자력 발전소는 집 부엌의 창문을 통해 보이도록 배치되었다. 통상 피난처로 인식되는 집 안에서 사진을 찍은 것인데, 이런 촬영 방식은 '밖'에 있는 것이, 특히 방사선의 경우 이미 항상 '안'에 있음을 경고하는 데 유용하다. 사진의 평면성은 스리마일섬과 부엌 창문과 벽 사이의 거리감을 지워버린다.[18] 달력은 집의 시간과 방사능의 시간 사이에 존재하는 광대한 괴리를 보여준다. 유사하게 토드 헤인즈Todd Haynes가 감독한 1995년 영화 『세이프』*Safe*는 부유하고 극도로 청결한 백인 가정 내부를 배경으로 삼는데, 그가 말하듯이 "이곳은 당신이 살고 싶은 '안전'(보호되고)하고 '면역된'(고립된)" "세계 안"이다. 이 영화는 "집은 피난처다"라는 전제가 위험한 망상임을 폭로

---

17 Edward J. Blakely and Mary Gail Snyder, "Divided We Fall: Gated and Walled Communities in the United States," in Ellin, *Architecture of Fear*, 85.

18 Lisa Lewenz, "Three Mile Island Calendar," 1984. Mass produced in Chicago. 디지털 이미지는 오레곤 대학 도서관에 있음. http://oregondigital.org/catalog/oregondigital:df70bt88v.

한다.[19] 환경적 질병을 앓는 사람들—부엌 속의 카나리아—은 집이라는 성소가 독성으로 가득 차 있음을 증명한다. 예를 들어 여배우 줄리앤 무어가 연기하는 영화 속 인물이 베이비 샤워에 참석하는 장면이 있다. 그녀는 카펫이 깔린 청결한 거실에 앉아서 숨을 헐떡거리다 코피를 흘리기 시작한다. 카메라가 위협적으로 그녀에게 접근하고 음악이 고조될 때 그녀는 간신히 숨을 쉬면서도 온전한 자세를 취하려 애쓴다. 온화한 베이비 샤워는 공포 영화의 한 장면으로 변모한다. 가시적 괴물은 없지만 끔찍한 괴물 영화다.[20] 이 영화는 환경 정의 원리들의 축소판을 보여준다. 가사 노동자는 값비싼 곳에 거주하는 특혜를 누리지 못한 채 집을 깨끗하게 유지하기 위해 사용하는 화학 세제에 직접적으로 노출된다.

가부장적 가족, 소비주의, 경제적 격차 증가의 표상으로써 집은 자연과 문화, 야생과 문명, 위험과 "안전" 간의 경계를 구축한다. 집안 살림을 잘하고, 주변을 깨끗하게 정돈하며, 해충을 막음으로써 바깥에 도사리고 있는 혼돈으로부터 중상층 질서를 분리하는 경계를 강화한다. 소위 정상적 가정은 사이먼 에스톡Simon Estok이 말하는 "에코포비아"와 깊이 연결된다. 왜냐하면 집은 벽을 세움으로써 소위 못된 자연 즉 "자연 환경이라는 위협적인 타자성"[21]과 분리되기 때문이다. 그러나 집은 그렇게 완전히 분리될 수 없다. [가정에서 사용하는] 전기, 미디어, 광고, 소비품은 [바깥에 있는] 물, 공기, 미립자 물질, 인간 거주자, 손님, 미생물, 비인간 해충들과 더불어 함께 흘러 들어오기 때문이다. 잔디에 뿌리는 제초제가 수돗물을 통해 집 안으로 되돌아올 것이다. 그러나 집이 불침투성의 벽 안에서 거주하는 장소를 의미한다면 환경론은 그저 멀리 떨어져 있는 장소만 보호하고, 달력에 예쁘게 전시될 만한 종

---

19 Todd Haynes, liner notes for *Safe*, dir. Todd Haynes (Chemical Films Limited Partnership, 1995).

20 이 영화를 환경적 질병이 지닌 물질적 행위능력의 관점에서 확대해 읽으려면 다음을 참조. Stacy Alaimo, *Bodily Natures: Science, Environment, and the Material Self* (Bloomington: Indiana University Press, 2010).

21 Simon C. Estok, "Painful Material Realities, Tragedy, Ecophobia," in *Material Ecocriticism*, ed. Serenella Iovino and Serpil Oppermann (Bloomington: Indiana University Press, 2015), 130.

을 보호하는 데만 관심이 있다고 간주될 것이다. 실제로 환경론은 우리의 공기, 우리의 물, 우리의 음식, 우리의 세포 물질이 플랑크톤이나 고래가 사는 생활 세계와 똑같은 곳에서 순환되고 있다는 통렬한 인식인데도 말이다. 그렇다면, 실질적인 벽과 은유적인 의미의 벽으로 구축된 장소인 집을 일종의 문턱liminal zone으로 기획하고, 쾌활한 상호 연결로 초대하는 장소로써 다시 계획할 수는 없는 것인가? 인간의 영토에서 비인간 동물의 권리를 인정한다는 것은 무엇을 의미할까? 과연 어떤 실천이나 쾌락이 포스트휴먼적이면서 반소비주의적인 주체를 길러낼 수 있을까?

## 살아있는 거주지

시인, SF 작가, 영화 제작자들은 모두 집에 대한 대안적 비전을 상상해왔다. 경계를 구축하는 딱딱한 죽은 벽 대신에 그들은 벽을 생명 있는 물질로 상상한다. 벽은 동물 모습이나 식물 모습을 가진 것 그 이상으로 그저 단순히 생물학적인 건축 구조물로써[22] 자연과 문화가 서로 섞이는 영역 즉 접촉면interface으로 되살아난다. 고통스러운 역사가 체현된 인식 속으로 침투할 때조차 만남, 접촉, 친밀함의 감각적 쾌락은 좁은 인간 영역 속에 우리 자신을 가두려는 유혹으로부터 벗어나게 할 것이다.

린다 호건의 시 「빨강의 역사」에서 빨간색은 미국 원주민의 역사와 연결된다. 이 시는 출생과 식민주의를 병치시키고, 땅과 사람을 하나로 묶는다. 아기들은 "출생의 붉고 축축한 마스크"를 쓰고 태어나서 "이미 상처받고/빼

---

22 살아 있는 건축에 대해 나는 앨리슨 캐루스Allison Carruth가 알링톤 텍사스 대학에서 강연할 때 처음 알게 되었다. 올리버 메드베딕Oliver Medvedik의 책 *In Vitro Meat Habitat*과 생물학적 건축에 대한 다른 계획에 대해 알고자 한다면 Carruth, "The City Refigured: Environmental Vision in a Transgenic Age," in *Environmental Criticism for the 21st Century*, ed. Stephanie LeMenager, Teresa Shewry, and Ken Hiltner (New York: Routledge, 2012), 85-104를 참고하기 바람.

앗기고 불타버린/땅"[23]에서 살아간다. 조디 A. 버드Jodi A. Byrd는 "미국 원주민들은 230년 전 미국이 되어버린 땅에서 수만 년 전부터 살아왔고, 땅은 '생명'과 '생명 상실'을 기억하는, 땅 스스로 기억 장치로써 토착민 역사를 구성하는 성스러운 지형과 함께 관계의 윤리학을 만들어 낸다"[24]고 설명한다. 호건의 시는 지리적 관계를 시간적으로 확장함으로써 미국의 짧은 역사를 미국 인디언의 광대한 기억으로 대체한다. 시의 두 번째 연에서 화자는 "자신의 피로 그린/붉은 들소가 있는 동굴"[25]을 기억하는 "진흙 인간" 조상이 지닌 의식은 흙과 물질로 이루어져 있다고 주장한다. 끝에서 두 번째 연은 들소의 가죽으로 만든 집에 대해 성찰한다.

> 빨강은 인간의 집이다
> 밤이 되면 내가 돌아가는 집,
> 들소를 기억하는 가죽 동굴 안에서
> 나는 헤엄친다.[26]

인간의 집이 들소 덕분임을 인정한다. 동물의 피가 아직도 너무나 생생해서 집으로 들어간다는 것은 그 피 속을 헤엄치는 것이나 마찬가지다. 들소가 인간의 거주지로 전환됨에도 불구하고 동물은 계속 살아있다. 왜냐하면 들소 가죽으로 만든 동굴이 아직도 그를 기억하기 때문이다. 호건에게 집은 역사, 피, 동물의 생명과 기억을 배제하지 않는다. 미국 인디언들은 집단 학살, 전쟁, 식민, 강탈, 감금, 강제 이주를 경험했기 때문에, 거주의 문제는 대륙 전체에서 지난 수백 년뿐만 아니라 식민지 이전 시간까지 되돌아간다. 더욱이 유럽 미국인이 거의 멸종시켜버린 동물에 인간의 집이 의존한다는 사실은

---

**23** Linda Hogan, "The History of Red," in *The Book of Medicines* (Minneapolis: Coffee House Books, 1993), 9.

**24** Jodi A. Byrd, *The Transit of Empire: Indigenous Critiques of Colonialism* (Minneapolis: University of Minnesota Press, 2011), 118.

**25** Hogan, "History of Red,"9.

**26** Ibid., 11.

비인간 생명들이 유해만으로 기억될지도 모르는 위기에 처해있음을 상기시킨다. 미국 원주민의 집은 비인간 자연을 밖으로 내쫓지 않는다. 들소는 벽의 실제 원료가 되고, 내부의 환유적 환경이 된다. 동물의 가죽은 동굴 집의 가죽이고, 인간과 비인간 생명 모두를 위한 자연적 은신처이다. 이토록 생생한 환유적 친밀함은 지리적이고 시간적으로 확장되어, 지금은 사라졌지만 '명백한 운명'이 자행했던 역사적 폭력을 날카롭게 대조시킨다.

호건의 시 「벽돌」은 견고해 보이는 불활성 건축용 벽돌로 시작하여 내부에 움튼 생명을 드러낸다. 시에 언급된 건축가는 벽돌이 스스로 생명을 보유하도록 의도하지는 않았지만, 벽돌은 "숲의 가장자리"로부터 "절박한 씨앗"[27]을 품고 있다. 그 씨앗은 밀항자가 되어 벽돌이 마치 아직도 흙인 듯 그 안에 머무른다.

> 비밀스러운 열망이 있다
> 세상을 품은 벽돌 안에,
> 함께 꿈꾸는 숲
> 모든 벽 안에서,
> 밖으로 내보내려는
> 생명의 열정적인 넝쿨손
> 일본에서
> 인간이 다른 인간의 생명을 비워냈을 때처럼.
> 도시들이 쓰러졌다.
> 그리고 벽돌들이 피어났다
> 먼 산으로부터 온 식물들과 함께.[28]

히로시마의 끔찍한 핵폭발은 다른 연대기에 속하지만 이를 예로 언급하는 이 시의 구조는 숲의 복원력을 주장한다.[29] 호건은 답답한 집에서 벗어나 "우

---

27 Linda Hogan, "The Bricks," in *Book of Medicines*, 67.

28 Ibid.

29 이 이미지는 호건의 산문에서도 나타난다. "내 기억으로는 일본에는 먼 산속 시원한 곳에서 자라는 야생화가 있었다. 히로시마의 벽돌은 이 산의 진흙으로 만들어져서 집과 가게의 벽은 이 야생화의 씨앗을 품고 있었다. 그러나 인간들이

리가 벽돌 벽 안에서 살지 않았던"[30] 때를 떠올리면서 배회한다. 호건은 벽돌이 지닌 생명의 역사를 되살리면서, 야생 조롱박, 도롱뇽, 뱀이 있던 장소로부터 온 벽돌의 "조상들"을 얘기하면서 시를 시작한다. 호건은 풍성함으로부터 생겨난 자신감을 벽돌에게 부여한다. 진흙은 "반듯하게 설 것이다/그 안에 숲이 살고 있음을 알기에."[31] 벽돌들은 집을 지을 용도로 땅에 놓인 별도의 물체가 아니다. 벽돌은 "세상을 함께 품을" 뿐만 아니라 땅, 숲, 사람을 탈식민화할 수 있는 잠재력을 품고 있다. 왜냐하면 벽돌은 어쨌거나 폭력과 강탈에도 불구하고 꽃을 피우기 때문이다. "파괴는 피어날 것이다."[32]

SFspeculative fiction 작가인 옥타비아 버틀러Octavia Butler도 인간의 거주지와 지형이 어떻게 역사, 기억, 비인간 행위자로 가득 차 있는지를 중요한 문제로 삼았다. 캐더린 맥키트릭Katherine McKittrick은 버틀러의 소설 『혈연』*Kindred*이 "흑인의 지형은 분명히 물질적이고 맥락 의존적이면서도 예상하지 못한 특이한 방식으로 존재할 수 있음을 상상하게 만든다"고 주장한다. 맥키트릭의 주장에 따르면, 한 장소에 존재한다고 해서 결과적으로 정체되는 것은 아니다. 대신에 "물질적으로 장소 안에 자리 잡고 있음은 전통적인 지리적 패턴의 기하학적 구조, 점진적 분화, 지형도, 점령지를 그대로 복제하거나 특권을 부여하지 않을 가능성을 내포한다."[33] 버틀러의 공상과학 소설 중 "이종 발생"Xenogenesis시리즈(『여명』, 『성인 의식』, 『이마고』)에서는 인간이 종말한 이후 근본적으로 다른 거주 존재론을 지닌 외계인이 인간 거주지를 점령하는 복잡한 지형을 그리고 있다. 버틀러가 묘사하는 외계인 오안칼리Oankali는

---

생명의 가장 작은 원소를 쪼개서 폭발적인 힘으로 다른 인간들을 죽인 후에 산의 야생화는 자라나기 시작했다. 불타고 허물어진 건축물에서 씨앗이 움트고 자라났다. 얼마나 끔찍한 아름다움인가, 세상은 제멋대로 우리 없이 자라나는데." Linda Hogan, *Dwellings: A Spiritual History of the Living World* (New York: Simon and Schuster, 1995), 33.

**30** Hogan, "The Bricks," 68.

**31** Ibid.

**32** Ibid.

**33** Katherine McKittrick, *Demonic Grounds: Black Women and the Cartographies of Struggle* (Minneapolis: University of Minnesota Press, 2006), 2.

생물학적 세계의 한 부분으로 살아가며, 그에게는 집과 심지어 우주선조차 지각 있고 살아있는 생명체다. 이로써 버틀러는 세상이 죽어있는 물질로 가득 찬 창고가 아니라 다종의 협동체임을 전제하는 거주 양태를 상상하게 만든다. 외계인 오안칼리 종은 집을 '세우'거나 우주선을 '건설'하는 것이 아니라 '키운다.' 그들은 오히려 집과 우주선이 스스로 자라도록 격려한다. 버틀러는 거주지가 하나의 생명체로써 그곳에 사는 존재들과 공생적 관계 속에서 살아가는 세계를 창조함으로써 도구적 관계 설정을 피한다. 집과 우주선은 그곳에 사는 사람들과 더불어 기억과 유전자를 공유한다. 소설 『이마고』에서 반은 인간이고 반은 오안칼리인 조다스Jodahs는 그의 주변 환경을 소개하는데, 의미심장하게도 그 주변 환경은 이름을 가지고 있다. "로Lo는 부모이고 형제이며 집이었다. 나는 그 세계로 태어나서… 그 세계의 유전적 구조로 엮여 들어갔다. 내 자신의 유전적 구조는 내가 분명히 로Lo의 친족임을 증명해주었다"[34]고 기술한다. 오안칼리는 (다름을 증오하기 때문에 다른 인간을 해치고 죽이는 인간과는 대조적으로) 다른 유전적 구조를 "맛보는 데"서 관능적인 쾌락을 취하기 때문에 친족 관계에는 다름에 대한 욕망이 함께한다. 버틀러 소설 시리즈의 결론에서 조다스는 하나의 세포로부터 새로운 마을을 "심는"데, 이때 거주의 윤리학이 희망적으로 제시된다. 그러나 새로운 마을을 '심는다'는 것은 뭔가를 '건축'하기보다는 농사처럼 보이긴 하지만, 여전히 식민과 정복의 역사를 되풀이한다. 하지만 오안칼리는 다종살이 우주선을 운항하고 존재와 세계의 조우를 주도하는 외계종인 까닭에, 그의 식민주의적 되풀이가 폭력적이고 이종혐오적으로 보이는 지배종 인간에게 일종의 시적 정의인지는 알기 어렵다. 당장의 문제로 되돌아가 보면, 버틀러가 상상하는 거주지는 이제까지 단순한 배경이거나 인간을 위한 자원으로만 간주되었던 물리적 세계를 전경화하면서 세계에 활력을 부여한다. 아이러니할 수도

---

34 Octavia Butler, *Imago* (New York: Warner Books, 1989), 33.

아닐 수도 있지만, 식민주의적 되풀이가 사실일 수 있다. 그러나 세상이 무주지terra mullius로 묘사되지는 않는다. 오히려 버틀러의 SF소설들은 다른 생명을 오히려 죽은 물질로 표현rendering하면서 인간의 경계를 세우는 거주지와는 다르게 상상하도록 자극한다.[35] 맥키트릭의 질문이 여기서 공명한다. 만일 "우리가 새로운 세계관을 표현하고자 한다면, 윤리적 인간의 시형이나 인간 상호 간의 관계 지형을 어떤 방식으로 표현할 수 있을까?"[36]

저예산 영화인 『서식지』*Habitat*도 종말 이후의 세상을 배경으로 한다. 어떤 생물체도 바깥에서 살 수 없을 정도로 오존층이 파괴되었다.[37] 엉뚱한 과학자 행크 사임스Hank Simes는 전형적인 전원 주택인 자신의 집을 생물학적으로 다양한 종이 서식하는 곳으로 탈바꿈시킨다. 그러다가 우연히 "녹색 건축가"와 이웃에 살게 된다. 이웃 건축가는 사임스에게 녹색 건축물은 "거주 공간과 환경을 혼합한다"고 말한다. 이에 사임스는 "반대로 혼합시키면 어떨까요? 자연을 집 안으로 들여오는 거죠"[38] 라고 응답한다. 사임스가 자신의 집을 녹색 식물, 버섯, 곰팡이로 가득 차게 하고, 벽은 유기체가 줄줄 흘러나오는 울창한 정글로 바꿔버리자 그의 아내인 클라리사는 집안 일로부터 해방되어 여기저기 즐겁게 돌아다닌다. 그런 장소를 청소하는 것은 불가능할 테고, 영양가 풍부한 음식을 벽에서 채취하면 되니 쇼핑하거나 요리할 필요도 없다.

이제까지 제시한 세 가지 집의 모습은 집을 놀랍도록 쾌락으로 가득 찬 생활 터전으로 상상한다. 새로운 쾌락과 윤리학은 연결, 상호관계, 상호주체성이 존재론적 상황이 될 때 출현한다. 쾌락은 이러한 윤리적 존재론을 통해서

---

35 '묘사'를 위해서, Nicole Shukin, *Animal Capital: Rendering Life in Biopolitical Times* (Minneapolis: University of Minnesota Press, 2009)를 참조.

36 McKittrick, *Demonic Grounds*, 141.

37 *Habitat*, dir. Rene Daalder (Matarans, 1998). 영화 *Safe*와 *Habitat*에 대한 더 자세한 분석을 보려면 Stacy Alaimo, "Discomforting Creatures: Monstrous Natures in Recent Films," in *Beyond Nature Writing: Expanding the Boundaries of Ecocriticism*, ed. Karla Armbruster and Kathleen R. Wallace (Charlottesville: University Press of Virginia, 2001), 279-311를 참조 바람.

38 허구적 인물인 사임스는 Juhani Pallasmaa's *Eyes of the Skin*에서 영감을 받아 창조된 인물인 듯하다. Pallasmaa는 건축이란 "자연이 인간을 만든 영역으로 확장한 것이며 세상을 경험하고 이해하는 지평과 인식의 기반을 제공한다" 고 말한다. Pallasmaa, *The Eyes of the Skin: Architecture and the Senses* (London: Academy Group, 1996), 28 참조.

솟아난다. 이때 윤리적 존재론이란 추상적이거나 탈신체적인 원리이기보다는 틀림없이 물질적이다. 호건과 버틀러에게는 기억 자체가 벽 속으로 짜여 들어가고, 역사는 신체적이며, 감각은 실천과 실습praxis이 된다. 이러한 거주지는 인간과 자연이 매개 없이 직접적인 관계를 맺는 꿈으로부터 생겨난다. 벽은 뭔가를 담는 존재가 아니라 뭔가를 주는 존재다.

이러한 시적 거주지는 마법처럼 자본주의와 소비주의를 멀리한다는 점에서 특별히 비정치적으로 보일지도 모른다. 그러나 이런 거주지는 대안적 사유와 행위를 위한 중요한 공간을 제공하고, 심지어 "비자본주의적 경제 공간을 욕망하고 그 공간에 거주할 수 있는 주체들을 계발할 수 있다."[39] 이런 거주지는 자연 세계를 죽은 물질로 여기는 소비주의적 문화를 함축적으로 비판할 뿐만 아니라 거주지의 명백한 즉각성과 친밀한 규모를 가지고 스테파니 레메나거가 명명한 "석유-유토피아"petrotopia에 대항할 것이다. 레메나거는 "현대 미국에서 고속도로, 저밀집 교외, 스트립 몰, 패스트푸드점, 주유소, 주차장이나 주차 타워로 둘러싸인 쇼핑 센터가 일반화된 풍경"을 "석유-유토피아"로 명명한다. 이는 "공간을 가차 없이 생산함"[40]으로써 만들어졌다. 레메나거는 석유-유토피아가 "그 자체 이상적인 국가적 목표로 재현되며, 서비스 경제를 구현한다고 여기고, 스스로 자행하는 폭력은 은폐된다"[41]고 주장한다. 추정하건대 석유-유토피아는 많은 쾌락을 제공하는 까닭에 환경론이 금욕과 자기 부정만으로 이에 대항하려고 한다면 무력할 것이다. 카트리오나 샌딜랜즈Catriona Sandilands가 설명하듯이 "대부분의 생태적 담론에는 풍성한 쾌활함이 거의 없을 뿐만 아니라, 쾌락을 종종 생태적 원리에 완전히 위배되는 것으로 이해한다. 검소함과 단순성은 쾌락이나 관대함에 대립하는 원칙으로

---

**39** J. K. Gibson- Graham, *The End of Capitalism (As We Knew It): A Feminist Critique of Political Economy* (Minneapolis: University of Minnesota Press, 2006), x.

**40** Stephanie LeMenager, *Living Oil: Petroleum Culture in the American Century* (New York: Oxford University Press, 2014), 75, 74.

**41** Ibid., 75.

작용하는 듯하다."[42] 그러므로 자본주의가 모든 욕망을 소비주의적 욕구 속으로 일제히 집어넣으려고 한다면, 지배적인 환경 담론은 우리에게 이런 욕망에 저항하라고 말한다. 그러나 이런 종류의 윤리적 호소는 거의 효과가 없다.

댄 필리폰Dan Phillippon은 웬델 베리Wendell Berry의 "광범위한 쾌락"extensive pleasure 이라는 개념을 이용하여 지속 가능성의 담론이 "진지하지만 재미없다"는 인식에 대응한다. 베리의 "광범위한 쾌락"이란 "음식이 생산되는 세계와 생명에 대한 정확한 인식"[43]을 가지고 더욱 맛있게 만들어진 음식을 맛보면서 미학, 쾌락, 정치학을 한데 아우르는 것을 말한다. 먹는 것처럼 사소한 일조차 (지속 가능한 유기농) 음식 생산에 이미 의존하고 관련되어 있음을 경험할 수 있다는 면에서 "광범위한 쾌락"이란 개념은 이 책에서 내가 주장하는 '거주의 쾌락'과 유사하다. 많은 사람들은 지속 가능하게 길러진 유기농 음식에 접근할 수도 없고, 그것을 살만한 여유도 없다. 심지어 인간 거주지뿐만 아니라 대다수의 환경 친화적인 농업조차 아직도 야생 생물의 거주지를 탈취한다. 이 점을 감안할 때 그러한 쾌락을 지속하기란 물론 힘들다. 이는 큰 실망이지만 그 실망은 로스엔젤레스 출신 도시 게릴라 정원사인 론 핀리Ron Finley 같은 사람에 의해 해소될 수 있다. 그는 공원 도로처럼 버려진 도시의 공간을 공동체를 위한 채소 텃밭으로 변모시켰다.[44] 핀리의 텃밭뿐만 아니라, 도시 텃밭을 위한 광범위한 DIY Do it yourself 운동, 도시에서 꿀벌과 닭 키우기, 공동체 텃밭 가꾸기, 공동체가 지원하는 농사 짓기, 씨앗 저장, 야생 풍경 만들기, 씨앗 덩어리 뿌리기, 연료 재활용하기, 자전거 타기는 반소비주의

---

42 Catriona Sandilands, "Sex at the Limits," in *Discourses of the Environment, ed.* Eric Darier (Oxford, U.K.: Blackwell, 1999), 79.

43 Dan Phillipon, "Sustainability and the Humanities: An Extensive Pleasure," *American Literary History* 24, no. 1 (2012): 173, 172, 171.

44 "Meet Ron Finley," n.d., http://ronfinley.com/meet-ron-finley/; and "Ron Finley: A Guerilla Gardener in South Central L.A,"TED talk, February 2013, http://www.ted.com/talks/ron_finley_a_guerilla_gardener_in_south_central_la?language=en. 참조.

적 공동체 중심의 환경적 쾌락을 풍성하게 제공하여 신나는 실험과 관능성sensuality이 풍부한 실천을 통해서 탄소 발자국을 축소시킨다.

생태적 박탈deprivation의 윤리학 안에서 주체는 몸과 몸적 유희와 욕망을 부정 당하는 반면, 게일 웨이스Gail Weiss는 "몸의 실천 즉 다른 사람의 몸까지도 연관시키고 변모시킬 수 있는 실천을 통해서만 경험되고 활성화될 수 있는 도덕적 행위능력moral agency"[45]을 계발해야 한다고 주장한다. 그래서 거주의 윤리학은 신체적 실천 즉 서로를 연결하고 변화시키는 실천과 함께 시작한다. 우리는 몸의 "벽", 우리 자신이라는 "벽"을 연결함으로써 이를 상호 침투할 수 있는 장소로 경험하게 될 것이다. 버틀러, 호건, 영화 『서식지』가 집의 벽을 상상했던 것처럼 말이다. 모이라 게이튼스Moira Gatens는 인간 몸에 대한 스피노자의 견해를 이렇게 요약한다. "그것[인간의 몸]은 환경과 끊임없이 상호 작용하는 몸이다. 인간의 몸은 주변에 철저하게 개방되어 있고, 다른 몸에 의해 구성되고, 재구성되며, 해체될 수 있다."[46] 거주지에 기반을 둔 액티비즘 형태 특히 환경론적 액티비즘은 인간의 신체와 활동이 얼마나 환경 안에 깊숙이 잠겨 있고, 구체적이고 착근된 만남들에 의해 얼마나 영향을 받는지 극적으로 연출하면서 활동을 전개한다. 줄리아 버터플라이 힐Julia Butterfly Hill은 벌목을 막기 위해 루나Luna라는 거대한 삼나무숲에서 일 년 반 동안 살면서 자신의 신체 안에 일어난 변화에 주목한다:

> 나무는 나의 일부가 되었다. 혹은 내가 나무의 일부가 되었다. 발로 나뭇가지를 감싸며 나무에 오를 때 나무를 감싼 발의 바깥 면에 두툼한 새 근육이 자라났다. 손에는 더욱 많은 굳은 살이 배겼고, 비바람에 갈라진 피부의 틈새는 루나의 소용돌이치는 패턴을 닮았다. 내 손가락은 나무 껍질과 이끼 물이 들어 갈색과 녹색으로 얼룩졌다. 루나의 조각이 내 손톱 밑으로 잘게 부서졌고, 나무 껍질과 가랑잎 조각과 함께 수액은 내 팔과 손과 발을 얼룩덜

---

45 Gail Weiss, *Body Images: Embodiment as Intercorporeality* (New York: Routledge 1998), 158.

46 Moira Gatens, *Imaginary Bodies: Ethics, Power, and Corporeality* (New York: Routledge, 1996), 110.

룩 물들였다. 심지어 사람들은 나한테서 삼나무의 달콤한 향기가 난다고 말했다.[47]

루나의 패턴은 저자 버터플라이 힐의 손에 각인된다. 루나의 흔적이 그녀의 살 속에 터를 잡는다. 나무 앉기tree-sitting실천(벌목을 막기 위해 나무 위에 앉는 환경론적 시민 불복종 행위, 역주)은 종종 미디어의 주목을 받곤 하는데, 이 자체가 유토피아적인 거주 양태로 보일 수 있다. 왜냐하면 사람들이 나무에 앉아 나뭇가지 사이에서 거주하는 구조가 환경에 충격을 가장 적게 주기 때문이다. 삼나무는 숲으로 활짝 뻗어 나가기 때문에 인간이 거주할 수 있는 유일한 장소인 이 왜소한 플랫폼을 더욱 왜소하게 만든다. 영화 『나무에 앉기: 저항의 기술』에서 한 활동가는 매우 기뻐하며 이렇게 외친다. "우리는 이 한가운데 있어요. 그것은 살아있고, 그것은 숨을 쉽니다!"[48] 그래서 신체성은 웨이스가 묘사하듯이 상호신체성intercorporeality이 된다. "체현을 상호신체성으로 묘사하는 것은 몸으로 구현되는 경험이 결코 개인적인 일이 아니라 항상 이미 다른 인간과 비인간 몸체와 계속적으로 상호작용하면서 매개된다는 뜻이다."[49]

나무에 앉아 시위하는 사람들은 거대한 삼나무를 수백 피트 기어 올라 끔찍한 폭풍과 계속되는 강제 퇴거의 위협을 견디면서 부상과 죽음을 무릅쓴다. 그들은 환경론적 정치학으로 보면 인상적이지만, 상호신체적 거주 양식으로는 오히려 극단적인 예다. 철학자 라델 맥워터Ladelle McWhorter는 보다 현실적인 모델을 제시한다. 맥워터는 진짜 토마토 맛을 보기 위해서 어떻게 텃밭을 가꾸게 되었는지 이야기한다. 맥워터는 [진짜 토마토를 맛보는] 쾌락을 위해 토마토 식물에게 좋은 흙을 만들어 주기로 했다. 그래서 흙에다 양분삼아 도리토 과자 부스러기를 뿌렸다. 하지만 과자 성분을 보고 흙을 위한

---

47 Julia Butterfly Hill, *The Legacy of Luna: The Story of a Tree, a Woman, and the Struggle to Save the Redwood* (San Francisco: Harper, 2000), 227.

48 James Ficklin, dir., *Tree-Sit: The Art of Resistance* (Earth Films, 2001).

49 Weiss, *Body Images*, 5.

"양분으로 쓰기" 어렵겠다고 생각했다. 그녀는 갑자기 "흙과 살. 흙과 살 간에 서로 차이가 있음에도 불구하고 내가 바라보는 이 둘이 사촌지간—물론 가까운 사촌이 아니라 몇 번쯤 떨어진 육촌이나 팔촌쯤—임"[50]을 깨달았다. 흙이 자신의 사촌임을 깨닫는다고 해서 흙을 길들일 수 있는 것은 아니다. 대신에 자신의 살이 흙과 친족임을 새삼스레 깨달으면서 자신의 몸을 낯설게 만든다. 맥워터가 자신의 책에서 내내 사용한 단어들 "이탈"deviation, "벗어난"deviant은 진화 자체의 발생적 과정을 퀴어화하면서 생물 다양성이라는 환경적 이상에 자신의 성적 정체성을 연결한다. 맥워터가 새롭게 발견한 흙과의 친족성은 푸코식 윤리학을 예증해준다. 푸코식 윤리학은 즐거운Pleasurable 실천을 계발함으로써 출현하는 생성의 가능성을 강조한다. 맥워터는 묻는다. "어떤 실천을 계발해야 내가 성적 권력 체제에 대항하고, 저항하고, 반대하면서도 쾌활할 수 있을까?"[51] 유사하게도 샌딜랜즈도 자신의 글 「자연을 욕망하기, 윤리학을 퀴어화하기」에서 "생태적 위기가 작게나마 욕망의 문제—특히 편협하고, 규제하고, 지우고, 질서 잡고, 자동화하고, 균질화하려는 욕망—라는 주장을 진지하게 받아들인다면, 퀴어 이론은 환경론적 윤리학에 상당 부분 기여할 수 있다. 반대로도 마찬가지다. 타자의 실체적 존재를 욕망하고 그 안에서 쾌락을 얻는 것은 생태적으로 파괴적인 관계와 성적으로 파탄 난 관계로부터 섹슈얼리티의 지향을 변경할 수 있는 잠재력을 지닌다"[52]고 주장한다.

우리는 쾌락이 윤리적이라는 사유에 익숙하지 않다. 우리는 쾌락이 정치적일 수 있지만 윤리적이라고 생각하지는 않는다. 그러나 금욕적인 실천이 빈번하게 신체적으로 경계를 짓도록 강제한다거나, 자연과 거주지를 거부하

---

50 Ladelle McWhorter, *Bodies and Pleasures: Foucault and the Politics of Sexual Normalization* (Bloomington: Indiana University Press, 1999), 167.

51 Ibid., 192.

52 Catriona Sandilands, "Desiring Nature, Queering Ethics: Adventures in Erotogenic Environments," *Environmental Ethics* 23, no. 2 (2001): 188.

거나 초월하도록 부추기는 반면, 쾌활한 실천은 인간 자신을 활짝 열어 비인간 자연과 친족이 되고 상호 연결하게 만든다. 메리 올리버Mary Oliver는 자신의 시 「야생 거위」에서 착하게 살라는 명령을 저버리는 윤리적 길을 모색한다. 상호 연결의 감각은 인간의 신체성에서 시작된다. "당신은 당신 몸의 부드러운 동물이/사랑하는 것을 사랑하도록 내버려두기만 하면 된다."[53] 올리버의 시는 앞머리에 "당신"을 반복하면서 "당신"을 새로운 윤리적 주체로 호명하면서 시작한다. 새로운 윤리적 주체란 회개하는 의례에 종속되지 않는 대신 비인간 세계의 부름에 응답하는 주체다. 그래서 윤리적 행위는 인간의 친족 그 이상의 넓은 망 안에 자신의 구체적 위치를 깨닫는 데서 시작된다. 시의 마지막 줄에서 "당신"은 더 이상 앞에 나오지도 않고 대문자로 표기되지도 않는다. 도리어 "당신"은 세상의 목소리 안에 부드럽게 포함된다.

쾌락의 토대는 올리버가 제안하듯이 "물건의 가족 안에서 우리의 자리"를 찾는 것이다. 그러면 어떻게 될까? 우리 자신의 몸을 거주시킨 다음 그 몸을 주변 인간과 비인간의 몸에 활짝 열어 상호 침투하는 몸으로 되는 첫 거주를 시작한다면, 우리는 신체적 윤리학을 만들어낼 수 있을 것이다. 항상 "거주지에 있는" 윤리학, 이는 결코 탈신체화되어 멋대로 부유하는 데카르트식 윤리학이 아니다. '거주의 윤리학'은 야생에 대한 환상만 그득하고 지속 불가능한 로맨스와 생태 관광의 유혹을 거스른다. 이들은 우리가 거주하는 실제 장소의 야생적 아름다움과 가치를 무시하게 만든다.[54] 이들을 보완하는 운동은 인간의 거주지dwelling를 서식지habitat로 강조할 필요가 있다. 우리가 비인간 자연과 연결되어 있고, 지속 가능한 수많은 쾌락이 가능함을 드러내야 한다. 우리는 동물의 문화, 동물의 기억, 동물의 쾌락, 동물의 집을 인정하고, '너무나 인간적인' 풍경 안에 그들의 공간을 만들어주어야 한다. 그들이 다른 곳에

---

**53** Mary Oliver, "Wild Geese," in *New and Selected Poems* (Boston: Beacon Press, 1993).

**54** William Cronon, "The Trouble with Wilderness; or, Getting Back to the Wrong Nature," in *Uncommon Ground: Rethinking the Human Place in Nature*, ed. William Cronon (New York: Norton, 1996), 69-90 참조 바람.

서 생존할 거라고 상상하는 것은 인류세 안에서는 더 이상 불가능한 까닭이다.

## 다종 예술과 건축

그렇다면 집이라는 공간을 신체적 윤리학corporeal ethics을 위한 기반으로 재상상할 뿐만 아니라 다종이 거주하는 장소로 재상상하는 것이 가능할까? 신체적으로 즐겁게 거주한다는 것은 휴머니즘의 토대를 잠식시킬 것이다. 인간의 예외성이란 '살'로부터 벗어나 마음과 정신의 승리를 만끽하는 데 있기 때문이다. 리베카 솔닛Rebecca Solnit이 주장하듯이, "내부성interiority(누군가의 생각, 감정, 반응, 내적 고민, 역주)이 물질적 기원, 생물 활동, 우리 몸이 우리와 갖는 관계를 전부 지워버리고 과잉되고 있으며, 실제적 의미에서 우리는 다른 존재들의 머리 속 내부에서 살고 있다."[55] 에드워드 케이시Edward Casey는 그의 책 『거주 장소로 되돌아가기』에서 메를로 퐁티의 개념인 "세계의 살"을 사용하여 "우리의 몸과 자연은 인접해 있을 뿐만 아니라 공간적으로 연속되어 있다… 그런 살에서 문화와 자연의 섬유는 하나의 연속적인 직물을 직조한다"[56]고 말한다. 이 이미지는 강력하다. 앞서 인용했듯이 체현embodiment을 상호신체성으로 보는 웨이스의 책을 포함해서 '신체성'에 대한 학계의 많은 연구들은 인간을 비인간 자연과 함께 엮어 짜낼 실을 궁극적으로 잘라버리면서 너무나 인간적인 패턴으로만 직물을 잘못 재단하고 있기 때문에 특히 강력하다.

건축에 대한 연구는 대부분 역사적으로 인간 영역에만 한정되었다.[57] 예

---

55 Rebecca Solnit, *As Eve Said to the Serpent: On Landscape, Gender, and Art* (Athens: University of Georgia Press, 2001), 164.

56 Edward Casey, *Getting Back into Place: Toward a Renewed Understanding of the Place- World* (Bloomington: Indiana University Press, 1993), 255, 256.

57 이 장의 초기 버전이 출판된 이래 녹색 건축, 지속 가능한 건축, 다른 유형의 환경론적 건축이 빠르게 확산되어 여기에서 종합적인 설명을 하기는 불가능하다. 그럼에도 불구하고, 이 장은 건축이 어떻게 횡단-신체성이라는 새로운 물질론을 개발했는지 보여준다. 많은 이들은 횡단-신체성의 긍정적이고 쾌활한 버전이 정말 가능한지 논의해달라고 요청했

를 들어 쉐리 아렌첸Sherry Ahrentzen이 페미니즘과 건축을 종합적으로 개관하는 글에서 녹색 건축이나 환경 윤리학은 언급하지 않는다.[58] 마가렛 서머빌Margaret Somerville이 "물질적이고 형태적 의미의 벽을 쌓아서 안팎을 분리하는 건축이 과연 무슨 소용이란 말인가?"라고 물을 때조차 비인간 동물이나 환경은 그녀의 답 속에 들어있지 않다. 보다 불편한 점은 그녀는 궁극적으로 지구로부터 벗어나길 꿈꾸는 우주선 비유로 글을 맺고 있다는 것이다. "건축가와 건축은 우리의 몸, 마음, 영혼이 미래로 여행하는 유형 무형의 공간—우주선—을 디자인하고 세우는 데 중요한 역할을 할 것이다."[59] 마찬가지로 카르스텐 해리어즈Karsten Harries가 쓴 「공간의 목소리」라는 챕터에서, 그는 "적어도 건축에 관한 한 인간은 만물의 척도가 된다"[60]고 말하면서 전적으로 인간 중심적인 평가 체계를 주장함으로써 환경의 중요성을 원천적으로 차단해버린다. 신체적 윤리학을 전개하고 있는 대다수 학자들조차 비인간 자연을 고려하여 윤리학을 확장하지 않는다. 예로써 조지 다즈George Dodds와 로버드 태버너Robert Tavernor의 책 『몸과 세우기: 몸과 건축의 관계 변화에 대한 에세이』와 켄트 블루머Kent Bloomer와 찰스 무어Charles Moore의 책 『몸, 기억, 건축』에 들어 있는 글을 보자.[61] 데보라 파우쉬Deborah Fausch는 자신의 글 「몸의 지식과 역사의 현존: 페미니스트 건축을 향하여」에서 "몸의 경험을 위한 양태를 제공하고, 자신을 몸으로 지각하기—남녀 모두가 공유하는 감각—에

---

다. "쾌락이 관건이다"는 횡단-신체성의 방향으로 움직이고 있는 포스트휴머니스트, 다종 상호신체성의 긍정적 모드를 옹호한다. 나는 횡단-신체성을 상호신체성이라는 유쾌한 다종 버전과 구분하고자 한다. 횡단-신체성은 주체를 과학적이고 정치적으로뿐만 아니라 물질적으로 매개된다고 보는 일관성 있는 개념이다. 횡단-신체성은 물질적 행위능력을 과학적으로 "포획"할 필요성을 강조한다. 더욱이 횡단신체적 주체 개념은 주디스 버틀러, 도나 해러웨이, 앤드류 피커링, 울리히 벡, 캐런 버라드의 이론에 기대고 있다. 이에 대해 본 장은 분명하게 말하고 있지는 않다. 그러나 나의 구분에 대한 반대 의견을 환영한다. 많은 이들이 이미 횡단-신체성을 취해서 변형시켜 왔기 때문이다.

**58** Sherry Ahrentzen, "The Space between the Studs: Feminism and Architecture," *SIGNS* 29, no 1 (2003): 179-206.

**59** Margaret A. Somerville, "Ethics and Architects: Spaces, Voids, and Travelling- in- Hope," in *Architecture, Ethics, and Technology*, ed. Louise Pelletier and Alberto Pérez-Gómez (Montreal: McGill-Queens University Press, 1994), 72, 77.

**60** Karsten Harries, *The Ethical Function of Architecture* (Cambridge, Mass.: MIT Press, 2002), 180.

**61** George Dodds and Robert Tavernor, eds., , *Body and Building: Essays on the Changing Relation of Body and Architecture* (Cambridge, Mass.: MIT Press, 2002); Kent C. Blooomer and Charles W. Moore, *Body, Memory, and Architecture* (New Haven, Conn.: Yale University Press, 1977).

타당성을 부여하는" 건축을 상상해 본다. 파우쉬는 "서구 문화가 몸을 추상화하고, 왜곡하고, 학대하고, 심지어 추방해버리는 경향의 문제를 건축 분야가 대처할 수 있다"[62]고 주장한다. 이런 비전에 동의하면서 동시에 나는 물질성을 자연 세계와 상호 연결하도록 비전을 확장하고자 한다. 서구 문화의 추상화 경향과 싸우기 위해 물질성과 비인간 자연의 작용을 정확하게 구체화하는 것보다 더 좋은 방법을 상상할 수 없다. 내가 결론에서 주장하겠지만, 건축의 내부에 있는 지배 패러다임을 포함해서 지속 가능성이라는 지배적 패러다임은 환경 문제에 대한 기술적인 해결책을 만들어내기 위해서 관리자적 거리감을 차용한다. 이런 시나리오에서 인간은 전문가이고, 문제 해결자이며, 공학자이고, 합리적이고 계산적인 존재다. 그는 취약하지도, 살을 가지고 있지도, 물질적 과정에 상호 연결되지도 않는다. 그는 세상을 건설하면서도 세상 밖에 서 있는 존재다. 그러나 물질 세계의 놀라움, 행위들, 행위능력은 게슈탈트(완전한 구조와 전체성을 지닌 형상과 상태, 역주)를 엎어버릴 것이고, 환경—세워지거나, 건설되거나, 우연히 접촉하거나, 변형되는—이 인간을 위한 단순한 배경 역할을 할 뿐이라는 사유를 방해할 것이다. 엘리자베스 그로츠Elizabeth Grosz는 자신의 책 『외부로부터의 건축』에서 자연은 사실상 적어도 두 가지 방식으로 건축의 "가장 중요한 요소" 자체라고 주장한다. "건축은 두 개의 자연 개념에 의존한다. 착취하고 다시 써야 할 물질, 즉 부품standing reserve으로 여기는 자연 개념이 하나고, 또 한계를 교체하고 변형시킴으로써 부품이나 자원의 수동성을 넘어서 생성하고 진화하는 자연 개념이 두 번째다."[63]

생성하거나 진화하는 자연이라는 두 번째 개념이 바로 과잉 소비와 통제로 기울어진 문화에서는 보통 무시당하고, 억압당하고, 논쟁의 대상이 된다.

---

62 Deborah Fausch, "The Knowledge of the Body and the Presence of History: Toward a Feminist Architecture," in *Architecture and Feminism*, ed. Debra Coleman, Elizabeth Danze, and Carol Henderson (New York: Prince ton Architectural Press, 1996), 40.

63 Elizabeth Grosz, *Architecture from the Outside: Essays on Virtual and Real Space* (Cambridge, Mass.: MIT Press, 2001), 99, 100.

그러나 인간에 기반한 "인간적인 것"의 단단한 손아귀로부터 벗어나려면, 인간은 안전한 울타리 안에 있다는 환상을 버리고 '생성하는 자연' 속으로 우리 자신을 던져야 한다. 거주의 윤리학이 결과적으로 인간을 밖으로 방향을 틀도록 만든다면, 거꾸로 이 윤리학은 밖에 있는 것을 안으로 초대하는 것을 의미하기도 한다. 이러한 역전은 모든 것을 인간 중심적이거나 인간을 닮은 동일성으로 균질화하려는 의도는 아니다. 그런 동일성은 비인간 자연이 그만의 개별적 존재성와 행위능력을 작동시킨다는 사실을 거부하기 때문이다. 대신에 역전은 샌딜랜즈의 용어로 "실재의 윤리학"ethics of the Real을 위한 공간을 마련한다. "실재의 윤리학"에서는 자연을 "인간이 만들어낸 현존"이 아니라 "불가사의의 적극적 타자"[64]로 여긴다. 그런 윤리학은 결과적으로 동물 기억과 동물 문화를 위한 공간을 마련할 것이다. 예를 들어, 1968년 앨런 선피스트Alan Sonfist(뉴욕의 환경 예술가, 역주)는 "전 세계 도심에 있는 공공 예술은 자체 자연 환경의 역사를 끌어들일 수 있다"[65]고 제안한다. 식물, 새, 다른 동물의 이름을 따서 거리 이름을 짓고 새와 동물 소리와 심지어 식물의 냄새가 "거리에 퍼지도록" 설계함으로써 말이다. 우리가 푸코의 개념인 "대항기억"을 비인간 존재들로 확대한다면, 잃어버린 자들의 이야기, 지금 도시 거리에 더 이상 거주하지 않는 존재들을 우리가 상상하면서 그들이 요구하는 바를 알릴 수 있다. 식물과 동물의 역사가 공공의 기념비가 될 만한 가치가 있는 반면 위험도 있다. 많은 사람들은 살아있고 예측할 수 없는 [진짜] 새보다, 깃털이나 배설물 없이 즐길 수 있도록 유선을 통해 새소리 듣는 것을 선호한다.[66] 마찬가지로 식물과 동물의 형태로 만들어진 건축물은 환경적 실천에 영

---

64 Catriona Sandilands, *Good- Natured Feminist: Ecofeminism and the Quest for Democracy* (Minneapolis: University of Minnesota Press, 1999), 181.

65 Sonfist, 재인용. Kastner and Wallis, *Land and Environmental Art*, 258.

66 Ursula K. Heise는 사이보그 동물을 분석하면서 비슷한 주장을 한다. "인공 동물을 상상으로 탐구할 때 전제가 되는 것은 다음과 같은 질문들이다. 자연 없이 우리가 뭘 얼마나 할 수 있을까, 어느 정도까지 자연을 가장한 것이 진짜 '자연'을 대체할 수 있을까, 자연이든 인공이든 동물이 인간이라는 자기 정의 안에서 어떤 역할을 할 수 있을까?" Heise, "From Extinction to Electronics: Dead Frogs, Live Dinosaurs, and Electric Sheep," in *Zoontologies: The Question of the*

감을 줄 수는 있을지 몰라도, 빌딩을 새 모양으로 만든다고 해서 인간이 만든 빌딩 때문에 서식지로부터 쫓겨난 많은 새들이 편안하게 둥지를 틀 수 있는 건물이 되는 것은 아니다.

땅 위에 있는 비인간 존재들이 요구하는 바를 기억하는 것도 중요하지만, 더욱 중요한 것은 동물의 거주를 위해 공간을 창조하는 것이고, 야생 회복rewilding을 실천하는 것이다. 거주의 환경 윤리학은 그 무엇보다도 비인간 생물체들의 거주 요건을 존중하는 것이다. 이는 뒷마당에 새, 나비, 도마뱀, 개구리, 포유 동물들의 거주지를 만들어주는 일반적인 실천으로부터 도시를 "주폴리스"Zoöpolis(인간과 자연이 같은 지역에서 함께 사는 개념, 역주)로 재상상하는 것까지 다양하다. 제니퍼 월치Jennifer Wolch(도시계획 지리학 교수, 역주)는 "주폴리스에서 인간이 동물과 자연을 재통합해 내면 도시 거주자들은 세상 삶에 대한 동물적 방식과 입장을 이해하고, 특정한 맥락에 따라 동물과 상호 작용하며, 주체로서 동물의 자율과 생활 공간을 보호하는 데 필요한 정치적 행위를 지역적 상황에 따라, 동물 생활과 관련된 일상 지식을 제공 받을 수 있다"[67]고 주장한다. 어떤 의미에서 '주폴리스'는 시민, 도시 계획자, 공원 관리사, 건축가, 조경사들이 완전히 다른 시각을 지닐 것을 요구한다. 그러나 또 다른 의미에서 '주폴리스' 개념은 우리 가운데 항상 이미 존재하는 생명체를 인식하도록 자극한다. 예를 들어 내가 사는 달라스 시내 동네에서는 너구리들과 주머니쥐들이 침실의 창문을 들여다보고, 초록색 아놀 도마뱀이 나무에서 부엌을 빤히 들여다보기도 한다. 한번은 개 때문에 깜짝 놀란 땅거미가 거실로 급히 달려왔다. 땅거미는 잠시 주변을 두리번거린 후, 빗자루를 받쳐서 열어놓은 문을 통해 유유히 밖으로 나갔다. 뉴스에 따르면 야생 칠면조가 뉴욕시로 쳐들어오기도 하고, 흰머리 독수리가 맨하탄에 선보인 적도 있고,

---

*Animal*, ed. Cary Wolfe (Minneapolis: University of Minnesota Press, 2003), 60 참조.

67 Jennifer Wolch, "Zoöpolis," *Capitalism, Nature, Socialism: A Journal of Socialist Ecology* 7, no. 26 (1996): 29.

뉴욕 센트럴 파크의 공원 관리자가 올빼미를 길들이기도 한다. 코요테가 도시에서 심지어 뉴욕의 부자 동네에서도 출현하고 있다. 랜스 리처드슨Lance Richardson은 코요테와 같은 야생 동물을 "경이로운 일탈자로써 '적절한 야생 지역'에 멀찌감치 격리해야 한다"는 일반적인 생각에 반대하면서 우리는 쥐와 야생 고양이 개체 수를 통제하는 데 도움을 주는 도시의 코요테와 공존해야 한다고 주장한다.[68] 『고담 코요테 프로젝트』를 공동 창설한 보존 생물학자인 마크 웨클Mark Weckel은 "특별히 우리 시대에는 코요테가 도시 환경을 위해 가장 중요한 종이 될 수도 있다"[69]고 주장한다. 도시, 교외, 준교외 환경은 인간과 애완 동물을 위한 배타적 영역이 아니라 다종이 거주하는 곳으로 재상상되어야 한다.

2001년에 나온 다큐멘터리 『철새의 이동』[70]은 여러 종류의 철새들이 지구를 돌아 이동하는 경로를 추적한다. 이 다큐는 철새들이 점점 더 늘어나는 도시, 교외, 아스팔트, 산업 지역, 단일 재배지와 같은 적대적 지역으로 구성된 내륙에서 먹이, 물, 휴식할 장소를 찾으려 분투하는 철새의 관점에서 세상을 보여준다.[71] 인류세는 이동하는 종에게는 가혹한 세상이다. 지정된 장소에 머물 수 없고 매년 엄청난 거리를 이동하는 철새의 관점으로 보게 되면, 우리는 우리가 사는 이곳이 다른 생명체의 땅이기도 하다는 사실을 깨닫는다. 농경지, 산업 단지, 도시, 교외, 준교외 땅 모두가 철새들의 서식지일 뿐만 아니라 이동 경로가 될 가능성이 많다. 예술가인 린 헐Lynne Hull의 야심찬 프로젝트인 『이동의 이정표』(2000~ )는 철새 이동 장소를 표시해줌으로써 다양한 새들의 이동 경로에 대한 정보를 제공할 뿐만 아니라 새들의 서식지를 개선시키려는 목적을 지닌다. 우리는 철새를 불법 침입자로 반응하기보다는 스피

---

**68** Lance Richardson, "New York Needs Coyotes," *Slate*, July 31, 2015.

**69** Ibid.

**70** *Winged Migration (Le Peuple Migrateur)*, dir. Jacques Perrin (Sony, 2001).

**71** Ibid.

노자의 "욕망의 윤리학"을 받아들일 것이다. 욕망의 윤리학이란 클레어 콜브르크Claire Colebrook가 주장하듯이, "누구나 타자의 생성을 긍정하게 되면 자기 자신의 생성이 극대화됨"[72]을 의미한다. 집은 타자의 위험으로부터 방어하는 견고한 경계와 소유물로써 인식된다. 하지만 집에 대한 이러한 고정적static 모델과 달리 우리는 집을 생성의 장소, 다른 생명체의 생성이, 특별히 우리의 생성 가능성을 더욱 풍성하게 만드는 장소로 상상할 수 있다. 다양한 범위의 공생적 관계와 상호 연결의 쾌락을 더해주는 거주지를 건설할 가능성을 상상해 보라. 미크 스미스는 환경론자들이 야생을 소중하게 생각하는 이유가 "야생은 전적으로 지배당하거나 통제 · 변형 · 제한되지 않고, 인간의 효율적인 활용의 지배에 순응하도록 만들어지지도 않기"[73] 때문이라는 점에 주목한다. 육지의 야생 지역과 해양의 보호 지역이 생태 시스템과 종 보호에 여전히 중요하지만, 인간과 야생의 경계를 넘어 야생을 인간의 영역으로 초대하는 것도 똑같이 중요하다.

패트리샤 조핸슨Patricia Johanson, 라이코 고토Reiko Goto, 린 헐Lynne Hull의 공공 예술은 인간의 욕망과 다른 종의 욕망을 통합하기 위해 전략을 제시한다. 조핸슨의 『아름다운 공원의 작은 늪』은 1981년과 1986년 사이 달라스에 조성되었는데, 당시에는 흔치 않았던 생태 복원 방법을 실험함으로써 오염된 물을 거북이와 물고기와 물새들이 사는 공간으로 탈바꿈시켰다(그림 1). 조핸슨은 "이 프로젝트가 시작하기 바로 전에 야생 새떼들이 도착했다. 여러

72 Claire Colebrook, "From Radical Representations to Corporeal Becomings: The Feminist Philosophy of Lloyd, Grosz, and Gatens," *Hypatia* 15, no. 2 (2000): 76-93.

73 Mick Smith, *Against Ecological Sovereignty: Ethics, Biopolitics, and Saving the Natural World* (Minneapolis: University of Minnesota Press, 2011), 97.

그림1. 패트리샤 조핸슨『아름다운 공원의 작은 늪』(1981-1986). 미국 텍사스주 달라스

종류의 물고기들도 새떼를 먹일 수 있는 환경 속으로 유입되었다"[74]고 기억한다. 신 유Xin Wu는 조핸슨이 양치류 모양을 기반으로 공원 늪을 디자인했다고 말한다. "양치류의 우아한 모양처럼 다리들이 분화되는 방식으로 만들었다." 그래서 조핸슨은 "각각 가느다란 이파리를 건축물의 코드에 따라 다리로 변형시켰다."[75] 결과적으로 "길을 걷는 사람들은 식물의 패턴을 따라 생물학적 형태와 동일한 곡선과 리듬을 반복하게 되고, 생물학적 구조와 일치하는 형태를… 처음에는 감각과 발을 통해서, 나중에는 지성적으로 각인하게 된다."[76] 뱀처럼 구불구불한 길은 물로 깊이 들어갔다가 다시 나온다. 물이 차는 바람에 길이 부분적으로 잠겨버리는 경우엔 뒤로 물러설까, 물 속으로 철퍼덕 걸어 들어갈까, 아니면 건너 뛸까를 고민하게 되는데, 이때 길은 인간에게 모험이 된다. 조핸슨은 자신의 예술에서 "가장 중요한 부분은 자신이 애초

---

**74** Johanson, quoted in Caffyn Kelley, *Art and Survival: Patricia Johanson's Environmental Projects* (Salt Spring Island, B.C.: Islands Institute of Environmental Studies, 2006), 21.

**75** Xin Wu, *Patricia Johanson and the Re-invention of Public Environmental Art, 1958-2010* (Surrey, U.K.: Ashgate, 2013), 145.

**76** Ibid., 148.

디자인하지 않은 부분에 있다"[77]고 말한 적이 있다. 그녀의 작품은 예상치 못한 것을 신체적으로 경험하도록 초대한다. "몸을 움직이면서 미리 계획되지 않은 경험을 기획하는 정원들은 방관자를 참여자로 바꾸고, 풍경과 삶에 영향을 주는 세력을 고려하는 동시에 그 세력에 창의적으로 반응할 수 있도록 해준다. 나는 있는 그대로의 세상과 더불어 우리가 대면하는 풍경에 점점 더 관심을 가지게 된다. 오로지 인류세적 관점과 미적 관점으로만 풍경을 생각하는 것은 궁극적으로 우리 자신에게도 별 도움이 되지 않는다."[78]

다종 예술은 식물과 비인간 동물을 즐겁게 만드는 데 목표를 두고 있다. 그렇게 하는 과정에서 인간의 미학적 기대와는 어긋날 수 있다. 1997년 고토가 조성한 샌프란시스코의 조-앤Cho-en (나비 공원)은 나비가 생존하는 데 필요한 "잡초"로 가득하게 만들었다. 그곳에서 볼 것이 없다고 생각하지만 고토는 덤불을 여기저기 돌아다녀 보라고 권한다. "바닥에 배를 깔고 엎드려 흙 냄새를 맡아 보라"[79]고 권한다. 고토와 그녀의 일행은 "거주지로써 필요한 것을 마음 속으로 상상하며 녹색 공간이 상호 연결된 야생의 길을 설계한다. 이 길은 야생의 생물들이 움직이고 번성하도록 만들고, 도심 안에서조차 자연의 경이로움을 인식하도록 격려한다." 고토의 1991년 프로젝트인 『벽도, 지붕도, 아무것도 없는 내 집은 젖지도, 바람에 쓰러지지도 않는다』는 15세기 선(禪) 시인인 이큐Ikkyu가 쓴 하이쿠에서 제목을 따온다. 나무로 만든 이 집에는 연못이 있는데, "그 지역의 공격적인 개발로 손상을 입었지만, 한때 청개구리가 넘쳐났던 서식지를 복구할 의도로 설계되었다."[80] 아이러니하게도 개구리들에게 안전했던 피난처를 과거 인간 거주지를 짓기 위해 개구리를

**77** Johanson, Kelley, *Art and Survival*, 19에서 재인용.

**78** Ibid, 26. 조핸슨의 더욱 도발적인 제안은 "Garden of Organized Killing / Soil Fertility"이라는 프로젝트다. 이것은 도살장 밖에 설치되었는데, "조직적 살해의 끔찍함이 공공 정원에 개방된 것이다. 이 정원은 희생된 동물의 피로 비옥해진다. 죽음의 악취가 곳곳에 있다"고 말한다.

**79** Goto, Baile Oakes, *Sculpting with the Environment: A Natural Dialogue* (New York: Van Nostrand- Reinhold, 1995), 135 재인용.

**80** Artist statement, n.d., http://collinsandgoto.com/artwork/.

파괴했던 똑같은 형태로 복원한 셈이다. 하지만 시적인 제목—벽도, 지붕도, 아무 것도 없는—은 경계를 부정하면서 인간 거주지를 밖으로 열어낸다. 거주의 다종 양태를 상상하도록 자극하고, 인간과 개구리의 요구가 종종 상충할 수 있음을 환기하기도 한다.

그림 2. 린 헐, 「번개 맹금류 홰」(Lightening Raptor Roost) # 2.

린 헐은 "횡단-종 예술"trans-species art을 개척했다. 맹금류를 위한 홰를 만드는 일련의 작업처럼 야생의 흥미를 끄는 헐의 조각물은 그림 2에서 보는 바와 같이 맹금류가 걸터 앉거나 둥지를 틀 수 있는 서식지를 제공한다. 번개처럼 생긴 이 조각물은 거대한 사막 풍경에 딱 들어맞고 인간의 눈을 즐겁게 한다. 헐은 이 조각물이 맹금류의 미학적 감각과 건축학적 요구에 매력적이길 바라면서, "나는 매가 이 조각품의 매력에 끌리길 희망한다"[81]고 말한다. 이러한 공공 예술의 성공은 비인간 동물이 어떻게 행동하고 무엇을 선호하는가를 이해하는 데 달려있다. 하지만 「맹금류 홰」는 인간의 쾌락이 아니라 매의 쾌락을 위해 만들어졌다는 헐의 설명을 보면 예술 자체가 얼마나 급진적으로 동물의 미적 감각에 달려있는가를 드러낸다. 누가 알겠는가? 예술 비평가보다 매의 [미적 감각]을 만족시키는 것이 더욱 힘들지도 모른다. 헐의 전기는 헐의 "고객" 목록을 작성하는데, 고객은 "매, 독수리, 소나무담비, 물수리, 올빼미, 거미원숭이, 연어, 나비, 벌, 개구리, 두꺼비, 도롱뇽, 박쥐, 비버, 명금, 수달, 록하이랙스, 사막에 사는 작은 종들, 물새들"[82]이고 인간은 매우 드물게 등장한다." 많은 종들이 멸종의 위협에 직면하기 때문에 헐은 예술을 구명 보트로 상상한다. 「북극 우주 정거장」The Polar Platform이라는 작품은 북극곰, 돌고래, 해마에게 떠다니는 서식지를 제공할 것이고, 「새 바지선」the Bird Barge은 "물에서 해로운 물질을 청소하는"[83] 식물을 포함하여 야생의 서식지로써 큰 강을 오르내릴 것이다. 헐의 웹사이트는 집을 더욱 가깝게 연결시키고, 누구나 뒷마당이 있다면 그곳에 종을 횡단하는 예술과 조각품을 제작하도록 격려한다. "참여하기"에 클릭하는 것은 신용 카드 번호를 입력해서 단체에 지원하거나 물건을 구입하도록 초대하는 것이 아니다. 이는 바로 누군가의 문 밖에 존재하는 물질적 요소들로 초대하는 것이다. 헐은 환대적 프로젝트에 참여하도록 초대한다. "사람들처럼 야생도 그들이 삶을 영위할 음식, 쉼터, 물, 공간이 필요합니다. 여러분이 이런 요소들을 제공함으로써 서식지를 만든다면 그들이 올 겁니다."[84]

거주의 윤리학은 인간이 놀라움, 놀이, 생성 가능성을 욕망하기 때문에 촉

81 Hull, Oakes, *Sculpting with the Environment*, 139, 재인용.

82 Hull, "Bio," n.d., http://eco-art.org/?page_id=7.

83 Hull, "Proposals Archive and Active," n.d., http://eco-art.org/?page_id=32.

84 Hull, "Get Involved," n.d., http://eco-art.org/?page_id=17.

발된다. 즉 비인간의 행위능력, 활동, 생성이 겉으로 정체된 듯한 장소지만 우리가 이런 장소를 활력이 넘치고 계속 변형이 일어나는 장소로써 [놀랍고도 흥미롭게] 재창조할 때 거주의 윤리학은 가능하다. 인간과 비인간이 서로 횡단한다는 사실을 고려하는 예술과 건축은 노동과 소비라는 진부한 대본을 되풀이하는 우리의 편협한 삶에 저항할 수 있게 한다. 누군가를 지배하려는 욕망을 버리고 대신 우리 자신과 삶과 일을 활짝 열고, 비인간 생물체들과 서로 작용하고, 행위하고, 기억하고, 기뻐할 수 있도록 공공의 공간도 활짝 열면, 우리는 생물체들이 풍성하게 거주하고 변형하는 장소에서 살게 될 것이다. 이론가인 브라이언 마수미Brian Massumi(캐나다의 철학자이자 사회 이론가, 역주)가 질문하듯 우리도 이렇게 질문할 수 있다. "[함께 사는] 사회 속으로 진입하고, 질적인 변화를 일으키는 세력은 무엇일까? 그 세력은 자연이 아닐까? 자연이 본래 세상에 존재하는 역동적인 경이로움의 보고가 아니라면 뭐란 말인가?"[85] 엘리자베스 그로츠는 "예술, 사회, 정치적 삶뿐만 아니라 건축이 지닌" 가장 "역동적인 요소들이 비시의 섯늘과 함께 순수한 쾌락으로 전율한다"[86]고 쓴다. 제프리 제롬 코엔이 주목하듯이, 행위능력주의agentism(모든 존재들이 행위능력을 지닌다는 신념, 역주) 철학을 받아들인다면, "다양한 연결을 서로 주조해내고, 서로를 변형시키는 관계를 유지하고 (혹은 끊어버리고), 새로운 것을 성취하고, 창조하고, 사라지게 만들고, 놀라게 하는 능력이 인간과 비인간 모두에게 주어진"[87] 것이다. 생물을 애호할 때 놀라운 쾌락이 생기도록 공간을 창조하는 것, 이를테면, 예술가의 홰를 인정하는 맹금류, 도시 코요테의 하울링, 새 먹이통에 침입해 소동을 부리는 너구리, 땅거미의 예의 바른 방문들은 모두 환경론적 참여를 유지하고, 세상의 놀이에 초대하는 거주 형태를

85 Brian Massumi, *Parables of the Virtual: Movement, Affect, Sensation* (Durham, N.C.: Duke University Press, 2002), 236.

86 Grosz, *Architecture from the Outside*, 104.

87 Jeffrey Jerome Cohen, "Introduction," in *Prismatic Ecologies: Ecotheory beyond Green*, ed. Cohen (Minneapolis: University of Minnesota Press, 2013), xxv.

권장하는 데 도움이 될 것이다.

# 2장

## 포획에서 벗어나기:
### 퀴어 동물의 과학, 문화, 쾌락

우리는 사슴이다. 우리는 퀴어다. 그 사실에 익숙해져라.
노르웨이의 새로운 전시회가 동성애 동물의 왕국을 공개한다.

—앨리사 오파Alisa Opar,
"우리는 사슴이다. 우리는 퀴어다. 그 사실에 익숙해져라"

생물학적 풍부함은 무엇보다 생명의 활력과 무궁무진한 생명의 가능성을 긍정하는 것이다. 이는 원초적이면서 동시에 미래적인 세계관이다. 그 세계관에서 젠더는 변화무쌍하며, 섹슈얼리티는 다양하고, 남성과 여성의 범주는 유동적이고 변형 가능하다. 간단히 말해서 세계는 우리가 사는 바로 이곳이다.

—브루스 배게밀Bruce Bagemihl,
『생물학적 풍부함: 동물 동성애와 자연의 다양성』

세상에서 우리는 최선의 의도를 가지고 행동한다. 우리는 실재를 과학적 대상으로 추가하고 싶지만, 불가피하게도 일종의 비극적 편견으로 실재를 늘 빼버린다. 서툰 웨이터가 근사한 요리 접시를 기울어진 테이블에 놓는 바람에 바닥에 깨뜨리는 것처럼 말이다. 관심 대상이 되는 물질은 명백하게 웹망에 속한 "사물성"을 지니고 있다. 그런데 우리는 왜 이 "사물성"을 끌어냄으로써 똑같이 고집스럽고 단단한 리얼리즘을 찾지 못하는 것일까?

—브루노 라투르Bruno Latour,
「비판은 왜 맥이 빠져버렸는가? 사실의 문제로부터 관심의 문제로」

유럽과 미국의 서구적 사유는 여성, 유색인, 식민지인, 토착민, LGBTQ을 적대적으로 대할 때 언제나 "자연"을 차용했다. 사회 진화론, 식민주의, 원시주의, 과학 기반 인종 차별이 끼친 해악의 역사들이 "인종"과 "자연"을 뒤섞어버림으로써 그들에게 필요한 이론을 만들어냈던 것처럼[1], 많은 퀴어 이론은 "자연", "자연스러움"이라는 부질없는 범주를 괄호에 넣어버리거나 아예 없애버리거나 멀찌감치 거리를 둠으로써, 퀴어적 욕망을 전적으로 사회적인 인간 거주지 안에 위치시켰다. 이런 방식으로 "퀴어"를 "자연"과 분리하는 것은 퀴어 녹색 지대를 추구하는 사람들에겐 별 호소력이 없다. 카트리오나 샌딜랜즈는 "생명에 대한 생명-정치학적 조직"을 논하면서 생명 자체를 "퀴어"로 인식하면 "세상을 읽는 또 하나의 독법에 마음을 열게 된다"고 주장한다. 그 독법에서는 "생식이 재생산으로 축소되지 않고, 미래가 이성애 규범에 따른 '동일성'의 반복에 제한되지 않으며, 이성애 커플과 그들의 자손—혹은 그에 따른 복제물—이 생태 비평을 위해 특권적 생명을 지니지 않는다"[2]고 말한다. 비인간 동물의 섹슈얼리티를 개념화하는 방식—아마도 "자연", "자연스러움", "생명"의 신기한 부분 집합으로 개념화하는 방식—은 세상을 읽는 다른 비슷한 독법들을 활짝 열어 젖혀 개방적으로 만들 것이다. 퀴어 동물의 존재는 이성애 규범이 자연적이라는 서구적 사유의 기반을 흔든다. 과학, 문화 이론, 일반 상식은 비인간 생명체의 성적 다양성을 부정하고, 무시하고, 가둬버리고, 격리하고, 달리 설명해버린다. 라투르가 표현하듯이 그런 사실은 퀴어 동물이라는 실재를 빼버리는 대신 추가해보고 싶은 마음을 불러 일으킨

1 다나 사이틀러Dana Seitler는 성적 "도착"perversity은 다른 카테고리와 상호 연결되어 출현한다고 기록한다. 사이틀러는 "도착이 구성되는 것은 인종, 젠더, 신체적 기형, 섹슈얼리티, 다른 신체 형태와 생활이 존재론적으로 인식론적으로 서로 상호의존적인 방식으로 출현하는 이야기의 한 부분으로 나타난다"고 말한다. Seitler, "Queer Physiognomies; or, How Many Ways Can We Do the History of Sexuality?" *Criticism* 46 (Winter 2004): 74. 또 "Theorizing Queer Inhumanisms" "Dossier"에 있는 많은 논문을 참조. "Theorizing Queer Inhumanisms," *GLQ* 21, nos. 2-3 (2015): 209-48도 참조 바람.

2 Catriona Sandilands, "Queer Life? Ecocriticism after the Fire," in *The Oxford Handbook of Ecocriticism*, ed. Greg Garrard (New York: Oxford University Press, 2015), 315.

다. 또한 퀴어 동물은 담론/물질성, 문화/자연, 기계적 성적 충동/정제된 욕망, 과학적 설명/문화적 비평, 각각의 관계와 관련된 학제적 이론에 대해 질문하게 만든다. 퀴어 동물은 인간의 다양한 지식 시스템에 의해 드러나면서도 그 시스템 안에서는 포획되지 않는다. 이렇게 애매모호한 상황은 인식론적 겸손, 외경, 경이로움—덜 오만한 인간 중심적 인류세에 중요한 요소들—을 축적하는 데 도움이 될 뿐 아니라, 즐겁고 신나는 "실재들"을 추가해주기도 한다. 퀴어 동물들은 쉽게 포착되지 않지만 스스로 행위 주체로써 드러나고 있는데, 이들은 인식론적으로나 윤리적으로나 경이로움을 자아내며, 동물의 쾌락을 신물질론적으로 이해하도록 만들 것이고, 동물의 쾌락을 그저 유전적 결정론이나 본능적 충동, 때로 사회적 음모로 여기는 편협한 근대적 사유로부터 벗어나게 만든다. 단순한 설명으로는 이해할 수 없을 때 경이로움이 생겨나고, 인간의 섹슈얼리티와 젠더 그 이상의 놀라운 다양성과 풍부함에 압도 당할 때 쾌락이 솟아난다. 자연과 문화, 몸과 마음의 이분법에 국한될 수 없는 쾌락이 상상력 풍부한 물질성을 통해 고동친다. 캐런 버라드가 주장하듯이, 물질은 "이리저리 작용하는 가운데 마구 결합해서 새롭게 뭔가를 만들어낸다. 누군가는 물질이 심지어 '상상력이 풍부하다'고 말할 수 있을 것이다."[3]

브루스 배게밀Bruce Bagemihl의 기념비적 저서인 『생물학적 풍부함: 동물 동성애와 자연의 다양성』, 조안 러프가든Joan Roughgarden의 『진화의 무지개: 자연과 인간의 다양성, 젠더, 섹슈얼리티』, 미라 J. 허드Myra J. Hird의 책과 같은 대중 과학서는 동성애 섹스, 행위, 아이를 함께 양육하는 동성애 커플, 간성애자, 다중 "젠더", "복장 도착", 성전환을 하거나 그런 성향을 보여주는 많은 비인간 종을 기록하면서 자연을 "퀴어"로 재고할 수 있는 가능성을 제시

3 Karen Barad, "Transmaterialities: Trans/Matter/Realities and Queer Political Imaginings" *GLQ* 21, nos. 2-3 (2015): 387.

한다. 750쪽에 달하는 배게밀의 책 삼분의 이(2/3)가 "동성애, 양성애, 트랜스젠더 야생의 초상"이 그려진 "놀라운 동물성"을 다루고 있다. 이 책은 "동성애하는 종들을 과학적으로 기록"[4]하여 편찬한 놀랍고도 거대한 작업이다. 배게밀은 포유류와 조류에 한정해 연구하지만, 그럼에도 불구하고 거의 300여 개 종과 "200년에 걸친 과학 연구들"[5]을 논한다. 배게밀의 치밀한 연구는 과학적 데이터뿐만 아니라 사진, 그림, 도표를 제공하고, 자연에서 정상 규범으로 보이는 이성애가 사실상 비규범적임을 이해하도록 만든다. 조안 러프가든의 책 『진화의 무지개』는 3부—"동물 무지개", "인간 무지개", "문화적 무지개"—로 구성되어 있는데, 동물과 사람, 세계 모두에 광범위하게 존재하는 성적 다양성을 그리고 있다.[6] 노르웨이 오슬로의 자연사 박물관은 "최초로 동성애 동물들에게 헌정된 박물관 전시회"를 개최했다. 『자연을 거슬러?』라는 전시회 웹사이트는 동성애를 하는 것으로 알려진 종들을 전시함으로써 "동성애가 자연에 반하는 범죄라는 너무나 잘 알려진 주장을 일축"한다. 그 전시회는 "모델, 사진, 텍스트, 견본을 통해 동물의 비밀스러운 성생활에 대한 매혹적인 이야기를 들려주면서"[7] 이런 동물들이 "커밍 아웃"하도록 만든다. 도나 해러웨이가 주장하듯이 20세기 초반 가부장제가 동성애의 "퇴폐적 경향"에 맞서 "예방제"[8] 역할을 톡톡히 하고 있었는데, 아이러니하게도 곧바로 동물 세계의 성적 다양성을 폭로하는 전시회가 열린 것이다. 독일 동물원이 "동성애 특성을 보이는 여섯 마리의 수컷 펭귄의 성적 지향을 실험하고" "희

---

4 Bruce Bagemihl, *Biological Exuberance: Animal Homosexuality and Natural Diversity* (New York: St. Martin's Press, 1999), 265.

5 Ibid., 1-2.

6 Joan Roughgarden, *Evolution's Rainbow: Diversity, Gender, and Sexuality in Nature and People* (Berkeley: University of California Press, 2004).

7 "Against Nature? An Exhibition on Animal Homosexuality," Naturhistorisk museum, Oslo, Norway, 2007, http://www.nhm.uio.no/besokende/skiftende- utstillinger/againstnature.

8 Donna Haraway, *Primate Visions: Gender, Race, and Nature in the World of Modern Science* (New York: Routledge, 1989), 26.

귀한 훔볼트 펭귄이 번식하기"[9]를 바란다는 이유로 그 펭귄들을 암컷과 함께 두는 실험 계획을 세운 것에 대해 논쟁이 발생했고, 이때 퀴어 동물들은 다시금 악명을 얻었다. 사람들의 항의가 빗발친 후에 동물 원장인 하이케 쿠에케Heike Kueke는 동성애 펭귄 커플을 강제로 떼어놓진 않겠다고 약속했다. 그는 이렇게 말했다. "누구나 원하는 방식대로 여기서 살 수 있습니다."[10] 『타티아나 박사가 모든 생명체에게 주는 섹스 조언: 섹스의 진화적 생물학에 대한 결정적 가이드』에는 매너티manatee(포유류 동물, 역주)가 보낸 편지가 들어있다. 매너티는 그의 아들이 "다른 수컷에게 계속 키스한다"며 걱정한다. 그리고 매너티는 자신을 "플로리다키스 제도에 동성애자를 원치 않는 사람"이라고 스스로 이름 붙였다. 이 편지에 대해 저자는 이렇게 답한다. "바로 잡아야 할 사람은 아들이 아니라 바로 당신입니다. 동성애는 모든 종류의 동물에게 일반적으로 나타납니다."[11] 텔레비전 섹스 쇼의 호스트인 수잔 블록Susan Block 박사는 자신이 운영하는 성적으로 노골적인 웹사이트를 포르노 동영상과 섹스 용품으로 넘쳐나게 하고, "보노보 방식"에 기초하여 "윤리적 쾌락주의"라는 평화적 철학을 장려한다. (보노보는 침팬지 속에 속하는 두 종류의 침팬지 중 하나인데, 성행위가 호사스럽기로 잘 알려져 있다.) 블록의 "보노보 방식"은 상당 부분 "레즈비언" 섹스를 포함하는데, 이 방식은 "폭력을 억누를 뿐만 아니라, 쾌락을 자유롭고, 열정적이고, 에로틱하고, 선정적이며, 사랑이 넘치고, 평화롭고, 도전적이고, 합의 하에 표현하는 성적 방식을 지지한다."[12]

---

9 "Gay Outrage over Penguin Sex Test," *BBC News*, February 14, 2005, http://news.bbc.co.uk/2/hi/europe/4264913.stm.

10 "Penguins Can Stay Gay," *Ananova*, 2005, http://www.ananova.com/news/story/sm_1284769.

11 Olivia Judson, *Dr. Tatiana's Sex Advice to All Creation: The Definitive Guide to the Evolutionary Biology of Sex* (New York: Vintage, 2003), 143.

12 Susan Block, "The Bonobo Way," n.d., http://www.blockbonobo foundation.org/. 보노보의 섹스에서 영감을 받은 사람은 블록뿐만이 아니다. 「내가 보노보가 되게 해줘」라는 제목의 글에서 바바라 에렌라이히Barbara Ehrenreich는 "종을 횡단하는 사람들이 급증" 할 것을 예견하고, "그들은 열정적으로 침팬지 옆으로 넘어갈 것이다" 라고 말한다. 그녀는 "인간이 유인원으로 변하는 이유는 섹스" 라고 주장한다. "보노보는 유전적으로 몸집이 더 큰 침팬지로서의 인간에 가깝다. 사람들이 남녀 상관없이 인사로 악수를 하듯이 보노보는 섹스를 한다." Ehrenreich의 글 "Let Me Be a Bonobo," *The Guardian*, May 10, 2007 참조. Kelpie Wilson의 SF 소설 *Primal Tears*는 반은 보노보이면서 반은 인간인 주인공

『자연을 거슬러?』라는 전시회 웹사이트에 따르면, "동성애는 대부분의 척추동물뿐만 아니라, 곤충, 거미, 갑각류, 문어, 기생충에서도 관찰된다. 동성애 현상은 1,500종이 넘는 동물에서 나타난다고 보고되고 있으며, 그중 500종의 동물에 대해서는 잘 기록되어 있지만, 실제 동성애의 범위는 훨씬 더 넓을 것으로 예상한다."[13] '퀴어 우화집'이 이성애를 규범으로 하는 낡은 『자연의 책』Book of Nature을 대체하면서 온전한 쾌락을 획득하고, 동물의 성적 다양성을 알면 비인간 생명을 보다 정확하게 이해하는 것과 같은 여러 중요한 혜택이 따라온다. 퀴어 동물에 대한 과학적 설명에 따르면 이성애 규범이 생물학, 인류학, 다른 분야의 지식을 손상시키고 축소시켰다고 말한다. 러프가든은 "과학이 동물의 동성애에 대해 침묵했기 때문에 의도적이든 아니든 간에 동성애를 은폐시키"며 그래서 "동성애가 자연스럽지 않다는 주장에 반박하지 않은 과학자들은 전문가로서 책임이 있다"[14]고 비판한다. 브루스 배게밀과 미라 J. 허드는 대다수의 과학자들이 동물의 동성애를 뻔히 보면서도 자신의 명성, 학자로서의 신뢰, 학술적 지위, 이성애적 정체성이 위험에 빠질까 두려워 동성애를 무시하고, 은폐하고, 발뺌하는 과정을 설명한다. 배게밀은 생물학자 발레리우스 가이스트Valerius Geist의 기억을 생생하게 기록하고 있다. 가이스트는 "숫양 D가 반복적으로 숫양 S에게 마운팅하는 기억이 여전히 소름끼치는" 사람이다. 가이스트는 이렇게 말했다. "나는 양들의 이런 행동을 성적 공격성aggrosexual이라고 불렀다. 수컷들이 동성애 사회를 진화시켰다는 설명을 정서적으로 감당할 수 없었기 때문이다. 이런 멋진 짐승을 '퀴어'로 이해하다니—오, 이런!"[15] 퀴어 과학 연구의 입장은 페미니스트 경험론

---

"Sage"를 등장시킨다. Wilson의 소설 *Primal Tears* (Berkeley, Calif.: Frog Ltd., 2005) 참조. 흥미롭게도 이 소설은 수잔 블록이 성적 자유와 환경론을 연결시키는 행위를 문제 삼는다. 세이지의 일부 팬들이 블록의 "레인보우 클럽"—멸종 위기에 처한 보노보를 보호할 목적—을 섹스 클럽으로 변모시키기 때문이다.

13 "Against Nature?"

14 Roughgarden, *Evolution's Rainbow*, 128.

15 Bagemihl, *Biological Exuberance*, 107.

과 마찬가지로 이성애 규범의 편견을 비판하고 뿌리 뽑음으로써 세상을 보다 정확하게—단지 사실을 똑바로 (이성애가 규범이 아님을) 앎으로써—설명할 수 있다고 주장한다. 마가렛 쿠온조Margaret Cuonzo는 퀴어 동물을 설명할 때 동성애 차별주의, 인간 중심주의, "혹은 심지어 자기 중심적"[16] 편견 개입을 경고하지만, 과학뿐만 아니라 문화 전반에서 이성애 규범이 지배적인을 감안하면 동성애에 대한 편견을 배제할 가능성은 매우 희박해 보인다.[17] 더욱이 카트리오나 샌딜랜즈가 갈매기의 레즈비언 행위가 "중요한 환경 재앙의 증거임에 틀림없다"(그렇지 않다!)고 가정하는 생태학자들의 경우를 인용하면서 주장하듯이, "이성애가 자연적인 섹스의 유일한 형태라는 가정은 생태학 연구의 적절한 표준이 결코 될 수 없다."[18] 간단히 말해서 환경 과학은 자연 생명체의 성적 다양성에 대해 제대로 설명할 필요가 있다. 그렇지 않으면, 이성애가 규범이라는 편견이 여러모로 해롭다는 사실을 이해할 수 없다. 지오바나 디 카이로Giovanna Di Chiro는 동성애 공포증이나 여성 혐오가 없는 환경 과학과 환경 정치학이 반드시 필요하다고 주장한다.[19] 여성 혐오, 동성애 혐오, 또 다른 문화적 세력 때문에 환경 과학, 건강, 정치가 "난도질"mangling(앤드류 피커링의 용어)[20] 당한다는 복잡하고 미묘한 사실을 알아야만 환경 호르몬 문제도 제대로 이해할 수 있다.

---

16 Margaret Cuonzo, "Queer Nature, Circular Science," in *Science and Other Cultures: Issues in Philosophy of Science and Technology*, ed. Robert Figueroa and Sandra Harding (New York: Routledge, 2003), 231.

17 쿠온조는 "다른 생각"의 문제를 지적한다. 그는 배게밀의 책에 나오는 삽화들, 즉 성행위처럼 보이는 행동을 하는 동물의 사진이 진짜로 섹스인지 질문한다. "그러나 저런 행위들이 섹스인 줄 어떻게 아는가" (Ibid 30). 인간 지식의 한계를 강조하는 것은 인식론적으로나 윤리적으로 유용하겠지만, 우리가 동물의 행위가 섹스인지 아닌지 알 수 없기 때문에 그들의 행위가 섹스가 아니라고 결론짓는 것은 문제가 있다. 동물들 간의 이성애 섹스에 대해서는 그렇게 높은 기준의 증거를 요구하지 않는 것은 확실하다. 쿠온조의 회의는 문화 비평가가 (라투르의 용어로) 실재를 빼는 데 훨씬 더 익숙하다는 사실을 보여주는 완벽한 예다.

18 Catriona Sandilands, "Unnatural Passions? Notes toward a Queer Ecology," *Invisible Culture: An Electronic Journal for Visual Culture* 9 (Fall 2005): n.p.

19 Giovanna Di Chiro, "Polluted Politics? Confronting Toxic Discourse, Sex Panic, and Economativity," in *Queer Ecologies*, ed. Catriona Mortimer-Sandilands and Bruce Erickson (Bloomington: Indiana University Press, 2010), 199-230.

20 Andrew Pickering, *The Mangle of Practice: Time, Agency, and Science* (Chicago: University of Chicago Press, 1995).

담론 논쟁에 초점을 맞추는 문화 연구 관점에서 보면, 퀴어 동물은 소위 "부자연스러움"을 가지고 동성애에 대한 끈질기고 악의적인 표현에 대항한다. 배게밀과 러프가든이 제시하는 수많은 예는 노골적인 사진과 예화는 말할 것도 없고 "동물"을 통해 "퀴어"를 강력하게 표현함으로써 성적 다양성을 더 큰 생물권 다양성의 일부로 만든다. 그러나 정치적-담론적 논쟁에 대한 문화 연구 모델은 본래 문화 연구가 담론적인 까닭에 순수하게 담론적이지 않은 것—아이러니하게도 동물들—은 괄호에 넣어버릴 것이다. 그래서 문화 연구 모델은 우리가 환경론적인 퀴어 윤리학과 정치학을 상상할 가능성을 제한한다. 이러한 어려움은 문화 이론 안에서 물질의 중요성을 인정할 방법을 찾아야 하는 더 큰 문제의 일부다. 그러나 담론적 논쟁이라는 패러다임에서조차 골칫거리가 발생한다. 왜냐하면 "자연"과 "자연스러움"에 대한 통상적 의미가 자연은 텅 비어있고, 어리석고, 심지어 비천한 물질성이라는 의미와 오랫동안 공존해왔기 때문이다. 다시 말해서 동성애를 저주하는 사람들은 의심할 여지 없이 모든 퀴어 동물의 섹스를 충격적인 타락으로 볼 것이고, 퀴어를 황야에서 울부짖는 짐승 같은 변태로 몰아 넣을 것이다. 배게밀의 책에 포함되어 있는 암컷 고슴도치의 "구애 행위"courtship와 구강 애무의 삽화는 동성애를 긍정하는 사람들에겐 달콤해보일지라도 다른 사람들에겐 혐오스러울 뿐이다 (그림 3).[21]

동성애는 "자연스럽지 않다"는 지배적인 생각과 싸우려면 퀴어 동물을 대중적 논쟁에 단순히 맡겨버리기보다는, 대신에 "자연"과 "문화"를 대립적 영역이 아니라 이들을 덜 경직되고 덜 규정적인 영역으로 볼 수 있는 여지를 만들어내야 한다. 어떤 방식으로든 자연, 과학, 물질성과 연루되는 것을 위험하게 생각하는 문화 이론가들은 퀴어 동물을 자연이든 문화든 무엇과도 관련없

21 Bagemihl, *Biological Exuberance*, 471.

그림 3. 존 메가한 John Megahan의 삽화.
브루스 배게밀의 『생물학적 풍부함』에 수록됨.

는 것으로 치부해버린다. 그러나 퀴어 동물을 우주의 고정된 어떤 법칙의 구현이나 도덕적 모델로 보지 않고, 이 놀라운 "생물학적 풍요로움" 안에서 생물학적 환원주의로는 도저히 이해할 수 없는 거대한 다양성, 일탈(라델 맥호터가 이 단어를 재개념화하는 방식으로),[22] 놀라운 차이들의 확산으로 보는 것이 가능하다. 비인간 동물의 성적 행위들을 본능적인 충동으로 축소할 필요가 없다. 이들은 포용력 있는 단어들, 즉 창의적이고, 즐겁고, 때로는 특정 동물의 생활 세계나 "자연-문화"[23] 안에서 전략적인 행위로 이해될 수 있다.

## 동물학적 벽장closet의 인식론

"공공연한 비밀"이라는 이브 세지윅Eve Sedgwick의 패러다임은 비인간 동물들을 동물학적 벽장에 가둬버린 방식을 포착한다. 많은 사람들은 동물의 동성애 행위를 목격하면서도 자연 세계는 여지없이 이성애 세계라고 믿는다. 그처럼 확고한 무지는 이성애 규범적 인식론에서 비롯된다. 세지윅이 설명하듯이 지식뿐만 아니라 무지도 권력을 가지고 있다. 즉 "이러한 무지는 특정한 지식에 의해 생산되고 반응하며 특정 진리 영역의 부분으로써 유통된다."[24] 수십 년 전 내 동생이 어릴 적에 어머니는 동생에게 햄스터 암컷만 한 쌍을 사주셨다. 햄스터들이 새끼를 낳아 설치게 되는 것을 피하기 위함이었다. 결국 암컷 한 쌍은 계속해서 구강 섹스를 했다. 이런 기억이 있음에도 불

---

22 일탈에 대한 맥호터의 탁월한 재개념화에서는 성적 일탈이 진화적 일탈로 표현된다. 이는 결국 퀴어 녹색 윤리학을 생성하는 공식이 된다. 그는 이렇게 말한다. "이 숲, 이 풍경, 이 살아있는 행성을 생산하는 것은 바로 발전에서의 일탈이다. 다행스럽게도 세상은 일탈에 늘 열려있다." McWhorter, *Bodies and Pleasures: Foucault and the Politics of Sexual Normalization* (Bloomington: Indiana University Press, 1999), 164 참조.

23 Donna J. Haraway, *The Companion Species Manifesto: Dogs, People, and Significant Otherness* (Chicago: Prickly Paradigm Press, 2003).

24 Eve Kosofsky Sedgwick, *Epistemology of the Closet* (Berkeley: University of California Press, 1990), 8.

구하고 나는 허드와 러프가든과 배게밀이 비인간 세계에 넘쳐나는 어마어마한 성적 다양성을 설명할 때 적잖이 놀랐다. 누가 알았겠는가? 이제 곧 설명하겠지만, 벽장 속에 틀어박힌 지식임에도 불구하고 이 놀라움은 퀴어를 수용하고, 환경을 고려하는, 윤리적/인식론적/미학적 반응을 일으킬 수 있다.

동물의 성적 다양성은 중요하다. 그러나 지배적 사회 이론은 아직도 자연과 문화가 기본적으로 분리되었다고 가정하고, 퀴어 동물의 중요성을 최소화하는 경향이 있다. 많은 페미니스트 이론이 "자연으로부터 탈출하려"[25]고 하듯이, 많은 문화 비평가는 퀴어 동물을 문화적 영역으로부터 내쫓아버렸다. 예를 들어 조나선 막스Jonathan Marks는 그의 책 『98% 침팬지가 되는 의미: 영장류, 인간, 그들의 유전자』에서 인간과 동물의 핵심적 차이를 포착함으로써 둘 사이에 명확한 구분이 있음을 증명하려고 시도했던 많은 사람들 중 한 사람이다. 그는 "인간 진화의 탁월한 특징 중 하나는 인간이 섹슈얼리티를 생식과 어느 정도 분리했다는 점이다. 다른 유인원의 섹슈얼리티는 생식과 직접적으로 연관된다"[26]고 말한다. 언어와 도구의 사용과 더불어 인간의 성취는 사실상 다른 종들도 비슷하게 성취했다는 증거가 나오는 것처럼, 동물도 [생식이 아닌 목적으로] 동성애를 한다는 증거들이 넘쳐난다. 그래서 막스의 주장을 무너뜨린다. 그럼에도 불구하고 막스는 보노보 암컷이 행하는 "동성애 성기 자극"은 예외적일 뿐이라고 주장하면서, "사실상 모든 유인원들의 성적 행위는 기본적으로 생식 활동"[27]이라고 주장한다. 폴 베이시Paul Vasey는 일본 마카크(아시아산 일본원숭이, 역주)를 폭넓게 연구할 뿐만 아니라 동성애를 즐기는 수백 개의 종을 설명하는데, 베이시는 막스의 주장을 반

---

**25** Stacy Alaimo, "Introduction: Feminist Theory's Flight from Nature," in *Undomesticated Ground: Recasting Nature as Feminist Space* (Ithaca, N.Y.: Cornell University Press, 2000), 1-26.

**26** Jonathan Marks, *What It Means to Be 98% Chimpanzee: Apes, People, and Their Genes* (Berkeley: University of California Press, 2002), 110.

**27** Ibid., 111.

박한다. 그러나 대체로 막스는 인간이 "진짜" 자신을 이해하는 열쇠로써 유인원 특히 침팬지를 참고하는 것에 대해 비판적이다. 그는 "챔팬지는 뭔가가 결여된 우리다. 그들은 문명과 그 불만의 올가미로부터 해방된 순수 생물학적 우리 자신이다. 침팬지는 인간성이 없는 인간이고, 문화가 없는 자연이다"[28]라고 주장한다. 특히 과학자들은 자신의 연구가 "인간 자신을 위해서가 아니라 침팬지에 기여"[29]한다고 착각하는데, 막스는 이 착각을 깨뜨리는 비판을 제공하긴 한다. 또한 막스가 동물 비교 행동학의 인식론적 문제에 대해 일말의 진실을 드러내기도 한다. 그럼에도 불구하고 그의 폭로—동물에 대해 과학적으로 설명하려는 생산적 노력이 동반되지 않는다면—는 동물을 인간과 무관한 황야로 내쫓아버리는 결과만 남는다. 그 황야에서 동물은 인간의 지적 교양을 돋보이게 만드는 들러리 역할만을 담당한다.

제니퍼 테리Jennifer Terry는 "과학이 퀴어 동물에 매혹되는 것"에 대해 담론적인 비평을 수행한다. 즉 "과학자들은 [인간]성적 지향성의 생물학적 특질을 밝혀내기 위해 동물에서 모델을 찾는다"[30]고 말한다. 테리는 "동물의 섹슈얼리티 연구가 생식을 섹슈얼리티의 주된 서사로 만들어버리고, 생식이야말로 성적 만남의 궁극적 목표라고 정의하면서 퀴어 동물의 행동을 억지로 자신의 연구 틀에 끼어 맞추려 한다"[31]면서 비판한다. 해러웨이의 작업에 의지하여 테리는 "우리 자신에 대해 논하고 특히 섹슈얼리티의 문제를 논할 때 동물이 도움을 준다"[32]고 말하면서 자신의 글을 시작한다. 테리는 "'자연'이라 불리는 서사 공간을 가득 메우는 생명체들은 과거, 현재, 미래에 대한 과학 이야기에서 핵심적인 주인공들이다. 다양한 서사가 가능하겠지만, 그 서사

---

28 Ibid., 165.

29 Ibid.

30 Jennifer Terry, " 'Unnatural Acts' in Nature: The Scientific Fascination with Queer Animals," *GLQ* 6, no. 2 (2000): 152.

31 Ibid., 154.

32 Ibid., 151.

는 항상 역사적, 분과학문적, 문화적 맥락에 의해 구성된다"[33]고 결론을 맺는다. 테리는 이 글에서 내내 그러한 맥락을 유용한 방식으로 설명해낸다. 그러나 "서사 공간"을 강조하는 틀에 의해 쓰인 이런 비판critique은 동물의 성적 실천을 인간의 서사 안에 제한한다. 테리는 해러웨이를 중요한 자료로 활용하지만 해러웨이는 최근의 글에서 특히 비인간 동물의 물질성과 중요성을 괄호에 넣어버리는 문화 비평을 경계한다. 예를 들어 해러웨이의 반려종 개념은 추상적인 관념이 아니라 역사적이고 살아있는 상호 작용으로부터 나온다. 즉 "역사적으로 복잡한 개는 여기서 문제가 된다. 개는 다른 주제를 위한 알리바이가 아니다. 개는 과학 기술의 몸체에서 살을 가지고 있는 물질적-기호적material-semiotic 존재다. 개는 우리가 생각해야 할 대상으로 여기 있지 않다. 개는 우리와 함께 살기 위해서 여기 존재한다"[34]고 해러웨이는 말한다. 해러웨이는 1989년에 출판한 대작 『영장류의 비전』에서 매우 현란하게 복잡하고 다층적인 과학/문화비판을 수행하고 있다. 그 책에서 해러웨이는 "유인원—원숭이, 영장류, 사람 은 모두가 일종의 '원지자권'authorship을 가지고 있다"[35]고 말한다. 유인원과 개에 대한 해러웨이의 연구는 심지어 "과학이 그 세계에 어떻게 '접근할지' 전혀 모르는 상태임"[36]을 인정하면서도 유인원과 개—세계—에 대한 이런 확고한 존중을 보여준다. 문화적으로 비판하면서 동시에 물질적 실재와 행위능력을 밝혀내는 데 헌신하기 위해서 적용할 수 있는 방법론을 만들어내는 것은 여전히 도전적이다.[37] 이를 위한 프로젝트는 인문

33 Ibid., 185.

34 Haraway, *Companion Species Manifesto*, 5.

35 Haraway, *Primate Visions*, 8.

36 Ibid., 8.

37 포스트모더니즘, 포스트구조주의, 사회구성론을 종합하면서 동시에 인간 몸의 물질성, 인간 이상의 자연과 환경의 물질성에 생산적으로 참여하는 데 헌신하는 다양한 접근을 보려면 *Material Feminisms*에 수록된 글들을 참조 바람. Stacy Alaimo and Susan J. Hekman, "Introduction," in *Material Feminisms*, ed. Alaimo and Hekman (Bloomington: Indiana University Press, 2008), 1-22. 같은 책에 수록된 Hekman의 글 "Constructing the Ballast: An Ontology for Feminism," 85-119도 참조 바람.

학과 자연과학의 분과적 장벽을 넘어서야만 수행 가능하다.

신시아 크리스Cynthia Chris는 『야생 바라보기』에서 야생을 담는 영화들이 이성애 규범을 기반으로 한다고 폭로한다. 즉 대부분의 "야생 영화는 이성애적 짝짓기가 전형적일 뿐만 아니라 불가피하며 또 예외가 없다는 방식으로 제시한다."[38] 심지어 『야성적이고 괴이한: 야생의 섹스』*Wild and Weird : Wild Sex*라는 TV 프로그램조차도 "다양한 동물 섹슈얼리티를 줄줄이 보여주면서도 동성애 행위는 사소화하고 심지어 회피하기조차 한다."[39] 그러나 크리스는 야생 장르의 이성애 규범성을 분석함에도 불구하고 그는 궁극적으로 퀴어 동물을 찬양하는 것은 경계한다. 그는 이렇게 말한다. "동물의 동성애 행위가 존재하고, 인간의 동성애가 유전적 영향이 있다는 증거는 동성애 권리를 위한 싸움에서 일종의 무기처럼 활용될 수 있다. 하지만 동성애 권리를 옹호하려면 시민권과 같은 다른 담론에 의존하는 편이 나을 것이다. 그런 증거들만으로 정확한 결론을 내리긴 힘들고, 서로 다른 종들을 가로질러 쉽게 일반화하기도 힘들어서 매우 다양한 해석이 가능하다. 그래서 동물 행동을 자체적으로 이해하려는 노력을 망칠 수 있다."[40]

크리스가 여기서 동물의 성적 행위를 "인간 동성애의 유전적 영향"과 동급으로 보는 것은 혼란을 야기한다. 왜냐하면 동물이 뭔가를 할 때 그것이 유전적 "프로그래밍" 탓이라고 가정하기 때문이다. 성적 지향이 얼마나 유전적 요인 탓인지는 동물의 성적 다양성과는 완전히 별개의 문제다. "유전적 인간"이 동물성과 동등하다고 가정하기보다는, 동물의 섹스를 문화적이고 물질적으로 사유하고, 유전학을 유기체와 환경이 밀접하게 뒤엉키는 역동적인 과정으로 사유하는 것이 더욱 적절할 것이다.[41] 크리스는 퀴어 동물의 증거가

---

**38** Cynthia Chris, *Watching Wildlife* (Minneapolis: University of Minnesota Press, 2006), 156.

**39** Ibid., 157.

**40** Ibid., 165.

**41** 예를 들어 이블린 폭스 켈러 Evelyn Fox Keller는 *The Century of the Gene* (Cambridge, Mass.: Harvard University Press,

부분적으로는 "서로 다른 종들을 가로질러 쉽게 일반화하기 어려워서 다양한 해석이 가능한" 까닭에 "다른 담론에 의존하라"고 권하는 반면, 나는 "일반화하기 어렵다"는 말 자체가 동물의 성적 다양성을 설명할 때 매우 중요하다고 앞으로 주장할 것이다. 이는 비인간 생물체가 지닌 엄청나게 놀라운 성적 다양성을 강조하고, 성적 다양성이야말로 더욱 거대한 생물 다양성 그 자체임을 부각시킨다. 환경론자들과 LGBTQ 사람들은 동물의 성적 다양성에 대한 설명이 자연, 문화, 섹스, 젠더와 더불어 다른 기본 범주들에 대한 우리의 개념을 더욱 섬세하게 다듬고, 도전하고, 풍요롭게 하고, 변모시킬 수 있다고 믿는다.

로저 N. 랭카스터Roger N. Lancaster(미국 조지메이슨 대학의 인류학 및 문화연구 교수, 역주)는 『자연과의 문제: 과학과 대중 문화에서 섹스』에서 "유해한 개념의 쓰레기장"을 헤집고 다닌다. 그의 희망은 "섹스와 섹슈얼리티에 대한 새롭고도 정교한 생물학적 관점을 찾는 것"이다. 그러나 대신에 그는 "오래된 똑같은 환원론을 그저 새롭게 포장한"[42] 형태들과 만나게 된다. "'퀴어' 과학을 지향하는 의도를 지녔으면서도 이들의 시도는 놀랍게도 인간 본성의 이성애적 개념을 강화한다"[43]고 그는 주장한다. 랭카스터가 이성애 규범성과 과학적 환원론을 폭로하면서도 그는 종종 자연/문화의 대립적 틀안에서 폭로한다. 자연/문화의 대립은 그가 비난하는 환원론 그 자체를 인정하는 셈이 된다.[44] 예를 들어, 그는 "사회, 결속, 위계, 노예, 강간, 하렘"은 인간의 특질을 지칭하는

---

2002)에서 유전적 결정론을 비판한다. 유전적 결정론을 비판하는 또 한 사람은 로니 조 호킨스 Ronnie Zoe Hawkins 인데, 그는 "유전자의 메시지는 생물학적 결정론과는 정반대다. 우리의 유인원 생물학은 행위 유연성을 엄청나게 제공한다. 반면 우리의 사회문화적 환경은 부적응적인 관행을 계속 유지하게 만드는 역할을 한다"고 말한다. Hawkins, "Seeing Ourselves as Primates," *Ethics and the Environment* 7, no. 2 (2002): 60-61 참조.

**42** Roger N. Lancaster, *The Trouble with Nature: Sex in Science and Popular Culture* (Berkeley: University of California Press, 2003), xi.

**43** Ibid., 29.

**44** 린다 버크Lynda Birke는 생물학적 결정론을 비판하는 주장은 오직 인간에게만 적용된다고 주장한다. 그런 비판은 다른 동물들의 행동을 무시할 뿐만 아니라 엄격한 인간/동물 이원론에 근거하고 있다. Birke, *Feminism, Animals, and Science: The Naming of the Shrew* (Buckingham, U.K.: Open University Press, 1994) 참조.

개념, 관계, 활동들이라고 주장하는데, 이는 "자연의 사실들"과 "문화의 사실들"이 전적으로 분리되어야 함을 함축한다.[45] "노예, 강간, 하렘"이 너무나 많은 의미를 함축하고 있긴 하지만, "사회, 결속, 위계"와 같은 보다 중립적인 용어들은 동물 집단과 공유하는 공통적인 특성이기도 하다. 물론, 인간에 대한 어떤 전문 용어도 동물 문화에 적용될 때 어느 정도 왜곡이 생길 수 있다. 그러나 인간의 어떤 특질이나 행위가 비인간에게는 없다고 부인할 정도로 언어적 범주를 변형해버린다면 이는 문제고 실수다.[46] 결국 인간의 언어와 문화가 완벽하게 서로 번역될 수 없을지라도 여전히 시와 은어가 번역되긴 한다. 예를 들어, "강간"rape이라는 단어는 "강제 교합"forced copulation처럼 감정이 덜 실린 단어로 대체될 수 있다. 그러나 개념을 아예 없애버리게 되면 돌고래 같은 비인간 동물들은 동의할 능력도 없고, 의도적이거나 사회적인 성적 행위가 아닌 그저 충동적인 행위만을 할 뿐이라고 생각하게 만든다. 랭카스터는 우리가 "정상적인 몸이란 개념을 이제는 끝내버리기" 위해서 "이성애 규범성이라는 자연적 체제를 마침내 부정해야 한다"[47]고 주장한다. 랭카스터의 책이 자연에 대한 과학적 설명을 단지 "문젯거리"trouble로 치부해버리긴 하지만, 아이러니하게도 비인간 동물에서 나타나는 놀라운 범위의 성적 다양성이 실제로 이성애 규범성을 폐기하는 그의 유토피아적 꿈을 촉진시킬 수 있을지도 모른다. 랭카스터 자신은 한동안 배게밀의 책에 매혹되지만 그 책은 "의인화되어 있고" "주물 숭배적"이라고 경고한다. 하지만 배게밀의 책이 "미래 과학을 다시금 적어도 진보적일 수 있도록 만드는 부적과 신화"[48]를

---

45 Lancaster, *Trouble with Nature*, 61.

46 자연과 문화와 같은 용어를 내가 이처럼 쉽게 구분하면 동물 섹스에 관련해서 큰 인식론적/윤리적 의문이 야기된다. 너무 의인화된 용어들은 다양한 비인간 생명체의 "차이"를 무시한다. 지나치게 반-의인화된 용어들은 인간/동물의 분리를 강화하고, 동물을 본능적이거나 유전적 결정론에 따르는 기계적 존재로 만들어버린다. 이 딜레마를 비껴갈 수 있는 방법이 없다. 우리의 용어들은 의미망 안에 들어있는 가닥 줄들에 불과하다.

47 Ibid., 31.

48 Ibid., 114.

마법처럼 불러낸다고 [긍정적으로] 평가한다.

자연과 문화가 학문 세계에서 분리된 것으로 취급되면서 동물 섹스는 기계적, 생식적 기능만으로 축소되고, 인간의 섹슈얼리티는—풍부하게 다양한 표현들—적어도 함축적으로 비인간 생명체의 짐승 같은 짝짓기 행위보다 인간을 우월하게 만드는 또 다른 성취가 된다. 퀴어 동물과 그들의 문화를 "자연"이라는 벽장 속에 가둬버리기보다 우리는 대부분 종의 섹스가 물질적인 것과 사회적인 것의 혼합이고, 모든 종류의 퀴어적 욕망은 무수한 자연-문화들이 출현하는 세계의 한 부분임을 인정할 수 있다.[49]

## 쾌락을 추구하고 문화를 창조한다

퀴어 동물들을 사회적이고 정치적인 것으로부터 추방해버리는 위의 예들과 대조적으로, 킴 톨베어Kim TallBear는 "원주민들은 비인간 생명체들이 인간 삶에 많은 영향을 주고 사회적 관계에 참여하는 주체적 존재들이라는 사실을 잊어본 적이 없다"고 말한다. 톨베어는 자연에 대한 서구적 관념에 도전하는 것은 곧바로 섹슈얼리티에 대한 분석으로 이어진다고 본다. 왜냐하면 자연과 섹슈얼리티는 동일한 취급을 받았기 때문이다. "자연과 섹스는 자연-문화가 불연속적이라는 관점에 의해 정의되어 왔다. 과학적 권위와 관리자적 접근법이 부상하면서 섹스와 자연은 별개이면서, 일관성 있고, 골치 아프지

---

49 과학연구에서 신물질론이나 "물질적 페미니즘"의 한 특징은 (얼라이모와 헤크만의 "서론" 참조) 물질성에 대해 이론적으로 연구하기 위해서 분과 학문을 초월하고 진보적인 잠재성에 대해 개방적이라는 점이다. 미라 J. 허드는 이를 「자연스러운 퀴어」에서 다음과 같이 간결하게 표현한다. "정체된 것은 자연이고, 무한히 유연한 것이 문화라고 우리는 더 이상 믿지 않는다." Hird, "Naturally Queer," *Feminist Theory* 5, no. 1 (2004): 88 참조. 러프가든도 이렇게 말한다. "생물학은 본질주의와 경직된 보편성을 조달하는 학문이 될 필요가 없다. 생물학은 우리의 잠재성을 제한할 필요가 없다."(『진화의 무지개』). 『길들여지지 않은 땅』에서 나는 19세기 후반부터 현재까지 다양한 여성 작가들을 논의한다. 자연을 고정된 본질과 경직된 성적 차이, 이미 명백한 규범, 가치, 금지에 대한 근거로 보는 개념에 도전하는 작가들을 다룬다.

만 관리 가능한 대상으로 여겨졌다."[50] 나는 여기 톨베어의 생각에 전반적으로 동의한다. 톨베어는 "원주민의 이야기들이 어떻게 비인간 존재들과 맺은 사회적 관계에 대해 말하고, 그러한 관계가 서구에서 우리가 '섹스'라고 부르는 것과 가끔 비슷하지만 서구 현대성 안에서 알고 있는 '섹슈얼리티'와 어떻게 다른지"[51]에 대해 연구하는데, 나는 톨베어의 연구에 기대를 건다. 그러나 서구 과학이 섹스와 자연을 "관리 가능한 대상"으로 간주하는 방식을 감안하면, 동성애 동물 섹스가 '다른 종류의 과학'을 촉발하는 것은 상당히 주목할 만하다. '다른 종류의 과학'은 동성애 동물 활동을 기계적 힘이나 유전적으로 결정된 충동으로 환원하지 않고 매우 문화화된 행위로 간주함으로써 동성애 동물의 섹스를 전혀 성적이지 않은 행위로—좀 더 적절하게 말하면 동성애적 행위가 전혀 아닌 것으로—변형시킨다.

인간과 비인간 존재들의 섹스는 부분적으로 학습된 사회적 행위로써, 특정한 물질적-사회적 환경 안에 뿌리를 두고 있으며, 특정한 물질적-사회적 환경 조성에 기여하기도 한다. 예를 들면 크리스틴 필드Kristin Field와 토마스 웨이트Thomas Waite는 수컷 구피 물고기에 대해 다음과 같은 전제를 가지고 연구를 시작한다. "긴 시간 규모에서 사회적 환경과 '학습된 섹슈얼리티'는 종 특유의 성행위 표현에 극적인 영향을 끼칠 수 있다."[52] 동물은 사회 조직, 행위, 상호 행위, 소통에 깊이 연루되어 있는 문화적 존재다. 동물 문화, 행위 능력, 의미화 행위는 '자연'을 문화 기입을 위한 재료나 빈서판blank slate으로 간주하거나 이들을 잔인하고 기계적인 세력으로 보는 편의적 견해를 극복하게 만든다. 동물은 감정도 지각도 가치도 없는 기계로 보는 견해가 데카르트

50 Kim TallBear, "An Indigenous Reflection on Working beyond the Human / Not Human," *GLQ* 21, nos. 2-3 (2015): 234.

51 Ibid., 235.

52 Kristin L. Field and Thomas Waite, "Absence of Female Conspecifics Induces Homosexual Behavior in Male Guppies," *Animal Behavior* 68 (2004): 1381; 논문 안에서 J. C. Woodson, "Including 'Learned Sexuality' in the Organization of Sexual Behavior," *Neuroscience and Biobehavioral Reviews*, January 26, 2002, 69-80을 인용하고 있음.

와 함께 사라졌다고 상상하기 쉽다. 하지만 베르너 헤어초크Werner Herzog가 감독한 다큐멘터리 『소름끼치는 인간』*Grizzly Man*에서 특정한 곰에다 트레드웰을 "살해한 자"라고 낙인을 찍고 동시에 그 곰의 "텅 빈 응시"를 비난하는 모습은 동물을 악마화하고 기계화하는 견해가 끈질기게 지속되고 있음을 보여준다.[53] 섹스는 생물학적 충동으로 범주화되어 왔지만, 동물의 "섹스 젠더" 시스템[54]이 놀라울 정도로 다양하다는 사실을 알게 되면 비인간 동물도 "문화적" 존재임을 이해하게 된다. 배게밀은 "동물의 동성애 '문화'를 얘기하는 것은 의미 있다"고 주장한다. "왜냐하면 (개인이나 집단이나 종 사이에서) 발견되는 다양성의 범위가 유전적 프로그래밍이 생산하는 범위를 훌쩍 넘어서고, 개별 습성, 학습된 행위, 심지어 공동체 크기의 '전통' 영역으로 들어가기 때문이다"[55]라고 설명한다.

쾌락을 추구하는 것은 몇몇 동물 문화 안에서 그 자체로 역동적인 힘일 수 있다. 사실 "[인간] 문화"의 가장 현저한 특징 중 두 개—도구 사용과 언어—는 어떤 동물의 경우 성직 쾌락의 형태로 생겨났다. 배게밀은 수잔 새비지 럼보Susan Savage-Rumbaugh(영장류, 특히 보노보를 연구한 학자, 역주)가 1970년대부터 시작한 연구에 기대고 있다. 배게밀은 보노보가 사용하는 "약 12개 정도의 손과 팔의 동작이 각각 특정한 의미를 지닌 '어휘들'"이고, 이 어휘들의 목적은 "성적 행위를 유발하고 (동성 혹은 이성) 파트너와의 다양한 신체 자세를 협상하기 위한"[56] 것이라고 설명한다. 배게밀은 삽화에서 손동작을 그려 놓고, 이들 손동작을 "다가와" 혹은 "너의 성기를 이리저리 움직여 봐"와 같

53 *Grizzly Man*, dir. Werner Herzog (Lions Gate, 2005).

54 Gayle Rubin, "The Traffic in Women: Notes on the 'Political Economy' of Sex," in *Women, Class, and the Feminist Imagination: A Socialist-Feminist Reader*, ed. Karen V. Hansen and Ilene J. Phillipson (Philadelphia: Temple University Press, 1990), 74-113.

55 Bagemihl, *Biological Exuberance*, 45.

56 Ibid., 66.

은 명령어로 번역한다.[57] 배게밀은 인간을 포함한 유인원들 가운데, "성적 상호작용이 더욱 다양할 때 성적 소통 시스템은 더욱 정교해진다"고 주장한다. "그러므로 섹슈얼리티—특히 생식과 관련 없는 유연한 성적 행위—는 인간 언어의 기원과 발달에 중요한 역할을 했다"[58]고 배게밀은 결론 맺는다.

도구의 발전이 섹슈얼리티의 영향 때문이라는 주장은 대담하다. 배게밀은 많은 유인원이 자위를 돕기 위해 물건을 사용할 뿐만 아니라 물건을 제작하는 예들을 제시한다. 그는 "성적 쾌락의 추구가 영장류들 가운데 도구 사용이 가장 다형적인 생물체인 인간의 유산에 일정 부분 기여했을지도 모른다"[59]고 주장한다. 배게밀의 주장에 반박하기 힘들다. 그의 주장은 분명히 도구와 언어가 오로지 인간만의 배타적 전유물이라고 주장하는 "인간의 기원"에 대한 거대 서사를 전복시킨다. 그러나 비인간 생명체의 성행위가 중요한 이유가 인간에서 절정을 이룬다고 보는 성행위의 선형적인 서사 속에서 단지 한 역할을 하기 때문이라는 배게밀의 주장은 여전히 문제적이다. 여기서 살짝 변형시키면 도구 사용과 언어 발달의 예들은 특정 동물들의 일부 '자연-문화'로 읽힐 수 있다. 그 자연-문화에서는 성적 쾌락을 추구하는 것이 본질적으로 하나의 "문화적" 행위다. 영장류인 보닛 마카크 암컷은 "상대적으로 정교한 도구 제작의 기술을 발명하고, 정기적으로 자신의 음부에 삽입하기 위해서 자연물을 창조하거나 변형하는 다섯 가지의 특정한 방법을 차용"하는데, 그의 창의성, 기술, 끈기, 재능에 감탄하지 않을 수 없다.

> 예를 들어 그녀는 관목으로부터 유칼립투스의 마른 이파리를 손가락이나 이빨로 벗겨내고 약 1인치가 채 안 되는 짧은 길이로 가운데를 잘라서 한 조각을 만든다. 그녀는 마른 아카시아 이파리를 반으로 잘라내고 긴 쪽을 잘라 몇

---

**57** Ibid., 67.
**58** Ibid., 69.
**59** Ibid., 71.

> 개의 조각으로 만들거나 나뭇가지 부분은 잘라내어 짤막한 막대기를 만들었다. 그리고 자신의 질 안으로 삽입하기 전에 손가락이나 손바닥으로 그것들을 열심히 문질렀다. 잔가지, 이파리, 풀잎을 변형하지 않은 채 종종 사용하기도 했다.[60]

마카크는 마치 작품을 창조하는 예술가처럼 보인다. 이런 설명을 로저 N. 랭카스터의 욕망 개념을 통해서 또 그에 반하여 읽고 싶은 유혹이 생긴다. 랭카스터는 "이런 욕망은 말 그대로 시적이다. '포이에시스'poiesis는 물건과 세상을 만들듯이 '생산'이란 뜻이다. 욕망 자체는 대상이 아니라 대상을 생산하는 동력이다"[61]라고 말한다. 랭카스터는 초인간적 섹슈얼리티가 전적으로 문화일 뿐 자연일 수 없다고 상세히 말하면서 욕망을 "순전히 사회적 범위에"[62] 위치시키지만, 비인간 동물들은 도구를 만들고 언어를 창조하며, 문화적인 맥락에 자리 잡고, 즐거운 습관을 만들면서 원칙적으로 인간의 영역으로 침투한다.

상당수 문화 비평가들은 동물의 섹스를 분리된 자연 영역으로 지부하는 반면에 퀴어 동물 섹스에 대한 많은 과학적 설명은 퀴어 동물의 섹스를 전적으로 "문화적"인 것으로, 따라서 성적이지 않다고 간주해왔다. 수잔 블록의 철학인 보노보의 "윤리적 쾌락주의"는 보노보가 동성애 섹스를 포함해서 그토록 많은 섹스를 하는 "이유"가 사회적 갈등을 해소하기 위한 것이라는 통상적인 이해를 보여준다. 이러한 설명은 보노보의 모든 마운팅이 그저 또 다른 일상처럼 보이게 만든다. 블록은 보노보의 에로티시즘을 찬미하는 반면, 많은 과학자들은 동성애 섹스 행위를 설명할 때 성적 행위의 사회적 기능만을 강조함으로써 그 행위를 섹스가 아닌 다른 것으로 정의하고 만다. 베이시

---

**60** Ibid., 70-71.

**61** Lancaster, *Trouble with Nature*, 266.

**62** Ibid.

가 설명하듯이, 많은 동성애 성적 행위는 "사회적 성행위"로 해석되어 왔다. 즉 "외형적으로는 성적이지만, 적응이나 번식 전략이라는 사회적 목표를 매개하기 위해서 이뤄진다"[63]는 뜻이다. 앨런 F. 딕슨Alan F. Dixon의 1998년 교과서 『영장류 섹슈얼리티』를 예로 들어보자. 그 책의 「사회적-성행위와 동성애 섹슈얼리티」라는 장은 비인간 영장류의 동성애 섹스처럼 보이는 행위가 단순히 "모터 패턴"(특정한 외형적 목적을 성취하기 위해 연속적으로 근육을 움직이는 행위, 역주)임을 명확하게 밝히고 있다. "사회적-성적 패턴의 형태와 기능은 종마다 다양하지만 중요한 점은 섹스와 통상 연관되는 모터 패턴은 종종 사회적 소통이라는 비성애적 영역으로 통합된다는 사실이다."[64] 이러한 "모터 패턴"이 섹스가 아님을 주장하기 위해서 그는 "섹스"를 "사회적 소통"과 완전히 분리된 영역에 위치시킨다. 이는 이성애든 동성애든 이상한 분리임에 틀림없다.[65] 베이시가 설명하듯이, 명백하게 "성적 욕구와 사회적 기능은 상호 배타적이지 않다."[66] 그럼에도 불구하고 "사회적 기능"은 쾌락을 블랙박스에 넣어버리고 "사회적"인 것을 추상적이고 탈신체화된 추론법으로 승격시킴으로써 동성애 동물 섹스를 벽장 속에 종종 가둬버린다. 그러나 딕슨 교과서에 나타나는 즐겁고 에로틱한 삽화들을 보면 동성애 동물 섹스 행위를 기계적인 "모터 패턴"으로 축소하는 것에 반대하게 된다. 삽화들은 동성애 유인원의 색다른 성애를 묘사하면서 덜 기계적이고 제한된 눈에는 그런 행위가 욕

63 Paul L. Vasey, "Sex Differences in Sexual Partner Acquisition, Retention, and Harassment during Female Homosexual Consortships in Japanese Macaques," *American Journal of Primatology* 64, no. 4 (2004): 399.

64 Alan F. Dixon, *Primate Sexuality: Comparative Studies of the Prosimians, Monkeys, Apes, and Human Beings* (Oxford, U.K.: Oxford University Press, 1988), 147.

65 프란스 드 발Frans de Waal은 "일부 작가들과 과학자들은 [보노보의 섹슈얼리티]에 대해 불편해하면서 수수께끼 같은 얘기를 한다… 마치 '빵'이란 단어를 쏙 빼버리고 말하는 제빵사처럼 완곡한 화법이다. 보노보의 활발한 성행위는 성인 수컷과 암컷의 섹스만을 고려하면서 과소 평가되어 보노보의 일상 대부분을 제외해 버린다. '섹스'라는 명칭은 통상 애무, 구강 자극을 포함하여 모든 정교한 접촉을 의미한다면, 성인 섹스만 고려하고 나머지를 제외하는 것은 이상하다." de Waal, *Our Inner Ape: A Leading Primatologist Explains Why We Are Who We Are* (New York: Riverhead, 2005), 93 참조.

66 Paul L. Vasey, "Pre- and Postconflict Interactions between Female Japanese Macaques during Homosexual Consortships," *International Journal of Comparative Psychology* 17 (2004): 351.

망, 노력, 놀이, 창의성, 쾌락, 그리고 [명백하게] 섹스로 보이게 만든다.

이성애 규범성의 미로 같은 풍경 안에서는 동성애 성애를 "섹스"라고 주장하는 과학자는 종종 자신감이 부족하다. 매건 K. 쉬어러Meagan K. Shearer와 래리 S. 카츠Larry S. Katz는 "암컷 염소는 성적 자극을 얻으려고 다른 암컷에 오르기도 한다. 이를 관찰하는 사람에게는 마운팅하는 동안 몸의 압박과 행위에는 쾌락적 요소가 연루되어 있는 것처럼 보인다"[67]고 말한다. 베이시는 강력한 사례를 내세우면서 일본 암컷 마카크의 성적 행위는 실제로 성적이라고 주장한다.

> 지난 40년 간 암컷이 동성과 마운팅하고 구애하는 집단에 대한 치밀한 연구를 했음에도 불구하고…이러한 행동이 사회-성애적 기능을 수행한다고 증명하는 연구는 단 하나도 없다. 오히려 지금까지의 모든 증거들은 암컷이 암컷에게 마운팅하고 구애하는 행위는 사회-성애적 행위가 아님을 보여준다. 일본 암컷 마카크는 동성에게 마운팅하고 구애할 때 수컷 성적 파트너를 유혹하거나, 동성 경쟁자의 생식을 훼방놓거나… 동맹을 형성하거나, 배우자 관계 밖에서 사회적 관계를 지속하고… 지배관계에 대해 소통하거나… 남의 새끼를 돌봐주기 위해서나, 초기 공격성에서 비롯되는 사회적 긴장을 완화하기 위해서… 이성애를 위해 미리 연습(암컷-수컷 마운팅)하거나, 혹은 갈등을 화해하려는 것이 아니다.[68]

명백하게 동물들의 동성애 행위는 달리 증명될 때까지는 "섹스가 아닌" 것으로 간주된다. 동물의 동성애를 섹스로 이해하려면 쾌락 이외의 다른 가능성은 배제되어야 한다.[69] 이상하게도 지배적인 과학 체제는 주류 환경론자들

---

**67** Meagan K. Shearer and Larry S. Katz, "Female-Female Mounting among Goats Stimulates Sexual Performance in Males," *Hormones and Behavior* 50 (2006): 36.

**68** Vasey, "Sex Differences in Sexual Partner Acquisition," 399.

**69** 유사하게 신시아 크리스Cynthia Chris도 TV에서 야생의 동성애는 "자연스러운 행위가 아니고, 진짜배기 재생산 섹스 이전의 전희 국면이다. 즉 동성애는 일종의 힘을 주장하거나 종속을 체험해 보는 행위라서, 엄밀히 볼 때 야생 존재들에게 쾌락은 어렵다"고 주장한다. Chris, *Watching Wildlife*, 165 참조.

의 자연 개념과 동일하다. 샌딜랜즈는 이런 주류 환경론자들의 자연 개념이 "적극적으로 에로스를 배제하는 동시에 획일적으로 이성애적"[70]이라고 비판한다. 샌딜랜즈가 그레타 가드Greta Gaard의 연구에 기대어 설명하듯이, "성애 공포Erotophobia는 성적 다양성에 대한 규제와 명백히 연결되어 있다. 이성애 규범은 특히 과학과 자연에 연결되면서 섹슈얼리티를 규제하고 도구화하는 효과를 지닌다. 그리고 섹슈얼리티를 쾌락과 성취보다는 진리와 진화적 건강과 연결시킨다."[71] 그래서 퀴어 동물들은 "다형적인 섹슈얼리티와 다수의 자연"이 존재함을 입증함으로써 "생태적-성적 규범성"[72]에 의문을 던지도록 돕는다. 또한 퀴어 동물들은 특정한 존재론의 타당성을 입증해준다. 그 존재론 안에서는 쾌락과 에로티시즘이 유전적으로 결정된 생물학적 충동의 결과도 아니고 문화적 음모의 도구도 아니다. 이것은 안으로부터 출현하면서 동시에 다수의 '자연-문화'에 영향을 끼치는 창의적 힘이다. 이런 의미에서 쾌락은 캐런 버라드의 '수행성' 개념 안에서 이해될 수 있다. 버라드의 '수행성' 개념은 "물질적이고, 자연적이며, 포스트휴먼적"인데, 이는 "물질을 세계의 생성과 계속적인 '내적 활동'에 적극 참여하는 주체로서 여기며 그에게 합당한 자리를 부여한다."[73]

---

**70** Catriona Sandilands, "Desiring Nature, Queering Ethics: Adventures in Erotogenic Environments," *Environmental Ethics* 23, no. 2 (2001): 176. 퀴어 동물은 "자연"을 건강한 이성애 가족의 즐거운 장소로서 마케팅하는 데 방해가 된다. 내가 휘트먼의 「내 자신의 노래」를 가르칠 때마다 수십 년 동안 학생들(선생들)은 이 시의 명백한 동성애를 어떻게 생각했을까 의아해하는 것처럼, 거대한 성기를 가진 수컷 돌고래들이 투어 보트 바로 옆에서 서로 즐겁게 문지르는 것을 본 사람들이 "재들 뭐해요?"라는 물음에 돌고래 투어 운영자는 어떻게 답할지 궁금하다. 이런 식의 대화 아카이브에 접근할 수 있다면!

**71** Ibid., 180.

**72** Catriona Sandilands, "Sex at the Limits," in *Discourses of the Environment*, ed. Eric Darier (Oxford, U.K.: Blackwell), 92-93.

**73** Karen Barad, "Posthumanist Performativity: Toward an Understanding of How Matter Comes to Matter," *SIGNS* 28, no. 3 (2003): 803.

## 포획에서 벗어나기

배게밀과 러프가든은 무수히 다양한 구애, 성적 행위, 양육, "젠더", "트랜스섹슈얼리즘", "복장 도착" 행위를 기록하고 있다. 이 행위들은 환원적 방식으로는 이해될 수 없는 동물의 생활 세계를 보여준다. 미라 J. 허드는 「자연스러운 퀴어」Naturally Queer에서 생물학은 "성적 차이에 대한 고정 관념을 난처하게 만드는 풍부한 증거를 제시한다"[74]고 주장한다. 허드의 열정적인 글은 "식물, 곰팡이, 박테리아의 즐거운 섹스"를 상상하게 만든다. 예를 들어 "스키조필룸Schizophyllum이라는 곰팡이 속에 속하는 버섯은 28,000가지 종류의 성을 가지고 있다. 마구잡이 성적 습관을 지닌 이 버섯 간의 섹스는 말 그대로 '건드리고 가는' 정도의 사건이다. 그래서 과학 작가인 제니 레이드맨Jenni Laidman은 이 곰팡이의 경우 '젠더가 너무 많아서 시간이 별로 없다'"[75]고 결론 내린다. 허드는 "생물과 비생물 물질"을 "경계를 넘는 잠재성에 대한 완고하고 무기력한 '외부'"[76]라고 가정하기보다는 퀴어적 자연 현상을 경계를 넘는 존재로 제시한다.

퀴어 동물의 섹스는 오래 지속된 완고한 문화 범주를 해체시킬 것이다. 예를 들어, 폴 L. 베이시와 그의 동료들은 일본 마카크 중 암컷과 암컷이 마운팅하는 행위를 연구하면서 "일본 마카크 암컷들의 마운팅이 불완전한 수컷 마운팅이 아니며, 암컷이 수컷 방식으로 마운팅하려 시도하다가 실패한 것이라는 증거는 없다"[77]고 결론 맺는다. 오히려 암컷의 마운팅은 "암컷 특유의 전형적인" 방식이며 놀랍게 다른 여러 종류의 움직임들도 선보인다.[78] 주디스

74 Hird, "Naturally Queer," 85.

75 Ibid., 86.

76 Ibid., 85.

77 Paul. L. Vasey et al., "Male-Female and Female-Female Mounting in Japanese Macaques: A Comparative Study of Posture and Movement," *Archives of Sexual Behavior* 35, no. 2 (2006): 127.

78 Ibid., 126.

버틀러는 동성애가 이성애의 모방이 아니라고 주장하고, 할버스탬은 여성은 자신만의 "남성성"[79]을 가지고 있다고 주장하는데, 일본 마카크는 이들의 주장들을 상기시킨다. 베이시 자신도 그의 연구가 "수컷이나 암컷의 행동을 구성하는 것이 무엇인지에 대한 훨씬 더 폭넓은 이슈를 제기하는데," 왜냐하면 마운팅을 딱히 "수컷"의 행동 특성이라고 볼 수 없고, "자주 마운팅을 하는 특정 집단의 암컷은 암컷 특유의 방식으로 마운팅"[80]한다고 주장한다. 페미니즘 이론에서 섹스와 젠더가 구분될 때 젠더는 문화적인 것이라서 순전히 인간의 구성물로 간주된다. 그러나 조안 러프가든은 비인간 동물의 젠더를 감안하여 젠더를 "성별화된 몸의 외양, 행위, 경험된 역사lived history"[81]로 정의한다. 러프가든은 "많은 종들이 세 가지 이상의 젠더를 보유하고 있음"에 주목한다. 예를 들어 흰목참새는 "네 개의 젠더, 즉 두 개의 수컷, 두 개의 암컷"[82]을 지니고 있다. 이 여러 "젠더들"은 흰색이나 황갈색의 줄무늬로 구분되는데, 이 구분은 공격적이고 텃세 습성을 지닌 행위, 수용적인 행위와 각각 일치한다. (암컷이든 수컷이든) 황갈색 줄무늬를 지닌 새들과 (암컷이든 수컷이든) 흰색 줄무늬 새들의 섹스를 통해 번식의 90%가 이뤄진다.[83] 해러웨이는 동물을 "중요한 타자성"significant otherness[84]이 넘쳐나는 또 다른 세계로 볼 것을 요청한다. 이러한 요청은 인간 모델뿐만 아니라 페미니즘 모델과 퀴어 모델조차 혼란에 빠뜨리는 무수한 동물 문화를 이해하려고 할 때 유의미하다.

동물의 섹스(그리고 젠더)가 페미니스트 이론 기반을 다층적으로 만들듯

---

79 Judith Butler, *Gender Trouble: Feminism and the Subversion of Identity* (New York: Routledge, 2006); Judith Halberstam, *Female Masculinity* (Durham, N.C.: Duke University Press, 1998).

80 Vasey et al., "Male-Female and Female-Female Mounting," 127.

81 Roughgarden, *Evolution's Rainbow*, 27.

82 Ibid., 28.

83 Ibid., 9.

84 Haraway, *Companion Species Manifesto*, 25.

이, 동물의 습성들은 퀴어이론과 게이문화에서 익숙하고 자연스러웠던 범주와 가정을 부자연스럽게 만들어버린다. 한 가지 예를 들면 동성애 섹스를 한다고 알려진 동물 종과 개별 동물은 이성애 섹스도 한다. 그 의미인즉, 비인간 동물의 경우 섹슈얼리티를 "일반화시키는"universalizing (개인의 경험을 다른 사람들의 경험과 비교하여 유사성을 발견한 다음 자신의 경험이 일반적이라고 받아들이도록 하는 행위, 역주) 모델이 "소수화시키는" 모델보다 더욱 적절하다는 뜻이다. 내가 이제까지 편리하게 언급해온 "퀴어" 동물들은 무수한 방식으로 "퀴어"다. 그러나 퀴어의 어느 경우도 21세기 초반의 "게이"나 "레즈비언"의 범주와 일치하지 않는다. 러프가든은 대부분의 수컷 큰뿔양은 다른 수컷들과 항문으로 구애하고 섹스하는 "동성애 사회"에서 산다고 설명한다. 이런 사회에서 오히려 비동성애 수컷이 "이상하다"고 여겨진다. "동성애 행위에 참여하지 않는 몇몇 수컷들은 '나약한'effeminate수컷으로 규정된다… 그 수컷들은 다른 수컷들과 어울리기보다 암양들과 함께 사는데, 그런 면에서 소위 '정상적 수컷들'과 다르다. 이런 수컷들은 임킷을 지배하지 않으며, 전체적으로 덜 공격적이고, 암컷처럼 앉아서 오줌 누는 자세를 취한다. 이런 수컷들은 다른 수컷들이 마운팅하는 것을 거부한다."[85] 러프가든이 주장하듯이, 이런 양들의 존재는 동성애/이성애 범주의 구분에 문제가 있음을 알려준다. "'정상적인' 마초 스타일의 큰뿔양은 다른 수컷들과 본격적인 항문 섹스를 한다. '이상한'aberrant 숫양은 오히려 이성애 양이다. 동성애에 대한 관심 결여는 병적으로 간주된다."[86] 동물 문화의 놀라운 차이를 이해하려고 할 때 대부분의 설명은 불가피하게 인간의 범주와 용어에 기대게 된다. 러프가든이 과학자의 "어휘적 편견"을 비판할 때, 그가 사용하는 "가정 폭력"과 "이혼"과 같은 용어들은 아무런 문제 의식 없이 20세기 미국 문화로부터 차용되었기 때문에 동물

85 Roughgarden, *Evolution's Rainbow*, 138.
86 Ibid.

문화의 "중요한 타자성"을 왜곡하고 단순화한다.

흥미롭게도 러프가든과 배게밀 모두 비서구권 문화들이 비인간 세계의 성적 다양성에 대해 더 많이 안다고 주장한다. 예를 들어 바누아투Vanuatu의 남해 섬들에 사는 사카오sakao사람들은 돼지들이 자신들의 "간성intersex을 표현하도록 번식했음"에 러프가든은 주목한다. "사카오 사람들의 경우 난자와 가장 많이 관련된 외형을 지닌 성기를 가진 사람들로부터 정자와 가장 많이 관련된 성기를 가진 사람들에 이르기까지 [성기의 모양에 따라] 일곱 개의 젠더가 구분되고 명명된다."[87] 유사하게 배게밀도 성적 다양성에 대한 현대의 이론들은 동물 섹슈얼리티에 대한 특정 토속 집단들의 과학적 설명과 더불어 동물의 성적 다양성을 인정하는 그들의 지식 시스템 앞에서는 빛을 잃는다고 주장한다.

> 동물 세계—현재 여기 지구상에서—는 셀 수 없이 많은 젠더 변이들이 넘쳐나고 수많은 성적 가능성도 어른거린다. 예를 들면, 일부 도마뱀 종은 전체가 오로지 암컷만 있고, 암컷들이 서로 섹스하여 단성 생식한다. 다양한 젠더를 지닌 목도리 도요새 집단은 수컷 새 중에 네 개의 구분된 범주가 있는데, 그들 중 일부가 서로 구애하고 짝짓기한다. 암컷 점박이 하이에나들과 암컷 곰들의 경우 암컷끼리 교미하고 "수컷 남근"같이 생긴 클리토리스를 통해서 새끼를 낳는다. 수컷 아메리카레아 새는 "암컷 자궁"과 같은 남근을 (같은 종의 암컷처럼) 지니고 있어서 아버지 둘이 가족을 이뤄 새끼를 기른다. 산호초의 생생한 트랜스-섹슈얼리티, 자웅 모자이크와 키메라의 놀라운 인터섹슈얼리티도 있다. 인간은 "포스트모던" 패턴의 젠더와 섹슈얼리티를 탐색하면서, 성적 다양성과 젠더 다양성에서 우리보다 앞서 진화한 종들을 따라잡으려고 한다. 그런데 토착 문화는 오랫 동안 이미 이를 알고 있었다.[88]

서구 문화의 경직된 이성애 규범은 다양하고 변화무쌍한 동물 세계를 원천

---

**87** Ibid., 37.

**88** Bagemihl, *Biological Exuberance*, 260-61.

적으로 차단해버린다. 반면에 일부 토속 문화는 훨씬 더 복잡한 성적 젠더 현상을 인정하고 심지어 존중해왔다. 애나 마리엘라 바치갈루포Ana Mariella Bacigalupo의 인류학 연구인 『포예 나무의 샤먼들: 칠레 마푸체Mapuche족의 젠더, 파워, 치유』는 마푸체족이 특정 나무와 인간에서 나타나는 특별한 젠더 유동성을 어떻게 존중했는지에 주목하고, 식민지 시기에 "자웅동체의 포예 나무가 인간 마키[샤먼]의 자웅동체적 지위를 성스럽고, 힘있고, 의미있는 것으로 합법화한다"고 설명한다. 오늘날 포예 나무는 "남성과 여성 마키" 즉 샤먼이라는 지위의 상징이 되었고, 이는 "세상, 세대, 젠더 사이를 움직이는 마키의 능력"[89]을 상징한다. 다른 한편, 경직된 범주는 서구 과학 이성을 위한 규범이 되어왔다. 그 경직된 범주는 길들이기, 관리, 손쉬운 사용을 선호하는 경향에 도움이 되기 때문이다. 킴 톨베어의 인용이 주목하는 바와 같이, "과학의 권위와 경영적 접근이 부상하면서" "섹스와 자연 모두"를 궁극적으로 "관리 가능한 대상"[90]으로 간주하게 되었다. 실리아 로우Celia Lowe는 『야생의 풍요로움: 인도네시아 다도해의 생물 다양성 보존』에서 성적 다양성을 논하지는 않지만, 서구 지식 시스템의 탈마법적 사유disenchantment에 대해 경고하고 있다. 로우는 이렇게 말한다. "막스 베버의 유명한 격언대로 도구적 이성은 세상을 마법에서 벗어나게 하지만 그 안에 '철사로 만들어진 새장'iron cage(푸코가 '차가운 괴물'이라고 부른 것)를 창조해 낸다. 이 말은 인도네시아의 경우에도 동일하게 적용 가능하다. 인도네시아에서는 이성이 마법을 이겼다고 상상함으로써 정신 세계 자체가 통치적 합리성이라는 차가운 괴물이 사는 곳이 되었다. 강제적인 탈마법화는 포스트식민주의 국가들을 괴롭히고 있으며 자신의 이야기 속에서도 망령처럼 떠나지 않고 있다."[91] 탈마법

89 Ana Mariella Bacigalupo, *Shamans of the Foye Tree: Gender, Power, and Healing among Chilean Mapuche* (Austin: University of Texas Press, 2007), 52.

90 TallBear, "An Indigenous Reflection," 234-35.

91 Celia Lowe, *Wild Profusion: Biodiversity Conservation in an Indonesian Archipelago* (Princeton, N.J.: Princeton University

화는 인간과 인간 너머 세계와의 만남을 시시하게 만들고 지식의 유용성에 만 한정시킨다. 로우는 자신이 연구하는 보존 프로젝트의 범위 안에서는 "마법을 걸고 푸는 것이 상호보완적 관계에 있다"고 주장한다. 즉 "새로운 형태의 '불합리성'이 오히려 보존을 위한답시고 계산하고 관리하는 일의 한계와 아포리아 지점을 드러내준다"[92]고 말한다. 로우의 사유에서는 마법을 걸고 푸는 것 사이에서 오락가락하는 것이 지식을 덜 생산하기보다 오히려 더 많이 생산한다.

마법과 경이로움은 환경론적 지향을 장려할 것이다. 『현대 미국 소설의 생태 질병: 환경과 정동』을 저술한 헤더 하우저Heather Houser는 21세기에 경이로움이라는 과제가 중요하다고 주장한다. "경이로움은 인간 너머의 세상에 대한 무관심을 흔들어 깨우고 잘못 이상화하는 일 없이 호기심을 갖게 만든다. 또한 야생, 미개발 공간, 인간 건강과 살림살이를 파괴하지 않도록 관심을 불러일으킬 수 있다"[93]고 말한다. 제프리 제롬 코엔은 『돌: 비인간의 생태학』에서 "마법은 평범함으로부터 멀어지는 것이며 영원에 얽히는 것이다. 또한 갑작스럽게 세상의 역동성과 자율성을 보는 것이며, 퀴어화된 관계의 도래다"[94]라고 말한다. 과학은 세상을 이해하고, 범주화하고, 지도를 그리고, 인과적 관계를 발견하려는 목적을 지닌다. 많은 사람들이 비인간 동물의 성적 다양성에 대해 쓰면서 섹스, "젠더", 생식, 동물의 새끼 양육에서 놀라운 다양성을 발견하는데, 길들이는 방식으로 이 다양성을 쉽사리 범주화할 수 없음을 알고 충격을 받는다. 경이로운 깨달음의 순간에 [새로운] 인식론적-윤리적 이해가 시작된다. 갑자기 세상은 누군가 상상하는 것보다 훨씬 더 퀴

---

Press, 2006), 160.

**92** Ibid., 107.

**93** Heather Houser, *Ecosickness in Contemporary U.S. Fiction: Environment and Affect* (New York: Columbia University Press, 2014), 78-79.

**94** Jeffrey Jerome Cohen, *Stone: An Ecology of the Inhuman* (Minneapolis: University of Minnesota Press, 2015), 9.

어하다는 사실 뿐만 아니라,[95] 더욱 놀랍게도 그것이 우리의 이해 범주와 시스템을 혼란에 빠뜨린다는 사실도 깨닫는다.[96] 달리 말해서 퀴어 동물에 대해서 완벽하게 이해할 수 없다. 피커링Pickering의 모델에서 과학이란 "인간과 물질의 행위능력들이 진화하는 영역인데, 이들은 서로 저항하고 수용하는 놀이에 참여하면서, 인간의 행위능력이 물질의 행위능력을 이해하려고 노력한다."[97] 역설적으로 과학 모델로 인하여 우리는 비인간 동물의 성적 다양성에 대한 과학적 설명의 가치를 인정할 수 있게 된다. 이 설명이 (인간) 사회의 구성체 그 이상을 설명한다는 의미에서 중요하기 때문이다. 그러나 그 설명은 또한 인간 지식이 자연 세계를 완전하게 설명하기에는 불충분함을 인정하는 인식론적-윤리적 입장을 권장하고 있다.[98]

퀴어 동물들은 완벽한 포획에서 벗어남으로써 이제 욕망, 행위능력, 상호작용의 새로운 세계를 극화하고 있다. 이런 세계는 인간이 규정하는 세계의 배경이나 재료로써 결코 환원될 수 없다. 도나 해러웨이는 "반려종"[99]을 정의

---

95 이는 "우주는 우리가 가정하는 것보다 더 퀴어하다"는 J. B. S. 할데인Haldane의 말을 인유한다. 이 인용은 배게밀, 허드, 랭카스터가 모두 제사로 사용하고 있다.

96 내가 여기서 지적해야 할 것은 기후 변화의 복잡성, 여섯 번째 대멸종의 상상 초월한 거대함, 위기의 환경과 같이 너무나 위험하고 복잡해서 인식론적으로 몸이 마비될 지경의 "경이로움"과 비교할 때, 비인간의 성적 다양성을 생각하는 것은 오히려 크게 문제가 되지 않는 경이로움이다. 위의 헤더 하우저의 경우, 리처드 파워Richard Power의 소설 『울림을 만드는 자』*The Echo Maker*에서 경이로움이 환경론을 위해서 어떤 능력이 있는지 증명할 뿐만 아니라 어떻게 "경이를 생산하면서도" 동일하게 "낯설게 하는 동요"가 "편집증과 투사를 도입하고 인식과 돌봄 사이에 길을 애매하게 만드는지"를 보여주면서 경이로움의 복잡함을 보여준다. Houser, *Ecosickness in Contemporary U.S. Fiction*, 115 참조. 이 작은 노트는 하우저의 정교한 독해를 다 요약하지 못한다.

97 Pickering, *Mangle of Practice*, 23.

98 사만사 프로스트Samantha Frost는 환경론 지향적인 인식론적 겸손함의 입장에 대해 명료하게 설명한다. 나도 이 입장을 오랫동안 견지해왔다. "복잡성, 상호의존, 폭넓게 해석된 생태학적 입장에서 생각할 때 중요한 것은 유기적/비유기적 세상 앞에서 인식론적/정치적 겸손함이다. 완전하고 결정적인 지식의 불가능성, 그에 따라 언젠가는 우리 자신과 세상에 대한 완전한 지배를 성취할 수 있으리라는 목적론적 가정을 버리는 것이다." 그러한 꿈은 잔인하도록 아이러니한 지배를 특징으로 하는 인류세에서는 아이러니하다. 물론 누구도 의도한 결과는 아니지만 말이다. 나는 또 프로스트의 관찰에 동의한다. 그는 "복잡성에서 필수적인 무지의 영역을 인정하는 것은 지식을 포기하는 것과 동일하지는 않다. 우리는 과학적 탐구를 위한 배경으로써 완전한 지식을 약속할 필요는 없다." Frost, "The Implications of the New Materialisms for Feminist Epistemology," in *Feminist Epistemology and Philosophy of Science: Power in Knowledge*, ed. H. E. Grasswick (Berlin: Springer, 2011), 79 참조.

99 여기서 "반려종"이란 용어에 의지하는 것은 좀 아이러니하다. 왜냐하면 해러웨이는 반려종이라는 모델을 길들여진 개와 관련해서 개발한 것이기 때문이다. 배게밀의 동물집은 야생 개의 동성애를 "적절하거나 주요하"기보다 "우연적"이라고 분류할 뿐만 아니라, 대부분 길들여진 개는 통상 섹슈얼리티를 박탈 당한다. 칼라 암브루스터Karla

하면서 이렇게 설명한다. "어디에도 미리 구성된 주체와 객체는 없다. 어디에도 단 하나의 원천, 단 하나의 통일된 행위자, 혹은 최종적 목적 같은 것은 없다… 행위능력을 지닌 동물들의 도감, 여러 종류의 관계들, 수많은 시간은 심지어 가장 바로크적(장식이 많고 복잡한 스타일, 역주)인 우주론자들에게도 상상을 초월한다."[100] 그런 반응은 녹색의 장소인 퀴어로부터 발산된다. 그곳에서는 쾌락과 욕망, 서로 다른 생물 세계와 상호 작용이 증식하면서 강렬하고 윤리적인 반응을 생성한다. 브라이언 마수미Brian Massumi가 주장하듯이, "강렬함은 동화될 수 없는 것이다." 왜냐하면 "구조란 그 무엇도 [새롭게] 발생할 수 없는 장소로써, 어떤 변화도 자기-일관성 있는 불변의 생성 규칙 속에서 이미 예측되는 설명의 천국"[101]이기 때문이다. 비인간 동물의 성적 다양성에 대해 많은 반응들이 있는데, 이 반응들은 바로 이런 종류의 '동화될 수 없는 강렬함'을 퍼뜨린다. 예를 들어 폴커 조머Voker Sommer는 『동물의 동성애 행위: 진화적 관점』의 에필로그를 맺으면서 이렇게 질문한다. "자연에서 우리가 관찰할 수 있는 다양한 성적 행위는 기절초풍할 정도의 아름다움이 아니면 무엇이란 말인가?"[102] 배게밀의 책에 대한 서평에서 듀안 제프리Duane Jeffery는 이렇게 논평한다. "자연의 창조력은 자연의 창조물을 범주화하는 우리의 미약한 능력을 넘어선다." 그리고 이렇게 덧붙인다. "자연의 완전한 창

---

Ambruster는 엄청난 숫자의 개에도 불구하고, "우리는 순수하게 개의 섹슈얼리티와 생식을 통해 개가 표현할 수 있는 야생성을 억누르고 비가시화하면서 많은 것이 사라졌다. 개들의 입장에서는 자신의 행위 능력과 본능을 발휘할 수 있는 더 많은 기회가 부정되었고, 그들이 번영할 수 있는 기회를 제한당했다"고 말한다. 만일 반려 동물이 "우리를 자연 세계와 더욱 친밀한 관계를 맺게 만들어 주었다면" 우리는 "문화적 규범에 도전하는 그들의 타자성, 그들의 야생성, 그들의 생활과 행위 자체에 마음을 열었어야 한다. 비록 그것들이 우리를 놀라게 하고, 우리를 불쾌하게 만들더라도 말이다. 혹은 그들을 가만 내버려두면 그들은 우리에게 힘을 주고, 심지어 우리를 경이로움으로 가득 차게 만들 수도 있다." Armbruster, "Into the Wild: Response, Respect, and the Human Control of Canine Sexuality and Reproduction," *JAC* 30, nos. 3-4 (2010): 763 참조.

**100** Haraway, *Companion Species Manifesto*, 6.

**101** Brian Massumi, *Parables for the Virtual: Movement, Affect, Sensation* (Durham, N.C.: Duke University Press, 2002), 27.

**102** Volker Sommer, "Against Nature?! An Epilogue about Animal Sex and the Moral Dimension," in *Homosexual Behavior in Animals: An Evolutionary Perspective*, ed. Volker Sommer and Paul L. Vasey (Cambridge, U.K.: Cambridge University Press, 2006), 370.

조력—풍성함—은 압도적이다."[103] 조안 러프가든은 트랜스젠더 여성이면서 생태학자인데, 자신의 책을 쓰면서 "내가 상상했던 것보다 훨씬 더 많은 다양성이 존재함을 발견했다"고 말한다. 그리고 자신의 책을 "척추 동물의 깜짝 놀랄 만한 다양성"[104]이라고 불렀다. 이 표현은 책의 내용만큼이나 독자의 반응을 포착한다. 베게밀은 조심스럽게 자신이 행하는 "사랑의 노동"labor of love을 다층적인 경이로움으로 마무리한다. 우선 우리는 루이스 맥니스Louis MacNeice의 시 「눈」Snow(그 시에는 "세상은 우리가 생각하는 것보다 더 풍성하고 더 미쳤다"는 구절이 있다)을 만난다. 그리고 e.e 커밍e.e.comming의 시 두 구절—"가장 거대한 창조도/단 한 번의 키스보다 덜 거대하다"—이 나온다. 두 사람의 시 구절들은 책 전체의 제사로 사용되고 있다. 또 서문의 제사로 아인슈타인의 글을 인용하기도 한다. "우리가 경험할 수 있는 가장 아름다운 것은 신비로움이다. 이는 진정한 모든 예술과 과학의 원천이다. 신비로움의 감정이 낯선 사람, 감탄하기 위해 멈출 수 없는 사람, 외경에 사로잡힐 수 없는 사람은 죽은 사람이나 마찬가지다. 그의 눈은 감겨 있다."[105] 서문에 들어있는 두 쪽에 달하는 거대한 지도, "동물 동성애의 세계"는 이 지구를 완전히 다른 곳으로 보이게 만든다. 이 지도는 지구가 무수한 퀴어 섹슈얼리티로 가득함을 보여준다. 라투르의 서툰 웨이터는 "멋진 요리 접시"를 바닥에 떨어뜨려 깨버리지만,[106] 그와 달리 배게밀은 "동물 행위에 대한 '사실'"을 전달할 뿐만 아니라 "그 사실이 지닌 '시'를 포착할 수 있기"를 희망한다. "이러한 현상은 순전히 과학적 입장에서 볼 때 흥미로울 뿐만 아니라, 가장 깊은

103 Duane Jeffrey, "Review of Joan Roughgarden's Evolution's Rainbow," *Politics and the Life Sciences* 23, no. 2 (2005): 72.

104 Roughgarden, *Evolution's Rainbow*, 2.

105 Bagemihl, *Biological Exuberance*, 1.

106 Bruno Latour, "Why Has Critique Run Out of Steam? From Matters of Fact to Matters of Concern," *Critical Inquiry* 30 (Winter 2004): 237.

경이로움과 가장 심오한 외경을 품도록 영감을 불러일으킨다."[107] 셀 수 없이 다양한 비인간 동물의 양태를 깊이 생각할 때 느끼는 경이로움, 외경, 쾌락은 욕망과 성애의 정교한 창의성과 함께 고동친다. 이때 생성되는 환경론은 이미 현란하게 퀴어적일 것이다.

---

107 Bagemihl, *Biological Exuberance*, 6.

# 2부

## 반란을 일으키는 노출

# 3장

## 나체의 언어:
## 환경 시위에서 단어 쓰기, 나체되기, 욕망하기

[페미니즘 이론의] 황후는 너무 많은 옷을 입고 있다. 유행하는 그녀의 옷들은 점점 더 거추장스럽고, 지나치게 꾸미고, 답답하고, 과시적이다. 나는 그녀가 다시금 감각적 살을 더 많이 용기 있게 보여주길 바란다.

—주디스 스테이시Judith Stacey

내가 가슴을 드러내기 때문에 그들은 트럭을 멈춘다. 나는 그들의 관심을 끈다. 나는 그들이 아름답고, 성스럽고, 취약한—마치 지구처럼—이미지를 내게서 볼 수 있길 바란다.

—라 티그레사La Tigresa

주디스 스테이시는 페미니즘 이론이 거추장스러운 장식을 벗어 던질 필요가 있다고 비유적으로 말한다. 21세기가 시작되면서 페미니스트, 환경론자, 동물 권리 운동가, 평화 운동가들은 말 그대로 "감각적 살을 더 많이 용기 있게 보여주고" 있다. 스테이시 캘리시Stacy Kalish는 "오만 명으로 추산되는 사람들이 전 세계에서 적어도 91개의 나체 시위에 참여했다"[1]고 주장한다. 뉴욕에서

1 Stacy Kalish, "The Naked War," Bare Witness website, 2003, http://swaporamarama.org/images/nobushpress/Bare%20

알칸사스 주에 이르기까지, 케이프타운에서 시드니에 이르기까지, "부시 반대", "전쟁 반대", "유전자 변형 식품 반대", "진실", "평화"와 같이 꾸밈없이 가장 간결하게 쓰인 슬로건을 들고 나체의 몸들이 해변이나 눈 위에 눕는다. 이러한 시위의 대상은 이라크 전쟁, 기후 변화, 유전자 변형 식품으로부터, 멕시코의 유적지를 파괴할 코스트코 매장처럼 보다 지역적인 이슈에 이르기까지 다양하다. 나이지리아 여성들은 "정유소를 점령하고 옷을 벗겠다고 위협함으로써"[2] 텍사코 회사가 자신들의 마을을 개선시킬 수 있도록 만들었다. 이 행동은 다른 많은 이들에게 영감을 주었을 것이다. 스페인에서 동물 권리 운동가들은 거리에서 황소를 대신하여 달린다. 첫 번째 황소가 달리기 이틀 전에 "전 세계로부터 동물 권리에 공감하는 사람들"이 스페인의 팸플로나Pamplona로 모여든다. 그리고 황소 대신 "인간들의 달리기 경기"에서 벌거벗고 달린다. 그 이벤트는 "투우장에서 동물이 공포에 질려 고통받다 결국 도살 당하는 축제에 대한 상생적 대안"[3]을 모색한다. 동물 권리 운동가들은 메이시Macy의 추수 감사절 행렬에서 시월드Sea World 장식 수레에 반대하여 시위를 벌이면서 "마치 범고래처럼 온 몸에 검은색과 흰색을 칠하고 맨하튼 매장 앞에서 욕조에 쪼그리고 앉아 포획된 범고래 흉내 내기"[4]를 기획했다. 텍사스 오스틴에서는 "매력있는 아기"Austintatious Babe라고 스스로 명명한 한 여성이 가슴을 드러냄으로써 총기 소지법을 지지하는 사람들에게 공개적으로 맞섰다.[5] 우크라이나에서 시작한 국제 페미니스트 그룹인 '페멘'FEMEN은 "섹스트리미즘"sextremism (가슴을 드러내면서 가부장제에 저항하는 일종의 투쟁, 역주)에

---

Witness%20Stacy%20Article.pdf.

2 Chris Steenberg, "Peace Protest on Icy Forest," *East Ginstead Courier*, October 2003, reprinted on the Bare Witness website, http://www.barewitness.org/news.html.

3 PETA (People for the Ethical Treatment of Animals), "Join the Human Race: Running of the Nudes: Out with the Old, in with the Nude," n.d., http://www.runningofthenudes.com/.

4 Sebastian Malo, "Naked Outdoor Protest over Sea World Float in NY's Thanksgiving Parade," Reuters, November 19, 2014, http://www.reuters.com/article/usa-thanksgiving-seaworld-idUSL2N0T92U120141119.

5 Samantha Ketterer, "Topless Woman Takes on Open-Carry Supporters in Austin," Chron, March 11, 2016, http://www.chron.com/news/houston-texas/texas/article/Austin-weird-Topless-woman-takes-on-open-carry-6884779.php.

참여한다. 이들은 성적 억압, 생식 억압, 종교적 억압에 저항하는데, "우리는 게이를 지지한다"[6]와 같은 슬로건을 벌거벗은 가슴과 몸통으로 쓰는 시위를 한다.

몸을 위태롭게 만드는 방식으로 공적 공간을 점령하는 것은 반대 의사를 보여주는 중요한 형태였다. 이 같은 형태의 시위 역사에는 간디의 단식 투쟁, 여성 참정권론자의 단식 투쟁, 액트업ACT UP의 거리 공연, 경찰견과 급수용 호스에 용감하게 맞섰던 민권 운동가들의 시위, 캐피톨 크롤Capitol Crawl (장애인법을 통과시키기 위한 시위, 역주), 월스트릿 점령 운동, 흑인의 생명이 중요하다고 주장하는 다이인die-in 시위가 포함된다. 그러한 시위들은 다양한 수위의 위험과 고통을 감수해야 한다. 그러나 이렇게 시위하면서 모두 나체가 되는 것은 아니다. 나체 시위로 획득하는 의미가 있다면 그것은 무엇일까? 운동가들은 (여성) 살이 지닌 문화적 통화 가치를 단순히 이용하는 것일까? 아니면 그들은 말 그대로 정치적 주체가 물질 세계와 상호 연결되어 있음을 극화하는 것일까? 페미니즘 이론이—정말로 "지나친 장식으로 거추장스러웠다면—신체성과 수행성을 중심으로 변화함으로써 이런 실천, 경험, 이미지들을 드러낼 수 있을까? 이러한 시위들은 어떻게 인종성을 고려하는 몸의 정치학에 반응하고 연루되는 것일까?

나체 시위는 스테이시가 요청하는 "감각적 살"을 드러내면서 물질적 페미니즘의 발전과 동시에 급격히 퍼지고 있다. 물질적 페미니즘은 담론 비평의 정치적 예리함을 지니면서도 언어와 텍스트의 범위에 있지 않은 것, 즉 인간 몸이나 비인간 자연에 접근하는 새로운 길을 활짝 열고 있다.[7] 페미니즘 몸 이론들, 이를테면 엘리자베스 그로츠, 엘리자베스 윌슨Elizabeth Wilson, 그리고 다른 이들의 작업은 몸의 물질성에 다시금 연결하고자 한다. 글로리아 안

6 할버스탬이 이 그룹에 대해 말해주었다. 이에 감사한다.

7 Stacy Alaimo and Susan J. Hekman, eds., *Material Feminisms* (Bloomington: Indiana University Press, 2008) 참조.

잘두아Gloria Anzaldúa의 고전적 저서인 『경계인/접경: 새로운 메스티자』는 장소와 살이 모두 경계를 횡단하는 까닭에 장소와 살의 물질성을 중시한다. 안잘두아를 해석하는 애나 루이스 키팅Ana Louise Keating은 언어가 물질을 생동케 하고, 동시에 물질이 언어를 생동케 한다고 주장한다.[8] 대부분의 페미니즘 몸 이론들은 인간이라는 경계 안에 머무는 반면에, 여기 고려된 나체 시위자들은 인간의 신체성을 실제 장소로 확장하면서 노출의 기술을 실천하고, 인간/동물/환경이 서로 동맹을 맺고, 함께 확장하고, 서로에게 스며드는 관계를 극화한다. 게일 웨이스Gail Weiss의 상호신체성intercorporeality[9] 개념을 확장하여 나는 "횡단-신체성"이란 용어를 제안한다. '횡단-신체성'이란 인간의 몸들이 서로 겹쳐있을 뿐만 아니라 비인간 존재들이나 풍경들과도 서로 엉켜있다는 의미다. 나체 시위가 인간의 신체성과 더불어 물질 세계와의 몰인간적 [인간 중심적이지 않은] 교환을 강조하면서 지배적 재현 방식과 젠더화된 가시성의 시나리오를 비판하거나, 전복하거나, 탈피하고 있는데, 페미니즘 수행 이론 특히 페기 펠런Peggy Phelan과 레베카 슈나이더Rebecca Schneider의 이론이 바로 이런 방식으로 나아간다.

---

8 Gloria Anzaldúa, *Borderlands / La Frontera: The New Mestiza* (San Francisco: Aunt Luke Books, 1987). 안잘두아에 대한 애나 루이스 키팅의 매력적인 에세이는 이렇게 말한다. "참여하는 언어에 대한 토착 이론과 글로리아 안잘두아의 작업에 기대어, 나는 '시인-샤먼 미학'이라고 부르는 변형 기반의 글쓰기를 발전시킨다. 이는 관계적이고 토착적인 세계관에 기반을 두는 예술, 치유, 변형을 합해서 시너지를 내는 글쓰기다. 나는 특히 안잘두아 글의 물리적 차원에 초점을 맞춘다. 안잘두아가 사용하는 언어, 그녀가 사용하는 메타포는 자신의 주제와 연결되어 출현하고, 생리학적 영향과 다른 물질적인 효과도 지닌다. 시인-샤먼 미학은 완전히 구현되고, 잠재적으로 변환적인 언어, 생리성/물질, 세계가 뒤엉키는 것을 상징한다." Keating, "Speculative Realism, Visionary Pragmatism, and Poetic-Shamanic Aesthetics in Gloria Anzaldúa—and Beyond," *WSQ: Women's Studies Quarterly* 40, nos. 3-4 (2012): 51 참조.

9 Gail Weiss, *Body Images: Embodiment as Intercorporeality* (New York: Routledge, 1999). '상호신체성'이라는 용어를 정의하면서, 웨이스는 상호신체성을 인간에만 한정하지 않는다. "신체적 충동"bodily imperative은 "동물의 몸, 문학의 몸, 기술적인 몸과 같은 인간이 아닌 몸까지" (163) 뻗어나간다. 그러나 웨이스의 엄청난 분량의 분석과 주장은 인간의 상호신체성에 관련되어 있다. 이는 "신체 이미지"가 웨이스의 초점이기 때문에 이해할 만하다. 나는 이 장의 맥락에서 사용하는 "횡단-신체성"과, 다른 책 『몸적 자연: 과학, 환경, 물질적 자아』(Bloomington: Indiana University Press, 2010)에서 개진하는 용어와 구분한다. 『몸적 자연』에서는 '횡단-신체성'이란 단어는 환경 보건, 환경 정의에서 출현하는 개념이라서 위험 사회에서 필요한 "물질적 포획"의 과학 연구적 개념을 강조하고, 캐런 버라드의 작업에서 끌어오는 물질의 내부 작용적 행위 능력을 강조하고 있다. 여기 이 책에서는 '횡단-신체성'은 다른 종류의 횡단-신체성의 정치적 수행을 강조하고, 인간 몸과 물리적 환경을 가로질러 친밀성에 대한 경험을 윤리적 충동의 잠재력으로 보는 데 초점을 맞춘다.

## 나체 시위

할 포스터Hal Foster는 매스 미디어의 시대에 "이미지는 '위기'의 담론에서 우리의 삶에 실재에 대한 감각을 재주입하는 기능을 한다(전쟁의 이미지가 그토록 강력한 이유다)"고 주장한다. 또 그는 "그런 사건이 종종 미디어 구경거리(그 중요성은 '효과'나 '충격'의 관점에서 판단되는)로 미리 제작되는 듯하고, 제작된 사건이라는 구경거리는 대본으로 처음 쓰인 역사의 이미지로 재생산되고 판매되며, 유사-역사적 자극제로 번역되어 소비된다"[10]고 주장한다. 나체 시위는 비록 대중의 소비를 위해 연출된 사건이더라도 "실재의 감각을 재주입하는" 기능을 한다. 일곱 명의 시위대는 "밝혀지지 않은 기후 거짓말"이라는 배너를 벌거벗은 몸 앞에 들고, 석탄 산업 홍보 회사인 에델만Edelman의 런던 지사 로비를 점령한다.[11] 나체 시위는 긴박감뿐만 아니라 특정한 인식론을 표현한다. 즉 거짓말은 겹겹이라서 벗겨져야 한다는 인식론이다. 그러나 이브 세지윅Eve Sedgwick의 "공공연한 비밀"과 동일하게 몸은 우리가 이미 알지만 피하거나 부정하는 것을 드러낸다. 많은 시위자들은 노출된 의도로 자신의 살을 감싸면서 진실을 적나라하게 드러낸다. 글래스톤버리Glastonbury에서 세계 평화를 위해 시위한 한 사람은 "나는 긴장되었지만 진실을 위해 나의 벌거벗은 헌신을 보여주고 싶었다"[12]고 말한다. 『벌거벗은 증인』이란 웹사이트의 한 헤드라인에는 "키위 시위대는 GE에 대한 '벌거벗은 진실'을 보여준다"[13]고 쓰여 있다.

---

10 Hal Foster, *Recodings: Art, Spectacle, Cultural Politics* (Seattle: Bay Press, 1985), 89.

11 "Climate Camp Protests Target RBS and Shell in Central London," The Telegraph, n.d., http://www.telegraph.co.uk/news/earth/earthpicturegalleries/6122948/Climate-Camp-protests-target-RBS-and-Shell-in-Central-London.html?image=7.

12 "Naked Protest," *Wells Journal*, April 3, 2003.

13 Bare Witness, n.d., http://www.barewitness.org/.

그림 4. 유전자 변형 식품에 반대하는 나체 시위 사진
마이크 그렌빌Mike Grenville의 사진

그림 4에서 보는 바와 같이 유전자 변형 식품에 반대하는 '벌거벗은 증인들'은 들판에 드러누워 몸을 땅에 밀착시키면서 식품이 인간의 건강에 영향을 끼친다는 진실을 암시한다. 이는 유전자 변형 식품의 위험성과 복잡한 현재 진행형 과학적 대중 논쟁에 대해 이의를 제기하는 단순명료한 이미지다. 그런 전략이 사람들의 관심을 유발하는 것이 분명하지만 사실상 나체라는 개념은 공동 자원으로써 공유하는 몸을 암시한다. 즉 맨 몸의 노출은 환경론적 보호, 정의, 평화가 필요함을 의미한다. 예를 들어 "군비 축소를 위해 옷을 벗으라"는 슬로건은 나체를 비무장과 연결한다. 이는 곧 유토피아를 위해 비운다는 뜻이다.

몸으로 단어를 표시하기 위해 들판에 드러누운 수동적인 활동가들과 달리, 라 티그레사La Tigresa는 미국 태평양 북서부의 오래된 숲을 벌목으로부터 구하기 위해서 가슴을 드러낸다. 즉 적극적으로 "나무를 구하기 위해 옷을 벗는다.” 낯선 협력자들이 그녀의 행동에 동참한다. 섹스에 찬성하는 페미니즘, 여신을 숭배하는 에코페미니즘, 환경적 몽키렌칭(뭔가를 막기 위해서 사보타주하는 시위, 역주), 포르노그래피, “성스러운 섹스”, 대담한 정치적 점유를 하는 자들이 바로 낯선 협력자들이다.[14] 라 티그레사의 행위는 환경적 목적을 위하여 자신의 몸을 상품화하는 것일까? 아니면 “어머니 지구를 보호하기 위해서” 어떤 형태의 소유도 반대하는 반란을 행하는 것일까? 직접 행동으로 잘 알려진 급진적 환경론 단체인 「지구 먼저!」라는 그룹은 사람들의 이목을 끄는 라 티그레사의 시위를 즐기긴 해도, 그들은 그 시위를 이해하지 못한다. 「지구 먼저!」 단체의 리스트서브Listserv 선언은 이렇다.

> 가슴을 드러내는 전설적인 시인 “라 티그레사”가 이끄는 소수의 관심 있는 시민들은 멘도시노 카운티에 있는 몽고메리 주립공원에 인접한 벌목지에서 전 세계적으로 가장 큰 두 그루의 나무를 위협하는 벌목 작업을 저지했다. 라 티그레사가 가슴을 드러내고 「지구 여신」이라는 자신의 시를 암송할 때 벌목자들은 정중하게 귀를 기울였다. 그녀는 벌목 계획이 환경에 끼친 충격을 우려하여 그곳에 모인 지역 주민들, 아기 엄마들, 아이들과 강아지들의 지지를 받았다. 캘리포니아 산림국CDF의 조사단이 파견되어 산림 관련법의 위반 여부를 조사할 때까지 벌목 회사는 결국 일을 중지했다.[15]

얼마나 건전한 스트립쇼인가! 가슴을 드러낸 운동가가 암송하는 시를 “정중하게” 경청하는 벌목자들과 더불어 “아기 엄마들, 아이들, 강아지들”까지 참석하는 스트립쇼! 라 티그레사의 공연은 벌목자들의 직업을 곤란하게 만들고, “어머니 지구를 방어하기 위해 어떤 타협도 허용하지 않는” 다소 남성적인 환경 단체인 「지구 먼저!」의 수사학까지 난처하게 만든다. 라 티그레사의

14 “퀴어 원시주의”와 프로섹스 페미니즘과의 상호 연관성을 설명하고, 이러한 운동이 “원시성(토착성)을 상업화하고 정복을 자연스러운 것으로 만들면서 성적 본질과 진정한 문화를 지닌 과거/미래 세계에서 그들에게 권위를 주었던 원시성을 전유하려는 욕망에 대해 질문하기”를 실패한 것에 대한 통렬한 비판에 대한 설명을 보려면 Scott Morgensen, "Rooting for Queers: A Politics of Primitivity," *Women and Performance* 29, no. 15 (2005): 276 참조.

15 Earth First! Listserv, January 31, 2001.

공연에서는 어머니 자연에게 젖가슴과 커다란 확성기를 달아줌으로써 어머니 자연을 여성으로 만든다. 자연을 여성으로 취급해서 여성을 하찮게 여겼던 오랜 역사를 감안할 때, 그 시위는 조롱거리가 될 만하다. 그러나 라 티그레사의 시위에는 매력적인 뭔가가 있다. 라 티그레사는 벌목자들에게 그들이 "발전이라고 부르는 것의 층층을 벗겨 보라"고 도전한다. 그녀는 "내가 옷을 벗고 나체가 되면 내가 [발전보다] 더 아름다울 겁니다"[16]라고 장담한다. 옷을 벗는 행위는 겹겹의 자본주의적, 관료주의적, 법적인 옷으로부터 자연을 해방시킨다는 의미로써, 자연 자체를 윤리적으로 인정하고픈 환경론자들의 욕망에 호소한다. "자연 자체"는 부분적으로 구성물이라는 사실과 "벌거벗은" 진리의 이상이 특정한 인식론을 재현한다는 사실에도 불구하고, 남성들을 위해서 옷을 벗으며 공연하는 스트리퍼의 몸은 어떤 문화적 수하물로도 장식되기 힘들다는 사실에도 불구하고, 이 장은 이런 시위 안에서 노출되는 '살'이 어떻게 실제 장소를 친밀하게 체현하는 윤리학을 향한 몸짓일 수 있는지 살펴보려 한다. 이러한 시위가 공연, 이미지, 구경거리, 기호임을 인정해도, 노출된 살은 풍경, 지형, 환경적으로 훼손된 장소들과 인간이 연결되어 있다는 감각에서 비롯되는 윤리적 인식을 체현할 수도 있다.[17]

## 살, 인종, (백인) 노출의 정치학

나체 시위자들은 지정된 시간과 현장에 직접 몸으로 모였음에도 불구하고, 이 나체 시위는 스크린을 통해서 디지털 이미지로 경험된다. 벌거벗음으로

16 *Striptease to Save the Trees*, dir. James Ficklin and K. Rudin (Earth Films, 2000). 이 영화의 발췌 장면은 https://vimeo.com/3448925에서 볼 수 있음.

17 유사하게 루스 바칸Ruth Barcan은 여성의 나체가 "다른 종류의 공간… 새로운 몸 이미지를 생산하는 좀 다른 형태의 상호신체적 관계를 포함하는 공간"을 만들어낸다고 주장한다. Barcan, "The Moral Bath of Bodily Unconsciousness: Female Nudism, Bodily Exposure and the Gaze," *Continuum: Journal of Media and Cultural Studies* 15, no. 3 (2001): 314 참조.

써 가장 자연 그대로의 존재가 되는 행위는 가시성의 경제 안에서 몇 개의 이미지가 되어 인터넷에서 유통된다. 라 티그레사의 경우는 다큐멘터리 영화 안에서 유통된다. 페기 펠런Peggy Phelan은 자크 라캉을 인용하면서 "가시성[남의 눈을 끄는 것]은 함정이다"라고 경고한다. "가시성은 감시와 법을 끌어들이게 된다. 가시성은 관음증, 물신 숭배, 소유에 대한 식민주의/제국주의적 탐욕을 불러일으킨다. 하지만 가시성은 특정한 정치적 호소력을 보유한다."[18] 라 티그레사와 알파몸 [자연 그대로의 몸]은 거울적 관계 이외의 관계를 권함으로써 그런 함정을 피한다. 예를 들어 실제 장소와 디지털 장소 모두에서 알파몸은 "가상"과 "현실"을 묘하게 연결함으로써 시위 장면을 불만족스럽게 만든다. 환경론적 이론가들은 디지털 미디어와 현장 기반의 정치학 사이에 분열이 있다고 추정하면서 이를 탐색한다. 신정보학이 "자연"과 "인간"을 어떻게 재구성하는지 탐색하는 티모시 루크Timothy Luke는 이렇게 질문한다. "가장 결정적으로 중요한 환경론적 분야로써 비트스페이스bitspace에 인간이 완전히 몰입하게 된다면, 정치적 기획으로서의 환경론은 어떻게 되는 것일까?"[19] 아르투로 에스코바Arturo Escobar (노스 캐롤라이나 대학의 인류학 교수, 역주)는 묻는다. "여성, 사회 운동, 또 다른 이들이 실제 현장을 주변화하지 않는 방식으로 사이버 공간의 기술을 알맞게 사용하는 것이 가능할까?"[20] 에스코바는 "사회적 변화를 위해서 이런 기술을 적용하고 활용하기를 원하는" 진보적인 그룹들은 "실제 장소와 사이버 공간 사이에 다리를 놓아야 한다"[21]고 결론 맺는다. 실제와 가상의 시간/공간이 동시에 발생할 수 있다면 나체 시위자들은 그들의 시위가 디지털 이미지로 전달되어도 인간 몸과 지리적 장

---

**18** Peggy Phelan, *Unmarked: The Politics of Performance* (New York: Routledge, 1993), 6.

**19** Timothy Luke, "Reconstructing Nature: How the New Informatics Are Rewriting the Environment and Society as Bitspace," *Capitalism, Nature, Socialism* 47 (September): 3-28.

**20** Arturo Escobar, "Gender, Place and Networks: A Political Culture of Cyber culture," in *Women@Internet: Creating New Cultures in Cyberspace*, ed. Wendy Harcourt (London: Zed, 1999), 36.

**21** Ibid., 52.

소의 물질성을 수행하는 것이 가능하게 될 것이다. 구분이 쉽지는 않지만, 나체는 겹겹의 매개로 이루어진 미디어 속으로 "실재"the real의 감각을 주입시킬 것이다. 리처드 그루신Richard Grusin은 "실재는 더 이상 매개로부터 자유롭지 않다. 실재는 사회적, 기술적, 미학적, 정치적, 문화적, 경제적 매개의 네트워크와 철저하게 뒤엉켜있다"[22]고 주장한다.

[디지털] 네크워크에 연루된 나체의 인물들은 볼 만한 아무것도 제공하지 않는 듯하다. 이러한 이미지들은 나체주의nudism처럼 "새롭게 보는 방식—'보면서도 못 보는'not-seeing 방식"[23]을 제안하는지도 모른다. 몸으로 단어를 표시할 때 단어만 보일 뿐 몸은 거의 보이지 않는다. 사진에서 몸은 그냥 하얗게 보인다. 반면 아르헨티나에서 "평화"paz를 몸으로 표시할 때[24]는 갈색의 음영이 빛난다. 그러나 그런 많은 사진에서 성적이고 인종적 차이는 거의 구분되지 않는다. 특히 보는 사람은 몸이 만드는 단어만을 읽도록 강요될 뿐 사회적 범주의 형태나 음영을 식별하기 위해 자세히 보려 하지 않는다. 이들 몸은 "살"을 보여주려는 것일까? 오르탕스 스필러스Hortense Spillers (밴더빌트대학의 교수, 흑인페미니스트, 미국문학평론가, 역주)는 그녀의 고전적 에세이 「엄마의 아기, 아빠의 혹시나: 미국의 문법책」에서 "몸"과 "살"을 도발적으로 구분한다. 스필러스는 "'몸' 이전에 '살'이 있는데 '살'은 담론의 붓이나 도해의 반사 작용에 의한 사회 개념화가 전혀 없는 상태"[25]로 가정한다. 스필러스는 "살은 현대 비판 담론이 인정하지도 담론화하지도 않은 '인종성'이 농축된 상태"[26]라고 주장한다. 연대를 위해 차이를 우회하여 신체성을 이론화할 때 이런 공식에 의존하고 싶은 유혹을 느낀다. 나체의 시위자들은 그들이 드러내려는 고통을

22 Richard Grusin, *Premediation: Affect and Mediality after 9/11* (New York: Palgrave, 2010), 3.

23 Barcan, "Moral Bath of Bodily Unconsciousness," 314.

24 Mar del Plata, Argentina, n.d., Bare Witness website, http://www.barewitness.org/.

25 Hortense Spillers, "Mama's Baby, Papa's Maybe: An American Grammar Book," *Diacritics* 17, no. 2 (1987): 67.

26 Ibid. 스필러스의 글을 논평하면서 앰버 자밀라 무세Amber Jamilla Musser는 이렇게 말한다. "그렇게 살은 차이에 대한 연구에서 딜레마적 입장에 처한다. 살은 비체와 대상화의 증상이면서, 동시에 재생을 위해 무르익은 영토이기도 하다." *Sensational Flesh: Race, Power, and Masochism* (New York: NYU Press, 2014), 20 참조.

상기시키려는 듯 몸을 노출하고 엎드려 취약한 자세를 취한다. 이때 그들은 순간적으로 스필러스의 개념—몸을 "물체"로써 여기고 "신체적 무력함"—과 비슷한 방식으로 "살"을 수행하고 있는지도 모른다.[27]

스필러스가 '몸'과 '살'에 대해 설득력 있는 개념을 제공하지만, 나는 이 분석에 그녀의 공식에 의시하는 것을 주저한다. 왜냐하면 스필러스의 이론은 노예화되었던 사람들이 겪은 비교 불가능할 정도의 깊은 고통으로부터 나오기 때문이다. 이 두 개의 맥락이 서로 같을 수 없음은 명백하고 고통스럽기도 하다. 특히 스필러스의 공식이 "몸"과 "살"이 "포획된 주체 지위와 해방된 주체 지위"[28]와 서로 상응한다는 사실을 감안하면 더욱 그렇다. 나체의 시위자들은 명백히 포로도 아니고 비체도 아니다. 그들이 땅에 몸을 밀착한 이유는 자발적인 정치적 수행을 위해서다. 나체 시위의 메시지는 어느 정도 몸을 건강한 자연의 수행으로써 비유—이성애 백인의 특권으로 가득한 비유—하고 있기에, 니콜 플리트우드Nicole Fleetwood의 용어로 "과잉된 살"을 수행한다고 볼 수도 없다. 플리트우드는 『괴로운 비전: 수행, 시각성, 흑인성』에서 "과잉된 살"이란 "흑인 여성의 신체성을 과잉된 과도 결정성excessive overdetermination이나 과도하게 결정적인 과잉overdetermined excess으로 묘사하는 방식"이라고 설명한다. 플리트우드는 스필러스와 샤론 홀랜드Sharon Holland를 인용하면서 이렇게 말한다. "과잉된 살이 반드시 해방적 법령은 아니다. 이는 가시성을 배가시키는 수행적 표현이다. 즉 가시성의 코드가 시각 대상인 과잉 가시적 몸에 작동함을 보는 것이다."[29] 가시성의 코드를 강조하는 플리트우드의 이론은—이 장면을 괴롭히는—비가시적 인종적 지평을 보이게 만들 것이다. 왜냐하면 플리트우드는 "과잉 가시성"이란 "흑인성에 대

---

**27** Ibid.

**28** Ibid., 76.

**29** Nicole Fleetwood, *Troubling Vision: Performance, Visuality, and Blackness* (Chicago: University of Chicago Press, 2011), 9, 112.

한 과거 역사적이면서 동시에 현대적 개념인데, 흑인성이 보이지 않으면서도 항상 보이도록 만드는 것, 또 노출되지 않으면서도 항상 노출되는 흑인성으로 개념화하는 것[30]"을 의미한다고 주장한다. 만일 "과잉된 살이… 자신에 대한 응시를 굴절시킨다면"[31] 노출되지만 "과잉"되지 않는 살은 풍경 속에서 배열된 백인으로 구성되어 인종적 범주를 평면화하고, 볼 만한 아무것도 제시하지 않음으로써 가시성의 코드를 방해한다. 이 경우 평면화는 인간 참여자를 동일한 수준에 놓으면서 어떤 주체도 초월적이지 않고, 어떤 몸도 과잉되지 않는다. 관람객은 장면의 위쪽에 위치하지만, 그들은 몸이 그 장소에 거주한다고 상상함으로써 즐겁게 동일시할 수 있게 된다.

그래서 '살'의 의미는 역사적인 의미들로 가득하고, 이 의미들은 서로 급진적으로 다르고 분리되어 있다. 그럼에도 불구하고 인종 문제를 괄호에 넣거나 피하는 것, 또 노출의 장면을 해석할 때 역사적인 '살'과 시연되는 '살'에 대한 흑인 페미니스트의 글을 무시하는 것은, (적절한) 인간은 백인이라는 가정을 반복하는 것이다. 나체의 시위자들이 적어도 시위하는 순간만큼 인본주의적 인간에서 벗어나고 있다면 그들은 지배적 백인을 비판하는 흑인 페미니스트의 비평적 맥락에서 읽혀질 수 있다. 『그대도 살을 가질 것이다: 인종화된 배치체, 생정치학, 인간에 대한 흑인페미니스트 이론』*Habeas Viscus: Racializing Assemblages, Biopolitics, and Black Feminist Theories of the Human*의 저자 알렉산더 웨헬리에Alexander Weheliye는 스필러스와 실비아 윈터Sylvia Wynter에 기대어 이렇게 질문한다. "만일 우리가 지배 주체인 자유 인본주의적 대문자 인간Man을 취하지 않고 이 영역으로부터 배제되었던 주체들을 인간으로 상상하고 산다면 우리는 인간의 어떤 다른 모습을 조명할 수 있을까?"[32] 흑

---

**30** Ibid.

**31** Ibid., 112.

**32** Alexander G. Weheliye, *Racializing Assemblages: Biopolitics, and Black Feminist Theories of the Human* (Durham, N.C.: Duke University Press, 2014), 8.

인 연구에서 인종화에 대한 분석은 "인간을 '대문자 인간'Man으로부터 벗겨낼 수 있는 잠재성을 지니고 있기"[33] 때문에 중요하다고 웨헬리예는 주장한다. 웨헬리예는 메를로-퐁티와 엘리자베스 그로츠가 '살'을 "대문자 인간Man의 갑옷을 뚫는 상처"vestibular gash in the armor of Man로 개념화한다고 말한다. 다시금 스필러스와 윈터로 되돌아가서 웨헬리예는 '살'이 "인간의 새로운 장르를 향한 디딤돌"[34]이라고 주장한다. 나체의 시위가 인종 문제와 관련해서 만들어내는 문제들을 피하지 말아야 한다. 나체가 백인들이 편리하게 착각하는 인종 세계의 전과 후에 어떤 영향을 끼치는지에 대해 주장하는 것보다 스필러스, 윈터, 웨헬리예와 함께 '살'이 새로운 "인간의 장르"를 자극할 수 있는 가능성을 고려하는 것이 훨씬 더 생산적일 것이다. 환경 정치학은 인구 통계, 이민, 환경론적 인종 차별, 환경 정의, 기후 정의, 신식민주의 문제들을 모두 포괄한다. 그렇기 때문에 한 장소에서 공연되는 인간의 '살'은 지리 정치학적/환경론적 차원에서 사회 정의에 대한 인종적 역동성을 강조할 것이다. 비인간적nonhuman 전환이라는 우산 아래 있는 물질적 페미니즘, 비판적 포스트휴머니즘, 환경 연구, 기타 다른 이론들은 '살'이 인간의 새로운 장르를 발전시키고 있는지, 포스트식민주의 연구, 비판적 인종 연구, 물질적 페미니즘, 장애 연구, 동물 연구, 다른 관점으로부터 나오는 인본주의적 인간 비판 이론들이 과연 생산적으로 함께 연합할 수 있는지를 고려할 수 있다. 그런 질문들은 물론 이 장의 범위를 넘어선다. 그러나 여기에서도 백인 노출을 읽는 다양하고 모순적 해석들이 있음은 명백하다. 왜냐하면 나체의 시위 현장과 활동은 인본주의와 백인 우월주의를 비판하거나 후퇴시키려는 '살'의 점령으로 해석할 수 있고, 또 이성애적 몸, 백인의 몸, 결코 비체인 적이 없는 몸을 이상화하고 이들을 '자연적' 몸으로 여기는 것으로 해석할 수도 있고, 혹은 배

33 Ibid., 32.

34 Ibid., 44-45.

제된 자들의 역사를 백색으로 덧칠해버리면서 표식 없는 보편적 인간을 드러낸 것으로 해석할 수도 있기 때문이다.[35]

## 디지털 "거기 있음"thereness과 가시성의 실패

나체 시위의 인종적 차원은 시위 장면에서 여전히 출몰하긴 해도 이에 접근하기는 쉽지 않다. 왜냐하면 전달하려는 모든 메시지가 제거되어 있기 때문이다. 시위대가 간단한 단어를 한두 개 몸으로 표현하면 현장은 이상하게도 고요해진다. 시위대들은 정치의 과정에 참여하는 논쟁과 항의와 같은 민주적 이상을 모두 포기해버린 듯하다. 들판이나 모래나 눈 위에 그려진 단순한 요구가 오랫동안 시끄럽게 시위하는 방식, 즉 슬로건, 노래, 챈트하는 방식을 대신한다. 최소한의 담론이 넓은 땅에 고요하게 퍼지지만 그 단어들은 분명히 공간을 점령한다. 침묵은 촉각적이고 본능적이며 자극에 감응할 수 있는 공간을 창조한다. 침묵은 몸과 장소를 하나로 합치지만 시위를 보는 사람은 시위대와는 다른 입장에 놓인다. 모래가 묻은 피부, 차갑고 축축한 눈 위 용감하고 불편한 행위들은 스크린 속의 풍경으로 유포된다. 예를 들어 2003년 1월에 몬타나주의 헬레나에서 시위하는 여성들은 "추운 산 속 목초지에 모여 가시투성이 부채 선인장이 있는 땅과 눈 위에 엎드려 맨몸으로 평화라는 단어를 만들어 냈지만"[36] 우리는 글자는 읽어도 선인장의 가시는 식별할 수 없다.

이상하게도 시위를 보는 사람들은 시위를 고전적인 관점에서 바라본다. "고전적인 관점이란 시야를 시위를 보는 사람들 자신의 몸으로 향하게끔 만드는 것이다. 마치 장면 자체가 보는 사람 자신의 응시로부터 퍼져 나오는 것처럼

35 2016년 이 장을 수정하면서, 제아무리 진지한 환경론적 문제와 관련된 내용일 때조차 아프리칸 미국인에 대한 경찰의 잔인한 폭력, 제도적 인종 차별의 심화, 감옥 산업 복합체와 장기적인 경제적이고 교육적인 불의, 아프리칸 미국인에 대한 착취와 같은 미국의 최근 사건들 앞에서 무색해질 수 있음을 보면서 심란하다.

36 Helena, Montana, January 25, 2003, Bare Witness website, http://www.baringwitness.org/Helena.htm.

말이다. 장면은 시위를 보는 눈에 종속되고, 동시에 눈은 장면으로부터 지워져버린다. 관점이라는 용어 안에는 상호성이 없다. 보여지는 것은 되돌아보지 않는다."[37] 슈나이더Schneider가 묘사하는 페미니스트 수행 예술가들은 응시를 되돌려거주나 전복하면서 적나라하게 신체성을 수행하지만 이러한 이미지들은 절대로 우리를 되돌아보지 않는다. 자기 객관화의 표시인 되돌아보는 응시가 부족한 것은 시위대가 느끼는 정치적 박탈감을 직접 수행하고 있는지도 모른다. 그러나 이 정치적 박탈감은 시위하는 몸에 대해 거울적 관계 그 이상을 상상해 보라고 시위를 보는 사람에게 권고하는지도 모른다. 왜냐하면 시위를 보는 이의 관점은 장면으로부터 분리되어 있기 때문이다. 시위를 보는 사람은 이 사진에서 보고자 하는 것, 즉 모래나 눈 위에 있는 맨몸의 느낌은 보지 못한다. 이런 느낌은 오직 특별하게 본능적이고 촉각적인 방식으로만 상상될 수 있을 뿐이다. 그런 신체적 동일시의 순간이 비록 찰나적 느낌일지라도 그 느낌의 순간은 21세기 정치적 주체가 전자 매개 시스템을 통해서 인간과 다른 존재들이 함께 뿌리 박혀 있는 특정 장소의 물질을 반드시 고려할 것을 강조한다.

다이앤 세이코Diane Saco가 설명하듯이, 인터넷이라는 특이한 사회적 공간에서는 "스크린 앞에 있는 '신체적 실재'와 스크린 속 거기에 있는 '디지털 실재' 사이에서 경험되는 상호 작용은 종종 어긋난다."[38] 알파몸의 경우 디지털 상에서도 "거기 있음"thereness이 실제와 마찬가지로 적나라하게 느껴진다. 그러므로 이런 이미지들은 가시성의 정치학을 전복하고, 역설적으로 보는 자의 자리에 있으면서도 동시에 다른 곳에서 체현된 '여기 있음'hereness으로 나아가게 한다. 그러면서 가상의 상호신체성이 출현하는 사회적 공간을 창조해낸다. 펠런은 "어쩌면 우리는 가시성의 용어로 표현하는 데 실패함으로써 우리 안과 밖에서 타자와 연결할 수 있는 다른 방식을 찾아낼지도 모른다"[39]고 주장한다. 이

---

**37** Rebecca Schneider, *The Explicit Body in Performance* (New York: Routledge, 1997), 67.

**38** Diana Saco, *Cybering Democracy: Public Space and the Internet* (Minneapolis: University of Minnesota Press, 2002), 27.

**39** Phelan, *Unmarked*, 69.

사진들에서 가시성의 실패는 비인간 타자들과의 연결성을 매개한다. 시위자들이 장소 안에서, 장소 위에서—해변, 들판, 혹은 심지어 거리에서조차—그들의 살을 땅에 밀착하여 글자를 만들어낼 때 그들은 인간의 틀로는 담을 수 없는 신체인 비인간 생명까지도 극화한다.

## 주변의 나무 그루터기

멀찌감치 떨어져 찍은 알파몸 사진에서는 풍경과 슬로건이 잘 보이는 반면에 나체는 흐릿하게 보인다. 하지만 라 티그레사에 대한 다큐멘터리 영화는 아무것도 입지 않은 몸통을 클로즈업하고 나무는 주변에 놓는다. 라 티그레사는 자신을 "어머니 자연"으로서 과장되게 가시화하는데, 이는 바로 이 문제성 있는 '어머니 자연'을 패러디하면서 동시에 포용하는 역할을 한다. 많은 포스트모던 페미니스트 이론과 포스트구조주의 페미니스트 이론은 끈질기게 "자연으로부터 도망"[40]치려고 했다. 라 티그레사는 이런 이론들을 떠나 뤼스 이리가레Luce Irigaray가 옹호했던 길을 따른다. "누구든 일부러 여성적 역할을 떠맡아야 한다. 이는 종속의 형태를 긍정적으로 전환시켜서 결국 그것을 좌절시키려는 의도다."[41] 라 티그레사는 또한 존 버거John Berger의 예리한 공식에서 여성적 역할을 기꺼이 떠맡는다. "남성은 행동하고 여성은 나타난다. 남성은 여성을 응시한다. 여성은 응시되는 자신을 바라본다. 이는 대부분 남성과 여성의 관계뿐만 아니라, 여성과 자신과의 관계를 결정한다. 여성 자신 안에 있는 여성을 평가하는 자는 남성이다. 평가 당하는 자는 여성이다. 그러므로 여성은 자신을 대상으로 만들어버린다. 특히 시각적 대상, 일

---

**40** Stacy Alaimo, *Undomesticated Ground: Recasting Nature as Feminist Space* (Ithaca, N.Y.: Cornell University Press, 2000) 참조.

**41** Luce Irigaray, *This Sex Which Is Not One*, trans. Catherine Porter (Ithaca, N.Y.: Cornell University Press, 1985), 77.

종의 풍경으로 만들어버린다."[42] 『나무를 살리기 위한 스트립쇼』라는 영화의 대부분은 라 티그레사의 후면이나 측면에서 찍었기 때문에 영화는 공연의 관객을 특별히 여성의 입장에 위치시킨다. 물론 한 번 물러나긴 했지만 말이다. 우리가 라 티그레사를 바라보기보다는, 대부분 누군가가 바라보는 그녀를 우리가 바라보게 된다. 그러나 나른 페미니스트 행위 예술가처럼 라 티그레사는 공연의 감독과 저자이기 때문에 이 시나리오가 지닌 수동성의 토대를 약화시킨다. 또한 영화는 남성이 관음증적 쾌락을 아무 방해도 받지 않은 채 마구 느끼도록 내버려두지 않는다. 벌목하는 사람들은 자신이 영화에 찍히고 있다는 사실을 잘 인지하고 있기에 관객으로서 그저 편안히 앉아서 공연을 즐길 수는 없다. 벌목꾼들이 라 티그레사의 시위를 지켜보는 모습을 누군가 또 지켜보기 때문에 그들은 이목을 의식하면서 불편해 한다. 벌목꾼들이 과연 스트립쇼를 지켜보는지, 이교도적 의식을 지켜보는지, 행위 예술을 보는지, 시 낭송을 보는지, 계산된 정치적 행위를 보는지, 영화를 보는 사람들은 궁금해한다. 그러나 라 티그레사의 후면과 측면에서 찍는 카메라의 관점은 초연하거나 객관화된 응시이기보다는 정치적 동맹을 권고한다. 한편 벌목꾼들을 찍을 때는 카메라를 정면으로 접근한다. 그래서 라 티그레사는 여성의 객체화와 남성의 바라봄에 대한 전통적인 시나리오를 공연하는 것처럼 보일 수도 있지만, 반면 라 티그레사의 명백한 행위능력과 영화의 거울적 전략은 이러한 관계들을 전복시킨다.

그러나 이 거울의 경제에서 자연은 어디에 있는가? 라 티그레사가 자신의 살을 자연의 환유로 만들어 수행할 때 버거의 공식은 훨씬 복잡해진다. 우리는 이렇게 바꿔 말할 수 있다. "남자들"은 행위하고 자연은 나타난다고. 그런 공식은 자연에 대한 그림, 사진, (종종 "자연 포르노"로 언급되는) 방송 이미지를 칭찬할 때조차 환경 파괴를 저지르는 문화 안에서 분명히 적절하다. 그

42 John Berger, *Ways of Seeing* (London: British Broadcasting Corporation, 1985), 47.

러나 대부분의 경우 자연은 응시되는 자신을 응시하지 않는다. 자연은 자신의 재현을 패러디하지도 않는다. 어쩌면 자연의 재현에 도전하는 길은 일종의 부정성을 통하는 방법뿐일지도 모른다. 도나 해러웨이가 표현하듯이, "예상치 못한 우리의 협력자에게 그 행동은 우리의 언어적 관점에서 볼 때 '다르고' 어쩌면 '부정적'일 수도 있다."[43] 흥미롭게도 『나무를 살리기 위한 스트립쇼』의 나무는 주연 배역을 받지 못했다. 그 영화는 대부분 길이나 파괴의 현장 한복판에서 촬영되었다. 숲은 현장의 가장자리에 있다. 이상하게도 자연은 인간 드라마의 배경으로만 있을 뿐 영화에서는 전혀 두드러지지 않는다. 그러나 여성과 자연이 항상 종속되어왔듯이, 이를 발 플럼우드Val Plumwood의 용어[44]에 따라 무심코 자연을 "후경화"backgrounding한 나쁜 예로 읽기보다는, 이는 펠런이 경고했던 가시성의 위험성을 전략적으로 피하려는 의도일 것이다. 환경론적 인식을 지닌 사람들에겐 특히 이 영화는 가시성 때문에 촉발된 소비와 감시를 자연이 피할 수 있는 방향을 제시할 것이다. 사실상 나무 관련해서 가장 눈에 띄는 장면은 크고 울퉁불퉁한 그루터기를 클로즈업한 것이다. 그 그루터기 자체가 이미 눈에 잘 띄게 생기긴 했다. 아마도 영화 제작자인 제임스 피클린James Ficklin과 K. 루딘K. Rudin은 나무를 확고히 주변에 자리잡게 연출함으로써 나무를 중심으로 삼지 않으려고 한 듯하다. 대신에 나무는 인간 활동을 우아하게 틀지우는 역할만 하면서 나무는 카메라의 시점 옆에서 협력자로만 존재한다. 비가시성은 저항의 잠재력을 가지고 있고, 행위 예술은 "사라짐을 통해서 자신이 된다"[45]고 페기 펠런은 주장한 바 있다. 나무가 사라진다는 사실은 영화의 정치적 반향을 증폭시킨다. 한편 나무가

43 Donna Haraway, "The Promise of Monsters: A Regenerated Politics for Inappropriate/d Others," in *Cultural Studies*, ed. Lawrence Grossberg, Cary Nelson, and Paula Treichler (New York: Routledge, 1992), 313.

44 플럼우드는 이렇게 설명한다. "여성과 자연을 부정하는 가장 일반적인 형태의 하나는 후경화다. 즉, 여성과 자연을 지배적이고 전경화된 성취나 인과 관계의 배경으로 취급하는 것이다. 여성과 자연을 배경으로만 취급하는 것은 현대 사회 구조와 경제 시스템의 합리성 안에 깊이 뿌리내리고 있다." *Feminism and the Mastery of Nature* (New York: Routledge, 2003), 21 참조.

45 Phelan, *Unmarked*, 146.

사라진다는 이미지는 자연이 재현을 뛰어넘는다는 환경론적 에토스를 전달한다. 엘리자베스 브레이Elizabeth Bray와 클레어 콜브르크가 주장하듯이, "어떤 의미에서 재현은 항상 물질성을 부정하고, 선험적 물질성과 단절된다."[46] 영화는 살아있는 나무를 폴리에스테르 필름인 마일라Mylar 이미지로 변형시키지 않고, 오래된 숲의 화려한 광경을 담지도 않으면서, 영화가 저항하는 자본주의적 활용이 미학적 소비와 유사하다는 사실을 상기하도록 만든다. 대신에 영화는 살아있는 물질적 나무를 비인간 자연으로 느낄 수 있도록 유도하고 있다. 비인간 자연은 인간의 패러다임이나 재현 안에서 담길 수 없다. 카트리오나 샌딜랜즈는 『선의의 페미니스트: 에코페미니즘과 민주주의 탐색』에서 "누구도 자연을 긍정적 현존으로 말할 수 없다. 비인간 자연을 위한 어떤 주장도 어느 정도는 허위 진술이다"[47]고 설명한다. 그렇다고 자연에 대한 재현을 포기해야 한다는 뜻은 아니다. 우선 환경 정치학은 자연의 재현을 요구하니까 말이다. 내 뜻인즉 우리가 우리 지식의 한계를 전경화시켜야 한다는 말이다. "언어를 넘어서는 자연의 측면이 정치에 영향력을 발휘한다면 자연을 재현하는 언어에 한계가 있음을 정치적으로 깨달아야 한다. 이는 '실재'와의 윤리적 관계가 발전한다는 의미다."[48] 가시성의 가장자리에서 뭔가가 막 사라지는 때야말로 그것을 인식할 수 있는 때다.[49]

---

46 Elizabeth Bray and Claire Colebrook, "The Haunted Flesh: Corporeal Feminism and the Politics of (Dis)embodiment," *SIGNS* 24, no. 1 (1998): 44.

47 Catriona Sandilands, *The Good-Natured Feminist: Ecofeminism and the Quest for Democracy* (Minneapolis: University of Minnesota Press, 1999), 180.

48 Ibid.

49 펠런의 주장을 확장시키는 나의 독해에 반대되는 견해를 보려면, "성스러운 나체의 자연 소녀들"이라는 공연그룹에 대한 메이렝 청Meileng Cheng의 논의를 참고할 수 있다. 그는 "(재현적 가시성과 청취 가능성으로 정의되는) 존재가 부재보다는 더 많은 가능성을 제시한다"고 주장하고, "우리는 존재의 신체적 속성을 다시금 되찾아야 한다"고 말한다. Cheng, *in Other Los Angeles: Multicentric Performance Art* (Berkeley: University of California Press, 2002), 246.

## 노출의 윤리학

게일 웨이스는 상호신체성 윤리학을 이렇게 설명한다. 상호신체성의 윤리학은 몸이 "서로에게 윤리적으로 반응하도록"[50] 촉구하고, "우리의 몸이 다른 인간과 비인간 몸들과 끊임없이 상호작용"[51]하고 있음에 주목한다. 라 티그레사가 지구의 "목소리"로서 벌목꾼들에게 "당신 존재의 모든 입자들은 바로 내 몸의 섬유질로부터 나온 겁니다"라고 외칠 때, 그녀는 개별 인간의 몸이 비인간 자연의 몸뿐만 아니라 다른 인간의 몸과도 똑같은 '물질'로 이뤄졌다는 본능적이면서 윤리적인 인식을 우리에게 촉구하려 시도하고 있다. 상호신체성은 인간들에게만 한정될 수 없다. 신체성이란 횡단적임을 주장함으로써 인간을 구분하려는 경계에 구멍을 뚫어야 한다. 나의 용어인 "횡단-신체성"[52]은 인간은 인간들끼리 상호 연결될 뿐만 아니라 몸, 물질, 장소 사이에서도 물질적 교환으로 상호 연결되어 있다고 주장한다. 횡단-신체성은 '인간'을 '포스트-인간'으로 만든다. 이는 역사적인 발전을 의미하지 않는다. 브루노 라투르와 맥을 같이하여 만일 '인간'이 된다는 것이 세상의 물질로부터 분리되거나 세상의 물질을 부정함으로써 시작된다면 우리는 결코 '인간'인 적이 없다는 뜻이다. 모이라 게이튼스Moira Gatens는 스피노자를 논하면서 몸의 "정체성은 데카르트식 자동 인형처럼 최종적이거나 완성된 제품이 아니"라고 주장한다. "왜냐하면 몸은 몸을 둘러싼 환경과 끊임없이 상호작용을 하고 있기 때문이다." 게이튼스는 계속해서 이렇게 말한다. "인간의 몸은 몸을 둘러싼 환경에 근본적으로 열려 있고, 다른 몸들에 의해 구성되고, 재구성되며, 해체될 수 있다."[53] 나체 시위가 살과 장소 사이의 친밀성을 연출할 때 그 나체 시위는 바로 게이튼스의 개념을 극화하고 있다.

---

**50** Weiss, *Body Images*, 5.

**51** *Striptease to Save the Trees*, dir. Ficklin and Rudin.

**52** I develop the term "trans- corporeality" more fully in *Bodily Natures*.

**53** Moira Gatens, *Imaginary Bodies: Ethics, Power, and Corporeality* (New York: Routledge, 1996), 110.

'횡단-신체성' 즉 "환경과 끊임없는 상호적 교환 과정 중에 있는" 인간의 몸을 물질적으로 표현한 이 개념은 은유적 관계보다는 환유적 관계로 표현된다. 은유는 관련 없는 서로 다른 두 개체를 연결하지만, 환유는 비슷한 것끼리 궁극적으로 분리될 수 없는 개체들 사이의 움직임을 표현한다. 나체 시위자들은 자신의 살이 스스로 보호하려는 것과 환유적으로 연관된다는 느낌을 표현한다. 예를 들어 「동물 권리를 위한 국제단체」PETA의 대변인인 리사 프랜제타Lisa Franzetta는 홍콩에서 열린 나체 시위에 대해 이렇게 말했다. "패션을 위해 희생된 동물의 가죽을 살리기 위해서 우리의 거죽을 벗을 수 있어서 매우 기쁘다."[54] 인간의 피부를 동물의 피부로까지 확장시키는 횡단-신체성은 인간이 초월적 존재라는 관념뿐만 아니라 개체적 자아라는 관념까지도 불식시킨다. 더욱이 횡단-신체성은 살이 상호침투 가능하다는 감각으로부터 일종의 윤리적 소명으로써 출현한다. 나체 시위자들은 자신의 몸만 남기고 벌거벗음으로써 그들은 노출의 윤리학을 실천한다. 노출의 윤리학은 다수성, 서로 엉켜있는 것들, 감각 중심적인 것들을 포용하고, "나"를 요새화하는 것은 무시해버린다. 우리는 살, 물질, 재료로써 서로에게 상호 침투할 수 있다. 사실상 우리는 공기, 물, 음식처럼 다른 형태의 물질을 계속적으로 섭취해야만 한다. 유전자 변형 식품을 반대하는 많은 시위는 인간이 섭취하는 "환경" 안에 뿌리 박혀 있고, 그 "환경"과 분리될 수 없음을 강조하고 있다. 발레리 모스Valerie Morse는 GM을 반대하는 시위를 조직하는 사람인데, 그는 이렇게 말한다. "나체 시위는… 유전공학에 의해 '헐벗게' 될 수도 있는 뉴질랜드 땅에 대한 은유다."[55] 나체의 몸들은 뉴질랜드의 상태를 "상징"하는 것이지만, 이들은 뉴질랜즈의 일부 물질적/지리적/정치적 장소에 대한 환유로 읽히는 것이 더욱 적절하다. 신체가 위반될 수 있다는 사실에 대해 시위하는 것은 미

54 "Blondes Go Naked to Save Animals," *Gold Coast Bulletin*, March 2, 2002.

55 "Bare Witness News," n.d., Bare Witness website, http://www.barewitness.org/.

래의 몸에 끼치는 손해에 대항하는 정치적 주장이다. 그러나 이는 또한 정치적 주체를 위험한 장소로 확장시키는데, 결과적으로 그곳에서도 인간 행위는 낯선 행위능력이 작용하는 풍경을 만들어 낸다.

지구 행성이 엄청난 양의 이산화탄소로 포화 상태이기 때문에 기후 변화는 이상하지 않다. 2015년 6월 12일자 런던 지역 일간지인 『이브닝 스탠다드』*Evening Standards*의 제목을 보자. 「벌거벗은 사람들의 자전거 세계경주대회: 큰 무리의 벌거벗은 사람들이 자전거를 타고 자동차 문화에 반대하는 시위를 하러 런던에 오다!」 이 행사에서는 벌거벗은 자의 취약함이 배가된다. 자전거를 탄 사람들은 부분적으로 자동차 문화가 야기한 기후 변화뿐만 아니라, 직접적으로 자동차 자체에 의해 위험에 처할 수 있다. 그 행사는 "자전거 탄 사람들의 안전에 대한 경각심을 불러일으킬 목적과 더불어 기후 변화에 대한 대처를 요구할 목적으로 거행된다."[56] 2009년 칠백 명의 나체 운동가들이 프랑스의 포도원에서 와인 애호가들에게 호소하는 시위를 벌였다. 와인병을 하나씩 높이 치켜들고 기후 변화가 열대 우림뿐만 아니라 와인 생산에 영향을 준다는 사실에 대해 시위했다.[57] 스펜서 튜닉Spencer Tunick은 좀 더 일찍 열렸던 2007년 그린피스 시위와 마찬가지로 이 시위를 사진에 담았다. 그린피스 시위에서는 육백 명이 기후 변화에 반대하기 위해서 스위스 빙하 위에 나체로 나섰다(그림 5).

국제 그린피스 웹사이트는 이렇게 말한다. "옷이 없으면 인간의 몸은 취약하게 노출되고, 자연의 변덕에 몸의 생사가 달린다. 지구 온난화는 빙하를 벌거벗기고 있으며, 우리 지구 행성 전체를 기상 이변, 홍수, 해수면 증가, 수송능력과 농업 생산의 세계적인 감소, 식수 부족, 질병과 집단 이주와 같은 현

---

56 "World Naked Bike Ride: Hordes of Nude Cyclists Set to Descend on London for Protest against Car Culture," *Evening Standard*, June 12, 2015, http://www.standard.co.uk/news/london/world-naked-bike-ride-hordes-of-nude-cyclists-set-to-descend-on-london-for-protest-against -car-10314959.html.

57 "!!ACTIVIST GET NUDE FOR CLIMATE CHANGE!!" YouTube, October 4, 2009, https://www.youtube.com/watch?v=9EN16stS6nk.

상에 취약하게 만들어 놓았다."[58] "살아있는 조각품"에 참여한 자원자들은 사진의 아래쪽 삼분의 일 지점을 따라 나체로 서 있다. 노출된 갈색의 바위 위에서 모인 그들은 뒤쪽과 위쪽에 솟아 오른 거대한 빙하에 비하면 사소해 보인다. 그린피스 사이트에 실린 이야기는 다음과 같은 튜닉의 인용 글로 끝난다. "나는 내가 만든 이미지가 피부 한 꺼풀 그 이상으로 깊게 들어가길 원한다. 나는 보는 사람들이 그들 존재의 취약성을 느낄 수 있기를 바라며, 그 취약함이 세계 빙하의 민감성과 얼마나 밀접하게 연관되는지를 느낄 수 있길 바란다."[59] 그러나 이 장엄한 광경은 인간 세계의 규모와 대비되는 지질학적 시간 규모, 둘 사이의 어긋남을 더욱 심화시킬지도 모른다. 이 행사의 동영상에서 튜닉은 이렇게 말한다. "딱딱해 보이는 것은 실은 딱딱하지 않다. 그것은 천천히 쪼그라들고, 천천히 녹고 있다. 빙하가 취약하듯이 인간도 취약해질 것이다." 뒤이어 또 이렇게 말한다. "이 동영상은 부드러운 인간의 몸과 딱딱한 빙하를 다루고 있고, 이 빙하가 어떻게 취약해지는가를 담고 있다."[60] 취약성은 인류세에서 역설적이다. 빙하를 약하게 만드는 것은 더 큰 규모의 기술적 경제적 시스템에 참여하는—부드럽든 아니든 간에—바로 그 몸들이기 때문이다. 그러나 거의 모든 기후 변화의 모습이 그러하듯, 인간의 집단적 행위능력은 거대하지만 갑자기 불쑥 무력해지면서 거대함은 훼손된다.

스위스 그린피스 시위 사진에서 운동가들은 각기 다른 방향을 바라보고 있다. 그들은 견고한 블록이나 통일된 힘이 아니다. 마주 보는 응시의 결여는 한 자리 위치를 정할 수밖에 없는 살의 취약성을 강조한다. 아이러니하게도 엎드린 나체는 투쟁하는 모습으로 굴복한다. 이들 중 어떤 몸은 자신의 이름으로 살해하는 전사와의 연관성을 거부하면서 죽음을 연기하고, 이로써

58 "600 Strip Naked on Glacier in Global Warming Protest," August 8, 2007, Greenpeace website, http://www.greenpeace.org/international/en/news/features/naked-glacier-tunick-08182007/.

59 Ibid.

60 Ibid.

전쟁의 "사상자들"에 대한 공감을 표현한다. 웹사이트인 『벌거벗은 목격자』 Baring Witness는 이렇게 선포한다. "우리 모두가 공유하는 취약한 인간의 살을 드러냄으로써 우리는 우리나라 정책이 지닌 적나라한 공격성에 대항하여 강력한 주장을 창조해냈다."[61] 비슷하게 나체 시위의 참가자인 웬디 트레메인 Wendy Tremayne은 많은 여성들이 나체 시위에 참여하는 이유는 나체의 여성 몸이 "취약함"의 느낌을 더 잘 전달하기 때문이라고 주장한다. 그리고 "취약성은 사람들의 공감과 연결된다"[62]고 주장한다. 또 다른 참가자인 수잰 하트 Suzanne Hart는 나체 경험에 대한 책을 쓰고 『비이성적인 나체 여성들이 증언하다: 벌거벗은 공격에 맞선 벌거벗은 취약성』[63]이라는 제목을 붙인다. 보니 만 Bonnie Mann이 주장하듯 이러한 시위들은 이라크 전쟁을 정당화하기 위해 미국이 소집한 "국가적 남성성 스타일"을 비판한다. 만은 "수퍼 파워라는 정체성은 반복을 통해서만 자신의 전능성을 과시하고, 과시를 통해서만 다시금 전능성은 유지되고 드러난다"[64]고 말한다. 악명높은 아부 그레이브Abu Ghraib교도소의 교도관인 린디 잉글랜드Lynndie England와 같은 여성 군인조차 팔루스가 주어지면 "남성들과 더불어 군국주의적 남성적 미학에 참여하도록 초대되고, [자신의 팔루스로] 결국 인종적 타자를 침범하는 자가 된다"[65]고 만은 주장한다.

퀴어 이론, 특히 S/M(새디스트/마조히스트)에 대한 논의가 섹슈얼리티, 권력, 젠더에 대한 이해를 복잡하게 만들 때에도, 여성성이 남성성에 의해 침범당하는 젠더 양극성은 여전히 남는다. 나체 시위자들이 수행하는 취약함에 대한 감수성은 공격적인 미국의 남성적 정체성을 비판하는 페미니즘으로 작

---

61 "Baring Witness," n.d., Bayside Productions, http://www.baringwitness.org/.

62 Kalish, "Naked War"에서 재인용.

63 Ibid.

64 Bonnie Mann, "How America Justifies Its War: A Modern/Postmodern Aesthetics of Masculinity and Sovereignty," *Hypatia* 21, no. 4 (2006): 155.

65 Ibid., 159.

그림 5. 미국의 설치예술가인 스펜서 튜닉과 스위스의 그린피스는
기후 변화로 야기되는 빙하의 취약성을 상징하기 위해
수백 명의 벌거벗은 사람들이 만들어내는 살아 있는 조각품을 전시한다.

용할 수 있다. 예를 들어, 아니타 로딕Anita Roddick의 웹사이트는 런던에서 자신의 딸인 샘Sam의 "에로틱 부티크" 직원들이 조직한 시위를 보여준다. 그리고 시위의 당위성과 철학을 길게 설명한다. "시위의 주제는 당신 자신을 정치적 구속에서 해방시키는 것이다. 스트리퍼와 섹스 노동자들은 가스 마스크만 쓰고 몸에는 페인트나 스텐실 패턴만 그려져 있다. 이로써 이라크 전쟁에 반대하는 강력한 게릴라 거리 시위를 수행하고 있다… 나체는 단순히 충격을 주기 위한 목적이 아니다. 역사를 통틀어 여성은 자신의 분노에 대한 통렬한 상징으로써 나체를 활용해왔다. 나체는 취약성을 함축하고 있기 때문에 약자에 대한 강자의 무자비한 공격에 취약한 세상을 정당하게 상징한다."[66]

사진에는 몸에 페인팅을 한 나체의 여성들이 남을 위협하는 듯한 가스 마스크를 쓰고, 런던의 거리를 대담하게 활보하는 모습이 나온다. 페미니스트 정치학적으로는 다행스럽게도 취약성의 선포가 강인하고 반항적 입장을 배제하지 않는다. 사실상 나체 시위에 대한 많은 설명은 시위자들의 용기와 강인함을 강조한다. 『벌거벗은 목격자』는 2003년 영국에서 발생한 한 시위에 대해 이렇게 설명한다. "그들은 자신의 나체로 인한 충격을 활용하여 정부에 메시지를 보내야 한다고 느꼈다. 이렇게 전쟁을 끝내서는 안 된다고 그들은 따뜻한 집에 머무르며 뉴스에 그냥 머리만 가로저을 수도 있었다. 하지만 그들은 밖으로 나와서 평화를 위해 취약해지기로 했다."[67] 혹은 더욱 극적으로 이렇게 말했다. "그날은 벌거벗고 들판에 눕기보다 겹겹이 따뜻하게 옷을 차려 입어야 하는 날이었다. 그러나 동 서섹스의 애쉬다운 숲에서 온 삼십 명의 주민들은 옷을 벗고 누워 이라크 공격에 반대하며 '평화'라는 글자를 맨몸으로 만들었다. 사진사들이 조명 기계와 렌즈를 만지작거리는 동안 주민들은 대여섯 시간 동안 그 자세로 누워 있었다."[68] 존 배리John Barry는 환경 운동

**66** Anita Roddick, "Dispatch: Stripping for Peace," June 2003, http://www.anitaroddick.com/.

**67** "Peace, "January 2003, Bare Witness website, http://www.barewitness.org/.

**68** Stuart Jeffries, "Anti-war Strippers Brave the Ice," *The Guardian*, January 14, 2003, http://www.theguardian.com/

이 "자연에 대한 인간의 의존성, 취약함, 궁핍, 연약함, 한계, 대비에 관련된 개념들"[69]에 대한 감수성을 증진시켰다고 주장한다. 배리는 "생태적인 책무와 미덕"을 주장하지만, 우리는 책무와 미덕이 사실상 기독교와 인본주의를 강화하여 개인을 탈신체화된 존재이며 환경으로부터 분리된 존재로 보게 만든다.

대신에 인간이 기후, 풍경, 비인간 생명과 깊이 상호 연결되고, 상호 침투적이며, 깊이 뿌리 박고 있음을 앎으로써 환경론적 윤리학과 정치학이 만들어질 수 있다. 예를 들어 아스트리다 네이마니스Astrida Neimanis와 레이첼 로웬 워커Rachel Loewen Walker는 그들이 쓴 아름다운 글 「풍화」weathering에서 이렇게 주장한다. 서구 사회에서 기후 변화는 추상적이고 먼 현실로 느껴진다. 그러나 우리는 우리 자신이 "풍화하는" 존재임을 이해함으로써 기후 변화를 "뼈저리게 느끼게 만들려고 한다." 풍화란 "너무나 추운 겨울의 한기와 너무나 뜨거운 태양의 열기가 내부적으로 만들고 다시 해체하는 과정"이며, "(내 자신의 몸을 포함하여) 수많은 몸들이 풍화의 시간 속에서 함께 출현하고 있음을 인식하는"[70] 과정이다. 노출의 수행은 풍화의 감각을 매개할 수 있다.

## 에코포르노와 에코섹슈얼

「숲을 위한 섹스」Fuck for Forest라는 환경 단체는 환경 운동을 위해 직접적인 접근을 취한다. 이 조직은 포르노 사이트를 만들어 수익금 일부를 열대우림

---

theguardian/2003/jan/14/features11.g2.

69 John Barry, "Vulnerability and Virtue: Democracy, Dependency, and Ecological Stewardship," in *Democracy and the Claims of Nature: Critical Perspectives for a New Century*, ed. Ben A. Minteer and Bob Pepperman Taylor (Lanham, Md.: Rowman & Littlefield, 2002), 133.

70 이 인용은 본 장의 몸에서 재현되는 것보다 훨씬 더 복잡해서, 길게 인용할 필요가 있다. "우리가 우리 자신을 풍화하는 존재로 이해하고, 너무나 추운 겨울의 한기와 너무나 뜨거운 태양의 열기에 의해 내부 작용으로 만들고 해체되는 존재임을 이해한다면, 우리는 변화하는 온도, 해수면의 상승, 점점 더 건조화되는 땅에서 수축되었던 과거에다 우리 자신을 적응시킬 수도 있다. 우리는 풍화 작용하는 가운데 동시에 출현하는 (우리 자신을 포함한) 무수한 몸들을 인식하면서 내부 작용의 특이성에 적응한다. 우리는 기후 상황에 우리 스스로 연루되어 있음을 깨닫는다." Astrida Neimanis and Rachel Loewen Walker, "Weathering: Climate Change and the 'Thick Time' of Transcorporeality," *Hypatia* 29, no. 3 (2014): 559, 573.

보호를 위해 기부하고 있다. 이 단체의 웹사이트는 그들이 멕시코, 페루, 브라질, 에쿠아도르, 코스타리카, 슬로바키아에서 운영하는 생태 프로젝트를 소개한다. 여러 프로젝트 중 하나로 『야생의 절정 피난처』가 있는데, 이 프로젝트에는 금발의 남녀가 맨몸으로 정글 속에서 섹스하고 있는 장면이 묘사되어 있다. 그들 옆에는 나무가 가득 들어 있는 컨테이너가 있다. 나무는 아마도 숲 복원을 위한 프로젝트의 일환으로 숲에 막 심어질 계획인 듯하다. 스크린을 아래로 내려 보면 에로틱한 장면은 없다. 대신 숲 회복 작업의 당위성에 대해 길게 말하고, 부유한 미국인들이 코스타리카로 가서 거대한 땅을 사들인 다음 이를 파괴하는 행위를 가차없이 질책한다.[71] 『샌프란시스코 크로니클』(샌프란시스코 지역 일간지, 역주)의 온라인판 기사는 섹스의 회복적 차원을 선전하는 FFFFirst Films First(젊은 영화감독을 지원하기 위한 집중교육 프로그램, 역주)가 제작한 영화 중 하나를 아래와 같이 설명한다.

> 토미와 레오나는 노르웨이 초원의 한 가운데 나무 그루터기에서 섹스한다. 레오나는 가닥가닥 땋아 내린 머리카락과 입술 피어싱을 하고 파괴된 숲을 꿈꾸듯 바라보고 있다. 한편 토미는 실로 짠 모자만 쓰고 약간 덥수룩한 채 마술을 행한다. 잠시 전 같은 장소에서 레오나와 토미는 산업적 임업의 사악함에 대해 강의했다. 그러나 지금 그들은 야성적 황홀 속에서 신음하고 있다. 생명력 자체의 힘을 가지고 장소의 강력한 부정성—꺾인 나뭇가지와 말라 비틀어진 통나무—을 극복하고 있다.[72]

이 영화의 "교훈"moral—섹스는 멋질 뿐만 아니라 지구 행성을 치유할 수 있다—은 웹사이트의 취지와 일치한다. 『숲을 위한 섹스』 사이트는 성적 자유와 쾌락을 환경주의와 연결시키면서 선언, 폭언, 철학들로 넘쳐난다. "대개의 경우 맨몸과 섹스를 도덕적 문제로 만드는 지배자들은 사실 전쟁을 일으키

71 Fuck for Forests, n.d., http://www.fuckforforest.com/en/ecoarbofilia.html.

72 Gregory Dicum, "Green Ecoporn: Great Sex for a Good Cause," *SF Gate*, April 13, 2005, http://www.sfgate.com/homeandgarden/article/GREEN-Eco-porn-Great-Sex-For-A-Good-Cause-3175838.php.

고 지구를 망가뜨리는 자들과 똑같이 경멸할 만한 자들이다. 우리는 사랑과 자유를 찬미하면서 자연에 더욱 가까이 다가가고자 한다. 숲을 위해서 섹스하라. 아니면 자연을 위해 옷을 벗으라."[73] 『숲을 위한 섹스』는 뒤로 물러서지 않는다. 예를 들어 "사랑 선언"이라는 제법 긴 텍스트에는 노골적인 성적 이미지들이 여기저기 드러난다. 영화는 섹스를 클로즈업하지만 이 장면은 역사적 지리적 맥락에서 살펴 보아야 한다. 서구의 성적 해방 개념을 신식민주의적 원시주의와 연결하는 것이 딱히 바람직하지 않다는 큰 맥락을 고려하는 것이 중요하다. 액티비스트가 성적 자유를 자연 회귀와 연결할 때 그런 구조는 이미 오랜 인종적 식민적 역사에 침윤된 상태다.

숲을 위해 섹스하거나, 나무를 위해 옷을 벗는 행위를 페미니즘 입장에서 어떻게 해석해야 할까? 『나무를 살리기 위한 스트립쇼』라는 동영상에서 라 티그레사는 하프 연주자와 함께 벌목꾼들에 맞서고, 어머니 자연이 그들을 성적으로 초대한다고 말한다. 그녀의 말은 신호를 보내면서 동시에 빗겨가고, 초대하면서 동시에 방향을 새롭게 틀고, 각성시키면서 동시에 어리둥절하게 만든다. 예를 들어 라 티그레사는 "나는 지구다, 창조의 요람이다"라고 충분히 예상 가능한 말을 하고는 "내 안쪽 넓적다리의 주름 안에 당신의 구원이 있다"[74]는 유혹적인 (또 이교적인) 말을 잇는다. 라 티그레사의 '어머니 자연'은 에마 골드만Emma Goldman의 자연을 상기시킨다. 골드만은 관대한 성적 지구generous sexual earth를 쾌락과 풍요의 아나키스트적 문화 모델로 삼았다.[75] 골드만은 '어머니 자연'을 자신이 발간하는 동명의 저널에서 종종 장난스럽게 언급했다. 그는 이 아나키스트적인 상징의 풍성함을 이렇게 묘사한다. "어머니 자연은 그 넉넉한 품 안에 거대한 부의 원천을 숨기고 있다. 자의적이고 독재적인 땅으로부터 그녀에게 다가오는 모든 존재들에게 그녀는 팔

**73** Fuck for Forest website, n.d., http://www.fuckforforest.com/en/about.html.

**74** *Striptease to Save the Trees*, dir. Ficklin and Rudin.

**75** Alaimo, "Emma Goldman's Mother Earth and the Nature of the Left," in *Undomesticated Ground* 참조.

을 뻗어 초대하고 환대한다. '어머니 자연'은 자녀들에게 똑같이 자신을 나눠 줄 준비가 되어 있다."[76] 라 티그레사는 비슷하게 벌목꾼들이 지닌 욕망의 방향을 재조정하려고 자신을 그들에게 제공한다. 라 티그레사의 시위는 그녀 자신, 땅, 벌목꾼 사이의 욕망을 삼각으로 분할하면서, 자신의 몸을 활용하여 자연의 쾌락에 대해 벌목꾼들을 설득하고자 한다. 라 티그레사는 벌목꾼에게 그들이 침범하는 땅과 에로틱한 관계를 맺으라고 요구한다. "강가에 당신들의 옷을 버려두시오./그대의 맨몸을 쭉 뻗어보시오…/생명을 산출하는 나의 땅에 그대의 다리 전체를 지긋이 눌러 보시오/그대의 머리를 나의 시원한 푸른 물 속에 담그고 마셔 보시오…" 라 티그레사의 유혹적인 초대에도 불구하고, 영화 속 벌목꾼들은 흥분하는 대신 당황하고 혼란스러워 한다. 어쩌면 라 티그레사가 즐기는 것은 확성기인지도 모른다. 라 티그레사는 벌목자들에게 달려가서 시를 읊어대고, 불도저를 막는 사실을 즐기는지도 모른다. 아니면 그녀의 가슴보다 벌목꾼의 반응에 초점을 맞추는 카메라를 즐기는지도 모른다.

남성 주체의 근거와 배경이 되는 (여성적) 땅이 자체의 행위능력을 드러낸다면 대체 어떤 일이 벌어질까? 어쨌거나 여기에서 이 질문에 대한 뤼스 이리가레의 추론을 떠올리는 것은 어렵지 않다. "땅이 돈다면, 특히 자신을 기준으로 돈다면, 주체의 발기는 당황하는 바람에 상승하지도 관통하지도 못함을 무릅써야 할 것이다. 무엇을 위하여 누구로부터 상승하며 누구를 압도할 권력을 휘두른단 말인가? 그리고 누구 안에서?"[77] 라 티그레사의 시위에서 여성의 살과 침묵하는 땅은—크고 공격적으로 확실한 어젠다를 가지고—말한다. 대부분의 환경 운동이 그러하듯 라 티그레사의 시위는 당연히 절박함을 드러낸다. 그러나 동시에 이 시위는 장난스럽고 익살스럽다. 라 티그레

76 Emma Goldman and Max Baginski, "Mother Earth," *Mother Earth* 1, no. 1 (1906): 2.

77 Irigaray, *This Sex Which Is Not One*, 133.

사의 성애 삼각 구조는 이성애를 규범으로 삼고 있지만, 그녀의 시위는 쾌락을 정치적으로 만들고, 정치적인 것을 쾌락으로 만듦으로써 저항의 정치학을 깊이 변화시켰던 퀴어 운동에 빚지고 있다. 예를 들어 동성애자들의 프라이드 행진은 진지하면서도 즐겁다. 그러나 환경 담론은 쾌락에 대해서는 거의 말하지 않는다. 카트리오나 샌딜랜즈가 앤드류 로스Andrew Ross에 기대어 설명하듯이, 환경 담론이 쾌락에 대해 말하지 않는 이유는 "환경 담론에는 풍성한 쾌락이 실제로 결여되어 있을 뿐만 아니라, 쾌락은 생태적 원칙에 전혀 상반된다고 생각하기 때문이다. 검소함과 단순함은 쾌락과 풍성함과는 반대인 듯 보인다."[78] 라 티그레사는 "자기 한계와 자기 부정"[79]을 설교하는 대신, 풍요로운 쾌락을 약속하면서 유혹한다. 그녀가 유혹하는 장면은 이성애적 모델이어서 샌딜랜즈가 비판하는 "에코-성애적 규범성"에 대한 대안을 제시하지는 못하지만, 라 티그레사는 이 역할을 수행하면서 익살스럽게 복수한다. 이는 "땅의 형세"lay of the land에 대한 일반적인 시나리오가 아니다. 왜냐하면 라 티그레사의 "땅"은 그 땅을 통제하려는 사람들을 쫓아가서 확성기로 "유혹"을 외치고 있기 때문이다. 지니 포르테Jeannie Forte가 설명하듯이, "여성 행위 예술가들은 자신의 몸을 노출한다. 자신의 몸을 노출하는 이유는 자신의 몸을 되찾기 위해서이고, 자신의 쾌락과 섹슈얼리티를 주장하기 위해서이다. 그래서 그들은 물신숭배적 추구를 부정하여 여성에 대한 남성의 지배 권력 구조를 위협할 수 있게 된다. 남성의 표정이 통제의 요인으로 작용하는 대신에 (영화에서 그러하듯) 여성 행위 예술가들이 스스로 통제를 발휘한다."[80] 라 티그레사가 영화에서 유일하게 말하는 목소리인 반면—(불행하게도) 잘 들리지는 않지만 신이 난 벌목꾼 한 사람의 논평을 제외하고—벌목꾼

---

78 Catriona Sandilands, "Sex at the Limits," in *Discourses of the Environment*, ed. Eric Darier (Oxford, U.K.: Blackwell, 1999), 77.

79 Ibid., 78.

80 Jeanie Forte, "Women's Performance Art: Feminism and Postmodernism," in *Performing Feminisms: Feminist Critical Theory and Theatre*, ed. Sue-Ellen Case (Baltimore: Johns Hopkins University Press, 1990), 262.

들이 다시 작업을 재개하는 것을 보면 라 티그레사가 온전히 통제에 성공한 것은 아닌 게 분명하다. 시위가 끝나고 벌목된 나무는 트럭에 실려 나간다. 비록 라 티그레사가 자신의 성적인 시위를 즐기는 것처럼 보이지만 표면상의 정치적 전략은 남성의 이성애적 욕망을 일으키고 이 욕망이 새 방향을 틀도록 만드는 것이다. 어머니 자연이라는 상징이 오랫동안 해악을 끼쳤던 역사를 감안하면 페미니스트의 목적과 환경론자의 목적이 딱히 대립하지는 않지만 불편한 관계에 서있긴 하다.

라 티그레사의 시위는 나무만 보고 숲을 놓친 감이 있다. 오래된 숲의 파괴는 어머니 자연에 대한 벌목꾼의 욕망이 부족해서가 아니라, 벌목 산업의 통제 불능의 탐욕, 정부의 충분한 통제와 감시가 결여된 탓이기 때문이다. 라 티그레사가 만든 상황은 아이러니하게도 많은 환경 담론이 지닌 더 큰 규모의 단점, 즉 자연은 (덜 부유한 자들에게) 노동의 장소지만 (더 부유한 자들에겐) 여가의 장소임을 보여주는 소우주로써 자연을 주조한다.[81] 실제로 라 티그레사는 벌목꾼들의 일터로 들어가서 노동의 장소를 여가의 장소로 변환시킨다. 벌목꾼은 관객이 된다. 더욱이 라 티그레사는 벌목꾼 개인 또는 자율적인 도덕적 행위 주체로써 그들에게 호소하고 있는데, 이는 우리 모두를 둘러싸고 있는 경제적 관계의 비대칭적 그물망을 단순화시킨다. 그러나 라 티그레사의 호소는 벌목꾼에게만 한정되지 않는다. 더 폭넓은 청중들이 동영상이나 인터넷을 통해 라 티그레사를 보면서 그녀의 용기, 아이러니, 유머, 섹스를 지지하는 환경론의 진가를 인정할 것이고, 심지어 물질적 필요, 인간

81 환경 정의 운동은 환경 정치학을 개조하여 노동하는 장소를 포함시키고자 한다. 그래서 인종과 계층별로 다르게 나타나는 환경 피해와 혜택을 분석한다. 환경론과 노동 문제에 대해 더 알려면 리처드 화이트Richard White를 참고하기 바란다. 화이트는 이렇게 질문한다. "어떻게 환경론이 노동에 반대하는 것처럼 보여지는가? 어떻게 노동이 미국의 환경론에서 그렇게 작은 역할을 하게 되었는가?" White, " 'Are You an Environmentalist or Do You Work for a Living?': Work and Nature," in *Uncommon Ground: Rethinking the Human Place in Nature*, ed. William Cronon (New York: Norton, 1996), 171. 또한 카트리오나 샌딜랜즈의 글 「로컬과 글로벌 사이에서」를 참조. 그 글에서 샌딜랜즈는 "숲 노동자들은 숲 생태 시스템과 오랜 친밀한 상호작용에도 불구하고 자연을 알고 있다고 말할 수 없다. 그들에게 자연에 대한 진짜 지식은 오로지 소비재뿐이기 때문이다"라고 주장한다. Sandilands, "Between the Local and the Global: Clayoquot Sound and Simulacral Politics," in *A Political Space: Reading the Global through Clayoquot Sound*, ed. Warren Magnuson and Karena Shaw (Minneapolis: University of Minnesota Press, 2003), 157.

노동, 풍부한 쾌락, 생태적 강인함이 공존하는 환경론을 상상하게 될 것이다. 그런 유토피아적 상상은 행위 예술을 통해서 종종 가능해진다. 펠런이 표현하듯이, "시위는 심리적이고 정치적인 것인 뭔가를 추구한다. 즉 시위는 불가능한 실재계를 요청한다."[82]

온라인 은어 사전Urban Dictionary은 "에코섹슈얼"ecosexual을 "데이트할 때 사회적, 환경적 인식을 지닌 사람"으로 정의한다. 또 「가이즘 라이프」Gaism Life(현재는 "가이아"로 불리고 있고, 미국의 대안 미디어 동영상 스트리밍 서비스이자 프린지 과학과 요가에 중점을 둔 온라인 커뮤니티, 역주)는 "에코섹슈얼"을 "환경론적으로 동일한 확신을 가진 타인과 데이트하려는 사람"[83]으로 정의한다. 행위 예술가이며 운동가인 애니 스프링클Annie Sprinkle과 베스 스티븐스Beth Stephens가 쓴 「에코섹슈얼 선언문」은 에코섹슈얼이 "지구와 사랑을 나눈다"고 선언한다. 즉 "우리는 돌맹이를 껴안고, 폭포에서 쾌락을 느끼고, 종종 지구의 곡선을 찬미한다"고 선언한다. 에코섹슈얼 운동가로서 그들은 "필요한 어떤 수단을 써서라도, 특히 사랑, 쾌락, [그들이 지닌] 유혹의 힘을 통해 산, 물, 하늘을 살리겠다"[84]고 맹세한다. 그들의 기획과 시위는 "성애-생태적 도보 여행", "더러운 성애-생태학: 지구와 사랑을 나누는 스물다섯 가지 방법", 많은 에코섹슈얼 결혼식을 포함한다. 에코섹슈얼 결혼식에서 그들은 흙, 호수, 숯, 눈, 그리고 전 세계 공동체가 사랑하는 것들에 대해 애정 어린 헌신을 선포한다. 쾌락, 에로티시즘, 욕망은 에코섹슈얼한 몸과 장소를 끌어당기고 상호 침투하는 힘이다. 예를 들어 「여기 에코섹슈얼이 온다」라는 도로 여행은 "수압 파쇄 지역, 가뭄 지역, 송수로, 수퍼 펀드(공해방지 사업을 위한 대형 자금, 역주) 지역"을 포함하여 "수원이 고갈되고 손상되고 둑으로 막혀버린 곳"으로 여행함으

82 Phelan, *Unmarked*, 165.

83 Urban Dictionary, "ecosexual," n.d., http://www.urbandictionary.com/define.php?term=ecosexual; Katy Neusteter, "Quiz: Are You an Eco-Sexual?" *Gaiam Life*, n.d., http://life.gaiam.com/article/quiz-are-you-eco-sexual.

84 Beth Stephens and Annie Sprinkle, "Ecosex Manifesto," n.d., Sexecology website, http://www.sexecology.org/.

로써 불편한 환경 문제를 제기한다. 그럼에도 불구하고 스티븐스와 스프링클은 이렇게 장난하듯 약속한다. "도로 여행은 재미있을 겁니다. 물은 우리를 젖게 만들 겁니다!"[85] 스티븐스와 스프링클은 많은 나체 시위의 침울한 취약성에서 벗어나 즐겁고 에로틱한 환경 시위를 보여준다. 퀴어적 욕망은 이성애 규범이나 인간적인 것에 의해 억제되지 않으며, 인간, 나무, 강, 돌맹이, 그 이상의 것들 사이에서 벌어지는 관능적이고 열정적인 상호 연결을 긍정한다. 그렇게 함으로써 스프링클과 스티븐스는 이전 페미니스트 시위를 환경론적 지형으로 확장시킨다. 린다 S. 카우프만Linda S. Kaufmann은 이렇게 쓴다. "가끔은 문자 그대로 가끔은 앙갚음하듯, 애니 스프링클은 레즈비언과 양성애자의 욕망, 섹슈얼리티, 몸 실재를 손으로 만질 수 있고, 물질적이며, 당신의 면전에 있는 것으로 만든다."[86] 예를 들어 스프링클이 자신의 전설적인 "공공 경부Cervix 선언 시위"에서 스스로 경부를 드러내는 동기 중 하나는 "재미있기 때문이다. 그리고 나는 재미가 정말로 중요하다고 생각한다. 왜냐하면 나는 재미를 사람들과 공유하고 싶기 때문이다"[87]라고 말한다. 스프링클과 스티븐스의 사이트인 『성애 생태학: 예술이 이론을 만나고, 이론이 실천을 만나고, 실천이 운동을 만나는 곳』에서, 배너에는 스프링클로부터 인용된 글이 담겨 있다. "우리는 환경 운동을 더욱 섹시하고, 재미있고, 다양하게 만들고자 한다."[88]

라 티그레사의 나체 시위와 공연은 다른 급진적 액티비즘 형태와 마찬가지로 조롱과 무시에 쉽게 노출된다. 예를 들어 팀 퍼거슨Tim Ferguson은 이렇게 논평한다. "마치 가벼운 포르노적 세서미 스트릿 스케치처럼 천 명의 나체 여성들이 언덕 위에 몸으로 글씨를 만든다고 해서 이라크에 대한 우리 의

---

85 "Here Come the Ecosexuals," n.d., http://theecosexuals.ucsc.edu/.

86 Linda S. Kaufman, *Bad Girls and Sick Boys: Fantasies in Contemporary Art and Culture* (Berkeley: University of California Press, 1998), 58.

87 Ibid., 58-59.

88 Sexecology website, n.d., http://www.sexecology.org/.

견이 바뀐다면 터무니없는 일이다."[89] 『백패커』Backpacker 웹사이트(야외 활동을 위한 웹사이트, 역주) 상의 "붓다 베어"Buddha Bear는 가슴을 드러내는 라 티그레사의 시위 뉴스에 대해 빈정거린다. "저런, 다음엔 뭐지? 도끼를 내려놓으면 오럴 섹스라도 해주나?"[90] 그러나 농담에도 불구하고—혹은 농담 때문에—라 티그레사는 오랜 숲 벌목에 대한 자신의 투쟁에 대해 사람들의 관심을 산신히 끌 수 있었다. 제인 케이Jane Kay는 이렇게 말한다. "제이 르노Jay Leno (미국 TV 진행자이며 희극 배우, 역주)는 라 티그레사를 빌 클린튼식 농담으로 놀렸고, 러시 림보Rush Limbaugh(미국 보수주의 방송인이며 정치평론가, 역주)도 라 티그레사를 전국 라디오 방송에서 조롱했다."[91] 라 티그레사는 예상치 못한 장소에서 나타난다. 온라인 잡지인 『모루』Anvil 에 실린 한 기사는 라 티그레사를 설득 수사학의 대가로서 칭찬하는 데 대여섯 쪽을 할애한다.[92] 심지어 맨도시노 레드우드 회사Mendocino Redwood Company(캘리포니아에 본사를 둔 임산물 회사, 역주)도 좀 특이하게 회사 웹사이트에 한 기사를 올리고 있는데, 그 기사의 제목은 「'라 티그레사, 숲을 살리는 나체의 구세주'가 FB 행사를 열다」[93]다. 라 티그레사는 자신의 액티비즘에 대해 작지 않은 의도를 지니고 있다. 그녀는 이렇게 주장한다. "나는 그들 중 몇 사람의 인생을 바꿔 놓았다. 그러나 나는 법도 바꾸고 싶고, 역사도 바꾸고 싶다."[94] 유사하게 『마닐라 블리튼』Manila Bulletin (필리핀 최대 영어 신문, 역주)의 한 논설위원은 이라크 전쟁을 반대하는 나체 시위자들이 부시와 블레어를 멈추게 할 수 없음을 인정한다. 하지만 그는 나체 시위에 참여하는 성직자, 선교사, 수녀(기독교, 무슬림, 불교, 선, 도교 등등 모

---

89 Tim Ferguson, the World Wide Nudism & Naturism News site, n.d., http://www.worldwidenudismnaturism.com/pages/news/protest.html 에서 인용.

90 "Buddha Bear," posting on the Backpacker website, n.d., http://www.backpacker.com/.

91 Jane Kay, "Topless Protestor Bemuses, Confuses," *Examiner*, http://www.tree-sit.org/tiger.html.

92 Patricia Miller, "The Rhetorical Web," *Anvil*, March 2001, http://www.anvilmedia.com/archives/.

93 Naomi Jarvie, " 'La Tigresa, Nude Savior of the Forest' Holds FB Rally," *Fort Bragg Advocate News*, 2001, reprinted on the Mendocino Redwood Company's website, http://www.mrc.com/News/news021501.htm.

94 Nieto, "Asides," *Pittsburgh Post-Gazette*, October 22, 2000에서 인용.

든 종교에 속하는 신앙인들)를 포함하여 "전 세계 수백만 남성과 여성들"[95]이 전쟁을 멈추게 하는 "행성 간의 대세"interplanetary trend를 만들 수 있기를 희망한다. 『나무를 살리기 위한 스트립쇼』와 전 지구적으로 출현한 나체 시위들이 역사를 바꾸게 될 이곳은 대체 어떤 종류의 공적 영역일까? 웬디 파킨스Wendy Parkins는 여성 참정권론자였던 메리 리Mary Leigh를 다루는 한 기사(기사 제목은 「소녀처럼 시위하기」)에서 이렇게 주장한다. "여성의 신체적 특징 때문에 여성이 참여로부터 배제되거나 축소되는 근거가 된다면 여성의 몸에 의도적으로 관심을 끌도록 만드는 것은 반체제 시민권에 참여하는 여성들에게는 중요한 전략이었다. 그런 반체제 인사들은 자신의 몸을 드러내는 것을 정치적 영역에서 매개 변수를 논쟁할 수 있는 한계가 아니라 수단으로 이해했다."[96] 여기서 고려되고 있는 나체 시위자들은 상호의존적이고 서로 얽혀있는 인간/비인간 살을 드러냄으로써 "정치적 영역의 매개 변수들"과 논쟁하려고 한다. 라 티그레사와 알파몸은 자신의 목소리를 주장하는 것만큼이나 자신의 정치학을 위한 공간을 의미 있게 조성해낸다. 그렇게 함으로써 그들은 실제 장소, 물질적 몸, 다른 물질들을 강조한다. 이런 강조는 특정 장소의 가치를 주장해야 하는 환경론을 위해 중요할 뿐만 아니라, 환경 정의, 환경 보건, 장애 권리, 퀴어 정치학을 포함하여 다양한 이슈들—횡단-신체적 영역으로 다시 제시할 때—을 위해서도 중요하다.이런 이슈들을 다루려면 물질적 필요, 쾌락, 위험이 공존함을 인식해야 한다. 에밀리 마틴Emily Martin은 "유동적 몸"fluid bodies의 잠재적 위험에 대해 의미심장한 경고를 들려준다. 이는 특히 횡단-신체성의 개념과 관련된 경고다. "개인들 사이의 유동적 연결이 기업이나 지구 행성과 같은 '순수한' 거대 생명체의 생명을 먹여 살리는 한 이런 연결 [상호신체적 연결]에 대한 우리의 열정은 줄어들지도 모른다. 어쩌면

95 "Naked Protest against War," *Manila Bulletin*, March 6, 2003.

96 Wendy Parkins, "Protesting Like a Girl: Embodiment, Dissent, and Feminist Agency," *Feminist Theory* 1, no. 1 (2000): 73.

우리는 명확하게 경계 지워진 개인이라는 자유민주주의적 관념과 더불어 자연과 인간이 분리되어 있다는 근대적 관념이 제공하는 봉쇄된 집단적 몸/사람에 대해 향수를 느끼기 시작할 수도 있다."[97] 마틴의 경고에도 불구하고, 나는 미국 내에서 퍼지고 있는 과잉 분리감이 더욱 위험하다고 본다. 과잉 분리감이 전 지구적 책임과 의무로부터 개인을 멀어지게 만들기 때문이다. 9/11 이후 국가적 공황에 대한 담론은 미국인들이 자유의 이름으로(1장 참조) 스스로를 차단시킴으로써 봉쇄의 국내 정치학을 만들어냈다. 이후 14년이 지나 공화당 대통령 유망 주자인 도널드 트럼프는 노골적으로 인종 차별적인 반이민 담론과 멕시코 국경을 봉쇄한다는 공약으로 미국인의 지지를 크게 받았다. 시민들은 연이은 봉쇄—미국의 국경으로부터, 외부인을 통제하는 공동체나 교외 지역, 강력 테이프로 꽁꽁 둘러맨 집, 정상 가족에 이르기까지—안에 안전하게 안치되어, 엄격하게 묶인 개체로써 호명된다. 만Mann에 따르면 그런 시민은 남성적인 주권체, 관통되지 않는 관통자로써(4장 참조) 호명된다. 한편 '벌거벗은 목격자' 운동은 어쩌면 역설적으로 몸을 가진 사람은 누구나 실제 장소와 연결되어 있음을 알고, 적어도 웹사이트를 방문하는 영어 사용자들은 전 지구적으로 인식하고 행동하기를 격려한다. 이러한 행위에는 "통제되고, 이성적이고, 교양 있는 개인의 경계가 무너져버리는"[98] 유토피아적 순간이 있다. 이 순간 몸을 불합리성, 동물성, 비문명과 묶어 느슨한 연합을 만든다. 나는 "몸"이 폭력적이기보다 평화적이며 유토피아적이라고 주장하지 않는다. 혹은 섹스가 숲을 살린다고 주장하지도 않는다. 대신에 나는 봉쇄된 자본주의적 개인을 출발점으로 삼지 않는 윤리학과 정치학의 가능성을 확장시키고자 한다. 게일 웨이스는 "몸을 역사적으로 평가 절하하는 방식들…" 중 하나가 "우리가 우리의 몸 안에서, 몸을 통해서 도덕적 판단과

97 Emily Martin, "Fluid Bodies, Managed Nature," in *Remaking Reality: Nature at the Millennium*, ed. Bruce Braun and Noel Castree (New York: Routledge, 1988), 79.

98 Ibid., 78.

실천의 결과를 느낌에도 불구하고, 몸을 '고귀한' 도덕의 영역으로부터 배제하는 것이다"[99]라고 말한다.

"이론은 그 출처보다는 정치적 행위의 산물로써 더욱 유용하다"[100]는 주디스 스테이시의 결론은 이런 질문을 도출한다. 나체 시위를 실천함으로부터 어떤 페미니스트 이론이 출현할까? 라 티그레사와 다양한 알파몸 모두에게 벌거벗음은 볼거리를 연출하는 전략적 유용성을 넘어선다. 옷을 벗게 된 이유에 관심을 촉구함으로써 분명 정치적으로 효과가 있긴 하지만, 나체 시위는 그 이상을 실천한다. 나체 시위들은 확신의 긴박감을 체현할 뿐만 아니라, 담론은 물질적 효과를 지니고, 물질 영역은 항상 담론과 겹쳐 있다는 사실을 인식하는 대안적 에토스를 체현한다. 그들은 옷을 벗으면서 잠정적으로 인간됨의 경계를 벗어 던진다. 이는 우리에게 신체성을 정적인 물질의 근거가 아니라 연결, 상호 연결, 행위, 윤리적 생성이 가능한 장소로 상상할 수 있도록 해준다. 나체 시위는 스스로를 노출시키면서 인간의 몸, 지리적 장소, 권력의 거대한 망 사이에서 이루어지는 물질적 교환들이 어떻게 윤리적 정치적 행위를 유발하는지를 극화한다. 시위자들은 정치적 행위 주체가 될 수 있는 전통적 방식에 절망하고, '항상 이미' '여기 혹은 저기'에서 윤리-정치적 실천을 추구하고 항상 특정 물질적 장소 안에서 생생하게 뿌리를 내린다. 페미니스트 이론, 문화 연구, 환경 인문학은 [나체 시위라는] 겉으로 보기에 별난 실천을 진지하게 여길 수 있고, 우리가 거주하는 살, 우리가 존재하는 장소를 더욱 복합적이고, 보다 정확하게 기술할 수 있다.

---

**99** Weiss, *Body Images*, 141.

**100** Judith Stacey, "The Empress of Feminist Theory Is Overdressed," *Feminist Theory* 2, no. 1 (2001): 102.

# 4장

## 기후 시스템, 고탄소 남성성, 페미니스트 노출

『젠더화하는 기후 변화와 지속 가능성 총회』는 덴마크의 조각가인 키르스텐 유스테센Kirsten Justesen의 놀라운 작품을 포스터에 활용하고 있다. 유스테센은 자신의 몸을 사용하여 작품을 만든다. 제목은 「얼음 받침대 형상 #1」(현재의 제목은 「얼음 대좌 #1」)[1]인데, 얼어 붙은 배경으로 예술가가 벌거벗은 채 얼음 받침대 위에 엎드려 있고, 장갑 낀 손을 얼음에 대고 있다(그림

---

1 Kirsten Justesen, Ice Pedestal Formations #1, 2000, http://www.kirstenjustesen.com/index.php?id=332. 2009년 덴마크대학에서 열린 『젠더화하는 기후 변화와 지속 가능성 총회』에서 발표된 에세이를 참조하려면 *Women, Gender and Research (Kvinder, Kon og Forskning)* 2-3 (2009): 22-35를 보기 바람. 이 이슈는 2009년 10월 COP 15 국제 기후 변화 정상 회담에서 배포되었다. 나는 코펜하겐에서 열린 "젠더, 기후 변화 학술대회"에서 연설하도록 초청을 받았다. 특별히 이 학회가 페미니즘 이론가 및 학자들과 더불어 정책 결정자, 정부 관료, NGO 활동가들을 한 자리에 모이게 한 방식에 감동했다. 내가 비판했던 페미니스트 기후 변화 문건 일부의 초안을 작성했던 여성들은 내 연설을 들었고, 나의 비판을 예의있게 경청했을 뿐만 아니라 앞으로 페미니스트와 퀴어 정치학에 도움을 주면서 동시에 더 큰 문화적, 정치적, 정부 정책의 맥락에서 문화적 구매력이 높은 입장을 구축하겠다는 결심까지 보여주었다. 나는 그들의 정치적 작업을 매우 존경하고 감탄한다.

6). 환한 빛, 푸른색과 흰색의 교차, 투명하면서도 딱딱한 얼음의 이미지는 놀라운 미학적 힘을 발산한다. 이 이미지는 우아하면서도 관능적이다. 엎드린 자세가 강하지만 어떤 침투에도 활짝 열려있다. 「얼음 대좌」 작품 시리즈는 2000년에 만들어졌는데, 그 이전에도 유스테센은 전 지구적 기후 변화가 논란의 중심에 서기 훨씬 전인 1980년 그린랜드에서 「녹는 시간」을 포함하여 다른 얼음 관련 작품을 만들었다. 유스테센은 이렇게 말한다. "1980년에는 그런 의도가 없었지만 이 작품들은 지구 온난화를 의식하는 만큼 환경론적 정치성이 점점 커지고 있다."[2] 그러나 기후 변화의 가속화를 감안할 때 유스테센의 「얼음 대좌」 시리즈를 환경론적 맥락에서 읽지 않을 수 없다. 이전 장에서 논의했던 나체 시위와 다르지 않게, 녹아 내리는 얼음과 인간 살을 결합하는 유스테센의 행위 예술은 사람과 장소의 친밀성을 보여준다. 유스테센의 나체는 우리가 푹 잠겨있는 물질 세계에 인간이 노출되어 열려 있음을 의미한다. 자신의 작품에서 유스테센은 "[자신의] 몸을 도구로 활용하여 표면 접촉점"[3]을 탐색하고 있다고 말한다. 살이 얼음을 접촉할 때 살은 보통 움츠린다. 그러나 여기 사진에서 인간은 얼음과 접촉한 상태로 고요히 움직이지 않는다. 접촉면은 「얼음 대좌 시리즈 #2」에서 더욱 넓어져서 사람이 엎드려 받침대를 아예 껴안고 있다. 요가의 "아이 자세"처럼 자신을 보호하는 자세를 취할 때조차[4] 실은 얼음을 보호하고 돌보려 한다. 두꺼운 검은 부츠와 장갑은 두 작품 모두 저항과 강인함을 돋보이게 한다.

이전 장에 쓴 바와 같이, 몸이 물질 세계에 위태롭게 노출되고 있다는 느낌은 환경론자의 입장일 수 있다. 환경 보건과 환경 정의 운동은 물질적 위험과

---

**2** Esther Adler, "Kirsten Justesen: My Body as Material: Danish Artist Kirsten Justesen Speaks with MoMA Curatorial Assistant Esther Adler," *P.S.1 Newspaper*, 2008, http://momaps1.org/images/pdf/newspaper/08spring/Newspaper_Winter%20 2008_OK.pdf.

**3** Ibid.

**4** 「얼음 대좌」 시리즈 사진 세 개는 Kirsten Justesen의 웹사이트에서 볼 수 있음. http://www.kunst-paa-arbejdspladsen.dk/category/kunstnere/kirsten-justesen.

그림 6. 키르스텐 유스테센의 「얼음 받침대 형상 #1」.
2000년 세 개의 시리즈 중 하나. 대좌 60 x 60 x 60cm.
얼음, 몸, 미끄럼 방지 얼음 장갑, 보온 부츠.
Pigment print on canvas 1:1 200 x 200 cm, size variable, edition of 7.

우리 몸이 상호 연결되어 있다는 인식으로부터 추동된다. 그런데 페미니스트 행위 예술가와 활동가들도 역시 노출을 자신의 공연에서 무대에 올리고 있다. 그들의 공연은 비판적이고, 전략적이며, 패러디적이고, 심지어 의도적으로 반항적(revolting이란 말이 지닌 이중적 뜻인 "역겹다"를 모두 포함하여)이다. 노출에 대한 환경론적 시위와 페미니스트 시위가 서로 비슷하고 겹친다는 사실을 감안하면 둘의 구분을 없애고 싶은 유혹이 들기도 한다. 하지만 둘은 서로 다른 반향을 지니고 있다. 유스테센은 흥미로운 예를 제공한다.

앞서 언급한 대로 유스테센의「얼음 대좌」시리즈는 기후 변화가 아직 폭넓은 관심사가 아니었던 15년 전쯤인 2000년에 만들어졌다. 유스테센은 1960년대 이래 자신의 몸을 예술적 매개로 활용해왔고, 1970년대 이후 페미니즘 예술을 작업했다. 유스테센은 장소에 기반을 두는 예술과 몸-대상 관계로 유명한 예술가이지만, 반드시 환경 예술가라고 볼 수는 없다. 그녀의 독특하고 도발적인 예술 작품은 믿기지 않을 만큼 풍부하고 다채롭다. 지금은 얼음과 관련된 그녀의 다른 작품들과 더불어「얼음 대좌」와「녹는 시간」시리즈를 기후 변화와 무관하게 읽기는 어렵다. 그런 해석이 역사적인 맥락이나 예술가의 의도에서 벗어날 수도 있지만, 시간이 지나 작품을 수용하고 만난다면 얼마든지 다른 맥락과 틀로 연관되어 도발적일 수 있다.

그러나 나는 페미니즘 안에 환경론적 입장을 포함시킴으로써 의미를 미리 차단시키는 해석 노선에 대해서는 경고하고자 한다. 특정 페미니즘과 특정 환경론이 서로 수렴하고 일치하고 연합하는 부분이 있긴 해도 둘의 관계에는 쉽게 결정내리기 어려운 질문이 열려 있다. 둘의 관계는 논쟁과 분석이 필요하고, 맥락에 따라 다를 수 있다. 왜냐하면 아래 논의가 지적하듯이 항상 많은 변수, 많은 종류의 젠더와 섹슈얼리티가 있기 때문이다. 그러나 페미니즘 역사는 너무 자주 잊혀지고, 페미니즘 연구는 너무 자주 주변화되기 때문에 페미니즘 예술, 페미니즘 액티비즘, 페미니즘 연구의 영향과 연관성을 주장하는 것은 여전히 중요하다. 이전 장의 나체 시위—유전자 변형 식품, 전쟁, 동물에 대한 잔인함, 기후 변화에 대항하는 시위들—는 남녀 모두를 포함하면서 대놓고 페미니즘은 아니지만, 몸 정치학의 수행으로써 페미니즘과 퀴어 연관성을 배제하지는 않는다.[5] 녹고 있는 빙하 위의 맨 살이라는 유스

5 물론 많은 페미니스트 시위 중 환경론 이슈가 없으면서도 전략적으로 나체를 차용하는 경우가 있다. 예를 들어, 우크라이나에서 시작한 페미니스트 그룹인 FEMEN은 자신의 페이스북에 "우리의 신은 여성이다. 우리의 사명은 저항 시위다: 우리의 무기는 벌거벗은 가슴이다"라고 쓴다. 이들은 여성의 성적, 재생산적, 종교적 자유를 위해 저항한다. 페이스북, FEMEN International, https://www.facebook.com/FEMEN.International.Official/info?tab=page_info; and FEMEN's website, http://femen.org/news 참조.

테센의 이미지는 강인하면서도 위태롭게 노출된 신체성을 주장하기 때문에 "여성주의적임"feminist와 "여성적임"feminine이라는 두 축 사이에서 우리는 망설일지도 모른다. 이 점에서 적절히 참고할 만한 사건이 하나 더 있다. 이전 장에서 스펜서 튜닉Spencer Tunick이 육백 명의 사람들을 빙하 위에 세웠던 시위에 대해 논했다. 이때 튜닉이 사용했던 "취약함"이란 단어가 일종의 환경론적 여성성과 공명하는가? 아니면 "취약함"이라는 단어를 사용함으로써 여성성으로부터 오히려 취약함을 떼어버리고, 표식도 통제도 없이 인간의 몸과 환경을 가로질러 나아가도록 만드는 것일까? "옷이 없으면 인간의 몸은 취약하게 노출되고, 몸의 생사는 자연의 변덕에 영향을 받는다. 지구 온난화는 빙하를 벌거벗기고 있으며, 우리 지구 행성 전체를 기상이변, 홍수, 해수면 증가, 수송 능력과 농업 생산의 세계적인 감소, 식수 부족, 질병과 집단 이주와 같은 현상에 취약하게 만들어 놓았다."[6] 여성을 취약함과 연결시키던 역사가 주변에 어른거리긴 하지만, 기후 변화가 우리 모두를 여성화할지도 모른다는 사실(여성 호르몬의 위협과 다르지 않게)[7]에 대한 경고로써 이 시위를 해석할 정도로까지 명백하게 젠더화된 것은 없다. 나는 여성성과 취약함을 연결하고 싶지 않지만, 반항적인 노출의 시위는 페미니즘 역사와 서로 연결되는 환경 윤리학과 정치학의 모습으로 나타나긴 한다. 여성성과 연결되는 취약함, 상호주체적, 상호신체적, 인간 아닌 것들과의 친밀감을 주장하는 투과성에 대한 확고한 정치적 감각의 연결 회전축으로써 대좌를 상상한다면 페미니즘과 통할 여지가 있다.

유스테센의 예술과 나체 시위는 '반항적인 취약함'을 보여준다. 즉 인간이 더 넓은 환경과 물질적으로 상호 연결되어 있다는 인식을 드러내며, 이러

---

6 "600 Strip Naked on Glacier in Global Warming Protest," August 8, 2007, Greenpeace website, http://www.greenpeace.org/international/en/news/features/ naked-glacier- tunick-08182007/.

7 이 주제에 대해 몇 개의 중요한 글이 있다. 이 중 Giovanna Di Chiro, "Polluted Politics? Confronting Toxic Discourse, Sex Panic, and Eco- Normativity," in *Queer Ecologies: Sex, Nature, Politics, Desire*, ed. Catriona Mortimer-Sandilands and Bruce Erickson (Bloomington: Indiana University Press, 2010), 331-58 참조.

한 인식은 윤리적이고 정치적 반응을 압박한다. 반항적인 취약함 역시 노출의 정치학으로 불릴 수도 있다.[8] 노출의 정치학은 발암 물질, 환경 호르몬, 방사선에 노출되어 있다는 사실을 환경론의 관점에서 깨달으면서 정치적으로 반응한다. 이는 말 그대로 자신을 노출할 수도 있고 노출하지 않을 수도 있지만, 적어도 분별없는 자본주의적 소비주의가 요구하는 전통적인 불투과적 갑옷은 벗어 던져야 한다. 노출 시위는 인간이 행성의 바깥에서 들여다보거나 기후 변화 현상과 동떨어진 어딘가에서 부유하지 않는다는 사실을 선언한다. 대신에 인간이 특정 장소에서 출현할 때 항상 행성의 변환 과정에 물질적으로 상호 연결되어 있음을 선언한다. 우리가 세상과 물질적으로 상호 연결되었다는 감각을 갖게 되면 과학 지식을 계속 찾게 된다. 과학 지식은 인간과 비인간 생명의 생존을 위한 실천과 정책을 형성하는 데 예전보다 훨씬 더욱 필요해졌다. 이 장은 노출의 정치학이 반박하고 논쟁하는 것들, 즉 고탄소 불투과성 공격적이고 소비적인 남성성, 또한 현실과 동떨어진 과학 비전을 비판하는 데 초점을 맞출 것이다. 또한 노출의 정치학은 기후 변화에 대한 페미니스트의 반응 중 몇몇을 비판할 것이며 그들이 주장하는 페미니즘과 환경론에 의문을 제기할 것이다. 이론의 폭넓은 지형이 앞으로 나올 비판을 뛰어넘기보다는 그 비판 안으로 뿌리를 내리기 때문에, 나의 분석이 페미니스트 인식론, 포스트구조주의 페미니즘, 물질적 페미니즘, 페미니즘 과학 연구, 퀴어 이론, 환경 연구, 문화 연구에 기반을 두고 그들에게 빚지고 있음에 주목할 필요가 있다.

8 노출의 정치학은 횡단-신체성 개념과 동일하다. 횡단-신체성은 물질의 내부작용적 행위능력에 대한 감각을 포함하지만 말이다. 이 부분에 대해서는 이 장에서 논하지 않는다.

## 남성적 소비주의가 남긴 탄소 발자국

유별난 종류의 과잉 남성성hypermasculinity은 스스로는 불투과적이면서도 [타자를] 투과하려는 주체인데, 이런 종류의 과잉 남성성은 미국에서 출현했다. 부시 정권 하에서 미국은 기후 변화를 무시하는 오만함으로 악명 높았다. 이러한 입장은 미국 대중문화에서 다양하게 지속되고 있다. 보니 만Bonnie Mann은 자신의 글 「미국이 어떻게 전쟁을 정당화하는가: 포스트/모던 남성성과 지배의 미학」[9]에서 기후 변화나 다른 환경 문제를 거론하지 않지만, 9/11 이후 테러에 대한 만연한 공포뿐만 아니라 기후 변화와 다른 환경 재앙에 대한 공포가 과잉 남성성을 부추기고 있다고 의심한다. 만이 표현하듯이 남성적이며 불투과적이고 공격적인 그런 "스타일"은 부시가 기후 변화의 위협을 오랫동안 부정하면서 명확하게 드러난다. 그러나 수잔 제포드Susan Jeffords의 용어로 과잉 남성적 "딱딱한 몸"[10]에 대한 욕망은 미국의 탄소 배출량을 증가시키는 소비 현상으로 표출된다. 제포드가 논의하듯이 "지칠 줄 모르는, 근육질의, 천하무적의 남성적 몸이 레이건 상상체의 핵심 축이 되었다면"[11] 비슷하게 경직된 남성적 신체는 아들 부시 시대의 특징이 되고, 불투과적 남성성을 강조하는 국가적 입장은 기후 위기를 악화시키고 만다. 그토록 많은 미국 시민들이 대통령 후보인 도널드 트럼프의 거들먹거리고 공격적인 남성성—인종 차별, 외국인 혐오, 여성 혐오와 불가분의 관계가 있는 불투과적 남성성—에 매혹되었다는 사실은 만이 비판한 "스타일"이 아직도 유력하다는 뜻이다.

나는 가장 탐욕스럽고, 가장 적은 생존 가능성을 지닌 짐승 중 하나—미국

---

9 Bonnie Mann, "How America Justifies Its War: A Modern/Postmodern Aesthetics of Masculinity and Sovereignty," *Hypatia* 21, no. 4 (2006): 147-63.

10 Susan Jeffords, *Hard Bodies: Hollywood Masculinity in the Reagan Era* (New Brunswick, N.J.: Rutgers University Press, 1993).

11 Ibid., 25.

뿐만 아니라 텍사스—의 뱃속에서 살고 있다. 잘 알려지다시피 미국은 스스로 필요한 화석 연료 그 이상을 먹어 치우고 있다. 특히 더 크고 더 딱딱한 것이 좋다고 생각하는 텍사스에서는 풍자적일 만큼 과잉 남성적인 소비 형태가 만연하다. "맥맨션"이 우후죽순 생겨나면서 교외와 준교외 지역의 불규칙한 배열이 과거 빈 터와 농지였던 땅을 집어 삼키고 있다. 1950년 이래 미국 주택 하나에 사는 사람의 평균 숫자는 한 명이 감소했지만 미국 집의 평균 크기는 "두 배 이상 증가했다."[12] 건축가인 앤 서친Ann Surchin은 공포로 가득한 대중에 대해 이렇게 말한다. "다음 9/11이 언제 일어날지 누구도 알지 못한다. 이 집들은 안전을 상징한다. 집이 크면 클수록 요새는 더욱 커진다."[13] 어쩌면 더욱 주목할 만한 사실은 SUV 차량과 픽업 트럭이 괴이하게 커졌을 뿐만 아니라 공격적인 불투과성으로 무장하고 있다. 종종 그러하듯 이들은 커다랗고 험악한 그릴 가드와 중세 시대 무기처럼 생긴 금속 원뿔이 달린 허브캡을 포함하여 무기처럼 생긴 장비로 덮여 있다. 이런 차량 중 몇몇은 트레일러 히치에 매달린 큼직한 금속 고환을 과시한다(히치 자체는 이 차량 전체의 페니스가 된다). 한 웹사이트는 "진짜 브라마 황소"를 모델로 하는 특별한 세트를 광고하기도 한다. 사진에는 텍사스 긴뿔소 옆에 잘 무장된 트럭이 전시되어 있다.

이 모두를 말해도 확신이 들지 않는다면 한 가지 예를 더 들어 보자. "롤링 코울"Rolling coal(디젤엔진을 개조해서 완전 연소되지 않은 매연을 마구 내뿜는 행위, 역주) 운동이 있다. 이 운동은 오염을 마구 내뿜고 환경론을 부정하는 행위를 남성성과 뻔뻔스럽게 연결한다. 이 운동에 참여하는 사람들은 주로 남성인데 시커먼 검댕을 내뿜기 위해서 더 많은 가솔린을 사용하도록 자신의 트럭을 개조한다. 『뜨거운 아가씨 위에 롤링 코울』이라는 제목의 한 유튜브 동영상은

12 Margot Adler, "Behind the Ever- Expanding American Dream House," *All Things Considered*, July 4, 2006, http://www.npr.org/templates/story/story.php?storyId=5525283&from=mobile.

13 Ibid.

남성들이 비키니 입은 젊은 여성에게 일부러 시커먼 검댕을 뒤집어 씌우고 발로 걷어 차는 모습을 보여준다. 제인 에반스Jane Evans는 자신을 "저 먼 땅"에서 온 사람으로 명명하면서 이렇게 댓글을 쓴다. "두 못된 녀석들이 젊은 여자를 치명적인 독소 연기로 공격한다. 그 자들은 체포되고 벌을 받아야 한다. 그건 그렇고, 대체 어떤 나라가 거리에 이런 오염을 뿜어대는 자동차를 허용한단 말인가? 저런 차들은 당장 이 나라의 거리에서 사라져야 한다."[14] 한때 이 운동에 참여했던 "코울 롤러" 한 사람이 이 행위의 매력을 이렇게 묘사한다. "나는 이런 종류의 많은 남성이 마을에서 하이브리드 자동차 옆을 지날 때 자신들이 얼마나 많은 석탄을 굴리는지 뽐내려 한다는 것을 알고 있다… 이것은 그냥 남성 호르몬에 관련된 남성성이다. 누가 제일 많은 매연을 내뿜을 것인가, 누구의 매연이 제일 시커먼가에 대한 것이다. 더 시커멀수록 탱크에 더 많은 연료를 갖게 된다. 일종의 재미였다."[15] 이 운동이 백인 노동자 계층의 운동임을 감안할 때 검음blackness과 남성성 사이의 연결성은 흥미롭다. 그러나 검음은 오랫동안 인종차별적인 미국의 역사에서 과잉 남성성과 연결되어 왔다. 백인 남성들은 마이클 브라운Michael Brown, 에릭 가너Eric Garner, 태머 라이스Tamir Rice와 같이 경찰에게 살해된 수없이 많은 미국 흑인 남성, 흑인 십대, 흑인 아이들이 검은 과잉 남성성을 지녔다고 생각하는데,그 고정 관념 때문에 이런 인종차별적 폭력이 허용되는 것은 아닌지 질문하게 된다. 코울 롤러들은 (검은) 과잉 남성성이란 판타지에 빠져 즐기고 있지만 그 행위가 초래하는 결과로부터 안전하다. 그들의 몸은 위험에 처하지 않고 트럭의 운전석에서 안전하기 때문이다. 고통스러운 아이러니는 [과잉 남성성이란 고정관념의 대상이 된] 흑인이 결코 난공불락이 아니라는 점이다. 그들은 경찰의 잔인한 폭행과 제도화된 폭력에 일상적으로 노출되어 있다. 코울

14 "Rolling coal on hot babe," YouTube, November 18, 2011, https://www.youtube.com/watch?v=iRu3xtTH9ng.

15 David Weigel, "Rolling Coal," *Slate*, July 3, 2014, http://www.slate.com/articles/news_and_politics/politics/2014/07/rolling_coal_conservatives_who_show_their_annoyance_with_liberals_obama.html.

롤러들이 기후 변화를 조롱하고 「미국환경보호청」EPA의 권고에 따르지 않는다는 사실이 인종적 저의보다는 덜 놀랍다. 코울 롤러들을 별난 주변 운동으로 치부할 수도 있지만, 이들은 정부의 규제에 반하는 대중적 보수주의의 입장일 뿐만 아니라, 미국의 터무니없는 소비주의를 집약적으로 보여준다. 그들이 주변적으로 보일 수도 있지만, 그들은 중심에 너무나 가깝다. 유럽 문화의 교통 수단도 어쩌면 덜 그로테스크하게 젠더화될 수도 있다. 메리트 폴크Merritt Polk는 「교통 수단을 통한 젠더화된 기후 변화」에서 "자동차, 남성성, 환경론 쇠퇴, 속도, 사회적 배제, 권력, 자유, 기술 사이의 교차성은 오늘날 교통 분야의 지배적인 젠더화된 규범 속에 잘 드러나 있다"[16]고 주장한다.

젠더 관점에서 교통 수단과 과소비를 분석하는 것은 만Mann이 명명한 "군사화된 남성적 미학"과 연결될 수 있다. 만은 자신의 도발적인 글을 다음과 같은 질문으로 시작한다. 부시가 이라크 전쟁을 정당화할 목적으로 내세웠던 그럴 듯한 말들이 전부 사실이 아닌 것으로 밝혀졌음에도 불구하고, "부시가 이유 없이 시작하는 전쟁에 대해 왜 결정적인 공적 항의가 없었으며, 왜 의회를 뒤흔드는 대중의 시위가 없었으며, 왜 부시의 사임을 요구하는 확실한 대중 반란이 없었는지"[17] 질문한다. 만은 "미국의 남성성을 다시 세우려는"[18] 미학이 전쟁에 대한 지지를 끌어냈다고 주장한다. 만은 아부 그레이브Abu Ghraib 교도소에서 일어났던 악명 높은 죄수 학대 사건의 사진, 특히 미국 교도관인 린디 잉글랜드Lynndie England의 사진에 대해 논하면서 다음과 같이 주장한다. "인종화되어 왜곡된 젠더를 군대가 실천하면서 여기 미국 여성에게 진정 (포스트모던적) 민주 형태의 팔루스가 주어진다. 그녀는 남자들과 함께 군사화된 남성적 미학에 참여하도록 초대를 받고, 결국 인종화된 타

16 Merritt Polk, "Gendering Climate Change through the Transport Sector," *Women, Gender and Research (Kvinder, Ko nog Forskning*, Denmark) 2-3.(2009): 77.

17 Mann, "How America Justifies Its War," 148.

18 Ibid., 149.

자를 침투하는 자가 된다… 전형적으로 근대적이면서도, 전형적으로 포스트모던적인 군사-기술적 미학 안에서 모든 미국인이 과잉 남성화되면서, 숭고한 경험은 분산되고 시스템화된 기술 군사적 주체의 일부가 된다."[19] 여성들이 이런 식민적인 "국가적 남성성"을 점유한다는 사실은 젠더를 넘어서는 해방적 행위이거나 칭찬할 만한 일이 전혀 아니다. 혹은 동성애를 긍정한다든가 페미니스트의 입장도 아니다. 미국의 역사에서 이처럼 부끄러운 순간은 무엇이든지 다른 것과 접합되거나 연결될 수 있다는 포스트-마르크시즘 문화 연구의 주장[20]이 타당함을 증명해준다. 여기서는 팔루스를 취하는 여성의 퀴어적 실천은 남성적이고 이성애 규범적 민족주의를 증진시키는 데 한몫할 뿐이다. "젠더 평등을 향한 주요 단계로써 크게 간과되었던 것은 여성의 남성성을 계발하는 것"[21]이라는 할버스탬의 주장에 나는 동의하는 반면, 나는 젠더 범주가 국가적 상상체가 될 때 우리는 그 범주들이 어떻게 배치되는가에 관심을 가질 필요가 있다고 생각한다. 어떤 맥락에서는 퀴어 입장이었던 것이 다른 맥락에서는 신식민주의적 지배적 지위가 될 수도 있다. 왜냐하면 남성성을 군사주의와 분리하는 것이 여전히 어렵기 때문이다. 자스비어 푸아Jasbir Puar는 이성애 규범이 "늘 그랬듯이 공격적인 군사주의, 남권주의자, 인종/계급 특유의 국가주의를 증진하는 데 필수적"[22]이라고 말한다. 그러나 9/11 이후, 푸아는 『테러리스트 배치체: 퀴어 시대의 동성애 국가주의』에서 "동성애 국가주의"가 "국가적 이성애 규범주의"와 한패가 되어 "미국의 국가주의와 테러와의 전쟁에 특이한 제국주의적 확장 프로젝트를 확대시킨다"[23]고 주장한다. 아부 그레이브의 사진들이 퀴어인지 아니면 성적인지, 이는 복

---

**19** Ibid., 159.

**20** Ernesto Laclau and Chantal Mouffe, *Hegemony and Socialist Strategy* (London: Verso, 1985) 와 스튜어트 홀(Stuart Hall)이 쓴 다수의 글을 참조 바람.

**21** Judith Halberstam, *Female Masculinity* (Durham, N.C.: Duke University Press, 1988), 272.

**22** Jasbir Puar, *Terrorist Assemblages: Homonationalism in Queer Times* (Durham, N.C.: Duke University Press, 2007), 40.

**23** Ibid., 2.

잡한 질문이다. 왜냐하면 특히 사진이 널리 유포되었을 때 미국의 "순진한" 뉴스 시청자들은 고문 장면을 포르노로 소비하거나("충격"의 외관 뒤에서 즐긴다고?) 포르노를 고문으로 소비했다. 관습적으로 과학이 아니라면 섹스는 관객을 연루시킨다. 하지만 완벽하고, 방해 없는, 순수한 장면이라는 환상이 신식민주의적이면서도 전 지구적 과학 영역 안에서 군림한다.

## 기후 변화에 대한 메타-과학과 "관점 없는 관점"View from Nowhere

패권적 남성성의 또 다른 형태가 기후 변화에 대한 과학적 재현 안에 숨어 있는데, 이는 눈에 보이지 않고, 표식도 없는, 원칙상 관점 없는 관점이다. 기후 변화는 거대하고 복잡한 과학 현상으로써 무수한 수학적 계산을 요구하고, 추상적이면서도 구체적인 개념화가 필요하다. 전 지구적 기후 변화에 대한 과학적 재현은 주체를 객체로부터 분리하고, 앎의 주체를 대상으로부터 분리하는 과학적 객관성이라는 전통적인 모델을 따르고, 도나 헤러웨이가 비판했던 "어디에나 균등하게 존재하면서도 어디에도 없는 곳"[24]으로부터의 관점을 취한다. 페미니스트 인식론과 대중 유행병학이 출현하면서 독성에 반대하는 전 지구적 캠페인, 환경 정의 운동, 녹색 소비주의, 에이즈 운동, 페미니즘 보건 운동 안에서 시민이 스스로 과학 전문가가 되는 와중에, 전 지구적 기후 변화에 대한 미국의 공식 재현에서는 전문가의 관점을 제시한다. [전문가가 제시하는] 과잉 분리적 인식론 입장은 지구 환경이 처한 위기를 일축하거나 부정한다.

「미국환경보호청」EPA 웹사이트는 조지 W. 부시 행정부의 감독 하에서[25]

24 Donna J. Haraway, "Situated Knowledges: The Science Question in Feminism and the Privilege of Partial Perspective," in *Simians, Cyborgs and Women: The Reinvention of Nature* (New York: Routledge, 1991), 191.

25 이 절과 다음 절에서는 조지 부시 행정부 2001-2009년의 시간에 초점을 맞춘다. 왜냐하면 이 글은 원래 2009년 덴마크 코펜하겐 대학에서 3월 13일부터 14일 양일에 걸쳐 개최되었던 「젠더 연구를 위한 공조」의 후원을 받은 「젠더화하는 기후와 지속 가능성 컨퍼런스」를 위한 주제 연설로 원래 작성되었기 때문이다. 「미국환경보호청」은 버락 오바마 대통

취약함, 위험, 위협, 위기, 훼손과 같은 단어를 회피하고, 대신 온건하고 무해한 단어인 "효과"effects를 선호한다. 그래서 「환경보호청」은 온도 상승이 어떻게 "환경에 영향을 주는지" 대수롭지 않게 언급한다. 이런 효과는 좋을 수도 있고 나쁠 수도 있다. "기후 변화 효과, 그리고 이 효과가 유해할지 유익할지는 시간이 지나면서 지역마다 다르고, 변화에 적응하거나 대응하는 다른 사회적 환경적 시스템의 능력에 따라 다를 것이다."[26] 이와 대조적으로 「세계보건기구」WHO는 "기후 변화와 인류 보건"에 대한 논의를 다음과 같이 시작한다. "기후 변화는 공공보건에 심각한 위협으로 떠오르고 있다. 이는 취약층 보호를 바라보는 방식을 변화시킨다."[27] 하지만 「환경보호청」EPA은 「생태 시스템과 생물 다양성」이라는 분과 내부에서조차 기후 변화가 나쁜지 좋은지 입장 취하기를 회피한다. "이런 변화는 종에게 적대적이거나 유익한 효과를 야기할 수 있다. 예를 들어 기후 변화는 특정 식물종과 곤충종의 범위를 증가시킴으로써 혜택이 될 수도 있다. 그러나 기후 변화가 생태 시스템과 인간에게 끼치는 충격은 특정 종이 침략적인지(이를테면 잡초나 모기처럼), 혹은 인간에게 가치가 있는지(예를 들어 농산물이나 수분 곤충처럼)에 따라 긍정적일 수도 부정적일 수도 있다"[28]고 말한다. 중립적이고 거리를 두는 이러한 태도는 불확실성을 우리가 조심해야 할 뭔가가 아니라, 모든 책임, 모든 가치, 모든 위험이 마술처럼 사라져버리는 하나의 존재론적 상태로 만들어버린다. 이 진술에서의 불확실성은 예방적으로 필요한 조치보다 무관심을 조장할 뿐이다. 이는 로버트 프록터Robert Proctor의 단어로 "무지의 사회적 구

---

령 재임 시 많은 변화를 이뤄냈고, 그 이후 국제적으로 정부와 비정부기구 차원에서 많은 변화를 일궈냈지만, 이 장에서 더 폭넓은 비판은 쉽게 사라지지 않는 뿌리깊은 입장과 인식론에 접근할 때 유용할 것이다.

**26** U.S. EPA website, "Health and Environmental Effects," 2009, in "Climate Change," http://www.epa.gov/climate-change/effects/index.html.

**27** World Health Organization, "Climate Change and Human Health," 2009, http://www.who.int/hac/techguidance/preparedness/areas_of_work/en/.

**28** U.S. EPA, "Ecosystems and Biodiversity," 2009, in "Climate Change," http://www.epa.gov/climatechange/effects/eco.html.

성체", 즉 오랫동안 담배와 화학 회사들이 비난을 면제받도록 해주었던 그런 종류의 무지를 예증해준다. "논쟁은 조작될 수 있다. 무지와 불확실성은 조작되고, 유지되고, 유포될 수 있다."[29]

만연한 불확실성이 온건하고 자유롭게 부유하는 까닭에 전 지구적 기후 변화의 위협과 이런 위협에 대한 미국의 책임이 마법처럼 사라져 버리는 동안, 다른 열띤 목소리가 신기술에 대한 "사실들"을 예고한다. 「사실의 장: 지구 감시 시스템이 지구가 어떻게 작동하는가에 대한 이해에 혁명을 일으킬 것이다」라는 제목 하에 「환경보호청」은 『전 지구적 지구 관측 시스템들의 시스템』GEOSS, 완전한 지식을 전달할 "시스템들의 시스템"에 대한 신념을 전파하고 있다.

> 그러나 세계의 바다에는 수천 개의 데이터 부표가 부유하며, 땅에도 수천 개의 환경 사업소가 있고, 지구 둘레에는 50개가 넘는 환경 위성이 수백만 개의 데이터를 제공하면서 궤도를 돌고 있지만, 대부분의 이런 기술은 서로 대화하지 않는다. 각각의 기술들 모두를 연결하여 하나의 종합적인 '시스템들의 시스템'이 될 때까지 언제나 맹점과 과학적 불확실성이 있을 것이다. 의사가 하나의 측정만을 통해 건강을 진단할 수 없는 것처럼 과학자들도 지구의 맥박을 지구 전체에서 재지 않는다면 지구 행성에 무슨 일이 일어나고 있는지 제대로 알 수 없다.
>
> 과학적인 점들을 연결하여 '시스템들의 시스템'을 만드는 것이 도전이다. 그래야만 과학이 건전한 정책을 세울 수 있다.[30]

이러한 문서는 과학적 불확실성을 과학적 처리나 인간과 환경의 행위와 과정이 상호 연결된 행위주체들 고유의 무엇이기보다, 신기술이 해결할 수 있는 일시적인 장애로 제시한다. "지구의 맥박을 재는" 의사 비유는 지구를 익

---

**29** Robert Proctor, *Cancer Wars: How Politics Shapes What We Know and Don't Know about Cancer* (New York: Basic, 1996), 8.

**30** U.S. EPA website, "Global Earth Observation System of Systems," 2009, http://www.epa.gov/geoss/fact_sheets/earthobservation.html.

숙한 것—환자—의 규모로 축소하고, 정당한 권한을 지닌 탐색의 대상으로 만들어버린다. 거의 마술처럼 과학은 서로 얽혀있는 물질 시스템, 물질, 행위 주체를 진단 데이터—맥박—의 명확한 조각 하나로 축소해버린다. 흥미롭게도 이 웹페이지는 지구 혹은 "시스템들의 시스템"이라는 시각적 이미지는 제공하지 않고, 의사-환자 시나리오를 상상하거나 모든 것을 포괄하는 하나의 포괄적 관점에 의해 미지의 데이터가 결국 통제되고 있다는 막연한 느낌을 갖게 만든다. 대조적으로, 물리학자이며 과학사가인 스펜서 R. 비어트Spencer R. Weart는 "기후 연구가 지닌 복잡한 성격은 자연 그 자체를 반영한다. 지구의 기후 시스템은 매우 복잡해서 물리학의 법칙을 이해하는 것처럼 완전하게 이해될 수 없을 것이다"[31]라고 주장한다. 「환경보호청」 웹사이트는 '시스템들의 시스템'이 지닌 "아홉 개의 사회적 혜택"을 나열하는데, 이 중에는 이 시스템이 "기후의 가변성과 변화를 이해하고, 측정하고, 예측하고, 완화하고, 적응하는 데"[32] 도움이 될 거라고 말한다. 지구의 기후 변화를 이해하고, 측정하고, 예측하는 능력은 탄소 배출을 삼소하는 복표를 대체해버린다. 이 웹사이트 다른 곳에서는 이 '시스템들의 시스템'이 지닌 중요성이 과장되어 있다. 예를 들어, "실질적인 사회경제적 효과들" 중의 하나는 "공기의 질을 더욱 효과적으로 모니터링하면 실시간 정보뿐만 아니라 며칠 일찍 정확하게 예보할 수 있고, 우리가 교통과 에너지를 적절하게 사용함으로써 질 나쁜 공기의 효과를 감소할 수 있다"[33]는 것이다. 사람들이 대안 교통 시스템을 가지고 있거나 정부가 기업에 더욱 강력한 탄소 배출 감소를 강제한다면 효과가 있을지도 모른다. 하지만 현 상태로는 공기의 질에 대해 "오렌지색 수준" "빨간색 수준" 혹은 심지어 전혀 고려할 가치가 없는 "보라색 수준"을 우리에게 알려줄 때, 시민들은 이런 엄격하고 공식적인 발표에 그저 당황하기만 한다. '시스템

**31** Spencer R. Weart, *The Discovery of Global Warming* (Cambridge, Mass.: Harvard University Press, 2008), ix.
**32** U.S. EPA, "Global Earth Observation System of Systems."
**33** Ibid.

들의 시스템'이 공기 질에 대해 보다 정확하게 고도의 기술적 방식으로 발표를 한다 해도 이 발표가 시민들에게 더 맑은 공기를 제공하거나 환경적으로 덜 유해한 교통이나 에너지를 사용할 수 있는 더 많은 선택지를 제공하지는 않는다. 물질적 변화를 만드는 대신 현실을 정보화하는 능력을 보유하는 것이 기저에 깔린 바람일 뿐이다. 그렇다면「환경보호청」의 기후 변화 웹사이트에 지구의 이미지가 없다는 것은 실수가 아닐 것이다.『코스모 돌고래: 기술, 동물, 성스러움에 대한 페미니스트 문화 연구』에서 니나 리케Nina Lykke와 메테 브릴드Mette Bryld는 나사의 유명한 사진「푸른 구슬」에서 "자연은 물질적인 소비 대상으로부터 숭배, 경이, 미학적-영적 소비의 가상-현실적 대상으로 재해석되고 변환되는 중이다"[34]라고 주장한다.「환경보호청」사이트가 제공하는 웹페이지는 지구를 숭배와 경이로움의 대상으로 호소하는 것을 회피한다. 대신에 과학은 우리에게 완전히 탈신체화되고, 초월적이고, 완전한 지식—시스템들의 시스템—을 제공하겠다고 약속하면서 추앙받고 신비화된다. 아마도 이 웹페이지에 있는 어떤 시각적 이미지도 일종의 우상 숭배—고상한 망상을 현실로 만들려는 일종의 "우상"graven image—일 것이다.

흥미롭게도「지구 관측 그룹」GEO은 2002년 G8에 의해 창설되었는데 이들은 지구의 이미지를 보여준다. 그러나 이 지구 이미지에서는 바다는 녹색으로, 땅은 흰색으로 표현되고, 게임 조각game piece처럼 커다란 아이콘이 지구를 돌고 있다.[35] 지구에 근접하고 있는 아이콘에는 "사회적 혜택을 위한 정보"라고 표시되어 있는데 이 아이콘은 지구를 왜소하게 만든다. 물질성, 실체, 지역적 다양성, 지리적 다양성, 대기와 기후 패턴 등 지구 자체의 모든 물질은 이러한 이미지 안에서 모두 지워져버리고 만다. 그저 정보를 위한 빈 서

34 Mette Bryld and Nina Lykke, *Cosmodolphins: Feminist Cultural Studies of Technology, Animals and the Sacred* (London: Zed, 2000), 6.

35 Group on Earth Observations, "What Is GEOSS: The Global Earth Observation System of Systems," 2009, http://www.earthobservations.org/geoss.html.

판이 되어버린다. (여기서 정보란 "사회"에 혜택이 되지만 반드시 생태학, 서식지, 비인간 존재에게 도움이 되지는 않는 정보라는 점에 주의할 필요가 있다.) 지구 표면을 텅 빔 [흰색]으로 표현한 것은 『전 지구적 지구 관측 시스템들의 시스템』GEOSS이 지구를 존재하도록 만들거나 과학자들이 창조 행위를 수행하도록 우리가 기다리는 것처럼 보이게 만든다. 여기서 만화 같은 게임 조각과 기술적 장치들이 초점이지 지구가 초점은 아니다. 지구는 실제 장소로부터 유리된 데이터로 변형된다. 이것은 부르노 라투르Bruno Latour의 "순환하는 참조"[36]circulating reference와 상응하는 이미지가 아니다. 물질적 본질과 행위능력은 변화되거나 순환되지 않고 단순히 대체되거나 덧씌워지게 된다. 과연 어떤 과학 시스템이, 심지어 "시스템들의 시스템"이 "사회적 혜택을 위한 정보"를 전달할 수 있을지 묻지 않을 수 없다. 어떤 사회를 위하고, 누구를 위한 혜택이란 말인가? 사회의 어떤 사람들이 혜택을 보고, 어떻게 혜택을 보며, 누가 무시되거나 손해를 입게 될까? 이런 신의 관점, 이런 의기양양하고 정제된 중립성은, 사회적이고 정치적인 논쟁, 경세적 불평등, 그리고 서로 얽키고 설킨 세계의 창발적 물질 과정을 지워버린다. 신의 관점은 과학이 문화적, 경제적, 정치적 시스템 너머에 있을 뿐만 아니라 지구의 과정 너머에 부유한다고 상상한다. 이 "시스템들의 시스템"의 수사학은 "과학의 통일성"이라는 이상에 대한 한 예를 제시하는데, 샌드라 하딩Sandra Harding은 바로 이 이상이 근대 과학의 정치적 무의식 안에 숨어있다고 주장한다. "자연에 대해 하나의 진리를 발견할 수 있는 하나의 과학만이 존재한다는 근대 과학의 주장은 오로지 하나의 독특한 보편적인 인간 계층—어떤 독특한 인간 그룹—이 존재하고, 그들에게만 세상에 대한 진리가 명확해질 수 있다고 가정한다. 그러나 페미니스트와 포스트식민주의 사상가들이 지적하듯이, 이는 대다수

---

36 Bruno Latour, *Pandora's Hope: Essays on the Reality of Science Studies* (Cambridge, Mass.: Harvard University Press, 1999).

세상 사람들이 인정할 만한 가정은 아니다."[37]

## 여성의 취약성, 자연을 지배하기

과잉 남성적 소비주의가 초월적인 과학 관점과 거리가 멀어 보여도, 실은 둘 다 노출의 감수성—물질세계 안에 우리가 침윤되어 있음을 인정하는 일종의 취약성—으로부터 유리되어 있다. 더욱이 몇몇 기후 변화 담론이 제시하는 전 지구적 비전에서는 보편적(남성적) 과학 지식을 빈곤한 여성의 현저한 취약성과 대립시켜 이원화하는 경향이 있는데 이는 문제다. 사실상 "취약성"은 기후 변화의 위기를 측정하는 핵심적인 단어가 되었다. "취약성"을 통해 위기를 측정함으로써 다양한 집단과 지역이 처한 위험의 차이들을 연구자들이 찾아낼 수 있도록 한다.[38] 학자들과 국제 여성 기구들이 기후 변화에 여성들이 더욱 취약하다고 주장하지만, 여성의 취약함에 대한 강조는 다음과 같이 불리한 결과를 야기할 수 있다. (1) 여성의 신체적 취약성을 과학적(혹은 남성적) 불투과성과 대립적 입장에 놓는 젠더화된 존재론이 결과로 나타날 수 있다. (2) 자연을 단순히 자원으로 보는 모델을 부추길 수 있다. (3) 젠더와 성적 다양성을 훼손하는 방식으로 젠더 이원론을 강화하거나 심지어 본질화할 수 있다. 전 지구적 기후 변화가 젠더화된 취약성을 더욱 악화시키는 것이 사실이고 이를 고려하는 것이 중요하긴 하지만, 페미니스트, 퀴어, 트랜스젠더를 긍정하는 정치학이라면 경직된 젠더 차이와 이성애 규범성을 재설치하는 것은 피해야 한다. 더욱이 생태 시스템과 비인간 존재들이 인간의 사용을 위한 "자원"이 아니라 스스로 가치를 지닌 존재로써 중요하다는 사실을 강조

37 Sandra Harding, *Science and Social Inequality: Feminist and Postcolonial Issues* (Urbana: University of Illinois Press, 2006), 141.

38 이 장을 쓴 이후에 나온 어떤 글에서, 시마 오로라-존슨Seema Arora-Jonsson은 여성은 기후 변화에 더욱 취약하고, 환경적으로 더욱 고결하다는 가정에 대해 매우 강력하고 상세하게 비판한다. "Virtue and Vulnerability: Discourses on Women and Climate Change," *Global Environmental Change* 21, no. 2 (2011): 744-51 참조.

한다는 의미에서 기후 변화 옹호론이 환경론적 방향을 취해야 한다는 것은 상식이다. 여섯 번째 대멸종의 시대에 환경단체들이 다종적 관점을 지니지 않거나 생물 다양성에 대한 위협을 줄이는 행위를 하지 않은 것은 비난받을 만한 일이다.

일부 페미니즘 단체들은 "취약함"이란 용어의 힘과 위험성을 모두 인식하면서 여성을 희생자로 제기하지 않는 맥락에서 조심스럽게 사용한다. 「여성환경발전기구」WEDO는 기후 변화, 기업의 책임, 거버넌스에 초점을 맞추면서 "기후 변화의 중대한 측면"인 젠더가 "대체로 주변부에 머무르고 있다"고 비판한다. 그래서 이 단체는 "여성이 세계에서 가난한 대다수를 차지하는 젠더로서 기후 변화의 충격에 가장 취약한 사람들에 속한다. 또한 여성은 기후 변화를 해결하는 데 중요한 역할을 수행할 수 있다. 「여성환경발전기구」는 기후 변화를 위한 정책 결정과 행동의 여러 수준과 차원에서 여성의 존재성을 확보하기 위해서 젠더와 기후 변화를 다각도로 접근한다"[39]고 주장한다. 「여성환경발전기구」와 같은 페미니스트 단체는 여성의 취약성을 페미니스트적 행위능력, 여성의 풍부한 경험과 생존 전략으로 조심스럽게 보완하고 있으며, 의사 결정과 리더십에서 여성이 더욱 동등하게 참여하기를 요청하고 있다. 예를 들어 「제52차 여성지위유엔위원회」는 "기후 변화는 젠더 중립적 현상이 아니다"[40]는 사실에 주의를 환기했다. 「유엔 위원회」는 "기후 변화가 가난한 사람들에게 불균형적으로 더 많은 악영향을 끼치고 있으며 여성이 세계 가난한 사람들의 대다수를 형성하고 있다는 사실을 감안하면, 여성들은 기후 변화에 가장 취약한 사람들에 속한다"[41]고 설명한다. 「유엔 위원

---

**39** Women's Environment and Development Organization, "Climate Change," 2004, http://www.wedo.org/category/learn/campaigns/climatechange.

**40** Fifty-second Session on the Commission of the Status of Women, *Gender Perspectives on Climate Change: Issues Paper* (New York: United Nations, 2008), http://www.un.org/womenwatchdaw/csw/csw52/issuespapers/Gender%2and%climate%20change%20paper%20final.pdf.

**41** Ibid.

회」의 보고서는 "여성이 홍수, 화재, 산사태와 같은 자연 재해에 특히 취약하다"는 점에 주목한다. 왜냐하면 많은 어린 여성들은 자라면서 수영이나 나무에 오르는 법을 배우지 못하기 때문이다. 『여성의 남성성』에서 할버스탬은 "여성의 이성애와 종종 연결되는 너무나 전통적인 여성성은 종종 당신의 건강에 나쁠 수 있다"고 말한다. 할버스탬은 여성성과 연결된 "수동성과 무기력"이 "거식증에서 시작하여 하이힐 구두에 이르기까지 건강하지 못한 몸을 조작한다"[42]고 주장한다. 반면에 여성의 남성성을 옹호하는 주장은 기후 변화 재앙의 시나리오의 한복판에서 훨씬 더 많은 힘을 발휘한다.

이뿐만 아니라 「여성환경발전기구」에 따르면 기후 변화는 여성이 가족을 위해 음식, 물, 연료를 제공하는 능력과 더불어 살림살이에 영향력을 발휘한다. 번호가 매겨 있는 단락 중 앞 다섯 개의 단락은 여성의 취약함을 강조하지만, 여덟 번째 단락은 여성의 행위능력을 강조한다.

> 여성은 기후 변화의 단순한 희생자가 아니다. 여성은 변화를 주도할 수 있는 강력한 행위주체다. 여성은 특히 풀뿌리 수준에서 자연 재앙 관리뿐만 아니라 환경 변화와 싸울 수 있는 전략을 선도하는 데 독특한 지식과 전문성을 발휘해왔다… 여성은 공동체를 되살리고 자연 자원을 관리하는 데 중요한 리더 역할을 한다. 그러나 전체적으로 여성은 기후 변화를 포함하여 지속가능한 발전에 대한 의사 결정에서 과소 대표되는 경향이 있고, 이는 여성이 이 문제와 관련한 독특하고 가치 있는 관점과 전문성을 가지고 기여할 수 있는 능력을 방해한다. [43]

번호가 매겨 있는 단락 중 다음 열 개 단락은—상당한 분량의 문서—기후 변화 정책을 통해 젠더를 보다 잘 인식할 수 있도록 만들고, 보다 포괄적이고,

---

**42** Halberstam, *Female Masculinity*, 268.

**43** 「제52차 여성지위위원회」의 『기후 변화에서 젠더 관점』. 남반구에서 젠더와 기후 변화에 대한 다른 작업들은 여성의 취약성을 여성의 지식과 대비해서 제시한다. 트리쉬 글래이저브룩Trish Glazerbrokk은 가나 여성을 분석하면서, "개발 도상국 여성들은 특히 기후 변화의 충격에 즉각적으로 영향을 받는다. 그러나 그들의 목소리를 사람들이 듣기만 한다면 그 여성들은 변화에 적응할 수 있는 노력에 기여할 지식을 가지고 있다"고 결론 맺는다. See Glazerbrook, "Women and Climate Change: A Case Study from Northeast Ghana," *Hypatia* 26, no. 4 (2011): 777- 78.

보다 평등하게 만들 수 있는 전략을 펼치고 있다. 이는 종합적인 페미니스트 문서로써 기후 변화와 관련하여 여성의 취약성과 여성의 행위주체성, 여성의 기술과 참여 권리에 대해 강력하고도 균형있는 진술을 제시한다.

그러나 이 특정 문서는 페미니스트 입장을 견지하면서도 환경론과는 거리가 있다. 여기에서 "자연"은 순전히 가정용 자원으로만 재현된다. "자연 자원 관리"에서 여성의 고유한 역할이 언급되지만, 많은 비서구권 문화가 가치 있게 여기는 자연과의 존중적 관계, 우주론, 친족 관계와 같은 서로 다른 종간의 살아있는 관계망은 없다. 살아있는 존재들과 생태 시스템을 무기력한 자원으로 표현하는 것은 착취하는 식민주의 시스템과 똑같을 뿐만 아니라 그 시스템을 가능하게 만들기도 한다. 자연을 단순히 활용을 위한 "자원"으로 여기는 태도는 특정 문화, 즉 기후 변화 때문에 더욱 위기에 처해있는 토착민들에게 특히 유해하다.[44] 이 문서가 "여성"을—다른 예들에도 불구하고—단일한 범주로 구성할 때, 문화적 차이와 생물학적 다양성을 희생시킨다. 예를 들어 이 보고서는 이렇게 진술한다. "현재 지구 온난화가 지속된다면, 어류 자원이 심각하게 부족해질 것이고, 산호초의 파괴는 주요 해양 생태 시스템을 상실하게 되는 결과를 초래하게 될 것이다. 해양 생태 시스템은 그 지역 여성 생계의 주요 자원인 해양 자원을 지원하는 데 중심 역할을 한다."[45] 여기에는 해양 생태 시스템이나 동물이 스스로 소중하다는 이해는 전혀 없다. 대신에 그것들은 오로지 여성의 생계를 지원하는 측면에서만 언급된다.

뤼스 이리가레가 설명했던 대로 "여성"은 남성적 지배 주체성이 잘 다져놓은 길을 따라 정치적 행위능력에 대한 권리를 주장하는 것처럼 보인다. 그래

44 예를 들어 카일 파워스 와이트Kyle Powys Whyte는 아니쉬나베Anishinaabe (오대호 연안의 원주민, 역주) 여성들과 물이 서로에게 어떻게 책임을 지고 있는가를 얘기한다. 물은 그냥 사용할 수 있는 물체가 아니다. 문화적 정치적 관계에 통합된 부분이다. 그는 이렇게 말한다. "물을 파괴하는 기후 변화 충격은 아니쉬나베 여성들의 정체성과 공동체에 대한 여성들 기여의 핵심적인 차원에 영향을 끼칠 것이다. 그리고 여성이 물에 대한 책임을 수행하는 것을 어렵게 하고, 쓸데없는 시간을 많이 소모하게 만든다." Whyte, "Indigenous Women, Climate Change Impacts, and Collective Action," *Hypatia* 29, no. 3 (2014): 606 참조.

45 Fifty-second Session on the Commission of the Status of Women, *Gender Perspectives on Climate Change*.

서 자연은 여성의 행위능력과 주체성이 출현하는 배경으로만 기여한다. "여성"과 "자연"을 동일시하는 서구적 사유는 여성들에게 상당히 유해했기 때문에, 환경론자 페미니스트는 초월적 "자연"이 아니라 행위능력을 지닌 자연 개념을 만들어낼 수 있어야 한다. 지구의 기후 변화로 인하여 2050년까지 세계의 수백만 개의 종이 멸종한다는 널리 인정받는 예측을 고려할 때, 자연(식물, 동물, 서식지, 생태 시스템으로 상호 연결되어 역동적이며 창발적인 세계)은 기후 변화 정책과 정치학의—배경이 아니라—전경에 있어야 한다. 크리스틴 바우하르트Christine Bauhardt는 지구 환경 정치학에서 지배적인 "자원 관리적 접근"을 비판하면서 "자원 정치학적 접근"을 옹호한다. "자원 정치학적 접근법"은 "여성의 노동을 유사-자연 자원으로 착취하는 것을 비판하고, 페미니스트 경제학과 퀴어 생태학을 분석적이면서도 실천적으로 결합하는 정치 전략"[46]이다. 니나 리케는 "인간/지구의 타자들"이라는 축을 포함하는 상호교차적 페미니스트 분석을 옹호하면서, "우리 모두(비인간 타자들을 포함하여)는 항상 내적으로 작용하는 다수의 권력 축들 안에 항상 포획되어 있다. 이 축들은 서로를 강화하지만, 또 권력과 이득에 관한 한 서로 다른 방향으로 끌어 당기기도 한다"[47]고 말한다.

## 주류 젠더 이분법과 이성애 규범성

힐다 뢰마 카이스튼슨Hilda Rømer Christensen, 미캘라 비트 브레인고Michala Hvidt Breengaard, 헬렌 올드럽Helene Oldrup은 코펜하겐에서 열린 "젠더와 기후 변화 학술대회"에서 발표된 논문들에 대한 서문(이후 이 서문은 『여성, 젠더,

46 Christine Bauhardt, "Rethinking Gender and Nature from a Material(ist) Perspective: Feminist Economics, Queer Ecologies, and Resource Politics," *European Journal of Women's Studies* 20, no. 4 (2013): 370.

47 Nina Lykke, "Non-innocent Intersections of Feminism and Environmentalism," *Women, Gender and Research* (*Kvinder, Kon og Forskning*, Denmark) 2-3 (2009): 36-43.

연구』로 출판되었고, 책은 2009년에 열린 국제 기후 변화 정상회의인 「제15차 COP」Conference of the Parties에서 배포됨)에서 기후 변화 정책을 위한 젠더 주류화의 중요성에 대해 설명한다. "젠더 주류화는 젠더 평등을 목표로 하는 전 지구적이면서 유연한 전략이다. 이는 제도 문화와 조직들이 프로그램과 분석을 행할 때 젠더적 관점을 지속적으로 주입하는 과정으로 이해될 수 있다."[48] 유엔 여성 발전국의 국장인 캐롤린 해넌Carolyn Hannan은 「제52차 여성지위유엔위원회」가 『기후변화에 대한 젠더 관점: 쟁점 논문』에서 제시한 맥락과 권고 사항을 묘사하면서 "기후 변화를 완화하고 조정하는 전략, 예산 배치, 기술 발전, 역량 강화를 비롯하여 지속 가능 발전에 대한 모든 국가 정책과 프로그램들에 젠더 관점을 통합해야한다"[49]고 주장한다.

젠더 주류화는 환경 정책을 위한 중요한 목표지만 젠더 다양성과 성적 다양성은 "여성"이라는 범주에 한정될 필요가 없다. 상호교차적 분석과 정책 권고 사항들은 여전히 모호하다. 예를 들어 어떤 페미니스트들은 거버넌스 조직들의 정책이 젠더에 무시하나고 비판하면서도 성적 지향은 무시해버린다. 위원회의 『쟁점 논문』은 "기후 변화의 모든 측면에 중요한 젠더 관점이 있어야 한다"고 주장하면서도 성적 지향의 문제를 언급하는 데는 실패한다.[50] 「전 지구적 젠더와 기후 연합」은 더 많은 종류의 우려를 나열하면서 지구 기후 변화의 "충격"은 "다른 지역, 세대, 연령대, 소득층, 직업, 남녀 사이에서 다르게 분배될 것이고, 특히 개발 도상국에 있는 가난한 남성과 여성은 균형에 맞지 않는 비율로 영향을 받게 됨"[51]을 인정한다. 그러나 성적 지향이나 젠더 정체성으로 인하여 주변화되거나, 모욕 당하거나, 추방 당하거나, 범죄인 취

48 Hilda Rømer Christensen, Michala Hvidt Breengaard, and Helene Oldrup, "Gendering Climate Change," *Women, Gender and Research* (*Kvinder, Kon og Forskning*, Denmark) 2-3 (2009): 7.

49 Carolyn Hannan, "Gender Mainstreaming Climate Change," *Women, Gender and Research* (*Kvinder, Kon og Forskning*, Denmark) 2-3 (2009): 48.

50 Fifty-second Session on the Commission of the Status of Women, *Gender Perspectives on Climate Change*.

51 Global Gender and Climate Change Alliance, "Launch of the Global Gender and Climate Change Alliance," 2009, http://www.wedo.org/wp-content/uploads/global-gender-and-climate-alliance.pdf.

급 당하는 사람들이 국가적 재앙이 일어났을 때 더욱 위험에 처하게 될 것은 분명하다. 그들은 재앙을 "야기한" 사람으로 심지어 비난 당하거나 처벌 당할 수도 있다. 미국에서 기독교 극단주의자들이 모든 종류의 재앙에 대해 동성애자를 비난하는 것은 너무나 흔한 일이다. 그들은 동성애가 신의 분노를 야기한다고 책망한다. 불행하게도 젠더를 강조하는 자체는 이성애 규범적 젠더 역할을 보편적인 것으로 만들면서 LGBTQ의 존재를 지워버릴 수 있다. 예를 들어, 유엔 문서인 「젠더를 기후 변화 체제로 주류화하기」는 이렇게 시작한다. "유엔은 모든 유엔 정책과 프로그램 안에서 젠더를 주류화하는 공식적 사명에 헌신한다. 모든 사회에서, 전 세계 곳곳에서, 젠더 평등은 아직 실현되지 않았다. 남성과 여성은 다른 역할, 책임, 의사 결정 권력을 가지고 있다."[52] 여기서 이 틀은 "남성"과 "여성"을 명확하고 보편적인 범주로 만들어버린다. 남자와 여자는 "서로 다른 역할, 책임, 의사 결정 권력을 가지고 있다"는 말은 객관적으로 들리지만 사실상 이 선언은 경직되고 고정된 범주 안에서 맞지 않는 사람들을 위한 공간을 애당초 차단해버릴 뿐만 아니라 사회적 투쟁과 논쟁을 지워버리면서 젠더 이분법을 굳히게 된다. 할버스탬이 말하듯이, "놀랍도록 정밀한 범주를 만드는 인간의 잠재력은 다수의 영역에서 발휘되었다. 그렇다면 왜 우리는 젠더에 관한 한 빈곤한 범주에 머물러 있는 것일까? … 중요한 점은 젠더의 다양성을 탈병리화할 수 있는 많은 방식이 있고, 우리가 이미 생산하고 유지하는 다양한 젠더를 설명할 수 있는 많은 방식이 있다는 것이다."[53]

기후 변화로 인하여 갑작스럽게 날씨 재앙이 발생하고, 이미 유형화된 이주가 혼돈에 빠지고, 극지방의 얼음이 녹고, 다른 극적이고 미묘한 변화가 야기될 때 우리는 안정된 이성애 규범적 젠더 이분법 안에 모종의 존재론적 피

52 United Nations, "Mainstreaming Gender into the Climate Change Regime," December 14, 2004, COP 10, Buenos Aries, http://www.genanet.de/fileadmin/downloads/.

53 Halberstam, *Female Masculinity*, 27.

난처를 찾고 있을 수는 없다. 지구 행성이 놀랄 만큼 퀴어스러워지고 있기 때문에, 자연-문화적 과정의 기이한 행위능력은 "남성"과 "여성"이라는 신화적인 이성애 규범적 이원론처럼 익숙하고 외관상 안정된 것에 보수적으로 집착하게 만들지도 모른다. 차이에 의한 이원론에 의거하여 젠더 평등을 추구하는 것은 위험한 제안이다. 예를 들어 캐나다 문서인 「젠더 평등과 기후 변화」는 민족, 인종, 계층, 문화, 종교, 성적 혹은 젠더 지향과 같은 상호교차적 범주에 의해 조절되지 않은 채 보편적 젠더 차이를 주장하고 있다. "여성과 남성은 취약성에서 다른 경험을 하고 있고, 자연 재앙에 직면해서도 다르게 대처한다. 그러므로 자연 재앙의 규모와 빈도가 증가하면서 자연 재앙들은 남성과 여성에게 서로 다른 의미를 지닌다"[54]고 말한다. 기후 과학과 정책에서 젠더 주류화를 목표로 하는 페미니스트 기구들은 무심코 "여성"과 "남성"의 경직되고 본질화된 개념뿐만 아니라 젠더화된 이성애 규범성과 동성애 공포증을 주류화하고 있다. 다양하고, 다수의 (2장에서 브루스 베게밀의 용어로 다시 돌아가면) 풍성한 젠더와 섹슈얼리티의 세계에서 남녀 이원론은 급속한 변동 심지어 재앙 수준의 기후 변동에 대처하는 저항이 될 수 없다. 그 어디—가정, 가족, 남녀를 보완적 존재로 호소하는 곳—에도 안전한 피난처는 없다.

지구의 기후 변화에 대한 페미니스트적 대응은 짐짓 보편적 관점을 주장하는 듯한 주류 과학과 불투과성 공격적 소비주의라는 패권적 남성성에 도전해야 할 뿐만 아니라, 젠더 이분법과 이성애 규범성을 강화하는 성향에도 도전해야 한다. 나는 환경 단체, 페미니스트 단체, 퀴어 운동가, 녹색 소비자들, 기후와 기후 정의 시위자들과 보통의 시민들이 지속적으로 지식과 정치적 참여 형태를 창조하고 변화시키며, 끊임없이 창발하는 세계의 안—위가

54 Canadian International Development Agency, "Gender Equality and Climate Change," 2009, http://www.acdicida.gc.ca/INET/IMAGES.NSF.

아니라—에서 기후 변화와 싸우는 일상의 실천을 만들어내고 변화시키기를 희망한다. 어쩌면 젠더 이분법을 고착시키지 않는 대신에 생물학적 다양성, 문화적 다양성, 성적 다양성을 인정하고, 우리는 모두 횡단-신체적 상호 교환, 과정, 흐름 안에서 살고 있음을 인정하는 저항적 취약성과 노출의 정치학을 발전시키는 것이 가능할지도 모른다. 우리는 저항과 돌봄, 시위와 쾌락의 실천에 참여할 수 있다.

# 3부

# 인류세 바다의 낯선 행위능력

# 5장

## 인류의 해양 기원설, 플라스틱 액티비즘, 바다의 신물질론

핵실험. 데드존Dead Zone(전 세계 바다와 큰 호수의 저산소 지역, 역주). 기름 "유출". 산업적 어업, 남획, 트롤링trawling, 롱라인 어업, 상어 지느러미 절단, 고래잡이, 바이캐치bycatch(특정 종류의 어류만 포획하려다 잘못 잡힌 잡동사니 물고기, 역주), 바이킬bykill(어업에서 특정 종류의 어패류를 잡으려고 수행한 활동의 결과 본래 목적이 아닌 종이 섞여 잡히게 되는 일, 바이캐치와 비슷한 뜻으로 쓰임, 역주), 유령 어망. 심해 채광과 굴착. 크루즈의 오수, BP(영국 최대의 기업이며, 미국 엑슨모빌에 이어 세계 2위의 석유회사, 역주). 후쿠시마. 방사선, 플라스틱, 미세플라스틱 오염. 소음 공해. 기후 변화. 해양 산성화. 생태 시스템의 붕괴. 멸종. 해양 환경의 파괴는 고통스럽다. 나는 바다 생명이 드문 멕시코 만에서 일주일을 보내고 돌아왔다. 그런데 그 후 캘럼 로버츠Callum Roberts의 책 『바다의 자연스럽지 않은 역사』를 차마 읽을 수 없었다. 이 책은 한때 놀랄 만큼 풍부했던 바다 물고기와 포유류를 기술하고 있다. 로버츠는 우리가 한때 바다 생명이 풍부했음을 잊어버리는 "집단적 기억 상실"에 걸려있으며 "거대한 물고기 이야기와 생명으로 넘쳐나는 바다 이야기"를 억지로 무시해버리고 있는데 이는 결국 "우리가 바다의 황폐한 상태를 정상으로 받아들일"[1] 정도로 환경의 기준선을 낮게 설정하고 있음을 의미한다고 지적한다. 해양학자 실비아 얼Sylvia Earle은 "20세기 중반 이래로 수백만 톤의 쓰레기가 바다로 쏟아지면서 수백만 톤의 해양 생물이 사라졌다"[2]고 말한다. 셀 수 없이 많은 종들이 멸종될 정도로 남획되었고, 수많은 해양 서식지가 파괴되었다. 롭 스튜어트Rob Stewart의 영화 『샤크워터』Sharkwater는 삭스핀 스프를 위한 시장이 결과적으로 상어를 어떻게 학살했는지 보여준다. 상어 학살은 전 지구적으로 놀랄 만한 규모로 이루어져서 많은 상어종이 곧 멸종하게 될지도 모른다.[3] 14세기로 거슬러 올라가는 파괴적인 트롤링 행위는 심해 트롤링과 만나면서 멸종 위기를 야기하고, 아직 발견되지 않는 생물들을 괴롭히고, 심해 산호초를 대량 살육한다. 대량 살육당하는 산호초 중에는 수천 년 된 것들도 있다. 바다에서 수 마일에 이르는 롱라인 어업은 특정 어종을 포획하기 위해서 수백 혹은 수천 개의 미끼 달린 갈고리로 새, 포유류, 바다거북이, 물고기까지 잡아들이는데, 결국 대다수의 동물은 죽임을 당하거나 버려지면서 그 결과 광범위한 죽음과 파괴로 이어진다. 롱라인 어업이든, 트롤링이든, 거대한 어망이든지 간에, 산업적인 어업은 포획물 대부분을 "잡어"bycatch로 취급하여 파괴해버린다. 살아 있는 생물들이 생명을 잃은 쓰레기로 버려진다.[4] 조너선 새프런 포어Jonathan Safran Foer는 자신의 책 『동물을 먹는다는 것』에서 "스시 한 접시 대접받는 것"을 상상해보라고 도전한다. "이 접시는 당신이 먹는 스시 한 접시를 위해서 죽임을

---

1 Callum Roberts, *The Unnatural History of the Sea* (Washington, D.C.: Is+land Press 2007), xv

2 Sylvia Earle, *The World Is Blue: How Our Fate and the Oceans Are One* (Washington, D.C.: National Geographic Society, 2009), 12.

3 *Sharkwater*, dir. Rob Stewart (Sharkwater Productions and Diatribe Pictures, 2007).

4 해양 생태학에 대해 더 많은 것을 알려면 Earle의 책 *World Is Blue*를 참조.

당한 동물 모두를 담고 있다. 그 접시는 지름이 5피트는 되어야 할 것이다."[5] 그는 좀처럼 함께 놓이는 법이 없는 두 개의 장면을 병렬시켜 놓는다. 하나는 예술처럼 멋지게 접시에 담긴 불활성의 음식이고, 또 하나는 동물의 생명이 기업적 어업에 의해 일시에 사라져버리는 포획의 순간이다. 그러나 이 장면에는 또 하나의 동물이 있는데 바로 인간이다. 인간은 해양 생태계를 파괴하는 소비와 오염의 네트워크에 중추적 노드node다.

## 바다의 횡단-신체성?

나는 『몸적 자연: 과학, 환경, 물질적 자아』에서 횡단-신체성 개념을 논의했다. 이 개념은 인간의 몸, 동물의 몸, 그리고 더 넓은 물질 세계를 횡단하는 물질적 교환을 추적하고 있다.[6] 물질적 자아는 경제, 정치, 문화, 과학, 실체적인 것들이 동시에 작용하는 네트워크로부터 분리될 수 없기 때문에, 한때 경계로 구획된 것처럼 보였던 인간 주체가 소용돌이치는 불확실성의 풍경으로 휘말려 들게 된다. 그 곳에서는 과거엔 조금도 윤리적이거나 정치적인 문제가 아니었던 실천과 행위들이 갑자기 윤리적, 정치적 문제가 된다. 횡단-신체성이란 인간이 물질의 흐름과 더불어 환경의 행위능력에 영원히 상호 연결된 존재라는 신물질론적이고 포스트휴먼적 감각을 말한다. 활동가뿐만 아니라 환경, 환경 보건, 환경 정의, 기후 변화 운동을 날마다 실천하는 사람들은 지역, 환경, 동물의 몸, 인간의 몸을 횡단하는 물질적 행위능력의 흐름을 드러내고 재형성하려고 한다. 심지어 전 지구적 자본주의와 의료 산업 복합체는 개별 소비자들이 견고한 경계로 구획된 존재이며 생산품도 분리되고 무해한 존재라는 편리한 이데올로기를 거듭 주장하고 있다. 횡단-신체성은 인

5 Jonathan Safran Foer, *Eating Animals* (New York: Little, Brown, 2009), 50.

6 Stacy Alaimo, *Bodily Natures: Science, Environment, and the Material Self* (Bloomington: Indiana University Press, 2010).

간의 몸이 자신을 둘러싼 환경 안에 있음을 인식함으로써 시작되지만, 실질적인 교환을 추적하게 되면 주체의 울타리는 용해되어 인간이 투과적 존재임을 드러낸다. 횡단-신체성은 주디스 버틀러의 주체 개념, 즉 주체는 담론 시스템의 매트릭스 안에 잠겨있다는 개념에 빚지고 있다.[7] 그러나 횡단-신체성은 버틀러의 모델을 변형시켜 주체가 물질적 행위능력의 내적 활동 네트워크로부터 분리될 수 없다고(캐런 버라드) 주장하고, 그럼으로써 위험 사회(울리히 벡)의 인식론적 곤경을 무시할 수 없다고 주장한다.[8] 비판적 포스트휴머니즘으로써 횡단-신체성은 세상의 생명체, 물질, 힘 사이에 물질적 내부/상호 간intra/inter 연결을 주장함으로써 인간의 예외성을 부정한다. 그리고 모든 종들이 특정 장소와 얽혀있을 뿐만 아니라 아마도 추적해내기 힘든 더 큰 흐름 속에서 서로 얽혀있음을 인식한다. 횡단-신체성은—이론, 문학, 영화, 운동, 일상에서—생태물질론ecomaterialism[9]의 한 형태인데, 환경론을 단지 선택적이고 형식적인 기획으로만 여기는 초월적이고 불투과적인 판타지를 거부한다.

이번 장에서는 횡단-신체성이 바다로 어느 정도 확장될 수 있는지 살펴본다. 바다는 드넓고 강력해서 무엇을 버리든지 간에 사라진다고 믿는[10] 끈질긴

---

7 특히 버틀러의 "우발적 기반들"Contingent Foundations을 참조. "'나'는 재연의 변이점the transfer point of that replay이다. 그러나 '나'는 '내'가 상황 속에 있다고 주장할 만큼 강력하지 못하다. '나' 바로 이 '나'는 이러한 입장들에 의해 구성된다. 이런 입장들은 이론적 산물일 뿐만 아니라, 완전히 깊이 뿌리내린 물질 실천과 제도의 조직 원칙들이며, 나를 살아있는 '주체'로 생산하는 권력과 담론의 매트릭스다." Butler, "Contingent Foundations: Feminism and the Question of 'Postmodernism,' " in *Feminists Theorize the Political*, ed. Judith Butler and Joan W. Scott (New York: Routledge, 1992), 9.

8 Karen Barad, *Meeting the Universe Halfway* (Durham, N.C.: Duke University Press, 2007); Ulrich Beck, *Risk Society: Towards a New Modernity*, trans. Mark Ritter (London: Sage, 1992).

9 생태 비평에 대한 신물질론적 접근을 알려면, 특히 서필 오퍼만Serpil Oppermann의 강력한 글인 "Ecocriticism's Theoretical Discontents"를 참고할 것. 이 글은 생태 비평에서 포스트모더니즘과 포스트구조주의 이론에 대한 적대감을 추적한다. 오퍼만은 "우리는 담론성과 물질성(달리 말해서 담론적 실천과 물질적 현상) 모두가 관계론적 접근으로 통합될 수 있는 비판적 관점을 개진할 필요가 있다. 그러나 그런 접근의 책임은 인간과 비인간 시스템에 대한 생태 비평의 드넓은 이해관계가 가지고 있는 윤리적, 인식론적, 존재론적 관심을 제대로 확인하는 데 있다" 고 주장한다. Oppermann, "Ecocriticism's Theoretical Discontents," *Mosaic* 44, no. 2 (2011): 155. 또 Serenella Iovino and Serpil Oppermann, "Introduction: Stories Come to Matter," in *Material Ecocriticism*, ed. Iovino and Oppermann (Bloomington: Indiana University Press, 2014), 1-17 참조.

10 거대한 바다는 인간에게 해를 끼치지 않는다는 문화적 인식이 있다. 킴벌리 C. 패튼Kimberley C. Patton은 『바다는 모든 악을 씻어낼 수 있다: 현대의 해양 오염과 고대 카타르시스적 해양』(New York: Columbia University Press, 2006)에서

(그리고 편리한) 개념으로 인하여 대륙, 대양, 인간의 거주지를 가로질러 독성이 흐르고 있다는 사실을 포착하고 지도를 그리며 공론화하는 것이 특별히 어렵다. 더욱이 심해저와 원양 영역[11]과 같은 해양 서식지들은 과학자들에게 상대적으로 잘 알려지지 않았을 뿐만 아니라 자주 그들은 "외계" 세상으로 기술되면서 관심의 대상에서 제외된다.[12] 해양 서식지와 해양 동물의 놀라운 특이성을 존중하는 것이 비판적 포스트휴머니즘과 몰인간적inhuman 사유를 산출하는 반면[13] 심해를 외계로 기술하게 되면 심해 생물을 인간의 관심 너머로 내던지는 결과를 야기한다. 그러면 사실상 모든 해양 영역이 인간으로부터 파생하는 피해로 고통 받는다. 바다를 가진 지구인에 대해 두 가지 설명이 있고, 그 둘로부터 각각 다른 결과가 나온다. 첫 번째 설명은 인간이 바다에서 기원했다는 진화론적 이야기이고, 또 다른 설명은 물질적 행위능력과 광범위한 관련 책임성culpability을 횡단-신체적으로 추적하는 이야기다. 이 장은 린다 호건Linda Hogan의 시, 레이첼 카슨Rachel Carson과 닐 슈빈Neil Shubin과 그 외 다른 이들의 과학적 글들, 스테판 헬름라이히Stefan Helmreich, 마크 맥미너민Mark McMenamin, 다이애나 맥미너민Dianna McMenamin의 연구와 더불어 플라스틱 오염 운동가들의 텍스트와 영화와 예술을 분석하면서, 인간의 몸을 바다와 연결하는 서사와 비유를 살펴본다. 진화론적 긴 호arc가 인간을 수생 조상들과 연결하여 바다와의 친족성을 환기할지라도 인간을 진화 과정의

"많은 문화들이 바다를 숭배했다. 바다는 위험하고, 더럽고, 도덕적으로 오염적인 것은 무엇이든지 품고 씻어낼 수 있다고 보았다" (xi). 이런 종교적 신념이 지속되든 안 되든 간에 바다로 버려지는 것들의 규모와 위험성은 과거와 완전히 달라졌다. 그럼에도 불구하고, 오늘날 쓰레기, 하수, 무기, 독성 화학 물질, 방사능 폐기물을 처리할 때 드넓고 깊고 깊은 바다에 물질이나 세력을 퍼뜨려도 이들이 사라진다고 가정한다. 나의 글, "Dispersing Disaster: The Deepwater Horizon, Ocean Conservation, and the Immateriality of Aliens," in *Disasters, Environmentalism, and Knowledge*, ed. Sylvia Mayer and Christof Mauch (Heidelberg, Ger.: Universitätsverlag, 2012), 175-92 참조.

11 저생생물benthic이 사는 지역은 바다 밑바닥이다. 반면 원양 지역pelagic은 공해를 말한다. 다른 바다 영역은 깊이로 구분된다.

12 See Alaimo, "Dispersing Disaster."

13 이 부분에 대해서는 다음 책에서 논의할 계획이다. 다음 책은 *Blue Ecologies: Science, Aesthetics, and the Creatures of the Abyss*다. 미리 보려면, "Violet-Black: Ecologies of the Abyssal Zone," in *Prismatic Ecologies: Ecotheory beyond Green*, ed. Jeffrey Jerome Cohen (Minneapolis: University of Minnesota Press, 2013), 233-51 참조.

최종 완성품으로 끝내는 서사 방식은 속단이라고 나는 주장할 것이다. 이보다 더욱 유력한 해양적 횡단-신체성은 인간을 소비, 낭비, 오염의 전 지구적 네트워크에 연결하여 우리의 일상 삶에서 사용하는 물질의 낯선 행위능력을 포착한다.

## "내 엄마는 물고기야": (포스트)휴먼의 수생 동물 기원

윌리엄 포크너William Faulkner의 소설 『내가 죽어 누워있을 때』는 가난한 시골의 한 가족이 미국 남부의 뜨거운 여름 날 엄마의 시신을 묻기 위해 엄마의 고향으로 가는 여정을 담고 있다. 이 소설에는 어린 아이인 바더만의 관점으로 쓰인 장이 하나 있는데, 이 장에는 단어 다섯 개만 쓰여 있다. "내 엄마는 물고기야."My mother is a fish[14] 그 쪽의 나머지는 텅 비어있다. 바더만은 엄마가 죽은 바로 그 날 큰 물고기를 잡는다. 그리고 그의 누이가 저녁 식사용으로 물고기를 손질해서 튀기는 것을 본다. 엄마의 죽음과 물고기의 죽음을 이토록 그로테스크하게 감정 전이하고 합치시키는 것은 이 소설을 블랙 코미디로 만든다. 이로써 이 소설은 인간의 불합리성, 심리적 방어 기제, 등장 인물들의 고통스럽고 혼란스러운 세계를 이해하려는 슬프고 비극적이면서도 코믹하고 혼란스러운 노력을 그리고 있다. 등장 인물들은 호모 사피엔스를 다른 동물 이상으로 격상시킨 이성이라는 인본주의적 이상을 거의 예증해주지 못한다. 바더만이 학교에서 진화론을 배웠을 가능성은 없을지라도 이 소설은 인간이 바다에서 기원했다는 다윈식 설명을 언급하는지도 모른다. 그러나 이 소설을 어떤 식으로든 포스트휴먼 소설로 읽는다면 실수다. 왜냐하면 바더만이 엄마의 죽음을 물고기에 감정 전이하는 것은 그저 심리적인 반

14 William Faulkner, *As I Lay Dying* (New York: Vintage, 1991), 84.

웅이거나 실수 혹은 문학적인 농담이기 때문이다.

그러나 만일 "내 엄마는 물고기야"라는 바더만의 말을 인간 기원에 대한 축어적 서사로 받아들인다면, 기원 서사가 환경 윤리를 촉구하며, "외계" 바다 생물체[15]와 물질적으로 연결되어 있다는 감수성을 불러일으킬 수 있을지도 모른다. 신물질론 대부분은 기원 서사를 거부한다. 신물질론자들은 포스트모더니즘과 포스트구조주의의 후예로서 토대주의와 본질주의에 대해 비판적인 입장을 견지한다. 그런데 기원 서사는 후대의 존재 모두에 대해 단 하나의 고밀도로 화석화된 기원을 제시하는 경향이 있다. 기원은 존재론적 경계를 당연시하고 심지어 강화하여, 물질적인 행위 작용과 생성의 가능성을 제한한다. 왜냐하면 현재는 과거에 의해 이미 생성을 끝냈다고 생각하기 때문이다. 한편, 신물질론은 외관상 분리된 것처럼 보이는 물체와 존재들이 서로를 가로질러 만나고, 상호작용하고, 내적으로도 작용하고, 서로를 재형성하고 공-구성co-constitution하는 광범위한 물질적 행위능력을 강조한다. 질 들뢰즈와 펠릭스 가타리의 『천 개의 고원』은 수목적인 기원보다는 탈중심화된 리좀 방식의 전개를 주장하고, 종을 횡단하는 탈주, 배치, 생성의 특징을 설명한다.[16] 도나 해러웨이도 『반려종 선언』에서 단일종의 기원이나 전개에 초점을 두지 않고, 개와 인간이 진화론적 시간에 걸쳐 의미 있는 관계를 형성함으로써 서로를 공-구성한다고 주장한다.[17] 해러웨이는 『종과 종이 만날 때』에서 "모든 행위자는 관계의 춤을 추면서 자신이 되어가고 어떤 행위자도 관계에 선행하지 않는다"[18]고 주장한다. 캐런 버라드는 닐즈 보어Niels Bohr의 이론

---

15 이 장은 조니 아담슨Joni Adamson과 샐리 L. 키치Sally L. Kitch에게 빚지고 있다. 그들은 내가 애리조나 대학의 인문학연구소에서 강연할 수 있도록 초대했다. 또한 스웨덴 린쾨핑대학에서 해양의 횡단-신체성에 대해 강연하도록 초청한 테마 게누스Tema Genus에게도 감사한다.

16 Gilles Deleuze and Félix Guattari, *A Thousand Plateaus*, trans. Brian Massumi (Minneapolis: University of Minnesota Press, 1987).

17 Donna J. Haraway, *The Companion Species Manifesto: Dogs, People, and Significant Otherness* (Chicago: Prickly Paradigm Press, 2003).

18 Donna J. Haraway, *When Species Meet* (Minneapolis: University of Minnesota Press, 2008), 25.

물리학에 기대어 세계를 "내부 활동의 역동적 과정"으로 본다. 역동적 과정에서는 관계를 선행하는 어느 것도 존재하지 않는다. 버라드는 자신의 '내부작용'intra-activity 이론을 "아직도 독립된 실체나 관계항이 선재한다고 전제하는"[19] '상호작용'inter-activity 이론과 구분한다. 버라드의 이론에 따르면 인간은 세계의 역동적 내부 활동과 얽혀있으므로 인간은 포스트휴먼이 되고 있다. 이성, 과학, 윤리학은 어떤 "외부적 위치"[20]에서 출현할 수 없다. 버라드는 "물질화"mattering의 이중적 의미를 강조하면서 윤리학을 "세계가 생성하는 가운데 세계의 일부로써 내부적으로 상호작용하는 것"[21]으로 정의한다. 만일 독립된 실체들이 없다면 기원 서사는 선형적일 수 없다. 대신 셀 수 없이 헝클어진 방향으로 방사한다. 기원 서사가 불가능할 가능성에도 불구하고 기원을 굳이 내부 활동으로 설명한다면 이런 주장이 가능하다. (포스트)휴먼은 "세계가 생성하는 가운데 언제나 세계의 부분"이었고 계속 부분이다.

찰스 다윈은 인간이 바로 지금의 존재일 뿐만 아니라 거대한 시간을 횡단한 생물들의 신체적 결합체라고 본다. 그런 점에서 다윈은 "포스트휴먼"을 처음으로 우리에게 보여준 사람일지도 모른다. "포스트휴먼"이란 인간에 뒤이어 나온 어떤 것이 아니라, 인간이 종의 기원이 아니라 다른 존재들과 항상 이미 뒤섞여 있는 바로 그 존재라는 뜻이다. 다윈은 한 통의 편지에서 "우리의 조상은 물에서 숨 쉬었던 동물이었고, 부레, 거대한 수영꼬리, 불완전한 두개골을 가지고 있었으며, 의심의 여지없이 자웅동체인 동물이었다! 여기 인류를 위한 즐거운 계보학이 있다"[22]고 쾌활하게 선언했다. 다윈은 『인간의 유래』에서 인간이 무시하고, 학대하고, 모욕했던 동물들이 실제로 얼마나 다양한 "인간적" 특성들, 즉, 호기심, 이성, 언어, 감성, 도구 사용, 심지어 종교

---

**19** Barad, *Meeting the Universe Halfway*, 139.

**20** Ibid., 396.

**21** Ibid.

**22** Darwin, Carl Zimmer의 책, *At the Water's Edge: Fish with Fingers, Whales with Legs, and How Life Came Ashore but Then Went Back to Sea* (New York: Simon & Schuster, 1998), 23에서 재인용.

적 성향을 지니고 있는지 증명하는 매력적이고 재미있는 이야기를 들려줌으로써 진화의 충격을 약화시킨다. 그런 이야기들은 인간 신체에 남아있는 진화적 기원의 흔적이 다른 동물에도 있다는 사실을 부정하는 인본주의(혹은 혐오[23])를 우회하려는 시도다. 다윈은 이렇게 말한다. "인간이 다른 포유 동물과 똑같은 유형이나 모델을 근거로 구성되었다는 사실은 악명일지라도, 인간 두개골의 모든 뼈가 원숭이, 박쥐, 물개의 두개골 뼈와 비슷한 점이 있어 비교 가능한 것은 사실이다. 인간의 근육, 신경, 혈관, 내장도 마찬가지다. 모든 기관 중에서 가장 중요한 뇌 역시 같은 법칙을 따른다."[24] "악명"이란 단어는 바로 이 난제를 보여준다. 즉, "인간"이 다른 포유 동물처럼 구성되었다는 사실을 받아들이면서도 동시에 받아들일 수 없고, 분명하면서도 불쾌하다는 곤혹스러움이다.

변한 것은 거의 없다. 많은 이들은 『모로 박사의 섬』과 같은 공포 영화에서 인간-동물 하이브리드가 반란을 일으키는 장면이 암시하듯이 여전히 자신의 동물성이 불쾌하다고 생각한다. 그러니 신체적인 관계성은 인간과 다른 동물들이 친족이기에 더욱 풍부한 윤리적 감각을 진작시킬 것이다. 다윈의 용어인 "계통 집단"the community of descent[25]은 윤리적 촉구와 맞닿아 있다. 특히 "가장 중요한 기관인 두뇌가 동일한 법칙을 따른다"는 사실을 생각하면 적어도 해부학적 유사성은 정신적 · 영적 예외주의를 부정하게 만들 것이다.

---

23 빌렘 플루서Vilém Flusser 와 루이스 벡Louis Bec은 "혐오는 계통 발생을 요약한다"고 주장한다. 왜냐하면 "더욱 혐오스러운 것은 계통 발생의 나무에서 인간으로부터 멀어진 것들"이기 때문이다. Flusser and Bec, *Vampyroteuthis Infernalis: A Treatise, with a Report by the Institut Scientifique de Recherge Paranaturaliste*, trans. Valentine A. Pakis (Minneapolis: University of Minnesota Press, 2012), 11. 위계적이고 목적론적인 대중 진화 개념은 인간에서 끝나게 되는데 이는 비난받을 만하지만, 다윈이 "인간 중심적"이라든가 "생물학적 기준"만을 지녔다고 비난받아야 한다는 플루서와 벡의 주장은 "불합리성을 합리화함으로써" 인간 혐오를 정당화하고 있으며, 다윈을 의도적으로 곡해한 것으로 보인다. 다윈의 실제 글들은 다른 생명체에 대한 관심, 애정, 동정, 호기심, 경이로움으로 가득하다. 더욱이 다윈은 자신의 인간 진화 이론이 받아들여지기 위해서는 다른 존재에 대한 혐오를 줄여야 했다. 그러나 사람들은 "뱀파이어 오징어" 에 대한 어떤 논평도 주저한다. 그것의 패러디적이고 풍자적인 방식에 당황하기 때문이다(ibid.,12).

24 Charles Darwin, *The Origin of Species by Means of Natural Selection / The Descent of Man and Selection in Relation to Sex* (New York: Modern Library, n.d.), 395-96.

25 Ibid., 411.

더욱이 인간의 기원을 더욱 멀찌감치 포유 동물이 진화하기 이전으로까지 추적해 보면 궁극적으로 인간은 "양서류", "어류", 마침내 "동일한 개체에 두 개의 성이 있는… 수생 동물"[26]에 이르게 된다.

인간과 다른 영장류의 친족성이 계속해서 저항과 혐오와 공포를 일으키는 이데올로기에 대항하여 물고기의 부모—더욱 적절하게 간성의 수생 동물 조상—를 보여주는 진화적 기원 서사가 과연 어떤 문화적 작업을 수행할 것인지 생각해볼 가치가 있다.[27] 미국에서 인간의 조상이 수생 동물이라는 생각이 보편화될 때—다리 달린 "다윈의 물고기"가 자동차의 뒤칸에 올라타는 것을 생각할 수 있는 때—이러한 이미지들은 과학, 특히 진화론을 거부하는 기독교에 대한 저항을 의미할 수는 있어도, 지금 당장 실제 물고기를 살리자고 촉구할 수 없다. 물고기 상징piscine emblem에도 불구하고 바다는 이러한 이데올로기적인 논쟁과는 동떨어진 세계다.

그러나 작가, 과학자, 해양보호론자들이 인간의 수생적 기원을 주장하면서 종종 해양 생태학에 대한 관심을 촉구한다. 린다 호건의 시 「횡단」Crossings에서 화자는 "횡단하는 시작들"을 세 개의 다른 시대층으로 분리한다. 세 개의 시대층은 해양 생물이 육지로 이동할 때, 고래의 조상이 다시 물로 돌아갈 때, 인간 아기가 "아가미 틈새의 흔적"을 가지고 태어날 때다. 시간적 결합은 "횡단하는 시작들"이라는 상상적 공간을 창조한다. 그곳에서는 갓난 인간과 태아 고래가 각자의 발달 과정에서 서로 마주칠 뿐만 아니라 물질적으로 서로 같은 공간을 차지한다. 화자가 고래의 태아를 볼 때, 그녀는 진화론적 역

26 Ibid., 911.

27 나는 나의 책 『길들여지지 않은 땅』*Undomesticated Ground: Recasting Nature as Feminist Space*(Ithaca, N.Y.: Cornell University Press, 2000)에서 다윈주의 페미니스트 철학자들은 19세기 후반과 20세기 전반에 인간 조상이 자웅 동체였다는 사실을 활용하여 젠더를 최소화하고, 심지어 자연으로부터 나오는 퀴어 페미니즘을 옹호하는 데 사용했다고 설명한다. 그들은 젠더 본질주의는 자연에 뿌리를 두고 있다는 20세기 후반의 관념에 직접적으로 반대하면서 지배적인 진화적 변이야말로 경직된 젠더 대립이 "부자연스럽다"는 증거가 될 수 있다고 보았다. 다윈의 진화 이론이 어느 정도까지 현대 페미니즘과 퀴어 생태학에 의해 읽혀질 수 있는가는 아직은 열린 질문이다. Stacy Alaimo, "Sexual Matters: Darwinian Feminism and the Nonhuman Turn," *J19: Journal of Nineteenth Century Americanists* 1, no. 2 (2013): 390-96 참조.

사를 기억한다.

> 아직 고래는 아니어도 다시금 되돌아가
> 지느러미로 변하기 전
> 인간의 얼굴과 인간 손가락의
> 희미한 그림자를 지녔다.

다음 연에서 화자는 "횡단하는 시작들의 지형"을 기억함으로써 촉발되는 "그리움"을 묘사한다:

> 고래가 땅에서 살고
> 우리가 물에서 나와
> 공기에서 우리의 삶을 시작할 때.[28]

이는 횡단과 친족을 만드는 시적으로 풍요로운 순간이지만 어리둥절하기도 하다. 왜냐하면 "물에서 나와 공기에서 우리의 삶을 시작하는" "우리"는 이미 인간을 연상시키기 때문이다. 시는 독자를 "우리"의 일부로 호소하고 우리 자신을 초기 지구 생물로 상상하도록 만든다. 진화론적 연대기에 의하면 말이 안 된다. "물에서 나온" "우리" 즉 네 발 짐승은 인간뿐만 아니라 고래의 조상이기 때문이다. 그리고 이 두 개의 여정, 즉 네 발 짐승이 육지로 이동하고, 고래가 다시 물로 돌아가는 여정은 약 3억 3천만 년의 시차가 있기 때문이다.

어쨌거나 호건은 아직 고래가 되지 않은 생물이 인간과 고래 모두의 조상과 만나는 장면을 극화함으로써 시간을 붕괴시키고, 변형의 장소를 생성한다. 그 변형의 장소에서는 친족이 계속 증식하면서 서로 마주치는 바람에 후손들 간 명확한 분리선이 지워진다. 칼 지머Carl Zimmer가 『물의 가장자리에서: 손가락을 가진 물고기, 다리 달린 고래, 생명은 어떻게 해변으로 왔다가

---

**28** Linda Hogan, "Crossings," in *The Book of Medicines* (Minneapolis: Coffee House Books, 1993), 28-29.

다시 바다로 갔는가』에서 이렇게 말한다. "물에서 육지로, 육지에서 다시 물로, 생명의 역사에서 유기체는 겉으로는 불투과적으로 보이는 경계들을 수없이 횡단했다."[29] 이러한 변이를 알게 되면 "만일 우리가 바다의 밑바닥에서 황색 꼬리 물고기와 돌고래와 우연히 만날 때 다른 생물들과의 친족성을 일깨우게 된다.[30]고 그는 주장한다.

레이첼 카슨은 『우리를 둘러싼 바다』에서 바다를 생명의 기원으로 칭송한다. "시작은 언제나 애매하고, 생명의 위대한 어머니인 바다의 시작도 마찬가지로 애매하다."[31] 카슨은 "바다의 첫 생명체는 당시 바닷물에 있던 유기물을 먹고 살았거나, 혹은 오늘날에도 존재하는 철과 유황 박테리아처럼 직접적 비유기물 먹이를 섭취하여 살았다"[32]고 말한다. 카슨은 수백만 년이 지나면서 "단순한 단세포 생물"로부터 시작해서 해면, 해파리, 벌레, 불가사리, 식물에 이르기까지 어떻게 "생명의 흐름이 갈수록 복잡해졌는지" 서술한다.[33] 나는 오랫동안 '어머니 지구'라는 비유적 표현을 비판해왔지만, 카슨이 바다를 어머니로 의인화하는 것은 시간적으로 먼 시대와 사건에 대해 어쩌면 건조했을 설명에 감성적으로 동일시하도록 초대하고 또 원시 바다의 풍요로움을 강조해주기도 한다. "이 시기 내내 대륙에는 생명체가 없었다. 대륙에는 모두를 제공하고 포용하는 어머니 바다를 포기하고 해변으로 오도록 유도할 아무 것도 없었다."[34] 이 비유적 표현이 바다를 진화의 집 천사로 제시하거나, 혹은 바다에서 나온 생명체들이 더 높은 뭍으로 이동한 후에 남겨진 20세기형 "빈 둥지 지킴이"로 바다를 제시하는 것은 문제적이지만, 바다와 살아있는 모든 생명체 사이가 횡단-신체적으로 강력하게 연결되어 있다는 느낌을 준

29 Zimmer, *At the Water's Edge*, 6.

30 Ibid., 8.

31 Rachel Carson, *The Sea around Us* (Oxford, U.K.: Oxford University Press, 1950), 3.

32 Ibid., 8.

33 Ibid.

34 Ibid.

다. 카슨은 이렇게 말한다.

> 육지를 선택한 동물들이 해변으로 갔을 때 그들은 바다의 부분을 몸에 품고 이동했다. 그들은 이 유산을 자식들에게 물려 주었고, 오늘날에도 각 육지 동물은 원시 바다의 기원 동물들과 연결된다. 물고기, 양서류, 파충류, 온혈 새와 포유 동물인 우리들 각각에는 정맥 안에 염분 혈액이 흐르고, 이 혈액의 요소인 나트륨, 포타슘, 칼슘은 바닷물과 거의 똑같은 비율로 섞여있다… 동일한 방식으로 석회가 굳어진 뼈들은 캄브리안 시대 칼슘이 풍부했던 대양으로부터 물려받은 유산이다. 우리 몸의 각 세포 안에 흐르는 원형질조차 맨 처음 단순한 생물체가 원시 바다에서 생겨났을 때 살아있는 모든 물질에 각인된 화학 구조를 가지고 있다.[35]

바다는 인간을 포함하여 지구 동물의 모든 몸을 통해서—우리의 피, 뼈, 세포의 원형질 속에서—출렁이고 있다. 카슨은 위의 글에서—거의 헤아리기 불가능한—진화의 거대한 시간과 공간의 범위를 이미 가까이에 있는 형태, 사실상 우리 자신이라는 형태로 압축한다. 중요하게도 혈통이나 유산은 여기서 인간에만 해당되지는 않는다. 이는 "어류, 양서류, 파충류, 온혈새와 포유동물—우리들 각각—에 해당된다." 독자들은 "우리" 혹은 "우리의"라는 단어를 오직 인간을 지칭하는 것으로 가정할지도 모르지만, 위의 글 자체에서는 더 폭넓은 계통 집단을 의미한다.

닐 슈빈Neil Shubin의 책 『당신 안의 물고기: 인간 몸 35억 년 역사로의 여행』은 인간의 몸이 어떻게 —딱히 바다이기보다— 어류의 흔적을 지니는지에 대해 덜 신화적으로 설명하고 있다. 슈빈은 네 발 척추 동물의 가까운 친척인 틱타알릭tiktaalik을 발견함으로써 고생물학자이자 진화 생물학자로서 널리 알려지고, ABC 뉴스의 '한 주의 인물'로 선정되며, 『콜베어 르포』(미국의 TV 프로그램, 역주)에 출연하고, PBS의 『당신 안의 물고기』라는 프로그램을 진

35 Ibid., 13-14.

행하면서 대중적 관심을 끌었다. 슈빈의 책 제목, 『당신 안의 물고기』는 이상하게도 개인적 성장을 약속하는 자기 계발 장르로 적합해 보인다. 왜냐하면 해부학적 진화와 과학적 발견이 사실상 인간 중심적인 자기 계발 매뉴얼로 실제 변화하고 있기 때문이다. 슈빈은 이렇게 장담한다. "원시 물고기 뼈는 우리가 누구였고, 우리가 어떻게 지금처럼 되었는지를 보여준다."[36] 야릇하게도 슈빈은 과거의 수생 생물로 넘쳐나는 우리 몸을 상상해 보라고 요청한다. "우리의 팔다리 안에는 단지 한 마리의 물고기가 아니라 수족관 전체가 들어 있다"[37]고 말한다. 그는 인간 기원에 대한 탐색이 아프리카 인간에 멈춰서는 안 된다고 주장한다. 대신에 적어도 틱타알릭—어류와 육상 동물 사이 중간 생물의 화석—까지 확대해야 한다고 주장한다. 그는 "이 화석은 아프리카 인간만큼이나 우리 역사의 일부"[38]라고 주장하면서 먼 옛날의 생물체와 비교적 근래 친척 사이의 점진적 이행을 지우면서 과장하고 있다. 그럼에도 불구하고 그의 주장은 우리 자신의 몸을 진화의 역사뿐만 아니라 지구 행성의 역사를 요약하는 존재로 여긴다는 점에서 수긍하지 않을 수 없다.

> 당신이 제대로 볼 줄 안다면, 우리 몸은 하나의 타임캡슐로써 지구 행성 역사의 중요한 순간과 원시 바다, 강, 숲의 먼 과거 이야기를 들려준다. 원시 대기의 변화는 세포들이 협력하여 몸이 되도록 만드는 분자들 속에 그대로 반영되어 있다. 고대 강의 환경은 우리 팔다리의 기본 해부학적 모양을 형성했고… 목록은 계속된다. 이 역사는 우리의 유산이다. 이 유산은 오늘날 우리의 몸에 영향을 끼치고 있고 미래에도 영향을 끼칠 것이다.[39]

대기의 변화나 원시 강물의 환경이 현재 우리의 정체성에 깊이 영향을 끼친다는 슈빈의 주장은 흥미롭다. 하지만 슈빈의 주장은 두 개의 중요한 차원

---

**36** Neil Shubin, *Your Inner Fish: A Journey into the 3.5-Billion-Year History of the Human Body* (New York: Vintage, 2008), 3.

**37** Ibid., 41.

**38** Ibid., 27.

**39** Ibid., 18.

을 놓치고 있다. 첫째, 슈빈이 인간의 몸에서 지구 행성의 과거를 요약할 때, "우리의 현재와 미래에 영향을 줄" 것이 지구 행성의 과거일 뿐, 지구 행성의 현재나 미래의 조건이라고 주장하지는 않는다. 그는 현재의 물질적 행위능력, 대기 변화, 기후 변화, 해양 산성화, 수천 개 생체 이물질이 넘쳐나는 환경, 이 모두를 불활성으로 여긴다. 슈빈의 공식에서 인간이 지구 행성의 역사를 체현하는 것은 맞지만, 종결된 완전품으로써 '지금 여기'의 바깥에 서 있다. 둘째, 슈빈은 인간이 진화의 정점이라는 별난 주장을 한다. 우리 자신이 수족관처럼 놀라운 생물체들로 채워져 있다고 상상하면서도, 이 생물체들은 인간을 동요시키거나 변형시키지는 못하고 대신에 안으로부터 인간임을 강화한다고 생각한다. 그러면서 슈빈은 우리 인간에게 어느 정도 육식적이고 연대기적인 중요성을 부과한다. 이로써, 그는 지구 행성 전체의 역사를 "인간의 유산"으로 만든다. 공기와 물의 역사가 오로지 "인간 삶"을 위한 배타적인 역사가 될 때 다른 모든 종—현재 살아있거나, 겨우 생존하고 있거나, 오래 전에 멸종한 종들—은 시리져버린다. 다윈이 "가장 아름답고 놀라운 형태들이 부단히 진화해왔고, 현재도 꾸준히 진화 중이라는 생명관에서 위엄"[40]을 찾아냈던 반면에, 슈빈은 뒤엉킨 다윈의 둑으로부터 인간을 제거하고 있다.

슈빈은 그 책의 한 장에 「화석을 발굴하는 것—우리 자신을 보는 것」이란 제목을 붙이는데, 이 제목은 우리를 유아론적solipsistic 우주 안에 빠지게 만든다. 우리가 어디를 보든, 어디를 파든, 어디를 탐험하든, 궁극적으로 우리는 인간만을 본다. 그 어느 것도 인간 중심적 유아론의 거대한 망을 피하지 못한다. 슈빈이 해파리와 관련하여 "우리는 어떻게 신경계가 전혀 없는 동물 속에서 우리를 볼 수 있단 말인가? 항문도 입도 없다면?"[41]이라고 질문하지만,

---

40 Darwin, *Origin of Species*, 374.

41 Shubin, *Your Inner Fish*, 113. 슈빈의 인간 중심 주의에 대해 강력한 비판을 하는 사람은 이바 헤이워드Eva Hayward의 글 「불가사리로부터 더 많은 교훈: 접두어 살과 변형된 자아」다. 헤이워드는 트랜스섹슈얼리티가 "치유의 행위"로써 재생하는 불가사리와 "상호성"을 지니고 "공유된 존재론"을 지닌다고 말한다. Hayward, "More Lessons from a Starfish: Prefixal Flesh and Transpeciated Selves," *WSQ: Women's Studies Quarterly* 36, nos. 3-4 (2008): 81. 이 책의 결론에서 헤

피상적인 비유를 들어 그는 이렇게 답한다. "우리는 바다 말미잘과 해파리처럼 생기지는 않았을지 몰라도 우리를 만들어낸 레시피는 말미잘과 해파리를 만든 레시피의 좀 더 복잡한 버전이다."[42] 슈빈은 말미잘과 해파리가 "결여하고 있는" 것에만 초점을 맞추면서, 이들 점착성 생물체의 독특한 특징을 축소하고 있다. 슈빈은 해파리에 대해 경이로움을 느끼거나 깊이 생각하는 것을 멈추지는 않지만, 대신에 인간과 해파리의 공통된 기원은 인간이 "특별"하고 "독특"하며 "탁월"[43]함을 증명하기 위해 활용될 뿐이다. 어떤 비평가들이 주장하듯이 슈빈의 책이 지적 설계를 부정하는 역할을 한다면 다윈의 복잡하고, 철학적이고, 문학적인—과학적임은 말할 것도 없이—주장을 거의 150년 후 단순화된 설명으로 축소시킨다는 점에서는 오히려 우울한 책이다.

그러나 더욱 더 실망스러운 것은 슈빈의 책이 어떤 생태학적이거나 환경적인 비전도 철저하게 결여하고 있다는 사실이다. 2050년까지 백만 종이 멸종하게 될지도 모르는 여섯 번째 대멸종과 더불어 전체 생태 시스템이 붕괴하는 마당에 『당신 안의 물고기』가 지구 행성이 처한 현 상태의 문제를 제기하지 않는다는 사실은 이상하다. 이 책은 "이스트, 파리, 벌레 그리고 물고기"에 대한 최근 과학적 발견이 "우리 몸이 어떻게 작동하는지, 우리가 고통 받는 질병의 원인이 무엇인지, 우리의 삶을 더 건강하게 오래 유지할 수 있는 도구를 개발하는 방법에 대해 말해 줄 거다"[44]라고 약속하면서 결론을 맺을 뿐이다. 궁극적으로 지구 행성의 전체 역사는 인간이 더욱 건강하게 오래 살아가는 낙관적인 이야기로 수렴된다. 그 책의 에필로그는 조금 시적이긴 하지만 이 메시지를 단순히 반복하고 있다. 그는 결론에서 "나는 우리 인간의

---

이워드의 글에 대해 간단하게 논의할 것이다.

42 Shubin, *Your Inner Fish*, 115.

43 "우리에 대한 고대의 역사적 사실들은 생물 중에 인간이 특별하지 않거나 독특하지 않다고 말하는가? 물론 아니다. 사실상 인류의 깊은 기원에 대해 뭔가를 알게 되면, 우리 존재의 놀라움을 더하게 된다. 인간의 특별한 능력 모두는 고대 어류와 다른 생명체에서 진화한 기본 구성물로부터 나왔다. 우리는 살아있는 세계 나머지와 분리되지 않는다. 우리는 뼈 속까지, 이제 곧 보듯이, 우리 유전자까지 세계의 일부이다." (Ibid., 43).

44 Ibid., 198.

근원과 우리가 겪는 많은 질병에 대한 치료 방법이 우리 지구에 살았던 가장 초라한 존재들 안에 담겨 있다는 사실을 아는 것만큼 더욱 아름답거나 지적으로 심오한 것을 상상하기 어렵다"[45]고 말한다. "담겨 있다"nestled라는 말이 암시하는 안락함에도 불구하고, 이러한 비전은 현재 살아있는 수많은 생물체와 멸종된 생물체들—인간 생명 그 이상의 모든 형태들—을 지구 행성적 약제상, 즉 인간이 영원하기 위한 화석화된 약국으로만 취급한다. 모든 생물체가 호모 사피엔스의 번영을 위한 단순한 도구가 되어버린다면 다윈의 용어인 "계통 집단" 안에서 잠재적 윤리적 관계는 여기서 제대로 작동하지 않는다. 그러나 이 책은 무엇보다 인식론적 결점이 있다. 즉 이 책은 과학자가 지식의 주체이고, 나머지는 지식의 불활성적 객체로 축소시키는 과학적 객관성 개념에 의존하고 있다. 이 개념은 이미 많이 비판받고 있다. 이 책이 말하는바, 물고기의 수족관으로 가득한 몸은 실제로 거주하는 몸이 아니다. 이 몸은 경험이 매개하지 않는, 과학적 기원 이야기를 통해서만 알 수 있는 몸이다.[46] 과학적 인간 이성은 "우리의 우주를 설명하고 설명 가능하게 만들 수 있다"고 약속하지만, 그 이성은 인간 내부 물고기와 수족관인 몸, 지금 이 순간 물질 세계의 흐름과 교환의 일부인 몸으로부터 나오지 않는다. 누군가는 논쟁할 수도 있겠지만 다윈이 과학적/철학적 "포스트휴머니즘"을 주조하는 반면에, 슈빈은 궁극적으로 인간의 예외주의와 봉쇄라는 훨씬 더 인본주의적인 비전을 제시한다. 다윈의 포스트휴머니즘에서는 인간과 동물 사이에 견고한 구분이 없으며, 인간은 자연/문화세계와 동일하게 생성한다.

45 Ibid., 201.

46 이 점과 관련해서 풍부하고 다양한 문헌이 페미니즘 이론, 장애 연구, 환경 연구, 퀴어 이론, 또 신체적 행위능력이 다른 물질적 세계력과 문화적 시스템과 어떻게 상호작용하는지 추적하는 다른 영역들, 가장 현저하게 물질적 페미니즘과 다른 신물질론에서 찾을 수 있다. 예를 들어 내 책 『몸적 자연』은 다수 화학 물질에 민감한 사람들을 핵심적인 횡단-신체적 주체로 제시한다. 그들은 몸이 체감하는 비정상적 물질의 행위능력을 상대해야 한다.

## 지구 생명을 물에 담그기: 수생 조상들, 하이퍼바다, 유전자 스프

지구 인간이 지구 행성 대부분을 덮고 있는 수생 거주지로부터 분리되어 있다는 생각이 해양 보존 운동을 방해하는 것 중 하나라면, 지구와 바다의 상호연결을 드러내는 서사, 이론, 패러다임과 실천들은 해양 환경론을 권장할 수 있다. 닉 헤이즈Nick Hayes의 그래픽 소설인 『현대 뱃사람의 노래』에서 뱃사람은 "몸 속에" 플라스틱 조각을 "장착한" 해파리와 오징어를 만난다. 이 장면은 뱃사람의 통찰 때문에 두려움이 증폭된다. "그 물체는 내 형의 아들 같았다…/진화를 통한 친족/인류의 조상/오염에 의해 중독된."[47] 그런 진화 서사는 살아있는 것과 살아있지 않은 것을 포괄하는 비유를 보태면서 바닷물 자체가 어떻게 인간의 몸에 흐르고 있는지 밝힌다. 예를 들어 실비아 얼은 지금 살아있는 인간의 몸을 진화적 먼 과거와 연결한다. "우리의 기원은 바로 거기다. 이는 우리의 혈관에 흐르는 염분 용액에 반영되어 있고, 우리를 다른 생명체와 연결하는 기저의 화학 물질에도 반영되어 있다."[48] 훌리아 위티Julia Whitty는 "우리 안에, 우리의 피와 눈 속에 바다를 가지고 있기에 우리는 바다를 통해서 보면서도" 우리는 "바다의 운명에 눈 먼 듯하다"[49]고 탄식한다. 인류학자이며 과학자인 스테판 헬름라이히Stefan Helmreich는 「바다에서 인간 본성」에서 얼과 과학 저술가인 칼 사피나Carl Safina와 가수 비요크 Bjork를 인용하면서 그러한 "선언들은 바닷물을 공유 물질로 만들어서 인간이 수성aqueous의 지구와 친족관계를 느끼도록 만들고, 환경론에 관심 있는 과학자들은 그러한 친족 관계로 인하여 인간이 개인적으로 또 진화적으로 지구 행성과 연결되어 있음을 상상하길 희망한다"[50]고 말한다. 그러한 공식이 해양

---

47 Nick Hayes, *The Rime of the Modern Mariner* (New York: Viking, 2011).

48 Sylvia Earle, *Sea Change: A Message of the Oceans* (New York: Fawcett Columbine, 1996), 15.

49 Julia Whitty, "The Fate of the Ocean," *Mother Jones*, March-April 2006, 1.

50 Stefan Helmreich, "Human Nature at Sea," *AnthroNow* 2, no. 3 (2010): 50.

환경론자들이 바라는 대로 친족감을 불러일으키고 해양 생명에 대한 윤리적 정치적 사명감으로 전이될 수 있다는 점에서 나는 헬름라이히에 동의한다. 그러나 슈빈의 『당신 안의 물고기』에 대한 비판이 증명하듯이, 그러한 공식이 거대한 시간적 대양적 범위를 횡단하면서 "계통 집단"을 환기할지라도 그 도달 범위는 인간의 중요성을 증가시키면서 탐욕적일 수 있다. 차라리 현대의 횡단-신체성을 향하여 활짝 마음을 열고 유해한 지구 네트워크 안에 인간이 잠겨 있다는 흔적을 추적하는 편이 낫다. "내부의 물고기"는 역설적으로 인간의 예외주의를 단적으로 보여주기 때문에 슈빈의 탐색이 궁극적으로 거리두기와 이탈이라는 종래의 기반으로 되돌아가는 반면에, 카슨, 위티, 얼에게는 인간이 바다로부터 기원하고 우리 안에 바다를 보유하고 있다는 생각은 시간과 공간을 횡단하는 횡단-신체성을 추적함으로써 윤리적이고 정치적인 인식의 잠재성을 끌어낸다. 그들은 우리 인간의 해양적 기원을 생생하게 극화함으로써 진화적 흔적이 환유적 범위를 횡단하여 확장하는 생명체와 생태학에 대한 현대적 헌신을 매개하도록 촉구한다. 이러한 공식에서 윤리학은 자아와 타자의 만남으로 시작하는 것이 아니라, 인간과 바다 사이의 거리를 소멸시키는 계보학, 물질, 행위능력을 확인함으로써 시작한다. 그래서 인간은 더욱 액화되고 덜 견고해진다.

마크 맥미너민과 다이애나 맥미너민은 그들의 책 『하이퍼바다: 육상의 삶』에서 "혈액의 염분은 우리의 물고기 조상들이 지녔던 해양 환경이 남긴 유산이다"[51]라고 주장하는 『위대한 헤모』라는 영화를 비판함으로써 혈액이 바닷물이라는 생각을 부정한다. 두 사람은 이 "멋진" 생각이 "많은 사람들이 지구 행성과 결속을 갖고 진화를 즐기도록 도움을 주었을지도 모른다… 이는 동화 속 얘기다"라고 말한다. 왜냐하면 척추 동물의 피는 바다보다 염분

---

51 Mark McMenamin and Dianna McMenamin, *Hypersea: Life on Land* (New York: Columbia University Press, 1994), 23.

이 적고, 과거에도 적었기 때문이다.[52] 그럼에도 불구하고, 그들의 책은 "수정된 형식이긴 해도 식물의 수액과 육지 동물의 피는 바닷물과 진화적으로 연결된다는 가정을 부활시킨다."[53] 그들은 지구 행성의 생명체가 바다에서 기원한다고 주장하는 것이 아니라, 바다 생명체라고 주장한다. "하이퍼바다"는 "물리적 실체"이면서 "새로운 과학 이론"이라고 그들은 주장하면서 이렇게 설명한다. "육지의 유기체는 상호 연결된 살아있는 더 큰 세포체의 부분으로써 상호 연결되었으며 필요에 의해 진화했다. 복잡한 생명체가 바닷물에서 빠져나와 바다 너머 바다를 차지했고 하이퍼바다를 형성하기 위해서 스스로 안으로 접혀 들어갔다."[54] 더욱이 그들의 "살아있는 액체는 단순히 남아있는 바다 흔적이거나 유사물이 아니라 새로운 유형의 바다 혹은 해양 환경, 즉 하이퍼바다"[55]라고 주장한다. 살아있는 생명체 안에서 흐르는 액체는 일종의 해양 환경이며, 모든 "육상의 식물, 동물, 프로톡티스탄, 곰팡이 생명체" 또 그것과 함께하는 "바이러스나 박테리아 공생자 혹은 기생충"[56]이 "하이퍼바다"를 구성한다는 생각은 흥미롭다. 바다는 우리 안, 우리 주변, 어디에나 있다. 우리의 지구 거주지가 아무리 척박해도 바다는 어디에나 있다. 그러나 "하이퍼바다"라는 개념이 동일한 수생적 구성을 지닌 거의 모든 것들을 포괄하고 있다면 해양의 많은 새로운 종들이 이제 막 발견될 때조차 해양 서식지, 생태 시스템, 생명체들의 구분은 없어진다.[57] 인간이 개별적으로 구분되는 존재가 아니라 다른 유기체들과 함께 존재하는 "하이퍼바다의 보유고"[58]로 인식하는 것은 심오하게 포스트휴먼적인 생각일 것이다. 하지만 그 책은 "오늘날

52 Ibid., 24.

53 Ibid., 24-25.

54 Ibid., 6, 5.

55 Ibid., 25.

56 Ibid., 3.

57 새롭게 발견된 해양 생물종에 대한 정보를 위해서는 the Census of Marine Life global research network, at http://www.coml.org/를 참고 바람.

58 McMenamin and McMenamin, *Hypersea*, 242.

건강을 위협하는 많은 것들이 하이퍼 해양적 측면을 가지고 있기 때문에—즉, 건강에 위협을 주는 것들은 부분적으로 신체의 액체가 어느 정도 공유된 원천을 지니고 있다는 사실로 인하여 하이퍼바다 개념이 건강에 혜택을 줄"[59] 수 있다며 결론 맺는다. 칼 지머Carl Zimmer는 이렇게 질문한다. "하이퍼바다가 진짜라면 우리에겐 어떤 차이가 생길까? 우선 우리 인간이 그 어느 때보다 더욱 하이퍼바다를 휘젓고 있음을 깨달아야 할 것이다. 우리가 얼룩홍합을 유럽으로부터 미국의 바다로 가져왔듯이, 우리는 에이즈 같은 질병을 하나의 하이퍼바다(원숭이) 보유고로부터 빠르게 다른 곳(우리 자신)으로 옮겨왔을 것이다. 양쪽 모든 경우 침입자는 대혼란을 초래하는 중이다. 우리는 하이퍼바다의 흐름을 현명하게 조작해야 혜택을 얻을 수 있다."[60] 하이퍼바다에 대한 지머의 열정에도 불구하고 그 개념은 큰 차이가 없어 보인다. 왜냐하면 인간이 "휘젓고 있다"는 깨달음은 단순히 익숙한 환경론적 경구를 되풀이할 뿐 기존 생태계에 개입하지는 않기 때문이다. 지금까지 잘 확립된 환경론적 순환 안에서 미리 경고하는 정도라면 하이퍼바다는 불필요하다.[61]

스테판 헬름라이히Stefan Helmreich는 그의 시적이고 영민한 이론서인 『외계 대양: 미생물 바다에서 인류학적 항해』와 그의 논문 「바다에서 인간 본성」에서 지구 인간의 몸과 바다 생명 사이에 존재하는 유전적 연결성을 분석하고 있다. 헬름라이히는 『외계 대양』의 서문에서 이렇게 쓴다. "어떤 독자들은 내가 인간과 바다의 친숙함과 대양적 합일ocean communion을 강조하는 책을 쓰지 않았다고 이의를 제기할지 모르겠다."[62] 그는 『외계 대양』에 "그

---

59 Ibid., 255.

60 Carl Zimmer, "Hypersea Invasion," *Discover*, October 1, 1995, http://discovermagazine.com/1995/oct/hyperseainvasion571/?searchterm=mcmenamin.

61 1998년 발표된 「예방적 원리에 대한 날개폭wingspread 진술」은 이렇게 말한다. "인간 행동이 위험을 내포하고 있음을 깨달으면서 사람들은 지금보다 더욱 조심스럽게 나아가야 한다. 기업, 정부, 기관, 공동체, 과학자, 다른 개인들은 모든 일에서 예방적 접근을 취해야 한다. 그러므로 '예방적 원칙'을 실행하는 것이 필요하다. 한 행동이 인간 건강이나 환경에 손해를 끼칠 위협이 있을 때 예방적 조치가 취해져야 한다. 인과 관계가 과학적으로 증명되지 않더라도 말이다." 이는 『과학 환경 보건 네트워크』 웹사이트에 게시되어 있다. http://www.sehn.org/wing.html.

62 Stefan Helmreich, *Alien Oceans: Anthropological Voyages in Microbial Seas* (Berkeley: University of California Press,

런 내용이 겉으로 보이지는 않아도 실로 여기에 있음"을 인정하면서도 "바다와 단순 동일시에 대해서는 회의적이며, 대양에 대한 과학적 지식만으로 대양을 (보호하는 것은 고사하고) 이해할 수 없다"[63]고 설명한다. 그러나 헬름라이히는 해양 미생물학자들의 작업이 "인간과 바다의 원소들이 분자적 차원에서 서로에게 흘러 들어감을 상상하게" 만든다고 설명하면서 인간의 변형을 강조하긴 한다. "과학자들은 인간의 몸이 투과적이라서 바다에서 태어난 바이러스와 박테리아에 스며들 수 있다고 새롭게 주장한다. 인간을 유전적으로 이해한다면 인간과 해양의 살아있는 물질이 함께 서로에게 마구 흘러 들어감으로써 인간은 용해될 수도 있다."[64] 이러한 수생적 포스트휴머니즘은 인간 몸의 투과성을 강조한다는 점에서 횡단-신체성과 다르지 않고, 유전자의 수준에서 "인간"이 해양 생명과 어떻게 함께 섞이는지 상상하도록 도전한다. 그는 결론에서 인간이 바다처럼 염분을 지닌다는 최근 주장을 되풀이하는 것이 아니라, 인간이 박테리아를 포괄하는 존재라고 주장한다.

> 한때 (피, 땀, 눈물, 모유인) 바다에 빠져버렸던 인간은 지구 행성과 하나되는 세례를 받았다. 그러나 미생물의 유전자가 소용돌이치는 바다에 빠지게 되면 불안정한 뭔가가 생긴다. 미생물은 모든 것이 연합된 진화의 과정으로부터 고립된 채 인간을 위해 홀로 남겨진 기원이 아니다. 미생물은 우리 몸에 있는 "미생물들"의 일부로써 과거와 현재 우리의 파트너다. "그러한" 인간의 유전자는 자신의 이야기를 품고 있으며, 모든 유전자는 군 유전체metagenome(흙, 동물의 장, 광도, 고립된 지역 내의 모든 바이러스, 세균, 곰팡이 등을 포함하는 유전체의 총합, 역주)다. 인간 몸과 생태계 사이에 존재하는 연결성은 공간적으로 시간적으로 바로크적이다. 우리 몸에 사는 박테리아가—우리 피 안의 소금물에 잠겨있는 것처럼—바다에 사는 박테리아를 그대로 닮았다는 뜻이 아니다. 인간이 바다를 반영한다는 뜻이 아니다. 중요한 것은 본

---

2009), 17.

**63** Ibid.

**64** Ibid., 52.

성들이 서로 얽히고 낯선 것과 서로 친밀해진다는 사실이다.[65]

『당신 안의 물고기』처럼 인간이 어떻게 바다로부터 진화했는가를 설명하는 것은 고정적이고 분리된 현대 인간이 정점에 이르는 자취를 추적하는 반면에, 헬름라이히는 바다라는 "미생물 유전자의 소용돌이"의 일부로써 인간은 미생물을 과거 현재 모두의 "파트너"로 만든다. 영역을 횡단하여 모두가 뒤엉키고 있음을 아는 것은 현재 진행되고 있는 물질적 내부 작용뿐만 아니라 인간을 "낯선" 다른 것으로부터 분리할 수 없다는 사실을 암시한다. 헬름라이히가 결론 맺듯이 이는 "인간을 다른 물질로 흠뻑 적시고"[66] 다른 생명체와 인간이 복잡하고 계속적으로 뒤엉켜있음을 드러내는 강력한 포스트휴머니즘이다. 그러나 나는 헬름라이히가 인용하는 한 과학자와 더불어 "우리는 유기체를 제대로 보지 못하고 있다"[67]고 우려한다. 해양 서식지의 생태에 대해서는 알려진 바가 거의 없다. 왜냐하면 연구하기가 어렵고, 재정 지원을 받지 못하기 때문이다. 하지만 헬름라이히는 "블루-그린 자본주의"blue-green capitalism (생태를 고려하는 자본주의, 역주)를 위한 완벽한 도구인 유전자 염기서열 분석gene sequencing 탓에 해양 미생물학자들이 "미생물 개체—혹은 세포군—를 연구하지 않는다… 유전학은 개체들만이 진화적으로 유의미한 단위인지 함축적으로 질문한다"[68]고 설명한다. 해양 생물이 멸종 위기에 처해있고, 해양 생태계가 붕괴 직전에 있다. 이때 블루-그린 생태계를 거대한 유전자 스프로 상상하는 것은 "우리"의 신체가 바다와 친밀하다는 사실을 극화하지만 어떻게 인간의 실천이 특정 생물체, 서식지, 생태계를 위협하는가를 추적하는데 참여하는 지식 유형을 만들어내지는 못한다. 나는 "생명을 디스크"로 번

65 Ibid., 284.

66 Ibid.

67 Ibid., 60.

68 Ibid., 53.

역하고, "생화학 정보"를 "디지털 코드"로 번역하기 위하여 해양의 유전물질을 발굴하려는 크레이그 벤터Craig Venter의 거대한 프로젝트를 칭송하는 영화인 『대양 코드를 해독하기』*Cracking the Ocean Code*를 비판하면서, 해양 생명이 특정 환경, 과정, 물질과 항상 상호 연결된 존재로 여기는 것이 더 유용하다고 주장한다.[69] 그러한 생각은 많은 것들을 매개하여 이뤄졌겠지만, 고립된 유전자 발견을 정점으로 삼아 이를 바이오-자본주의biocapitalism(인간 몸과 다른 비인간 생물로부터 유래하는 물질을 기본적으로 재평가하는 과정, 역주) 기획을 위한 단순한 소모품으로 삼는 것은 곤란하다. 대신에 그런 생각은 바다 생명체, 그들의 환경, 종의 생존에 대한 인류의 위협들 사이에 있는 상호 작용을 추적하면서 "뒤엉킴으로부터 더 큰 뒤엉킴"(라투르를 참고하여)으로 나아갈 수 있기를 바란다.[70]

스티브 멘츠Steve Mentz는 『셰익스피어의 바다 바닥에서』에서 바다와의 진화적 연결성을 환기하는 것이 그다지 유용하지 않다고 경고한다. "우리 눈 속의 액체가 바다 맛처럼 짜다는 사실을 기억하면서 염분이 있는 눈동자를 통해 세상을 보라. 세상의 대부분은 물이다. 그 물의 대부분은 소금이다. 물이 어떻게 생겼든, 우리를 어떻게 느끼게 하든, 우리의 몸이 어떻게 부풀어 떠오르든, 바다는 인간이 살 곳이 아니다… 오래 전에 우리는 물 밖으로 나왔다. 이젠 돌아갈 수 없다."[71] 멘츠가 주장하듯이, 네 발 척추 동물이 육지로 기어올랐던 때 그 이전의 깊은 진화적 과거에 대해 우리가 향수를 느낀다 해도 현재의 환경적 곤경에 대한 해답을 제시해주지 않는다. 더욱이 기원 서사는 바다를 고향으로 여기고 바다 생물을 친족으로 여김으로써 바다에 대한 관심을 환기할 때조차 타락 이전의 순수에 탐닉할 뿐이다. 기원 서사는 인간이

---

**69** Stacy Alaimo, "Feminist Science Studies: Aesthetics and Entanglement in the Deep Sea," in *Oxford Handbook of Ecocriticism*, ed. Greg Garrard (New York: Oxford University Press, 2014), 188-204.

**70** Ibid. The reference here is to Bruno Latour, *On the Modern Cult of the Factish Gods* (Durham, N.C.: Duke University Press, 2010), 61.

**71** Steve Mentz, *At the Bottom of Shakespeare's Ocean* (London: Continuum, 2009), 96.

놀라운 숫자의 해양 포유 동물, 새, 어류를 제거하고, 기름, 비료, 모피, 식량을 위해서 그들을 죽이거나 파괴적 트롤링, 태만한 데드존 생산, 투매, 천공, 개발을 통해서 그들의 서식지를 파괴함으로써 해양 생물을 학살하고 해양 생태계를 파괴했던 역사를 껑충 건너뛰고 있다.[72] 멘츠는 "간헐적으로 적대적인 세상과 함께 일한다는 좀 더 즉흥적인 이야기들"[73]이 필요하다고 주장하는 반면, 나는 세상 안에서 그리고 세상의 일부로서 인간 행동을 책임지는 횡단-신체적 분석이 필요하다고 주장한다. 버라드는 세상이 "내부 활동의 역동적인 과정"이며 그 역동적인 과정 안에서 관계를 선행하는 그 어느 것도 존재하지 않는다고 강조한다. 버라드는 "물질화"의 이중적 의미를 강조하면서 윤리학을 "안으로부터 그리고 생성 과정에 있는 세상의 부분임을 인지하는 내부적 행위"[74]로 정의한다. 횡단-신체성은 (포스트)휴먼을 세상의 내부 활동적 행위능력으로 인하여 항상 이미 일부가 되어 있는 존재로 규정한다. 바다의 횡단-신체성이 존재의 윤리적 양태가 되려면, 물질적 자아는 진화적 계보학이 완성된 자기충족적 산물일 필요가 없고, 오히려 세헌에 내한 시식과 실천을 세계-생성의 일부로써 수행하는 장소가 되어야 한다. 우리는 위험 사회에서 살기 때문에 횡단-신체성을 알고 실천하려면 평범한 시민도 과학 정보에 접근 가능해야 한다. 그러나 윤리적 실천으로써 횡단-신체성은 시민들이 자신의 건강에 위험한 정보—믿을 만하고 활용 가능한 방식으로 존재할지 모르겠지만—를 찾아낼 수 있어야 하고, 자신의 몸적 존재—음식, 연료, 특정 제품의 소비—가 다른 사람들, 다른 동물들, 서식지, 생태 시스템에 어떤 영향을 끼치는가에 대한 정보도 찾아낼 수 있어야 가능하다. 지구 인간의 몸이 해

72 특정한 어업이 특히 파괴적이라는 인식은 새롭지 않다. 캘럼 로버츠Callum Roberts는 트롤링의 역사가 영국에서 1376년까지 거슬러 올라간다고 본다. 그때에도 트롤링은 비판 받았고, 논쟁의 대상이었다. 누군가 왕에게 "원다이어차운" wondyrechaun을 사용하면 "공공의 영역에 큰 피해가 생기고 어업이 파괴된다" 고 불평하였다(*Unnatural History of the Sea*, 131-32).

73 Mentz, *Shakespeare's Ocean*, 98.

74 Barad, *Meeting the Universe Halfway*, 396.

양 생태와 어떻게 연결되는지 추적하는 것은 만만찮다. 하지만 환경 예술과 운동이 활발하게 진행 중이고, 아래에서 논의하듯이, 이들은 가장 평범하고 외관상 무해한 물체와 실천에 숨어 있는 물질적 행위능력을 극화하고 있다.

## 방사선, 수은, 플라스틱: 신물질론과 해양 액티비즘

슈빈이 주장하는 인간 진화의 수생적 기원은 유전적으로 만들어진 자족적 인간 몸에 대한 의학적 개념뿐만 아니라 전통적 과학 인식론, 즉 거리를 두고 이탈하는 인식론과도 연결된다. 레이첼 카슨의 서사가 광대한 시간과 대양의 범위를 횡단하여 진화적 친족감을 환기하면서 바다가 인간과 동떨어진 외계로써 분리되어 있다는 감각을 없애버리고자 할 때조차, 이런 신화적 이야기들은 결국 원시 역사이거나 비물질적 신화로 무시될 것이다. 그 이야기가 오늘날 생생한 인간 몸에 이르러 결론 맺더라도 말이다. 해양 기원 서사는 현재의 물질적 행위능력을 인정하고 인간의 책임과 취약함을 시인하지 않는 한 큰 중요성을 지닐 수 없다. 카슨은 자신의 책 『우리를 둘러싼 바다』의 출판 10년 후 당시 맥락에서 「원자력 시대」라는 서문을 추가하여 쓰레기와 방사능 폐기물을 버리는 것이 생명 자체에 재앙적 결과를 가져올 것이라고 경고한다. 카슨은 방사능 폐기물이 물의 움직임뿐만 아니라 살아있는 생명체를 통해서 전 지구의 바다에 널리 퍼질 것이라고 설명한다. "작아지는 유기체들은 정기적으로 광범위하게 수직으로 운동하면서 밤에 바다의 표면으로 올라가고 낮에는 깊은 물 속으로 내려간다. 그들에게 붙어있던 방사능은 그것이 무엇이든지 간에 함께 움직이거나 그들의 몸속으로 통합되어 버린다. 물고기, 물개, 고래와 같은 더 큰 동물군은 훨씬 더 멀리 이동함으로써 바다에 축적된 방사능을 퍼트리고 확산시킨다."[75] 카슨은 1950년에 처음 출판한 『우리를 둘러싼 바다』에서 "인간"이 "바다를 통제하거나 변화시킬 수 없다"[76]고 말하지만 10년 뒤엔 바다가 인간이 끼치는 해악으로부터 더 이상 안전하지 않다고 추정한다. 신화적 해양 기원 서사는 핵폐기물의 거대한 위협을 순화시키거나 망각하지 않고 오히려 확대한다. 카슨은 바다로 버려진 방사능 폐기물이 결국 인간의 몸 속으로 들어갈 잠재적 가능성을 스스로 추적하지는 않지만, 나는 이 책의 다음 장에서 우리가 우리 안에 어떻게 바다를 갖는지 개략적으로 설명할 계획이다. 더 나아가 카슨은 동물의 몸이 서로에게 스며들면서 취약할 뿐만 아니라 인간으로부터 파생하는 무시무시한 위협이 동물의 일상 움직임과 이동을 통해서 퍼져나가기 때문에 봉쇄는 불가능하다는 충격적인 사실을 깨닫게 만든다.

카슨이 살아있다면 태평양을 방사능으로 넘치게 했던 2011년 후쿠시마 원전 사고에 대해 무슨 말을 할까. 「우즈 홀Woods Hole 해양학 연구소」에 있는 「해양 환경 방사능 센터」는 일본으로부터 태평양을 건너 북미주 해변까지 방사능 바닷물의 움직임을 추적하는 시민 과학 프로젝트에 착수했다. 이 단체의 웹사이트는 우리가 보통 분리된 실체들—물, 유기체, 침전물—로 여기는 것들 사이에 내적으로 복잡한 활동이 이루어지고 있다고 설명한다. "과학자들은 후쿠시마의 훼손된 원자로에서 나오는 방사능 동위 원소가 바닷물, 해양 생명, 해저 퇴적물로 들어갔다가 다시 나오는 많은 경로를 추적하고 있다. 이 경로들은 개별 동물의 행위와 신진 대사, 해변과 공해open ocean의 복잡한 과정들, 개별 동위 원소들의 물리 화학적 특성에 의존한다."[77] 이런 이야기 후에 이어지는 "참치 이야기"는 태평양을 횡단하는 참치가 세슘-135에 오

**75** Carson, *Sea around Us*, xiii.

**76** Ibid., 15.

**77** "바다는 얼마나 방사능으로 가득한가?" 「우즈 홀 해양학 연구소」. 「해양 환경 방사능 센터」, http://www.ourradioactiveocean.org/.

염된 채 이동하는 지도를 보여준다. 마우스를 더 내리면 그 다음 칸은 방사능이 인간의 건강에 끼치는 영향을 설명한다. 이 웹사이트는 물, 해양 생물, 지구에 사는 인간 몸을 통해서 방사능이 흐르는 방식을 재현해준다. 여기에서 초점은 후쿠시마 재앙에 맞춰져 있지만, 그 재앙적 사건이 미국과 연관되는 맥락에서 "세슘-137은 원래 태평양 핵폭탄 실험에서 기원한다"[78]고 말한다. 그러나 이상하게도 그 웹사이트의 짤막한 동영상에 출연하는 과학자인 켄 부에슬러Ken Buesseler는 그 위험을 과소 평가하면서, 특정 인간들— 물론 엄청난 고통을 겪는 육상의 일본인들과 더불어 과도하게 오염된 물고기를 먹는 불특정 범주의 사람들—에게만 그의 관심을 제한한다. 그러나 어류 소비의 위험 수준이 표시되지 않는다는 사실을 감안하면 안심시키려는 그의 말은 다소 부정직해 보인다.

해양 보존 단체인 「블루보이스」BlueVoice.org는 인간, 돌고래, 고래가 독성인 수은과 유기 염소계 살충제의 영향에 취약하다고 강조하면서 횡단-신체적 환경 정치학의 전형을 보여준다. 『공유하는 운명』이라는 제목의 단편 영화에서 "블루보이스"의 공동 창립자인 하디 존스Hardy Jones는 자신이 어떻게 돌고래와 고래를 연구하고 보호하는 데 삶을 바치게 되었는지 설명한다. 아이러니하게도 돌고래와 그의 "기묘한 결속"은 완전히 물질적이다. 그는 이렇게 설명한다. "나는 결단코 상상해본 적이 없는 방식으로 내가 돌고래와 뒤엉키는 질병에 걸린 것으로 진단 받았다."[79] 존스는 돌고래가 먹는 동일한 물고기를 먹음으로써 만성적인 수은 중독에 걸렸다. 그는 또 골수종에도 걸렸다. 의사인 브라이언 루리Brian Lurie는 골수종은 돌고래에게도 영향을 주는데 돌고래가 "제2유형 다이옥신을 분해하지 못해서 위험에 처하게 되기" 때문이라고 설명한다. 또 루리는 "사람에게서도 동일한 종류의 일이 일어나는지 검

---

78 Ibid.

79 "A Shared Fate," dir. Hardy Jones (BlueVoice.org, 2008), http://www.bluevoice.org/webfilms_sharedfate.php.

토 중이다"[80]고 말한다. 화력 발전소, 살충제, 난연제는 결국 바다로 들어가 바다를 수은과 유기염소로 가득 채움으로써 해양 생명을 위협한다. 해양 동물을 먹는 사람들—예를 들면 돌고래를 먹는 인간들—은 몸 속에 들어가는 위험한 수준의 중금속으로 고통을 받게 된다. 아이러니하게도 돌고래와 고래가 중독에 심각하게 노출되었기 때문에 그들은 인간의 학살을 면할 수 있을지도 모른다. 『공유하는 운명』은 위험 사회에서 횡단-신체성을 인지하고, 과학적으로 도출된 데이터의 필요성과 과학적 실천, 정치학, 인간의 건강, 환경론 사이의 경계를 다시 설정하는 인식론을 깊이 새겨야 할 필요성을 보여준다.

신물질론이 환경 인문학을 포함하여 다양한 이론 영역을 가로질러 출현하면서 동시에 환경 운동과 실천은 물질과 물체가 의도치 않게 심란한 영향을 끼친다는 사실을 강조한다. 예를 들어 「태평양 쓰레기 더미 단체」(하와이와 캘리포니아의 중간에 위치하며 이 지역의 해양 플라스틱을 모으고 분석하는 단체, 역주)는 태평양 쓰레기 소용돌이의 규모를 묘사하는데, 이 쓰레기 더미는 "대략 텍사스 크기로 약 3백 5십만 톤의 쓰레기를 포함하고, 그 안에는 신발, 장난감, 가방, 고무 젖꼭지, 포장지, 칫솔, 병들이 잔뜩 들어있는데 너무나 많아서 셀 수도 없다."[81] 인간이 매일 쓰는 외관상 무해한 물건들이 바다에 둥둥 떠다니면서 악몽이 되고 있다. 인간이 일시적으로 사용하려고 만든 흔한 물건들이지만 그들이 지구를 영원히 오염시킨다는 인식은 그것들이 마치 초현실적인 악의를 지닌 물체처럼 보인다. 크리스 조단Chris Jordan의 놀라운 사진 시리즈인 「통로: 소용돌이가 주는 메시지」는 부패 중인 바닷새의 잔해와 그들이 삼켰던 플라스틱 조각을 보여 준다.[82] 이 끔찍한 사진에서는 부패하면서 "자연"의 일부가 되어버린 새의 조용한 갈색과 회색, 그리고 흔하지만 고집스런 소비주의의 잔해로 남아 괴이하게 다채로운 빛깔을 띠는 플라스틱—대체로 병

---

80 Ibid.

81 「태평양 쓰레기 더미 단체」The Great Pacific Garbage Patch. website. http://www.greatgarbagepatch.org/.

82 Chris Jordan, "Midway: Message from the Gyre," 2009, http://chrisjordan.com/gallery/midway/#CF000313%2018x24.

뚜껑—사이에 고통스러운 대조가 드러난다. 아이러니하게도 새는 훌륭한 환경론자처럼 썩어가는 몸이 있는 장소로부터 플라스틱을 취하며 그것들을 먹거나 새끼들을 먹이면서 플라스틱 조각을 "재활용"할 것이다. 병뚜껑 하나—인간에겐 별 거 아닌 물건—가 수백 년(수천 년?) 동안 새와 물고기를 계속 죽일지도 모른다. 인간의 평범한 물건이 공포스럽고 파괴적인 물건이 되는 것은 소름 끼친다. 이러한 결과는 괴이한 규모로 뒤범벅되고 확장됨으로써 작은 플라스틱 조각이 거대한 바다 생태계에 대혼란을 야기한다. 바다 포유류의 몸 속에서 수은이나 다른 화학 물질을 육안으로 볼 수는 없지만, 이러한 사진들은 횡단-신체성을 드러낸다. 즉 육상 인간의 소비주의에 침식 당한 동물의 몸에는 자연-문화적인 행위능력이 뒤엉켜 소용돌이치며, 평범한 육상의 삶과 해양 생태계는 서로 연결되어 있으며, 유해함은 균등하지 않게 배분된다.

제인 베넷Jane Bennett은 『생동하는 물질: 물체의 정치적 생태학』에서 "물질의 살아있음을 옹호하는" 이유 중 하나는 "죽어 있거나 완전히 도구화된 물질의 이미지가 인간을 오만하게 하고, 지구를 파괴하는 정복과 소비에 대한 우리의 판타지를 부추기고 있기"[83] 때문이라고 주장한다. 나는 이에 동의한다. 물질이 수동적이고, 불활성이고, 유순하기보다, 행위능력을 지녔다는 생각이 신물질론 이론의 핵심이다. 물건 이론의 특정 지류, 객체-지향 존재론, 추론적 리얼리즘, 신생기론new vitalism, 물질적 페미니즘은 특별히 포스트휴머니즘이거나 환경론적 지향을 가질 수도 있고 아닐 수도 있다. 하지만 물질적 생태비평은 이름 그대로 생태 시스템, 생물 다양성, 비인간 생명을 소중하게 여기는 폭넓은 환경 에토스의 일부로서 물질의 행위능력에 초점을 맞춘다. 서필 오퍼만은 「생태비평의 이론적 불만족」에서 "담론성과 물질성이… 관계적 접근 안에서 통합될 수 있는 비판적 관점을 진전시킬" 필요가 있으며,

83 Jane Bennett, *Vibrant Matter: A Political Ecology of Things* (Durham, N.C.: Duke University Press, 2010), ix.

"그러한 접근의 책임은… 인간과 비인간 시스템에 대한 폭넓은 생태 비평의 윤리적, 인식론적, 존재론적 관심들이 결국 동일하다는 사실을 잘 확인하는 것"[84]이라고 주장한다.

물질의 행위능력에 대한 관심은 학계에만 국한되지 않는다. 환경 운동가, 예술가, 실천가들이 물질과 물건이 끼치는 의도하지 않는 심상찮은 결과를 강조하면서 물질적 행위능력에 대한 관심이 다양한 영역을 가로질러 출현하고 있다. 실로 놀라운 "신물질론"이 녹색 운동의 하부 문화에서 고동치고 있다. 아마추어 환경 실천가들이 외관상 잘 보이지 않는 물질, 시스템, 물건들이 지닌 특이한 행위능력에 대해 깊이 생각하고 있으니까 말이다.[85] 기후 변화, 지속 가능성, 반독성 운동을 통해서 환경론은 우리의 몸적 존재가 근거리와 원거리 장소, 사람들, 동물, 생태 시스템의 건강과 존재론적으로 뒤엉켜있음을 이해하는 실천이다. 플라스틱에 반대하는 운동은 해변 지역뿐만 아니라 내륙 지역까지도 바다에서 급격히 증가하는 플라스틱과 연결한다. 플라스틱은 시간이 지나도 부패하지 않는다. 그런데도 1973년 발표된 플라스틱 오염에 대한 연구는 "플라스틱의 불활성적인 성질은 먹이 연쇄에 들어가 인간을 위협할 가능성이 적기" 때문에 플라스틱의 유해함이 "주로 미학적"[86]이라고 결론 내리는데, 이는 구닥다리다. 현재 알려진 바에 의하면, 플라스틱은 독성을 흡수하고 방출하며 해양의 먹이망 속으로 들어간다. "그린피스"는 플라스틱의 "사악한 꼬임"에 대해 경고한다. "플라스틱은 일종의 '화학 스펀지' 처럼 작용할 수 있다. 플라스틱은 전 세계 바다에서 발견되는 오염 물질 중에서 가장 해로운 물질인 잔류성 유기 오염 물질POPs을 농축한다. 그래서 이런 플라스틱 잔해 조각을 먹는 동물들은 모두 고도의 독성 오염 물질을 먹는

---

84 Oppermann, "Ecocriticism's Theoretical Discontents," 155.

85 환경 정의, 환경 보건 실천가들이 물질과 물체의 행위능력을 어떻게 이해했는가를 보려면 Alaimo, *Bodily Natures* 참조.

86 E. L. Venrick et al., "Man-Made Objects on the Surface of the Central North Pacific Ocean," *Nature*, January 26, 1973, 271.

것이다."[87] 플라스틱은 잘 보이는 큰 바다 생명체뿐만 아니라 원양 심해의 바다 생물을 포함하여 매우 작은 것들에까지 영향을 끼친다. 저서벌레benthic worm, 해삼, 크릴새우 같은 생명체들이 "작은 플라스틱 입자를 먹기 때문에", "독성이 실린 미세 플라스틱은 해양 생명에 또 다른 위협이 되고 있다."[88] 심해의 바닥 생명체는 위험을 감지할 수 있는 감각 기관에 더 이상 의존할 수 없다는 면에서 울리히 벡의 위험 사회는 바다 밑까지 영향을 끼친다. 바닥 생명체들이 알고 존재하던 방식은 그들을 둘러싼 생체 이물로 인해 이젠 불충분하다. 어떤 종도 이겨낼 수 없는 위험으로 가득한 인류세적 지구 행성에 사는 수많은 생명체는 위협을 식별하고 이에 적응할 수 있는 능력을 상실하고 있다.

게이 호킨스Gay Hawkins는 「플라스틱 물질성」에서 베넷의 이론인 "물체 파워"Thing Power와, 생기론적 물질주의 즉 "물체는 스스로 옹호할 능력을 지닌다"고 주장하는 이론에 기대어 비닐 봉지에 관심을 기울인다. 그는 "과학자들은 해양 생명체들이 비닐 봉지 때문에 질식한다고 지적하고, 환경론 활동가들도 비닐 봉지가 쓰레기 매립장에서 끝없는 내세를 누린다는 사실을 기록하면서 비닐 봉지가 무해한 일회용 용기로부터 파괴적 물질로 전환된다"[89] 고 말한다. 그러나 호킨스는 이런 방식으로는 비닐 봉지 자체에 대해 충분한 관심이 쏠리지 않는다고 우려하면서 "이 모든 일에서 봉지는 대체 어떻게 될까?"라고 질문하고, "봉지는 재분류될 수동적인 물체로만 보인다"[90]고 지적한다. 호킨스는 인간이 "플라스틱 물질이 지닌 정동적 밀도에 마음을 열지 않고 플라스틱의 윤리적 의지를 제거해버릴 때" "윤리학은 도덕주의로 변질된

---

**87** Greenpeace International, "The Trash Vortex," n.d., http://www.greenpeace.org/international/en/campaigns/oceans/pollution/trash-vortex/.

**88** Jocelyn Kaiser, "The Dirt on Ocean Garbage Patches," *Science*, June 18, 2010, 1506.

**89** Gay Hawkins, "Plastic Materialities," in *Political Matters: Technoscience, Democracy, and Public Life*, ed. Bruce Braun and Sarah J. Whatmore (Minneapolis: University of Minnesota Press, 2010), 119.

**90** Ibid.

다"고 비판한다. 그는 "비닐 봉지가 할 말을 할 수 있게"[91] 만들어줘야 한다고 주장한다. 호킨스는 비닐 봉지 사용 반대 캠페인과 끈적거리는 플라스틱과의 일상적 만남과, 『미국적 아름다움』이라는 영화에서 유명해진 부유하는 비닐 봉지를 분석한 후에, 빌 코놀리Bill Connolly의 개념인 "비판적 반응성"critical responsiveness을 옹호하면서 글을 맺는다. 또한 호킨스는 "비판적 반응성"을 이렇게 설명한다. 비판적 반응성이란 "인간을 행위능력과 변화의 주권적 원천으로부터 탈중심화하는 것이다. 즉 세상에서 행위능력이 작동하는 다수의 장소를 알아내고, 물질의 힘이 새로운 연대와 윤리학을 생성하는 데 어떻게 참여할지 관심을 갖는 확장된 정치학을 유도하는 것"[92]을 의미한다.

신물질론자로서 나는 "세상에 행위능력이 작동하는 다수의 장소를 발견함으로써 정치학을 확장시킨다"는 호킨스의 주장에 동의한다. 실로 횡단-신체성은 내부적으로 활동하는 물질의 행위능력을 인식함으로써 정치적/윤리적 영역을 확장하고 변화시킬 수 있다고 주장한다. 그런데 호킨스는 플라스틱 반대운동이 "비닐 봉지가 지닌 특이한 행위능력을 인정하지 않는다"고 본다. 즉, 플라스틱 반대 운동은 "비닐 봉지의 행위능력이 윤리적인 구성체에 참여하지 못한 채 인간의 의지로 통제되기"[93] 때문에 호킨스는 이를 비난한다. 하지만 나는 플라스틱이 어떻게 "윤리적 구성체"의 일부일 수 있는지 상상하기 어렵다. 확실히 비닐 봉지가 지닌 놀라운 물질적 행위능력과 효과는 정치적/윤리적 틀—핵심적 문제—을 넘어서지만, 그렇다고 해서 비닐 봉지가 스스로의 목소리, 관점, 권리를 지닌 실체라는 말은 아니다. 호킨스의 접근이 비닐 봉지가 지닌 물건으로서의 힘을 예리하게 설명하긴 하지만, 그는 봉지를 더 폭넓은 경제적, 정치적, 환경 시스템 안에서 일어나는 현상이기보다는 분리된 별개의 대상으로 여긴다. 이와 대조적으로 버라드는 "물질성이 야기하

---

91 Ibid., 12.

92 Ibid., 137.

93 Ibid., 126.

는 다양한 존재론적 뒤엉킴" 때문에 우리는 다른 존재에 대해 책임이 있다고 주장한다. 즉, 윤리학이란 "급진적으로 외부적이고/외부화된 타자에 대한 올바른 반응이 아니라, 살아있는 생성의 관계성 (우리는 그 관계성의 일부)에 대해 설명하고 반응할 책임에 대한 것"[94]이라고 주장한다. 우리는 물질의 내부 작용들에 말려들고 이들에 책임을 져야 하는 까닭에 윤리적으로 항상 곤경—수없이 많은 곤경—에 처한다. "내부 작용" 이론은 분리된 개별 물체들을 출발점으로 삼지 않는다. 대신에 "관계항은 관계에 선행하지 않음"[95]을 강조한다. 버라드는 특정 윤리적 실천이 어떤 결과를 야기할지 결정하기 위한 특정한 지침을 제공하지 않지만(제공할 수도 없지만), 그는 개별 물체들의 만남보다는 존재론적 뒤엉킴을 강조한다. 이와 관련해서 나의 횡단-신체성 개념은 몸, 물건, 대상을 분리된 실체로 강조하지 않는[96] 대신, (포스트)휴먼이 어떻게 물질적, 담론적, 경제적, 생태적, 생정치적으로 이미 항상 내부 작용의 네트워크와 시스템의 일부인지 추적한다.

호킨스는 비닐 봉지에 대한 자신의 접근 방식을 환경론적 캠페인의 도덕주의와 구분한다. 호킨스는 환경론적 캠페인이 비닐 봉지의 행위능력을 인정하지 않는다고 주장한다. 나는 신물질론적 이론이 환경론적 캠페인과 비슷하고 친하다고 본다. 버라드의 윤리학은 "살아있는—우리도 일부인—생성의 관계성"에 대해 책임을 지는 것인데, 일상의 물건이 지니는 놀라운 물질적 행위능력과 그것이 의도하지 않은 결과를 강조하는 캠페인도 포괄한다. 제프리 제롬 코엔은 "행위능력주의"agentism의 철학은 인본주의를 거부하는 액티비즘의 한 양태라고 주장한다. 즉 "행위능력은 잡다한 관계들 사이에 분배되어 있고, 꼭 미리 알 수 있는 것은 아니다. 관계망의 좌표를 따라 펼쳐지

94 Barad, *Meeting the Universe Halfway*, 393.

95 Ibid., 140.

96 다르게 말해서, 버라드의 행위주체적 리얼리즘과 나의 횡단-신체성은—환경론에 유의미한 방식으로—다른 물체 이론, 물체 파워, 객체-지향 존재론과는 다르다.

는 행위는 놀랍고 또 혼란스럽기도 하다. 이러한 행위능력주의는 액티비즘의 한 형태다. 비인간 존재들은 우리가 통제할 수 있는 소유물이 아니고 스스로 욕망과 의지까지도 소유하고 있음을 받아들일 때만 비로소, 우리는 인간 중심성이 출발점이 아니라 문제임을 인정함으로써 인본주의로부터 벗어나 환경을 이해할 수 있게 된다."[97] 활동가 단체들이 인간의 이데올로기, 신념, 행위를 변경하고자 시도할 때조차 통제 불능의 비인간 행위 주체들이 인간 중심성을 흔들기 때문에 사실상 이 궤적은 "비틀거린다"teeter. 예를 들어 「플라스틱 오염 연대」와 같은 활동가 단체들은 "플라스틱 오염과 독성 영향으로부터 자유로운 세상을 만드는 데"[98] 헌신하고 있다. 그들은 동영상과 예술품을 창의적으로 제작하여 흔한 소비품이 세상을 가득 메우면서 생겨나는 초현실적이고 끔찍한 결과를 증명하고 있다. 조나스 베나로흐Jonas Benarroch의 2분짜리 탁월한 동영상인 『비닐 봉지의 발라드』는 비닐 봉지가 주차장으로부터 날아가, 초원을 건너, 기차의 선로를 넘어, 경치 좋은 사막의 바위 위로, 길, 들판, 숲을 넘어, 마침내 아름다운 산 속의 호수에 가라앉아 보이지 않게 되는 과정을 따라간다. 발랄한 기타 음악에 맞춘 아이러니하면서도 로맨틱한 가사는 유랑자의 발라드, 자유롭게 떠도는 영혼, 「여행하는 빛」Traveling light(레너드 코언의 노래, 역주)을 연상시킨다. "그러나 그대, 나는 사슬에 매이지 않을 거야/이 영혼은 길들여지지 않아" "누구도 나를 멈추게 할 수 없어/그 무엇도 나의 쾌락을 파괴할 수 없어." 마지막 자막인 "플라스틱은 분해되지 않는다. 그 입자는 먹이 사슬로 진입하여 모든 유기체를 중독시킨다"[99]는 덜 명랑하다. 그 영화는 비닐 봉지가 독성을 방출하거나 동물의 소화 통로를 막히게 하면서도 비닐 봉지의 행위능력을 묘사하지는 않는다. 하지만 영

97 Jeffrey Jerome Cohen, "Introduction," in *Prismatic Ecologies*, ed. Cohen, xxiv

98 「플라스틱 오염 연대」(the Plastic Pollution Coalition) website, http://plasticpollutioncoalition.org/.

99 Jonas Bennaroch, "The Ballad of the Plastic Bag," YouTube, May 30, 2012, http://www.youtube.com/watch?v=vQdpccDNB_A&list=UUBpIShXI_KHhwUdup_yHoVg&index=5&feature=plcp.

리하게도 비닐 봉지를 방랑자에 비유하면서 이 불활성 물체의 행위능력과 "자유"를 극화하고 이 얇은 물건이 인간의 통제로부터 벗어난다는 사실을 강조한다. 그 동영상은 물건을 악마화하지 않는다. 대신에 비닐봉지를 자유롭게 방랑하고, 아름답고 쾌적하게 여행하는 모습으로 그리면서 보는 사람이 대리 만족을 느끼게 한다. 그러나 동영상은 장난스럽고 아이러니한 느낌으로 진행된다. 동영상은 우리에게 봉지의 관점을 경청해달라고, 실체로서 봉지에게 윤리적 관심을 가져달라고 요구하지 않는다. 동영상은 감정을 불러일으킬 수 있지만 아이러니는 그런 감정을 신뢰할 수 없도록 만든다. 하지만 영화는 자유 분방한 비닐 봉지가 심각하게 유해할 수 있다는 환경론적 메시지를 전달하기 위한 취지를 가지고 있긴 하다. 유머러스한 노래와 시각적 이야기가 끌어내는 쾌락이 있다고 해서 독성 있는 플라스틱 입자가 먹이 사슬에 들어간다는 결론의 메시지가 감춰지거나 줄어들지 않는다. 대신에 동영상의 아이러니한 쾌락은 지속 가능한 삶을 실천하는 환경 운동이 열정, 묘안, 유머, 활달한 비판으로 가득함을 보여준다. 동영상의 섬뜩한 경고에도 불구하고, 동영상의 굽이치는 쾌락은 로지 브라이도티의 "[오염의] 지옥과 세상에 대한 사랑을 위해서 지속 가능한 생성의 느긋한 윤리 감각"[100]과 비슷하다.

「플라스틱 오염 연대」가 승인하는 또 다른 동영상은 카트린 피터스Katrin Peters가 제작한 50초 패러디인 『플라스틱의 유혹』인데, 이 동영상은 외딴 해변의 로맨틱한 해산물 식탁을 보여준다. 남자는 사랑스럽게 여자에게 굴을 먹여준다. 여자가 다소 관능적으로 입을 열자 굴은 파란색 플라스틱 병뚜껑으로 변하고, 여자는 뚜껑을 맛있게 씹어 먹는다(그림 7).[101] 남자와 여자는 모두 다양한 빛깔의 플라스틱 쓰레기가 섞여 있는 해산물 접시로부터 음식을 먹으면서도 아무 것도 모르는 듯 행동한다. 두 남녀의 열정은 괴이한 식사로

100 Rosi Braidotti, *Transpositions* (Malden, Mass.: Polity, 2006), 278.

101 Katrin Peters, "Plastic Seduction," YouTube, April 6, 2012, http://www.youtube.com/watch?v=G4JvMwem7mc&list=UUBpIShXI_KHhwUdup_yHoVg&index=7&feature=plcp.

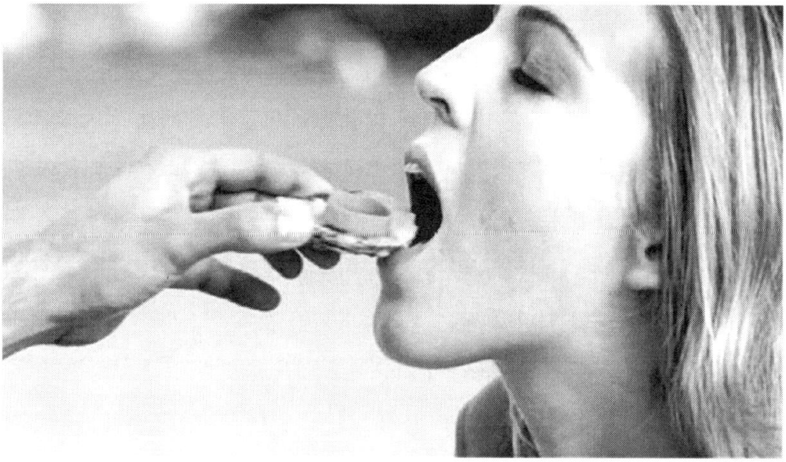

그림 7. 카트린 피터스의 "매일의 차이-변화를 위한 미디어" 광고

인해서 꺾이지 않지만(그들은 무대 밖으로 나가서 다른 종류의 신체적 쾌락에 탐닉한다) 카메라는 뒤로 물러나면서 남녀가 저녁을 먹고 있던 해변이 플라스틱 쓰레기로 가득 차 있음을 포착한다. 내레이터의 목소리가 "결국 그렇게 매혹적이지는 않습니다. 대세를 역전시키는 데 도움을 주세요"[102]라고 말하면서 동영상은 끝난다. 커플의 몽환적인 분위기는 플라스틱의 힘이 우리를 유혹해서 결국 행복에 넘치지만 무지한 소비주의로 나아감을 경고한다. 누군가 다채로운 빛깔의 플라스틱 병뚜껑을 굴처럼 먹게 되진 않겠지만, 인간이 먹는 거의 모든 "해산물"이 이미 바다의 먹이망을 침입한 놀라운 양의 플라스틱으로 오염되어 있음을 주장할 증거는 충분하다.

내레이터의 목소리는 "매년, 수천 톤의 플라스틱이 우리의 바다로 들어옵니다. 플라스틱은 바다에서 분해되지 않습니다. 시간이 지나면서 플라스틱은 작은 입자로 쪼개지고, 입자들은 스폰지처럼 주변의 물로부터 오염 물질

102 Ibid.

을 끌어들이고 고독성 화학 물질을 축적하여 해양의 먹이 사슬을 오염시킵니다"[103]라고 말한다. 『플라스틱의 유혹』은 횡단-신체성을 극화한다. 횡단-신체성 안에서는 인간이 생산하고 버린 놀랍게도 위험한 물체를 결국 스스로 소비하게 된다. 다채로운 빛깔의 플라스틱 조각들은 플라스틱과 더불어 다른 독성을 이미 함유하는 실제 접시 위의 해산물—식탁을 돋보이게 하기 위한 장식이 아니라—에 대한 환유가 된다. 이안 보고스트Ian Bogost는 『외계 현상학』에서 "우동이나 핵탄두 같은" "물건이 되는 것은 어떨까?"[104]라고 질문하지만, 『플라스틱의 유혹』은 똑같이 기묘해도 더욱 중요한 것을 주장한다. 즉 플라스틱 병뚜껑처럼 외관상 분리된 물체들도 어떤 면에서는 이미 우리 자신의 일부라는 점을 강조한다. 왜냐하면 인간이 먹은 음식은 플라스틱 바다와 존재론적으로 뒤엉켜있는 까닭이다. 낸시 투애나Nancy Tuana는 자신의 글 「점성의 다공성: 허리케인 카트리나 증언하기」에서 플라스틱이 어떻게 인간의 살에 침투할 뿐만 아니라 일단 어딘가에 자리를 잡으면 그곳에서 이상한 행위능력을 발휘하게 되는지 기술한다. 투애나는 플라스틱 쓰레기 소각으로 오염된 공기를 들이마시는 자신을 기술하면서 이렇게 말한다. "플라스틱 병의 구성물은 자연적인 내 살을 자연과는 다른 물질 구조로 변형시키는 행위능력을 지닌다."[105]

찰스 무어 선장Captain Charles Moore은 태평양의 거대한 쓰레기 더미를 발견하고, 연구하고, 널리 홍보한 사람으로 유명하다. 그는 외관상 무해한 물건이 지닌 유해한 행위능력을 강조하고 있다. 자신의 책 『플라스틱 대양: 바다 선장의 우연한 발견이 어떻게 대양을 구하려는 결연한 탐색을 시작했는가』에서, 무어는 플라스틱 시대가 "거의 알지 못하는 사이에 슬그머니 우리에게 다

---

103 Ibid.

104 Ian Bogost, *Alien Phenomenology; or, What It's Like to Be a Thing* (Minneapolis: University of Minnesota Press, 2012), 10, 30.

105 Nancy Tuana, "Viscous Porosity," in *Material Feminisms*, ed. Stacy Alaimo and Susan J. Hekman (Bloomington: Indiana University Press, 2010), 202.

가왔고" 한동안 "우리는 실제로 골치 아프게 느껴야 할 만큼 충분히 골치 아프지 않았는데 그 이유는 아직도 플라스틱 물질이 불활성이고 무해하며, 큰 손해를 끼칠 수 없는, 눈에 가시 정도로 생각했기 때문이다"[106]라고 고발한다. 그는 외관상 불활성으로 보이는 수조 안 물체들의 활발한 활동을 극화함으로써 플라스틱이 불활성이라는 가정에 이의를 제기한다. 예를 들어 생산 이전 플라스틱 알갱이인 "너들"nurdles은 "분배 시스템을 벗어나 야생으로 가서, 결국 막대한 양의 알갱이들이 수로와 대양으로 들어가게 된다."[107] 아이러니하게도, 너들이 "야생으로 간다"go feral는 사실은 환경론자들이 오랫동안 소중하게 여겼던 야생을 생각나게 한다. 왜냐하면 "야생은 전적으로 점령 당하거나, 통제되거나, 변형되거나, 제한되지 않은 곳, 인간의 효율적 활용의 지배에 순순히 순응하지 않는 곳이기 때문이다."[108] 아마도 틀림없이 플라스틱은 효율적인 지배를 위한 핵심적 물질인데, 이는 어쨌거나 지배로부터 벗어나 화려하고 무섭게 번성하고 배회하면서, 물질 세계에 대한 인간의 지배와 야생이라는 녹색 이상을 비웃는다. 무어는 우리를 둘러싸고 있으면서도 별로 주목하지 않는 플라스틱이 살아있는 물질임을 알리기 위해 이를 의인화하는 일을 계속한다. 그는 말한다. "플라스틱은 운동선수 같다. 이것은 달리고, 날아가고, 수영도 한다. 플라스틱은 여권도 없이 여행하고, 국경을 건너며, 문자 그대로 '어디든지 가는' 불법 체류자다. 플라스틱은 챔피온의 인내심을 갖는다."[109] 플라스틱을 불법 체류자와 비교하는 것은 매우 아쉽지만 무어는 인간이 물질과 물건을 감독하고 감금할 수 있다는 가정을 부정하고 일상의 물건들이 야생이 된다는 사실을 강조한다. "이 모든 병과 포장지, 우리

---

**106** Charles Moore, 카산드라 필립스(Cassandra Phillips) 공저, *Plastic Ocean: How a Sea Captain's Chance Discovery Launched a Determined Quest to Save the Oceans* (New York: Penguin, 2011), 73.

**107** Ibid., 51.

**108** Mick Smith, *Against Ecological Sovereignty: Ethics, Biopolitics, and Saving the Natural World* (Minneapolis: University of Minnesota Press, 2011), 97.

**109** Moore, *Plastic Ocean*, 66.

가 매일 쓰는 값싼 플라스틱 물건들은 결국 쓰레기장에 도착하여 품위있는 사회로부터 안전하게 분리된다고 생각하면 육지에서는 안심할 것이다. 그러나 여기 바다 한가운데에서 우리는 육지에서 도망쳐 나온 무리들을 발견한다… 제아무리 그것을 통제하고, 숨기고, 관리하려고 해도—그것은 우리를 비웃고 그것이 속하지 않아야 할 곳으로 간다."[110] 쓰레기가 의도적으로 우리를 비웃는다는 감정적 오류는 과학적이지 않지만, 플라스틱이 살아있다고 생각하는 무어의 방식은 플라스틱이—악의적이진 않아도—유해할 수 있음을 강조할 뿐만 아니라, 플라스틱이 해를 끼치는 물질적 행위능력이 있다는 느낌을 전달하려 애쓰고 있다. 무어가 바다를 정화하기 위한 탐색에 전문가를 처음 참여시키려고 할 때, 거대한 양의 쓰레기가 바다에 둥둥 떠다닌다는 사실만으로는 전문가의 관심을 불러일으키기에 충분하지 않다는 말을 듣고 그는 깜짝 놀랐다. "먼바다에 있는 플라스틱 쓰레기가 추할 뿐만 아니라 저 멀리에서 매우 불온하고 유해한 뭔가를 하고 있다는 확실한 느낌을 주어야 했다"[111]고 무어는 말한다. 그래서 시민-과학자로서 무어는 플라스틱이 무엇을 하고 있는지 증명하기로 했다.

비닐 봉지는 물 속에서 해파리처럼 보여서 거북이나 다른 생물을 헷갈리게 만든다. 무어는 플라스틱 알갱이가 바닷새의 먹이인 물고기 알을 닮았으며, 이 놀랍게 다양한 플라스틱 물질은 "해양환경에서 많은 종류의 먹이"[112] 흉내를 낸다고 설명한다. 플라스틱이 먹이와 닮았기 때문에 플라스틱 조각, 비닐 봉지, 플라스틱 물체들은 새와 거북이와 물고기와 바다 포유 동물에게 손짓하고, 유혹하고, 기만한다. 그는 플라스틱이 점령한 동물들이 당한 불행한 결과를 생생하게 보여준다. "우리가 만나는 많은 살파과(술병모양으로 부유생활을 하는 피낭동물, 역주)는 플라스틱을 안팎으로 가지고 놀면서, 색깔이 화려

110 Ibid., 84.

111 Ibid., 120.

112 Ibid., 176.

한 작은 플라스틱 조각들을 살파과의 투명한 조직 안에 장착시킨다."[113] 무어는 고래 부검에 관해 이야기한다. 그 부검은 고래의 내장 안에 들어 있는 "거의 6제곱 야드로 압축된, 쇼핑백 크기의 플라스틱 덩어리"를 보여준다. 또 다른 부검에서는 "스웨트팬츠, 골프공, 수술용 장갑, 작은 수건, 플라스틱 조각, 플라스틱 봉지 20개"[114]가 발견되었다. 또 다른 고래에는 45제곱 피트 정도의 조각을 포함하여 어업 잔해(버려진 유망ghost net)가 가득했다.[115] 그는 또 뱃속에 13개의 비닐 봉지를 가진 말리부 강치에 대해 말한다. 「해양 포유 동물 보호센터」의 수의사인 로렌 파머Lauren Palmer는 "도모이산domoi acid의 신경 독성이 평소에는 먹지 않았을 플라스틱을 강치가 먹도록 만들었다"[116]고 추정한다. 도모이산은 유해한 해조류의 꽃으로부터 나오는데, 이는 육지로부터 흘러들어가는 하수와 비료에 의해 유발되었을 것이다. 무어 선장은 불활성의 무해한 물건과는 거리가 먼 플라스틱이 바다에서 마치 "약탈자"처럼 행동하고 있음을 우리가 알아야 한다고 역설한다. "플라스틱은 어떤 면에서 '약탈자'로 여겨질 수 있을 것이다. 해양 거북이와 포유류, 기각류와 고래목의 어류들을 포획하는 '유령 어업'의 치명성을 감안하면 말이다. 플라스틱은 살아있는 유기체가 아니지만 마치 유기체처럼 행동하고 영향을 끼친다. 플라스틱은 해양 생물군계의 특성으로써 고려되어야 한다. 요즘 현실적으로 가장 부끄러운 것은 플라스틱이 어떤 면에서 인간의 대리인처럼 어류들과 헤엄치면서 해악을 끼친다는 사실이다."[117] 무어가 플라스틱을 약탈자로 규정하는 것은 플라스틱이 바다 생명체를 죽이고 여러모로 해양 생태계를 황폐화시키기 때문이다. 플라스틱이 "인간의 대리자"임을 강조하는 것도 강력한 수사학적 표현으로써 우리가 플라스틱을 우리 자신의 끔찍한 확장으로 상상하고,

113 Ibid., 85.
114 Ibid., 228-29.
115 Ibid., 230.
116 Ibid., 236.
117 Ibid., 253.

무책임하게 버려진 것들이 수면 위를 오르내리면서 막대한 유해함을 초래하는 물건임을 상상할 수 있게 만든다. 세레넬라 이오비노Serenella Iovino가 우아하게 표현하듯이, 쓰레기는 "세상에서 우리 존재의 이면이며, 가시화된 우리의 부재다."[118] 우리가 부재하는 곳에서도 플라스틱은 책임이라는 유령 그물 안에 우리를 얽어맨다고 무어는 주장한다. 아마도 플라스틱을 우리의 대리인으로 상상하는 것은 인간 중심적인 발상인지도 모른다. 왜냐하면 그런 비유는 플라스틱의 "길들여지지 않은" 행위능력과 인간의 통제를 넘어서는 능력을 감소시키기 때문이다. 그럼에도 불구하고, 그 비유는 개별 물건이 얼마나 놀라운 행위능력을 지니고 있는지를 포착한다. 하지만 그런 행위능력은 더 넓은 경제적, 산업적, 소비주의적, 생태적 시스템으로부터 출현하고, 그 시스템 안에서 작용한다. 우리는 항상 그 시스템의 일부이며, 산업화 시대의 인간은 그 시스템에 대해 책임져야 한다. 플라스틱은 스스로 제조하거나, 구매하거나, 배분하거나, 없어지지 않는다.

2006년 이래 파멜라 롱고바르디Pam Longobardi는 자신의『표류자 프로젝트』에서 세계 전역으로부터 플라스틱을 거둬들이면서 해변을 청소하고, 예술품, 설치품, 전시품, 지역 행사들을 만들어냈다. 그녀의 커다란 벽 설치물인「의도적 태만의 범죄」(BP를 위해서)는 "그리스, 하와이, 코스타리카, 멕시코만에서 떠다니던 해양 플라스틱 429점"으로 구성되어 있는데, 이는 플라스틱 오염을 기름 유출 재앙과 더불어 묘사하고 있다(그림 8). 그녀는 자신의 방법을 이렇게 설명한다. "나는 범죄 과학 수사관처럼 그 장소들에 접근한다. 범죄의 증거를 수집하고 확인하면서 플라스틱의 퇴적을 살펴보고 기록한다."[119] 이 설치는 예술적으로 구성된다. 모양들이 서로 평행을 이루고, 서정

---

118 Serenella Iovino, "Naples 2008, or the Waste Land: Trash, Citizenship, and an Ethic of Narration," *Neohelicon*, September 29, 2009, 6.

119 Pam Longobardi, "Crime of Willful Neglect (for BP)," 2014, http://driftersproject.net/blog/2012/07/06/drifters-project-works/crimeofwillfulneglect_bp_sm-2/.

그림 8. 파멜라 롱고바르디,
「의도적 태만의 범죄」 2014.
84 × 138 × 6 inches.

적인 시각 패턴을 형성한다. 예술가가 작품에 쏟는 관심은 보는 사람에게 영향을 미치는데, 그 중 가장 중요한 점은 그 물체들이 단지 쓰레기라서 아무도 책임을 지지 않았던 버려진 물건이라는 사실이다. 이제 그 물건들은 반응을 끌어낸다. 「의도적 태만의 범죄」(BP를 위해서)(2014)는 『한때 잃어버린 것을 이제 찾았네: 자연을 거스르는 범죄의 연대기』라는 전시의 일부다. 전시회의 제목은 역사적으로 동성애를 "범죄"로 보는 동성애 공포의 자리를 바다 생명을 해치는 유망과 같은 인공물로 대체했음을 의미한다.

플라스틱 오염을 전시하면서 자연을 거스르는 범죄를 떠올리는 것은 동성애가 오염이라는 위험한 암시일 수 있는 반면, 전시 자체는 정성스러운 배치로써 버려진 물건이 비천해서는 안 된다는 주장을 펼친다. 그럼에도 불구하고 정갈하게 정리되고 미학적으로 놀라운 물건들은 동시에 범죄의 증거이며 물질이다. 롱고바르디는 "검은 플라스틱은 가장 편재하면서도 가장 재활용하기 힘든 유형"이며, 물질 자체는 생태학적 범죄라고 지적한다. 그러나 물건의 색깔은 또한 기름에 뒤덮인 바다 생물과 새를 암시하기도 한다. 물방울처럼 생긴 작품 모양은 기름 방울, 바닷물 방울 혹은 인간의 눈물 방울을 떠올리면서 신랄한 동시성을 이룬다. 스테파니 레메나거는 『기름으로 살기: 세기의 석유 문화』에서 "세계의 부유한 곳에서 인간의 몸은 석유 자연-문화가 되었다"고 말한다. 심지어 "자칭 환경론자들조차 차를 몰고, 석유 기반 플라스틱을 사용하며, 아스팔트 위를 걸으며, 복합 폴리머로 이빨을 때우고, 기름으로 살아가기"[120] 때문이다. 기름, 물, 인간 슬픔의 모양인 물방울 안에는 외관상 무해한 물건이 들어있다. 그 물건들은 기름으로 만들어졌고, 기름으로 이동하는 산업 사회의 정상적인 생활 용품이다. 밝은 색의 조각 몇 개는 전체 작품에 생기를 더하지만, 그 명랑하고 밝은 에너지조차 인간의 정의와 일시적인

120 Stephanie LeMenager, *Living Oil: Petroleum Culture in the American Century* (New York: Oxford University Press, 2014), 69.

이해를 넘어서는 해로운 물질적 행위능력에 대해 이렇게 경고한다. "심해 재앙Deep Water Horizon Disaster은 범죄다. 이 범죄에 대해서는 아직 완전한 정의를 실현하지 못했다. 이 범죄의 피해는 미래에도 계속해서 나타날 것이다."[121]

이번 장은 바다 기원 서사로 시작했고, 이어 바다 오염의 괴이한 행위능력에 대해 말했다. 이제 오염으로 가득한 세계의 미래 비전으로 끝을 맺을 것이다. 마리나 저카우Marina Zurkow의 매혹적이고 화려한 애니메이션 동영상인 『교외 슬럼가』*Slurb*[122]는 인간, 게, 새, 빛, 젤리, 거대한 잠자리, 하이브리드 생명체를 그린다. 어떤 것은 인간의 몸과 개의 머리를 지니고 있는데, 그들은 인간의 몸과 물고기의 얼굴을 지닌 자와 함께 노를 저어가면서 울부짖는다. (이 책의 표지에 있는 동영상 정지 영상 참조). 스트리밍 박물관 웹사이트 상에서 이 동영상은 이렇게 설명된다. 이 동영상은 "1962년 발표된 J.G. 밸러드 J.G. Ballard의 선견지명이 담긴 소설 『익사한 세계』로부터 영감을 얻어 만들어졌"지만, "(모든 것이 하이브리드일지라도) 그 어느 것도 허구가 아니다"[123]라고 말한다. 예를 들어 물 속에 있는 젤리들은 바다가 젤리 비슷한 점착성 생물체로 넘쳐 난다는 과학적 예견을 참조한다. 이는 다른 종이 모두 멸종했기 때문이고, 어쨌거나 젤리는 오염된 물에서 생존할 수 있기 때문이다. 다음 장은 인류세의 바다와 해양의 미래를 논할 것이다. 그러나 여기에서 나의 목적을 위해 저카우가 인간과 인간처럼 생긴 몸을 남청색으로 그리는 이유를 설명하겠다. 그렇게 함으로써 저카우는 인간과 물을 시각적으로 연결하고 그들이 모두 수생 환경에 흠뻑 빠져있다는 사실을 암시하고자 한다. 인간 자신은 수생 동물일 뿐만 아니라 구경꾼이든 거주자이든 물에서 도망칠 수 없다. 대략 18분짜리 동영상으로부터 발췌한 6분짜리 동영상에는 마른 땅이 없

---

121 Longobardi, "Crime of Willful Neglect (for BP)."

122 Marina Zurkow, "Slurb," 6:00 excerpt from 17:42 (loop), color, animation and stereo sound. Music by Lem Jay Ignacio. Additional animation by Jen Kelly. Streaming Museum, http://streamingmuseum.org/slurb- 2009-by-marina-zurkow/.

123 "About" section of ibid.

고 심지어 화면의 틀 안에 어떤 하늘도 보이지 않는다. 생물체들이 빽빽하게 몰려있고, 이들은 물에 잠긴 빌딩의 첨탑, 반쯤 물에 잠겨 둥둥 떠다니는 자동차, 타이어 더미, 죽은 나무들, 다른 쓰레기가 나오는 장면들로 천천히 움직인다. 감동적인 음악이 지속적으로 흐르고, 인간과 하이브리드가 반복적으로 노를 저으며, 게는 활기차게 춤을 춘다. 이 모두는 종말 이후 생존한 자들의 일상을 묘사한다. 종말 이후 바다에는 해파리밖에 없고, 푸른blue살을 가진 인간들은 이제 더 이상 그들의 수생적 기원도, 인간이 물질 세계 안에 가라앉아 있다는 사실도 잊을 수 없다.

# 6장

# 산성에 잠긴 당신의 껍질

## 물질 속에 잠김, 인류세가 녹다

"인류세"의 "인류"는 누구인가? "인류"anthro라는 접두어가 지니는 외관상의 보편성은 과연 누구나 주체가 될 수 있음을 의미하는가? "인류세"라는 용어는 인간을 획기적인 종으로 호명하고 호도하지만, 인류세에 대한 몇몇 설명은 인간에 대한 익숙한 버전을 되살리기도 한다. 페미니즘 이론은 오랫동안 탈신체화된 이성적 주체인 "인간"man을 비판해왔고, 물질적 페미니즘은 폭넓은 물리적 세계와 인간 사이에서 일어나는 상호 작용과 각각의 내부 작용을 강조해왔다. 일방적인 행위능력을 부여받은 분리된 존재로서의 인간[남성]을 되풀이하는 설명에 대해 페미니즘 이론과 물질적 페미니즘은 대안을 제시한다. "인류세"라는 단어는 본래 지질학 용어라서 다른 생명체나 생물학적 과정은 전혀 없고 인간과 바위만 있는 육지를 상상하게 만든다. 그래서 산성화되는 바다, 인류세의 액체 지수liquid index는 전혀 고려되지 않는다. 껍질이 벗겨진 수십 억의 작은 생명체가 분해되어 재앙과 종말을 맞으며 해양의 먹이망에 영향을 주는데도 말이다. 이러한 수생 생명체를 생각하는 것은 "에코델릭"ecodelic[1] 탈동일시dis-identification를 유발하고 생각의 규모를 변화시킨다. 이러한 탈동일시는 "인류세"의 "인류"가 과거 무엇이었고, 지금 무엇이고, 미래 무엇이 되든지 간에, 인류세는 다수의 생물체를 고려해야 한다고 주장한다. 그 생물체들은 재구성될 수 없을 것이고 안전하게 피신할 수도 없다. 결국 녹아 없어지게 될 것임을 고려해야 한다.

## 인류세 시각

"인류세"가 공공 환경 담론의 핵심어인 "기후 변화"와 "지속 가능성"과 결합할 때, 인류세라는 새로운 범주는 너무나 익숙한 공식들, 인식론, 방어적 기획들—인류세의 복잡성에 대해 충분히 대응할 수 없는 지식과 존재 방식—의 목록에 포함되고 만다. 4장에서 논의했듯이, 보이지 않고, 표시되지 않는, 외관상 '관점 없는 관점'perspectiveless perspective은 기후 변화를 그냥 일반적인 지구 현상으로 만들어버린다. 예를 들어, 『전 지구적 지구관측 시스템들의 시스템』은 지구를 텅 빈 정보 서판, 과학적 창조 행위를 기다리는 텅 빈 무대로 기술한다.[2] 페미니즘, 특히 물질적 페미니즘과 포스트휴먼 페미니즘은 인류세 주체가 몰입하는 존재 인식론onto-epistemologies에 대한 대안, 경고, 대조점을 제공한다. 비판적 포스트휴머니즘은 '인간'을 일상적 착취를 허가하는

1 Richard Doyle, *Darwin's Pharmacy: Sex, Plants, and the Evolution of the Noösphere* (Seattle: University of Washington Press, 2011).

2 U.S. EPA, "Global Earth Observation System of Systems," 2009, http://www.epa.gov/geoss/fact_sheets/earthobservation.html. 이 이미지들은 지금은 내려진 듯하다.

개념적 장치로써 비판하지만, 인류세라는 개념은 호모 사피엔스가 지구를 획기적으로 변화시키는 탁월한 업적을 "성취"했다고 생각한다. 윌 스테판Will Stefan, 폴 J. 크루첸Paul J. Crutzen, 존 R. 맥닐John R. McNeil이 쓴 「인류세: 인간은 자연의 위대한 힘을 지금 압도하고 있는가?」는 "인간이 앞으로 수천 년 어쩌면 수백만 년 동안 주요한 지질학적 세력으로 남을 것이다"[3]라고 말하면서 글을 맺는다. 인간에게 책임이 있다는 괴로운 이 고백은 종의 오만함으로 포장돼 있다. 인간종은 이제까지 거대한 영향을 끼쳐왔기 때문에 앞으로도 상상을 초월하는 거대한 영향을 끼칠 테지만, 우리가 영향을 끼치는 "지구 행성"을 외부화시키는 까닭에 우리는 자신을 그 장면으로부터 소거하고, 인간의 행위능력이 비인간nonhuman 존재들과 몰인간inhuman 물질과 시스템에 폭넓게 뒤엉켜 있다는 사실을 무시한다.

자본주의적 탐욕을 탐닉하는 소수와 생존에 급급한 다수는 의도치 않게 생태 시스템을 망가뜨리고 종을 멸종시키는 결과를 낳게 된다. 일상적 소비 행위 및 모든 다른 행위가 빌어지는 실제 경세적, 기술적, 환경 시스템은 미학적으로 제작된 멋진 장관과는 영 딴판이다. 멋진 장면은 지형을 극적 장관으로 제작한 것인데, 바로 이것이 행위 밖에 있는 구경꾼에게 전달된다. 많은 이론, 과학, 예술이 인류세를 기술할 때 흔히 활용하는 관점이 바로 이것이고, 도나 해러웨이가 「상황적 지식」에서 비판하는 "신의 관점"이라는 인식론적 위치다. 인류세의 재앙이 다른 곳이 아닌 바로 이곳, 우리가 알고 있는 자연에서 벌어지고 있다는 사실(심지어 바다 밑바닥까지 인간에 의해 변모되었다는 사실)을 확실시하는 바로 그 순간, 아이러니하게도 "정복적이고 초월적인 시선," "영원한 비전의 시각," 표식 없는 탈신체적 관점이라는 "신의 책략"이 다시금 힘을 얻는다.[4] 그러나 외관상 영원한 관점은 많은 것을 배제한

3 Will Stefan, Paul J. Crutzen, and John R. McNeill, "The Anthropocene: Are Humans Now Overwhelming the Great Forces of Nature?" *AMBIO: A Journal of the Human Environment* 36, no. 8 (2007): 618.

4 Donna J. Haraway, "Situated Knowledges: The Science Question in Feminism and the Privilege of Partial Perspective," in

다. 클레어 콜브르크는 『포스트휴먼의 죽음』에서 "종으로서의 인간에게 세상을 열어 주었던 바로 그 눈으로 인하여 인간은 세상을 점점 더 근시안적인 관점 속으로 접혀지게 만들었다"[5]고 주장한다. 이상하게도 이런 인본주의적 근시안은 서로 접촉하지 않도록 거리를 두고 세상을 보는 시각적 비유로 나타난다. 그리고 이러한 이미지 속의 "세상"은 다른 종은 사라진 이상하게 생동감 없는 실체다. 마치 여섯 번째 대멸종이 이미 끝난 것처럼.

인류세에 대한 가장 일반적인 시각 묘사는 지구 행성으로부터 멀찌감치 물러서서 거대한 규모의 인류세적 충격을 강조하는 것이다. 앤드류 레브킨Andrew Revkin이 『뉴욕 타임즈』에 기고한 글인 「인류세 마주하기」는 어둠 속에서 황금빛으로 빛나는 거미 모양 사진을 제시한다. 사진에는 이런 표제가 달려 있다. "우주 비행사 도널드 R. 페티팃Donald R. Petitit은 국제 우주 정거장에 살면서 이같이 런던 사진을 찍었다."[6] 엘리자베스 콜버트Elizabeth Kolbert가 쓴 『내셔널 지오그래픽』의 이야기인 「인간의 시대」는 디스토피아적인 두바이 항공 사진으로 시작하는데, 생생한 아쿠아 수로는 완전히 황량한 갈색의 도시 풍경을 강조한다.[7] 『지구 백과 사전』은 "인류세"의 항목을 원통형(납작한 직사각형) 지도로 시작하면서 "인간의 전 지구적 영향을 증명하기 위해 밤의 지구"[8]를 보여준다. 『인류세 저널』이라는 블로그는 부제인 「사람들, 바위, 인류의 지질학」[9]에서 적어도 젠더화되지 않은 분명한 용어들을 사용하면서 시작하는데, 특히 애매모호한 "의"of와 함께 인류와 지질학을 서로 섞은

---

*Simians, Cyborgs, Women: The Reinvention of Nature* (New York: Routledge, 1991), 188, 189.

5 Claire Colebrook, *Death of the Posthuman: Essays on Extinction*, Vol. 1 (Ann Arbor, Mich.: Open Humanities Press, 2014), 22. 콜브르크의 책을 지나가듯이 인용한다고 해서 그의 책 내용이 쉽게 요약될 수 있는 것은 아니다. 멸종과 인류세 개념에 대해 콜브르크는 광범위하고, 대담하고, 어려운 작업을 함으로써 새롭게 출현하는 이 사유 분야의 탁월한 철학자다.

6 Andrew Revkin, "Confronting the Anthropocene," *New York Times*, May 11, 2011, http://dotearth.blogs.nytimes.com/2011/05/11/confronting-the-anthropocene/?_php=true&_type=blogs&_r=0.

7 Elizabeth Kolbert, "Age of Man," *National Geographic,* March 2011, http://ngm.nationalgeographic.com/2011/03/age-of-man/kolbert-text.

8 "Anthropocene," *Encyclopedia of Earth, September* 3, 2013, http://www.eoearth.org/view/article/150125/.

9 Owen Gaffney, "State of the Art," *Anthropocene Journal,* October 1, 2013.

「인류의 지질학」The Geology of Humanity이라는 부제가 있음에도 불구하고, 예컨대 "최첨단" State of the Art 포스팅이 보여주는 이미지들은 관람자를 광경으로부터 멀찌감치 떨어뜨린다. 더욱이 그 블로그의 배너 이미지는 마치 우주에서 보는 것처럼 지구를 보여준다. 북미주는 노랗고도 푸른 모세 혈관 같은 불빛으로 빛난다. "인류학자이며 데이터 비주얼라이저"인 펠릭스 파랑-데셴느 Félix Pharand-Deschênes는 그의 『글로바이아』Globaïa(과학과 예술을 통해서 지구 행성적 인식을 기르는데 헌신하는 비영리단체, 역주)의 웹사이트에 나오는 다른 유사 이미지들과 더불어 바로 이 이미지를 만들어낸 사람이다.[10] '인류세의 지형도'라는 페이지를 스크롤링하면 일련의 지구 이미지들이 나오는데, 각각은 길, 도시, 철로, 송전선, 해저 케이블이 만드는 패턴들을 보여준다.[11] 지구 행성을 가로 지르는 밝은 파란 선들과 희미한 금색 선들의 패턴은 광범위한 인간 거주, 거래, 교통망을 보여주고, 인간의 여행, 운송, 활동을 표시해준다. 그러나 바람과 조수와 조류, 새와 고래와 다른 생명체의 이동은 짙은 배경 속에서 지워져버린다. 비인간 행위능력과 궤적들은 보이지 않는다.

고래의 이동과 물류 수송로와 군사로가 겹치는 패턴을 보여주는 지도는 어디에 있을까? 군대와 기업이 만들어내는 소음이 고래가 사는 지역을 관통하여 퍼질 때 그 음향 패턴은? 혹은 보통 비행에 방해가 된다고 여겨지는 새의 이동 경로는? 인간 활동을 제외한 다른 모든 생물체의 움직임, 활동, 활력은 사라져버린다.[12] 인류세를 시각화하는 지배적인 장치에서 다시금 관람자는 시각화된 시스템의 바깥에서 편안한 위치를 즐긴다.[13] 이미 아이콘이 된

---

10 Ibid. 그 포스팅은 펠릭스 파랑-데셴느, 데이비드 토마스 스미스, 스테판 월터, 제이슨 드클레어 테일러, 래디카 굽타, 존슨 스톡튼, 나사의 랜셋 프로그램의 작품과 데이터 시각화를 게시한다.

11 "Cartography of the Anthropocene," *Globaïa*, 2013, http://globaia.org/portfolio/cartography-of-the-anthropocene/.

12 제이미 로리머Jamie Lorimer도 비슷하게 주장한다. 그는 스스로 명명한 "비인간 움직임"에 주목한다. "네트워크를 추적하는 것은 교차하는 선들을 지도화하는 것이다. 이 지도를 통해서 풍경은 다시 활성화되고, 그 지도에 의해서 풍경의 차이들이 위협받는다… 동물의 지도에 관심을 기울임으로써—코끼리, 곤충, 심지어 분자처럼 생각하면서—비인간 생명체가 인류세 행성의 신기한 생태 시스템에 거주하는 다양한 방식에 적응할 수 있게 된다." Lorimer, *Wildlife in the Anthropocene: Conservation after Nature* (Minneapolis: University of Minnesota Press, 2015), 177, 176.

13 니콜 스타로시엘스키Nicole Starosielski의 멀티미디어 프로젝트인 『부상』*Surfacing*을 보라. 이는 바다밑 케이블 시스

인류세의 이미지들은 인간 관람자들에게 아무것도 요구하지 않는다. 아무런 주장도, 관여도 하지 않는다. 그 이미지들은 위험과 피해와 고통을 보이지 않게 만든다. 독성과 방사능 지역은 보이지 않고, 기후 난민의 움직임도 보이지 않는다. 여섯 번째 대멸종의 지리학은 명확하지 않다. 관점은 대변혁과 참신함을 주장하지만, 이미 충분히 예견했던 바일 뿐이며 단지 안심시키고 있을 뿐이다.

『아츠토머』Artstormer 사이트는 데이비드 토마스 스미스David Thomas Smith의 사진을 A. 레브킨A. Revkin이 쓴 글과 함께 소개한다. "우리는 언젠가 인류세라고 언급될지도 모르는 시대로 진입하는 중이다. 이는 결국 우리 자신이 스스로 만들어 낸 지질학적 시대다."[14] 이 말에서 "우리 자신"이라는 소유격뿐만 아니라 인간의 단일한 행위능력을 주목해야 한다. 어떤 종류의 주체가 지질학적 시대를 생산할 수 있었단 말인가? 벳치 윌즈Betsy Wills는 고도로 조정된 데이터를 사용하여 지구의 이미지들과는 다르게 특별히 처리된 지구만 보여주는 사진들을 이렇게 소개한다. "이 작업은 인터넷 위성 이미지들로부터 항공 풍경을 찾아서 그로부터 수천 개의 디지털 파일을 합성한 것인데, 전 지구적 자본주의의 중심을 구성하는 복합적 구조에 대해 성찰한다. 이 작품은 기름, 귀금속, 소비 문화 정보와 과잉과 같은 산업체의 항공 풍경을 변형한다. 외관상 별 의미 없어 보이는 수천 개의 정보 코드 조각들이 융단의 매듭처럼 꿰매져서 거대한 장관을 보여준다."[15] 이 작품은 정말로 거대한 장관이다. 휘몰아치는 듯한 바로크 디자인이 눈을 사로잡는다. 이 디자인은 보는 이들이 시야를 확대하고, 작은 보정으로 풍경이 얼마나 거대한 지리적 규모로 증식할 수 있는지 깨닫게 한다(그림 9). 그러나 보는 이들은 세상에 푹 잠

템의 디지털 지도다. 그 지도에서 "사용자는 시그널이 되고 네트워크를 횡단한다." Starosielski, "Surfacing: A Digital Mapping of Submarine Systems," *Suboptic*, 2013, 3 참조. "서피싱"은 후에 논의될 것이다.

14 Betsy Wills, " 'Anthropocene': Ariel Photography by David Thomas Smith," *Artstormer*, March 15, 2013, http://artstormer.com/2013/03/15/anthropocene-aerial-photography-by-david-thomas-smith/.

15 Ibid.

겨있는 존재가 아니라, 초월적이고, 비신체적 관점으로 안전하게 이 거대함을 바라본다. 더욱이 이 풍경에서 나무는 있어도 생명은 없다. 이 풍경은 딱딱하고 납작한 표면을 지구 행성의 퍼즐 조각처럼 묘사한다. 이 풍경의 아름다움은 복잡함 속에 존재하는 질서와 대칭이고, 정교하고 복잡한 조작에 대한 욕망과 가능성이다. 미나 로이Mina Loy의 의견과 달리, 이 풍경들은 그 거대함에도 불구하고[16] 사물을 길들이고 있다. 왜냐하면 세상이 만화경처럼 묘사됨으로써 세상이 장난감처럼 손바닥 안에 잡힐 수 있기 때문이다. 그러나 스미스의 사진이 보여주는 초-대칭적 구조는 이중의 거울 이미지를 가지고 있어서 그 거울 안에서는 위쪽에 있는 모든 것이 아래쪽에서 그대로 반복되고, 왼쪽의 모든 것이 오른쪽에서 반복되고 있다. 이런 대칭 구조는 예견되는 반복 속에서 모든 것이 너무나 인간적이고, 모든 것이 너무나 구조화된 세상에서 숨 막히게 갇혀버리는 상황을 극화함으로써 지구를 변형시키는 인간을 함축적으로 비판한다. 스미스의 작업은 인류세의 문제를 요약하며, 작업의 미학은 정교한 대칭과 완성도를 가지고 유혹한다. 하지만 그의 작업은 궁극적으로 관람자를 경이로움이 결여된 장소에 가둬버린다. 작업이 지닌 시각적 쾌락이 유아론적 대칭 속에서 반복되기 때문에 미학적 쾌락은 그것이 비판하는 것과 동일하다. 1장에서 논의했던 환경론적 예술가인 패트리샤 조핸슨을 여기서 다시 초대하는 것이 적절하겠다. 그녀는 이렇게 말했었다. "우리 인간이 제한적인 일시 사용을 위해서 무자비하게 땅의 조각들을 변형시킴으로써 우리 인간은 점점 더 위협받으며 빈곤해지고 있다."[17]

---

16 "There is no Space or Time / Only intensity, / And tame things / Have no immensity." Mina Loy, "There Is No Life or Death," in *The Lost Lunar Baedeker: Poems of Mina Loy*, ed. Roger L. Conover (New York: Farrar, Strauss and Giroux, 1997), 3.

17 Patricia Johanson, Xin Wu, *Patricia Johanson and the Re- invention of Public Environmental Art*, 1958-2010 (Surrey, U.K.: Ashgate, 2013), 155. 재인용.

그림 9. 데이비드 토마스 스미스,
1000 크라이슬러 드라이브. 오번힐즈, 미시간, 미국. 2009-2010.

## 추상적 세력

인류세 개념은 지질학과 관련 있고, 그 단어 안의 "인류"는 획일적이다. 최근 생물리학적 실재는 인간과 자연을 서로 맞물리게 만드는 지질학적 변환뿐만 아니라 생물학적, 화학적 변환들이 수없이 교차한다는 사실을 포착함으로써만 접근될 수 있다는 사실을 고려한다면 인류세라는 개념은 단순히 "인간"과 "바위"를 등치시키는 이상한 표현이다. 인류세라는 개념은 자연과 문화의 대립을 무너뜨린다는 점에서 유효하긴 하다. 하지만 인류세라는 개념은 화학이나 생물학보다는 지질학에만 초점을 맞추고 물질을 외부화함으로써 지구의 변동으로부터 인간을 분리해버린다.[18] 디페쉬 차크라바티Dipesh Chakrabarty의 획기적 논문인 「역사의 기후」는 인간성에 대한 본질적인 질문을 던진다. 그 질문 중 몇몇은 인간의 종적 정체성, 물질성, 행위능력과 같은 개념과 관련된다. 그 논문에서 차크라바티의 첫 번째 주제는 "인간이 기후 변화에 책임이 있다는 설명은 '자연의 역사'와 '인간의 역사'를 따로 보는 오래된 인본주의적 구분이 붕괴되었다는 뜻"[19]이다. 차크라바티는 이렇게 인본주의적 구분이 붕괴되었다고 주장하면서도 인간이 생물학적 존재라는 사실은 유보한다. 그래서 살아있는 존재로서 우리 자신의 물질성은 우리의 거대한 지질학적 변동 속에서 사라져버린다. 그는 이렇게 말한다. "인간은 개인적/집단적으로 생물학적 행위주체agent다. 항상 그래왔다. 인간이 생물학적 행위주체가 아니었던 때는 인류 역사에서 중요하지 않다. 그러나 이제 우리는 지질학적 행위주체가 되었다. 우리가 역사적으로/집단적으로 상당한 숫자에 도달하고 지구 자체에 영향을 줄 정도로 큰 규모의 기술을 발명한 바로 그때 우리는 지질학적 행위주체가 되었다."[20] "생물학적 행위주체"라는 단어는 인간이

---

**18** 다음 절에서 인간과 바위를 하나로 얽어매는 놀랍게도 예외적인 상황에 대해 논의할 것이다.

**19** Dipesh Chakrabarty, "The Climate of History," *Critical Inquiry* 35 (Winter 2009): 201.

**20** Ibid., 206-7.

생물학에 근거하는 동시에 다른 생물체에 영향을 준다는 의미인 반면에, "지질학적 행위주체"라는 단어는 인간이 생물학적 실체들에게 [일방적으로] 영향을 끼침을 함축하도록 "생물학적 행위주체"라는 단어의 의미를 축소시킨다. 즉 "지질학적 행위자"라는 단어는 인간 자신이 생물체와 비생물체의 횡단-신체적 네크워크에 엮여있음을 함축하지 못한다. 더욱이 '생물학적 행위능력'과 '지질학적 행위능력'의 구분은 계속 유지되기 어렵다. 왜냐하면 생물학적이고 화학적인 변형이 복잡하고 혼란스럽게 [지질학적] 지구를 관통하기 때문이다. 그토록 많은 인류세 변동의 원인—거대한 탄소 방출—은 화학적 문제이며, 거대한 시간의 규모에서 보면 생물학적 문제이다. 화석 연료는 부패한 유기체로부터 나오기 때문이다. 『환경 과학과 기술 관점』에 발표된 얀 잘라시에비치Jan Zalasiewicz와 그의 동료들의 논문인 「인류세라는 새로운 세계」는 "풍경에서… 평범하게 눈에 보이는 효과"[21]보다 "훨씬 더 심각한 것"은 "전 지구적으로 인간의 활동에 끼치는 화학적, 생물학적 효과"이고, 여기에는 이산화탄소량의 증가, 해수면의 증가, 해양 산성화, 여섯 번째 대멸종이 포함된다고 말한다. 오로지 바위에만 전념한다면 인류세의 전 지구적 생물학, 화학, 지구물리학적 내부 작용과는 전혀 상관이 없는 분리와 통제라는 환상을 불러올 뿐이다. 그러나 차크라바티는 "자연"과 "인간"의 상호 작용을 새로운 패러다임 안에 종속시킨다. 그 패러다임에서 인간은 지질학적 세력이 된다. 그는 이렇게 주장한다. "이제는 더 이상 단순히 인간이 자연과 상호 작용하는 관계의 문제가 아니다. 인간은 항상 자연과 상호 작용해왔고, 이는 적어도 대부분의 서구 전통에서 인간을 상상하던 방식이다. 이제는 인간이 지질학적 의미에서 자연의 세력a force of nature이다."[22] 인간이 "지질학적 의미에서 자연의 세력"이 되었다는 차크라바티의 말은 인간이 "자연"과 하나되는

---

21 Jan Zalasiewicz, Mark Williams, Will Steffen, and Paul Crutzen, "The New World of the Anthropocene," *Environmental Science and Technology Viewpoint* 44, no. 7 (2010): 22-29.

22 Chakrabarty, "Climate of History," 207.

것처럼 보일 수도 있다. 그러나 "세력"을 추상적으로 형상화하면 인간은 탈신체화된 세력이 되어 변화하는 자연의 바깥에 서게 된다. 인간을 "세력"으로 생각하면 인간은 이상하게도 비물질적인 것이 되어서 삶의 급진적 위험성, 불확실성, 취약성이 사라져버린다. 또한 인간의 종적 정체성을 고려할 때 이러한 비물질성은 난국을 초래한다.

차크라바티의 네 번째 주제도 결국 난국에 봉착한다. 네 번째 주제 제목은 "'종의 역사'와 '자본의 역사'가 교차 부화cross-hatching하는 것은 역사 이해의 한계를 탐색하는 과정"[23]이다. 차크라바티는 가다머Gadamer에 기대어 "역사 의식"을 "자신에 대해 아는 것"으로 보고, 이를 "종으로서 자신을 이해하는 것" 즉 그가 스스로 불가능한 성취라고 주장하는 것과 대조시킨다. 그는 이렇게 쓴다.

> 이때 '우리'란 누구인가? 우리 인간은 자신을 결코 하나의 종으로 경험하지 않는다. 우리는 인간 종의 존재를 지성적으로 이해하거나 유추할 수 있을 뿐, 그것을 결코 경험하지 못한다. 종으로서 우리의 현상학은 있을 수 없다. 우리가 인류와 같은 단어와 감정적으로는 동일시할지 몰라도, 종이 무엇인지 알지 못할 것이다. 왜냐하면 종의 역사에서 인간은 다른 어떤 생명체와 마찬가지로 단지 종개념의 한 예에 불과하기 때문이다. 그러나 누구든지 개념이 되는 것은 결코 경험하지 못한다.[24]

나는 이 질문을 좀 간접적으로 제기해 보려 한다. 가다머를 떠나 틀을 확대하여 종 존재에 대한 다양한 종류의 이론과 관점을 고려해 보자. "우리는 누구인가"라는 질문은 항상 진행 중이고 아래에서 더욱 복잡해질 것이다. 반면 인간이 자신을 종으로써 경험해 본 적이 없다는 말은 틀렸다. 토착민들이 자신의 문화와 전통적인 생태적 지식 안에서 다수의 종이 사는 세계에서 인간이 된다는 것이 무엇을 의미하는지, 그 의미를 상세하게 설명하지 않았으

23 Ibid., 220.

24 Ibid.

리라 상상하기 힘들다. 엘리자베스 드라우리Elizabeth DeLoughrey는 「보통의 미래: 인류세에서 서로 다른 종들의 세계되기」에서 "우리 자신을 지질학적 행위능력으로 인식하는 것이 존재론적으로 이해 불가능하다는 차크라바티의 주장과는 다르게 기후 변화를 이해하는 대안적 양식"으로써 마오리족의 인식론을 제시한다. 드라우리가 묘사하는 마오리족 방식에서는 주체가 "지구적 친족망"으로 통합되고, 그 안에서 "앎과 존재는 구성되고 서로 연결된다."[25] 서구에서 다윈의 『인간의 유래』는 인간이 다른 생물체들의 조상과 친족으로 엮여 있다고 주장하는데도 이 책은 오히려 종 의식을 강화했다. 인간의 예외성은 과학보다는 종교에 기원을 두고 있다. 그런데 진화를 부정하는 [종교적인] 사람들조차 인간의 예외성을 주장하고, 예외성을 종의 정체성으로 이해했다. 현대의 환경 담론은 인간이 다른 종들 가운데 하나의 종이고, 모든 종이 같은 조상을 갖는 공동체이기 때문에, 인류세에서 더욱 분명해진 인간의 과실을 인지함으로써 윤리적 정치적 감각을 불러일으키려 한다. 종에 대한 인식은 다른 종들과 일상적인 관계를 통해서 생기는 것이 특징이다. 종은 확실히 개념이긴 하지만, 종이 가지고 있는 형태학만큼이나 실질적인 개념이다. 누구도 자신의 몸이 다른 살아있는 생명체와 비슷하거나 다르다는 사실을 알기 위해서 굳이 다윈을 읽을 필요는 없다. 자연사 박물관, 동물원, 텔레비전 프로그램 혹은 야생 동물이나 가축을 보게 되면 종 정체감은 단일하다기보다는 여러 종과의 관계 속에서 형성됨을 알게 된다. 전시 A에서 사람들은 자신의 손을 자연사 박물관에 전시된 고래나 돌고래 뼈 모형의 지느러미와 비교한다. 즉 뼈에 기입된 친족성을 확인하는 것이다. 도나 해러웨이의 『영장류의 비전』, 『반려종 선언』, 『종과 종이 만날 때』에서 그녀의 작업은 종과 종이 다양한 방식으로 만나서 관계를 맺는 현상을 증명하고 있다.

25 Elizabeth DeLoughrey, "Ordinary Futures: Interspecies Worlding in the Anthropocene," in *Global Ecologies and the Environmental Humanities: Postcolonial Approaches*, ed. Elizabeth DeLoughrey, Jill Didur, and Anthony Carrigan (New York: Routledge, 2015), 354.

이런 현상은 인간이 현 순간에 거주하는 체현된 존재이면서도 동시에 인간과 개의 공진화와 같은 거대한 역사적 서사를 상상할 수 있는 의식을 지닌 존재이기 때문에 이해 가능하다. 해러웨이가 말하듯이 "모두에게 진화적 시간은 이질적 규모로 발생할 뿐만 아니라 서로 다른 과정이 결합되어 수많은 리듬을 만들어내면서 함께 생성한다. 반려종은 일시적인데, 그 일시성을 통해서 생성 가운데 온갖 [연결] 가능성이 활성화될 수 있다."[26]

이름이 붙여 구분된 정체성과 주체성을 지닌 "남성"man 혹은 "인간"the human이라는 서구 개념의 바깥에 던져진 사람들이 어떻게 정체성 범주와 주체 지위를 변형시키고, 저항하고, 타협했는지, 이에 대한 연구가 수두룩한데, 누구도 "개념이 되는 것을 경험한" 적이 없다는 차크라바티의 주장은 이상하다. 페미니즘 이론, 탈식민주의 이론, 비판적 인종 연구, 그리고 문화 연구는 주체, 정체성, 범주, "여성" 같은 개념들 사이의 관계를 무수히 많이 설명해왔다. 예를 들어 "여성"이라는 개념의 경우, 가야트리 스피박Gayatri Spivak의 전략적 본질주의와 달리, 모니크 위티그Moniquc Wittig는 여성이 남성과 구조적 관계 속에 있기에 레즈비언은 여성이 아니라고 주장하기도 한다. "개념이 되기" 위해 필요로 하는 현란한 지적 작업은 두보이스W. E. B. Du Bois의 "이중 의식" 이론, 프란츠 파농과 호미 바바의 "흉내내기" 개념, 페미니즘의 "의식 고양" 실천, 주디스 버틀러의 "젠더 트러블"[27] 개념에서 찾아볼 수 있다. 한 라캉 이론가는 사람은 누구나 자신을 개념과 비슷한 무엇으로 항상 경험한다고 주장한다. 거울 단계는 간격과 모순에도 불구하고 자신을 일관성 있는 전체로 잘못 인식하니까 말이다. 이들 모두는 대체로 앎과 존재의 정치화된 형태의 개념이지, "순수"하거나 추상적인 종 의식이 아닌 것은 확실하다. 로리

---

**26** Donna J. Haraway, *When Species Meet* (Minneapolis: University of Minnesota Press, 2007), 25.

**27** W. E. B. Du Bois, *The Souls of Black Folk* (Mineola, N.Y.: Dover, 1994); Frantz Fanon, *Black Skin, White Masks* (New York: Grove Press, 1967); Homi Bhabha, *The Location of Culture* (New York: Routledge, 2004); Judith Butler, *Gender Trouble: Feminism and the Subversion of Identity* (New York: Routledge, 1999).

로완Rory Rowan은 이를 멋지게 표현한다. "인간anthropos은 선-구성된 정체성이기보다는 지구에서 미래 인간 존재의 용어를 정의하려고 투쟁할 때 정치적인 논쟁 대상으로 이해되어야 한다."[28] 로완의 "인간"은 정치적 투쟁 지형 안에서의 개념으로써 그 개념이 마땅히 있어야 할 곳, 즉 과학, 역사, 문화 정체성, 정치학이 동시에 교차하는 혼란스러운 공간에 위치한다. 궁극적으로 자신을 종으로 생각하는 것이 무엇을 의미하든지 간에 이는 지엽적 정체성이나 문화 개념들과 분리되기보다 밀접하게 연결될 것이다. 인간anthropos은 전체적으로 지엽적 맥락을 흐리는 이미지를 떠올림에도 불구하고 서구의 숭고한 자본주의적 인본주의와는 꽤 다른 종적 정체감을 불러일으킨다. 또 인간anthropos은 이 종에 속하는 모든 개체가 긴 진화 과정의 일부이고, 지구에 놀라운 영향을 끼쳤으며, 특정한 지리적, 사회적, 경제적, 정치적 매트릭스에서 분화된 환경적 취약성, 과실, 책임을 지니는 거주자라는 인식을 불러일으킨다.

차크라바티의 주장 중에서 가장 분개하게 만드는 것은 인간을 지구물리학적 세력으로 정의함으로써—이에 대해 아래 더 설명하듯이—사회 정의에 대한 관심을 배제한다는 사실이다. 이안 바우콤Ian Baucom은 차크라바티가 "상당히 놀랍게도 종 개념에 관심을 돌리는 것"에 주목한다. 차크라바티의 종개념은 "전체 생물학에서 인간 삶의 자유에 대한 새로운 사유이며, 선행 역사철학이나 가야트리 스피박이 포스트식민 이성의 실천이라고 부른 것 양쪽 모두에 명백하게 대립되는 보편주의적 종 개념이다." 바우콤은 또 "현재와 미래 다가올 기후 변화 재앙에 직면하여 자유는 더 이상 전 지구화하는 동일성의 힘에 대항하는 차이의 자유일 수 없다"[29]고 덧붙인다. 거대한 지구 환경 위기가 다른 모든 차이를 없애는 집단성을 요구하는 것처럼 보일 때 바우콤은

**28** Rory Rowan, "Notes on Politics after the Anthropocene," *Progress in Human Geography* 38, no. 3 (2014): 449.

**29** Ian Baucom, "The Human Shore: Postcolonial Studies in an Age of Natural Science," *History of the Present: A Journal of Critical History* 2, no. 1 (2012): 4.

문제의 핵심을 포착한다. 제이미 로리머Jamie Lorimer는 "중요한 작업이 증가하면서 명확하게 밝히듯이 지구에 영향을 끼치는 인간Anthropos에 대한 과학은 책임 있는 종이 되도록 호소하고 있으며, 적어도 인간의 남성 대표단을 소환한다. 지구의 행성적 변화에 대해 인간은 미세한 차이를 지니면서 노출되고 미세한 차이로 책임을 느끼게 된다. 그런데 일반적인 '우리'는 노출과 책임의 차이를 은폐하는 생명 정치학을 합법화한다"[30]고 말한다.

이 부분은 잠시 생각해 볼 필요가 있는데, 왜냐하면 과학 담론은 막연한 "객관성"을 통해서만 합법성을 얻기 때문이다. "인류세"라는 단어는 과학적 중립성으로 인하여 대중화되면서, 이 단어가 갖는 정치적 계보학, 특수성, 정체성과의 연관성은 지워진다. 위에서 논의한 인류세에 대한 시각적 묘사는 규모를 확장시킴으로써 인간의 실제 빈곤, 가뭄, 홍수나 이동은 보이지 않고, 관객은 연루되지 않으며, 누구도 기후 재앙이나 더디게 다가오는 폭력에 잠재적으로 영향받지 않는 것처럼 보인다.[31] 실비아 윈터의 작업은 너무나 복잡해서 여기에서 충분히 논의하기 어렵지만, 이 논쟁에 소중하다. 윈터와 캐더린 맥키트릭Katherine McKittrick 사이의 토론을 담고 있는 글인 「우리 종에게 전대미문의 재앙? 혹은 인간에게 다른 미래를: 대담」에서 윈터는 "우리"가 누구인가에 대해 차크라바티의 질문이 아니라, 대신 자크 데리다의 1968년 강의인 "인간의 종말"의 결론에서 제기한 똑같은 질문에 대해 이렇게 논평한다.

> 인간과 인간의 종말에서 '지시어-우리'referent-we는 인간 종으로서의 '지시

30 Jamie Lorimer, *Wildlife in the Anthropocene: Conservation after Nature* (Minneapolis: University of Minnesota Press, 2015), 3.

31 "느린 폭력"이란 단어는 물론 롭 닉슨Rob Nixon의 책 *Slow Violence and the Environmentalism of the Poor* (Cambridge, Mass.: Harvard University Press, 2011)에서 차용한 것이다. 닉슨은 "인류세의 거대한 종 서사"는 고통스럽고 아이러니하지만 "사회마다 연이어 인간이라는 개념이 경제적으로 붕괴되고, 풍요와 버림 사이에 거리가 더욱 벌어지는 때에 신뢰를 얻고 있다"고 지적한다. 그는 묻는다. "인간의 행위능력, 영향력, 취약성을 인식하는 데 큰 차이를 보이는 원심성 이야기들을 가지고 어떻게 지배적 서사의 구심력에 대항할 수 있을까?" "The Great Acceleration and the Great Divergence: Vulnerability in the Anthropocene," *Profession*, March 19, 2014, https://profession.commons.mla.org/2014/03/19/the-great-acceleration -and-the-great-divergence-vulnerability-in-the-anthropocene/.

> 어-우리'가 아니라고 그[데리다]는 함축적으로 말한다. 그러나 데리다는 프랑스 철학자들이 중산층 철학자로서 그들의 '지시어-우리' 인간2Man2가 인간성의 지평에서 '지시어-우리'와 동형이라고 가정해왔다고 말한다. 내가 여기서 말하려는 것은 위의 문제가 지구 온난화와 기후 불안정이 마주하고 있는 우리와 동일한 문제라는 것과 우리는 자유주의 단일 휴머니즘의 인간2의 '지시어-우리'의 종말을 인간성의 지평에서 '지시어-우리'의 거대한 인간 종말로 대체해야 한다는 것이다. [32]

윈터는 기후 변화에 대처하려면 "지식의 광범위한 변형"이 필요하다고 주장한다. 이 변형에는 인간을 규정하는 정의의 변형도 포함된다.[33] 이에 대해 윈터는 현란하게 독창적인 이론 작업을 통해 보여준다. 알렉산더 G. 웨헬리예 Alexander G. Weheliye는 이렇게 말한다. "지난 30년간 여러 형태로 진행된 윈터의 대규모 지적 프로젝트는 [보편적/추상적] 인간Man을 [구체적] 인간the human으로부터 분리하는 것이다. 그 목적은 이 영역으로 포착되지 않는 주체의 공간을 근본적으로 중요한 지점으로 활용하여, 그 지점으로부터 이제까지 없었던 인간 장르를 새롭게 발명해내기 위함이다."[34] [보편적/추상적] 인간man을 [구체적] 인간the human으로부터 분리하는 윈터의 프로젝트는 다양한 인간 "장르"가 거주할 수 있어야 함을 주장한다는 측면에서 인류세의 난제를

---

**32** Sylvia Wynter and Katherine McKittrick, "Unparalleled Catastrophe for Our Species? Or to Give Humanness a Different Future: Conversations," in *Sylvia Wynter: On Being Human as Praxis,* ed. McKittrick (Durham, N.C.: Duke University Press, 2015), 24. 윈터의 탁월한 작업을 이렇게 짧게 포함하지만, 윈터의 독창적인 개념들이 환경론과 페미니스트 과학 연구와 물질적 페미니즘과 충돌하는 여러 방식의 문제를 다 다루지는 못한다. 예를 들어 윈터 특유의 "생물 중심적인 것"biocentric과 다윈의 활용 문제는 여기서 다루기 힘들다. 윈터는 인간이 "순전히 생물학적 존재" 임을 비판한다. 대신에 인간은 "신화와 생물학"이 혼성된 존재라고 주장한다(34, 31). 나를 포함하여 비판적 포스트휴머니스트와 동물 연구자들은 비인간 존재들이 나름의 문화를 지니고 있음을 부정하는 인간 예외주의적 주장에 동의하지 않을 것이다. 예를 들어 윈터는 덤덤하게, "꿀벌처럼 완전히 사회적 곤충에 관한 한 꿀벌의 역할은 유전적으로 미리 규정되어 있다. 하지만 우리는 그렇지 않다"(34). 그런 경직된 구분은 포스트휴머니스트에게뿐만 아니라, 신물질론자에게도 문제적이다. 이는 생물학적 몸과 문화를 너무 선명하게 구분하기 때문에 문제적이다. 그들은 모두 내부적으로 서로 상호작용을 하고 있기 때문에 그렇게 구분될 수 없다. 심지어 유전학조차 더 이상 "생물학"에만 갇히지 않는다. 왜냐하면 후생 유전학이란 사회, 정치, 환경적 요소가 몸을 변형시킴을 의미하기 때문이다. 예를 들어, Shannon Sullivan, *The Physiology of Sexist and Racist Oppression* (Oxford, U.K.: Oxford University, 2015) 참조.

**33** Ibid.

**34** Alexander G. Weheliye, *Habeas Viscus: Racializing Assemblages, Biopolitics, and Black Feminist Theories of the Human* (Durham, N.C.: Duke University Press, 2014), 24.

포착한다. 즉 "인류세"를 위해 새로운 종류의 획일적 "인간"man이 필요하지는 않다는 뜻이다. 환경론, 환경 정의 운동, 기후 정의, 사회경제적 정의는 토착적 주권을 위한 투쟁과 더불어 명백히 인간을 구체적이고 지역적으로 형상화해야 한다. 이때 인간이 "인류세"와 연결될 수도 있고 아닐 수도 있다. 애나 칭Anna Lowenhaupt Tsing은 『마찰: 지구적 연결의 민족지』에서 "보편성은 내용과 세력을 주는 특수한 역사적 국면 내에서 효과가 있다. 우리가 뭔가에 참여하여 보편성을 실천하려면 그 국면의 양상은 구체적이어야 한다. 참여하는 보편성은 차이를 횡단하여 움직이고, 그들의 움직임을 통해 에너지를 충전하고 변화할 수 있게 된다. 마찰을 통해서 보편성은 실질적으로 유효해진다."[35] 보편성이 실제 현장에 참여할 때 인류세의 종 정체성은 막연하지 않고 상황적conjunctural이다. "인류세"가 어떻게 움직이고, 이 움직임은 어떤 마찰을 일으킬 것인가? 정치적으로 주조되고 상황적으로 특수한 개념인 인간anthropos이 사회 정의, 환경 정의, 기후 정의, 생물 다양성, 환경론을 위한 새로운 투쟁을 가능하게 만들 수 있을까?

차크라바티가 제기하는 가장 흥미로운 관심사 중 하나는 인류세가 인간을 "세력"으로 이해한다는 점이다. 그의 다른 관심사들에 대해서는 더욱 물질적인 인간 개념, 덜 일방적인 행위주체로서의 인간 개념을 가지고 문제 제기가 가능하다. 그는 이렇게 말한다.

> 그러나 만일 우리가 집단적으로 지구물리학적 세력이 되었다면 우리 집단의 존재 양태는 정의justice에 둔하다. 정의에 둔한 존재 양태를 "종"이든 다른 무엇으로 불러보라. 그러나 이 종은 실제적으로 존재하지 않고, 생물학을 넘어서며, 또한 우리의 존재론적 실체를 제한한다. 그래서 인간을 모순적인 용어들, 즉 지구물리학적 세력이면서 동시에 정치적인 행위주체로서, 권리의 담지자이면서 동시에 행위의 장본인으로서 볼 필요가 생겨나는 이유다. 즉, 인간은

35 Anna Lowenhaupt Tsing, *Friction: An Ethnography of Global Connection* (Princeton, N.J.: Princeton University Press, 2005), 8.

> 자연의 확률적 세력에 종속되어 있으면서도 (집단적으로 그런 세계 자체이면서도) 동시에 개별적 인간 경험의 우연성에 개방된 존재다. 또 인간은 서로 다르게 규모화된 지구와 생명과 종의 역사에 속하면서도 동시에 인간 사회의 역사에도 속한다.[36]

차크라바티가 종—생물학적 범주—은 "실제적으로 존재하지 않고" "생물학을 넘어선다"고 말하면서도 추상적인 "지구물리학적 세력"으로부터 "종"으로 옮겨가는 것은 안타깝다. 하지만 인간을 "동시에 모순적인 용어들"과 규모를 바탕으로 파악해야 한다는 견해에 나는 동의한다. 이것이 바로 환경 정의와 환경 보건 운동에 기반을 두는 나의 횡단-신체성 개념이 추구하는 바다. 로완이 주장하듯이, 인간anthropos을 화석화된 용어가 아니라 정치적인 논쟁 대상으로써 강조하게 되면 특정 그룹의 사람들이 지닌 차이를 고려하게 된다. 과실과 착취의 선을 따라서, 말하자면 석유 회사에 의해 땅을 파괴당한 아마존의 토착민을 석유 회사의 세금으로 혜택을 받는 사람들과 구분할 수 있게 되며, 자동차를 모는 미국의 중산층 시민을 해수면 상승 때문에 집에서 쫓겨나는 태평양 섬의 주민들과 구분할 수 있게 된다. 인간을 종으로 사유한다고 해서 경제 시스템, 환경 파괴, 사회적 불의를 분석하고 비판하는 것을 배제하지 않는다. 사실상 인간이 행위는 해도 행위를 당하지 않는 추상적 세력이라고 사유하는 것을 멈추고, 인간에 대한 횡단-신체적 개념, 즉 서로 다른 규모와 종류의 생물학적, 기술적, 경제적, 사회적, 정치적 시스템을 통해서 항상 생성되고 뒤엉키는 것으로 인간 개념을 변화시킬 수 있다면, 그런 종류의 인간—항상 물질적이고 항상 세상의 물질인 인간—은 사회 정의와 환경 실천을 위한 장소가 된다.

차크라바티는 「잔혹한 세력」에서 이렇게 말한다. "인간이 이 행성의 '지구물리학적 세력'이 되었다는 뜻은 주체/객체의 이분법으로부터 완전히 벗어

---

36 Chakrabarty, "Climate of History," 14.

나는 것을 의미한다. 세력은 주체도 객체도 아니다. 이는 단순히 뭔가를 할 수 있는 능력이다."[37] 페미니즘 이론, 과학 연구, 환경 이론은 자주 불활성으로 여겼던 물체가 이상한 작용 능력을 지니고 있음을 강조하면서 오랫동안 주체/객체의 이분법을 비판해왔다. 신물질론은 물질이 행위능력을 지녔다고 강조한다. 또 인간과 비인간 세계의 뒤엉킴과 상호 작용도 강조한다. 상호 작용하는 물질적 행위능력은 흩어져버려서, 추적하거나 경계를 짓거나 과학적으로 포착하는 것이 거의 불가능하다. 하지만 그렇다고 해서 행위능력이 증발해버리지는 않는다. 그러나 세력이 주체도 객체도 아니라는 주장은 앞서 말한 세력을 비물질화하는 듯하다. 사실상 인류세는 수많은 인간 활동들, 즉 평범한 물질적 존재로서 또 탐욕스러운 자본주의자와 식민주의자로서 참여하는 모든 인간 활동의 결과로 만들어진 것이다. 세력은 언뜻 보듯이 그렇게 추상적이지 않다. 왜냐하면 활동, 과정, 결과는 전혀 비물질적이지 않고, 신비롭지도 않다. 인간은 중력이 아니다.[38] 어쩌면 "세력"이라는 용어가 우리를 헷갈리게 만드는지도 모른다. 차크라바티는 이렇게 말한다. "세력은 사물을 움직이는 능력이다. 이는 순수하고 비존재론적 행위능력이다."[39] 단지 인간이 "지질학적 세력"일 때 그 규모가 너무나 거대해서 아주 작은 일상의 순간으로는 사유 불가능하다. "지질학적 세력"이 전혀 다른 실체임을 의미하지는 않는다. 그것은 규모의 문제지 종류의 차이는 아니다. 먹는 인간, 자신

37 Dipesh Chakrabarty, "Brute Force," *Eurozine*, October 7, 2010, http://www.eurozine.com/articles/2010-10-07-chakrabarty-en.html.

38 이 말에 대해 2014년 SLSA 학회에서 캐런 버라드가 비판한 것에 대해 감사한다. 내가 중력을 입자라고 가정하고 있다는 주장에도 감사한다. 그러나 중력은 존재한다면 그것은 입자이지만 질량이 없기 때문에 좀 혼동된다. 그래서 "인간은 중력이 아니다"라고 말함으로써 나는 인간을 추상적 세력으로 신비화하는 차크라바티를 비판하려는 것이다. 버라드의 작업을 포함하여 물리학을 조금 읽어 보면, 중력조차 비물질적 힘이 아닐지도 모른다는 점에서 심지어 중력조차 중력이 아니라는 생각을 갖기보다는 그냥 신비로 남아 있다. 버라드는 이렇게 말한다. "양자 중력이론을 만든다는 것은 양자 이론을 일반 상대성 이론에 어떻게 적용할지를 이해한다는 뜻이다. 이는 매우 어려운 것으로 증명되었다." 반면, 농업으로부터 자동차, 산성화에 이르기까지 인간이 인류세를 초래한 여러 방식을 증명하는 것은 어렵지 않다. Karen Barad, *Meeting the Universe Halfway* (Durham, N.C.: Duke University Press, 2007), 350. 물리학에 대해 얄팍한 내 이해로 인하여 버라드의 비판을 오해했을 가능성이 많다.

39 Dipesh Chakrabarty, "Postcolonial Studies and the Challenge of Climate Change," *New Literary History* 43, no. 1 (2012): 13.

의 집을 따뜻하거나 시원하게 만드는 인간, 전자 장치에 연결하는 인간, 자신과 상품을 운송하는 인간, 매일의 삶에서 화석 연료를 사용하는 인간, 환경 의식을 고려하거나 고려할 수 없는 인간, 이 모두는 궁극적으로 바로 소위 "비존재론적 행위능력"이라고 추정하는 것의 일부다. 더욱이 잘라시에비치와 동료들처럼 인류세를 다르게 설명하는 사람들은, 앞서 말했듯이, 인류세의 생물학적이고 화학적인 차원을 강조한다. 생물학적이고 화학적인 차원은 물질적 존재와 세상의 물질이 복잡하게 얽힌 상호작용과 동떨어진 추상적이거나 순수한 세력으로 보긴 훨씬 더 어렵다.

인류세는 [인간의] 행위능력을 일방적 행위의 "창시자"authoring가 아니라 상호 연결된 뒤엉킴으로 재사유해야 한다고 제안한다. 예를 들어 제시 르만Jessi Lehman과 새라 넬슨Sara Nelson은 「인류세 이후」에서 "지질학적 세력으로서 인간의 행위능력은 의도적인 행위를 할 수 있는 인간(1867년 마르크스가 건축가와 꿀벌을 비교하면서 묘사했듯이)의 독특한 능력으로 만들어진 생산품이 아니라 수많은 비인간 세력—주로 화석 연료—과 뒤엉킨 의도하지 못한 결과이다. 그러므로 인류세는 전통적인 행위능력과 의도성을 확장하고 동시에 급진적으로 훼손하기도 한다."[40] 유사하게 데릭 우즈Derek Woods도 「인류세를 위한 규모 비평」에서 "'종'이 지질학적 세력이라는 주장을 넘어서려면 배치체 이론이 필수적"이라고 주장한다. 즉 "인류세라는 규모 비평적 주체는 '우리 종'이 아니라 인간, 비인간 종, 과학 기술로 구성되어 지구인이 살 수 있도록 만들어진 배치체의 총체다"[41]라고 주장한다. 우즈의 주장은 인류세의 아이러니와 역설 중 하나인데, "현재는 지구인이 살 수 있도록 만들어진 배치체와 관련해서 인간이 힘을 상실하는 순간이다"[42]라고 제기한다는 점

40 Jessi Lehman and Sara Nelson in "After the Anthropocene: Politics and Geographic Inquiry for a New Epoch," *Progress in Human Geography* 38, no. 3 (2014): 444.

41 Derek Woods, "Scale Critique for the Anthropocene," *Minnesota Review* 83 (2014): 134.

42 Ibid., 140.

에서 신빙성이 있다. 그 말은 분명히 맞다. 왜냐하면 앞으로 수천 년 동안 파괴적인 효과를 지닐 과정이 이제 막 시작되었기 때문이다. 그러나 이 충격적인 무력감 앞에서 일부 인간 집단은 뭔가를 하려고 계속 시도할 것이다. 우리의 사유, 존재, 행동은 우리가 물질 세계에 깊이 잠겨있다는 정치적 인식에서 출발할 것이다. 어떤 작은 영역도 손해, 위험, 생존, 불의, 착취의 네트워크와 뗄 수 없이 연결되어 있다는 개념적 도전은 시간의 규모를 변화시키고 지구-자본가의 거대한 범위를 횡단한다. 개인 탄소 발자국 분석과 "일상적 미시적-실천"[43]과 같은 활동 실천은 인간을 지구물리적 "세력"으로 이해하려는 시도의 한 예다. 무엇을 알고 무엇을 실천하든지 간에 그 모두는 정치화된 양상이며, 탈신체적이기보다 [물질 세계에] 잠겨있고 우발적이다.

## 물질 세계 속에 잠겨 뒤엉킨 주체

인류세가 인간을 물질 영역으로부터 추출하고 차등적 책임과 피해를 모호하게 만든다는 설명이 일반적으로 통용된다. 이런 설명에 맞서기 위해서 나는 인류세의 주체는 세계 안에 잠겨있고 뒤엉켜있다고 생각할 것을 제안한다. 앞서 논의했던, 『글로바이아』Globaïa가 제공하는 '인류세의 지형도'라는 지도와는 대조적으로, 니콜 스타로시엘스키Nicole Starosielski의 멀티미디어 프로젝트인 『부상』*Surfacing*은 해저 광섬유 케이블 시스템을 묘사하면서 "사용자는 시그널이 되어 네크워크를 가로지른다"[44]고 표현한다. 사용자는 기술, 해양 공간, 지리학, 풍경, 역사 속에 잠겨있다. "당신은 해저 케이블로 해안으로 운반되어 그곳에서 시작한다. 당신이 서있는 곳으로부터 네트워크의 노드 사이를 뛰어넘으면서 당신은 태평양을 횡단할 수 있다. 당신은 시그널의 교환

---

43 Rosi Braidotti, *Transpositions* (Cambridge, U.K.: Polity, 2006), 278.

44 Starosielski, "Surfacing," 3.

을 감시하는 케이블 기지에서, 한때 네크워크의 허브였던 외딴 섬에서, 잠수함 시스템이 있는 거대한 배를 타고 수면 위로 떠오른다."[45] 이 시스템의 디자인은 조망적 시야를 얻거나 시스템 밖으로 벗어나려는 시도를 일부러 좌절시킨다. 왜냐하면 사용자는 항상 시스템 안에 자리잡기 때문이다. 사용자가 수면 위로 떠오르는 특정한 장소들, 즉 베트남의 붕따우나 타이티의 파페누 같은 곳을 찍은 사진은 인간적 규모, 즉 찍는 사람의 평범한 관점을 반영한다. 오레곤의 퍼시픽 시티를 찍은 사진은 그 사진을 보는 사람이 중장비를 작동시키는 노동자의 뒤에서 보도록 하고, 시추 현장의 오물은 바로 위쪽에 근접하여 바라보도록 만든다. 이렇게 아름답게 설계된 프로젝트는 명시적으로 인류세에 대한 것은 아니지만, 이 프로젝트는 전 지구적으로 건설된 시스템을 인류세의 상징으로 경험할 수 있도록 고무한다. 단, 전지적 위치가 아니라 잠겨있는 위치에서 경험하게 된다. 이 프로젝트는 초월적 관점의 재현으로 규모를 확장하기보다는, 대신에 규모를 변경하여 인간과 비인간의 행위능력이 상상적으로 만날 수 있도록 요청한다. 유사하게, 스타로시엘스키는 자신의 책을 이렇게 기술한다. "'해저 네트워크'The Undersea Network는 해저 케이블 시스템을 공간 극복의 벡터로 상상하지 않는다. '해저 네크워크'는 우리의 네트워크를 해저에 설치하고 복잡한 순환적 행위 안에 위치시킨다. 그래서 '해저 네크워크'는 역동적이고 유동적인 외부 환경과 상호 작용하는 도표를 그린다."[46] 그렇게 함으로써 '해저 네트워크'는 "전 지구적 네트워크의 기반 시설에 대해 낯선 풍경"을 제공하고, 이 풍경은 "지형을 사진으로" 보여준다. 그리고 "디지털 시스템에 대한 연구에 환경 의식"[47]을 재도입한다.

횡단-신체성을 지닌, [물질 세계에] 잠겨있는 주체는 인류세를 생물학적,

45 Nicole Starosielski, Erik Loyer, and Shane Brennan, "Surfacing," n.d., http://www.surfacing.in/. See also Starosielski's book, *The Undersea Network* (Durham, N.C.: Duke University Press, 2015).

46 Nicole Starosielski, *The Undersea Network* (Durham, N.C.: Duke University Press, 2015), 2.

47 Ibid., 2-3.

화학적, 기후 과정이 서로 뒤엉킨 것으로 이해한다. 이 모든 과정은 단순히 "자연적"인 것도 아니고, 인간의 의도로 관리될 수 있는 것도 아니다.[48] 횡단-신체적 주체는 신체와 장소를 가로지르는 통제 불능의 물질을 구별해내고, 추적하고, 극복하는 시민 과학자들을 포함하여, 환경 보건과 환경 정의 운동으로부터 출현한다. 주체는 늘 위험에 노출되고 뒤엉켜있는 세상의 행위능력에 종속된 물질적 존재인데, 이런 인식은 환경론적 포스트휴머니즘을 만들어내고, 몸이면서 마음인 우리는 순환하는 요소, 물질, 세력과 떼려야 뗄 수 없게 서로 연결되어 있음을 주장한다. 론다 즈윌링어Rhonda Zwillinger의 사진집인 『빼앗긴 자들』은 인류세의 횡단-신체적 거주를 보여주는 예가 될 수 있다.[49] 즈윌링어는 다중 화학적 민감성MCS을 가진 사람들이 어떻게 독성이 덜한 삶의 공간을 만들려고 노력하는지 기록하면서 사물, 가정, 사막이 혼란스럽게 뒤섞인 위협적이고 소비주의적 풍경 안에 인간이 함께 존재하고 있음을 보여준다. 어떤 사진에서는 한 여성이 간이 창고 아래 앉아 있는데, 집 안에 있음직한 물건들—침대, 컴퓨터 등등—이 실내도 실외도 아닌 하이브리드 공간에 어지럽게 흩어진 채 그녀를 둘러싸고 있다. 20세기 말 인간의 거주지에서 일상적인 물건들은 다양한 화학 물질에 민감성을 지닌 사람들에게 예상치 못하게 해로운 행위능력을 지니고 사람에게 침투하여 신체적 정신적 건강을 해친다. 즈윌링어의 사진들은 인류세의 규모 변화를 친밀하고, 손에 잡히는 일상적—철학적으로 추상적이기보다—경험으로 느낄 수 있게 해준다. 그 사진들은 가정에서 벌어지는 일들이 공산품의 생산, 소비자 사용과 폐기라는 유해 네크워크와 연결되어 있음을 상상하도록 요청한다. 그 사진들은 인간을 현장으로부터 제거하기보다는 신체와 장소를 관통하여 횡단하는 물질적 행위능력이 눈에 보이지는 않지만 상호 작용하는 흔적을 추적해 보

48 Stacy Alaimo, *Bodily Natures: Science, Environment, and the Material Self* (Bloomington: Indiana University Press, 2010).

49 Ibid.,119-25: Rhonda Zwillinger, *The Dispossessed: Living with Multiple Chemical Sensitivities* (Paulden, Ariz.: Dispossessed Project, 1998).

라고 관객에게 요구한다. 화학 물질에 민감성을 보이는 사람들MCS의 거주지로써 종종 꽉 막힌 임시적 거주 설비는 전 방향으로 방사하는 형태로 거대한 사막 풍경 속에 놓인다. 그래서 인간의 집을 오염된 야생 풍경과 연결한다. 즈윌링어는 유독한 인류세를 일상적이면서도 불길한 형태로 그린다.

콜브르크의 탁월하면서도 불편한 에세이인 「공생이 아니다. 지금은 아니다: 인류세의 기후 변화는 진정 인간적이지 않다」에서, 그는 "인류세가 보여주는 비유적이면서 비판적 진실이란, 되찾을 수 있는 순수한 지구라는 것이 없듯이 생태학이 인간man의 논리를 극복하려고 해도 그 논리 자체로 이미 오염되지 않은 생각은 어디에도 없다는 것이다"[50]라고 말한다. 구체적으로 콜브르크는 물질적 페미니즘과 페미니스트 포스트휴머니즘이 우연히 일치하는 최근의 이론적 전회를 가리키면서 "이러한 전회들은 몸, 물질, 역사성, 생태학, 실생활로 '되돌아'"가고 있으며, 이들을 "반발이나 마지막 헐떡임"[51]이라고 부른다. 콜브르크는 이렇게 질문한다. "만일 최근 살아있는 시스템에 대한 대항-데카르트적counter-Cartesian, 포스트-데카르트적, 혹은 반-데카르트적anti-Cartesian 형상들 모두가 (서로 연결되어 복합적으로 맞물려있는 살아있는 질서와 더불어), 사실상 인간man이 이론적 동물이고 근시안적이고 악의적으로 자폐된 기계이며, 그의 세계를 오로지 자신을 확고하게 만드는 존재로만 보는 자임을 회피하려는 방법일 뿐이라면 어떻게 하나?"[52] "횡단-신체성"이라는 나의 개념은 "살아있는 시스템"에 대한 반-데카르트적인 형상이면서 "복합적인 맞물림"을 의미하기 때문에 콜브르크의 주장은 뜨끔하다. 그런데 페미니스트인 콜브르크가 "인간"man이란 단어를 사용하는 것은 페미니즘 이론이 "이미 오염된" 사유 안에서 기능할 때조차 어쨌거나 "근시안적이고 악의

50 Claire Colebrook, "Not Symbiosis, Not Now: Why Anthropogenic Climate Change Is Not Really Human," *Oxford Literary Review* 34, no. 2 (2012): 198-99.

51 Ibid., 193.

52 Ibid.

적으로 자폐된 기계"인 남성man이 생산한 사유로부터 떠날 가능성을 의도적으로 고려하는 것은 아닌지 궁금하다. 콜브르크가 말하는 '오염'이 이런 종류[환경 오염]은 아니지만, 나는 자폐적 세계 이론에 대한 대안으로써 다수의 화학 물질에 민감성을 지니는 사람들의 횡단-신체적 존재-인식론을 제시하고자 한다. 왜냐하면 화학 물질에 민감한 사람들은 물질의 행위능력을 내부에 새겨 그것들을 결코 외부에 있는 것으로 상상하지 않기 때문이며, 자아와 세상이 서로 뒤엉키는 정확한 방식을 경험적으로 또 이론적으로 이해할 필요가 있음을 알기 때문이다.

독성이 신체와 환경을 통해 어떻게 순환하는가를 개념화하는 것은 인문학자와 예술가가 인간과 딱딱한 바위가 뒤엉켜있다는 사실을 개념화하는 것과는 또 다른 문제다. 지질학적 변화에 관심을 지니고 참여하는 인문학자들과 예술가들은 친밀하고 생산적인 방식으로 참여의 규모를 확장한다. 예를 들어 『돌: 비인간의 생태학』에서 제프리 J. 코엔은 이렇게 말한다. "이 책은 가장 평범한 물질에서 생동감을 찾아내려고 시도하는 일종의 사고 실험이다. 돌은 차가운 것, 무심한 것, 둔한 것을 비유함에도 불구하고, 돌은 묘한 활달함, 친근한 광물이 지닌 위험스러운 부드러움을 드러낸다." 코엔은 중세와 현대 이론의 생태 물질론ecomaterialisms을 분석하면서 "인간과 돌의 뒤엉킴"을 제시하고, 돌은 "생물과 광물 영역을 구분하는 경계를 파괴한다"[53]고 말한다. 『지금 지질 시대 만들기: 현대 생활의 물질적 조건에 대한 반응』의 편집자들은 "지질학적 전회"를 "실제적 사건성event-ness, 변화, 세력에 노출되거나 이에 본능적으로 반응하는 것"[54]으로 정의한다. "지질학적 전회"를 한다는 것은 "사회 기반 구조, 공동체, 상상력을 새로운 규모—심층적 시간, 세력, 물질성의 규모—로 재조정하는 것을 수반한다… 지질 시대는 단순히 풍경이나 파노라마

53 Jeffrey J. Cohen, *Stone: An Ecology of the Inhuman* (Minneapolis: University of Minnesota Press, 2015), 6, 62.

54 Elizabeth Ellsworth and Jamie Kruse, eds., *Making the Geologic Now: Responses to Material Conditions of Contemporary Life* (Brooklyn, N.Y.: Punctum Books, 2013), 152.

가 아니다. 우리는 지질 시대에 거주한다"[55]고 말한다. 그리고 지질시대가 우리 안에 살고 있다. 일라나 할페린Ilana Halperin은 "지질학에 대한 깊은 애정"을 지닌 예술가인데, 그의 에세이 「자전적 흔적인 화석」에서 그는 "생물학과 지질학의 경계가 어떻게 희미해지는가"[56]에 대해 쓴다. 할페린은 쓸개와 신장에 있는 돌과 같은 "신체 돌"을 언급하면서 이렇게 말한다. "몸 안에 있는 각각의 돌은 생물학적 실체지만, 일단 몸 밖으로 나가면 그것은 지질학의 영역에 속한다."[57] 캐스린 유소프Kathryn Yusoff도 '지질학적 전회'를 옹호한다. 그의 '지질학적 전회'는 "생물학적(혹은 생정치학적) 삶뿐만 아니라 지질학적(혹은 지질정치학적) 삶을 인류세에서 주체화의 양태에 중요한 것"으로 받아들인다. 유소프는 스스로 명명한 "지질학적 삶", 즉 "최근까지 사회 사상에서 이론화되지 않은 채 남아있는 인간을 구성하는 광물적 차원"[58]을 탐색한다. 스테파니 레메나거는 『기름으로 살기: 미국 세기의 석유 문화』에서 인류세에서 거주하는 느낌, 즉 물질세계에 밀접하게 잠겨있는 불쾌한 느낌을 기록하면서 박물관, 사진, 문학, 기타 예술 작품을 탐색한다. 그리고 이렇게 말한다. "우리는 자신을 현대인으로 경험하고 무엇보다 특히 매일 기름 속에서, 기름 안에서, 기름을 숨 쉬며, 기름을 우리의 감각에 새기면서 살아가는 현대 미국인으로 경험한다. 그 관계는 의심할 여지 없이 매우 깊다."[59] 이 프로젝트들은 제각각 다르지만, 그 어느 것도 인간을 세계로부터 빼내지 않고, 대신 인간을 돌과 비인간—에너지, 물질, 지질시대의 시간성—과 뒤엉켜있는 존재로 개념화한다.

---

**55** Ibid., 25.

**56** Ilana Halperin, "Autobiographical Trace Fossils," in *Making the Geologic Now*, ed. Ellsworth and Kruse, 156.

**57** Ibid.

**58** Kathryn Yusoff, "Geologic Life: Prehistory, Climate, Futures in the Anthropocene," *Environment and Planning D: Society and Space* 31, no. 5 (2013): 780.

**59** Stephanie LeMenager, *Living Oil: Petroleum Culture in the American Century* (New York: Oxford University Press, 2014), 6.

## 산성에 잠긴 당신의 껍질: 인류세가 녹다

코엔, 유소프, 레메나거, 또 다른 사람들이 돌, 지질학적 삶, 석유 문화에 대해 펼치는 생생하고 생산적인 사유에도 불구하고, 나는 인류세에 대해 다른 종류의 비유적 표현figuration을 제시하고자 한다. 이는 육생보다 수생에 관련된 표현이다. 인류세에서 바다를 생각하는 것은 중요하다. 왜냐하면 해양의 생태 시스템이 심각하게 위험에 처했기 때문일 뿐만 아니라 바다의 공시적 깊이와 넓이가 인류세의 통시적 규모에 맞먹는 일종의 무한한 거대성을 보여주기 때문이다.[60] 한때 심해는 육생의 시간이 남긴 "살아있는 화석"을 보유하고 있는 것으로 여겨졌지만 사실상 심해는 춥고, 어둡고, 무거운 물 안에서 육상보다 느린 속도로 살아가는 바다 생물의 서식처다. 특히 "신과 같은 조망적 시야"God's-eye view를 당연시하는 평평한 지구 지도 형태는 바다의 깊이를 표현해낼 수 없다. 우주로부터 지구를 보면 그저 바다의 표면만 드러난다. 3차원의 깊고 깊은 바다를 고려한다면 이 거대한 2차원 수평의 공간은 전적으로 무시할 만하다. 누군가 바다를 이해하려면, 바다를 초월하기보다 바다 아래로 깊이 내려가야 한다.[61] 지식, 과학, 경제, 그리고 권력이 뒤엉켜있음을 보여주는 고도로 매개된 환경 속으로 깊이 침잠해야 한다. 인간이 지구 행성이라는 지구물리학적 땅덩어리를 변질시키는 것을 장관Spectacle으로 묘사할 수 있겠지만, 대기의 이산화탄소 함유 수준처럼 바다 온도의 상승과 산성화는 이미지로 직접 묘사할 수 없기 때문에 과학적으로 포착하고 창의적으로 묘사해야 한다. 바다의 깊이는 납작한 육지 지도로는 표현될 수 없고, 납

60 인류세 바다를 표현하는 비유를 보려면 드라우리의 "Ordinary Futures"를 참고. 그 글은 뉴질랜드 마오리 작가인 케리 흄Keri Hulm의 사변 소설을 심해 바닥 광산의 관점으로 읽으면서 이렇게 말한다. "우리는 흄의 해양적 상상체를 'Foreshore'와 "Seabed Act"가 주장하는 국가적 관점을 불안하게 만드는 문화적 정치학과 연관하여 읽어야 한다. 흄은 바다에 가라 앉았다가 떠오르는 평범한 행위를 통해서 바다와의 관계를 서사적으로 상상한다. 그의 서사는 인류세에서 해수면이 상승하는 것에 대한 상호-종적 해석학이다." (367)

61 Stacy Alaimo, "New Materialisms, Old Humanisms; or, Following the Submersible," *NORA: Nordic Journal of Feminist and Gender Research* 19, no. 4 (2011): 280-84 참조.

작한 지도에서 인간은 멀찌감치 유리된 관객이 되고 만다. 해양 과학자는 [대상과 거리를 두는] 객관성과 지배라는 서구 과학의 주요 모델에도 불구하고 깊이로 침잠해야 한다.[62] 물의 속성 자체가 분리가 아니라 가라앉기를 강력히 요구한다. 잠수부들이 탐색하는 밝고, 깨끗하고, 야트막한 물에서조차 가시성은 거저 확보되지 않고, 거리를 둔다 해도 최적의 시야가 보장되지 않는다. 바다에서는 지구가 다양한 종들이 물질적 환경의 일부로 살아가는 장소임을 느끼게 된다. 인간의 활동이 바다의 화학적 구성, 온도, 알카리성을 바꿀 때 해양 생물도 변화한다.

레슬리 에반스 오그든Lesley Evans Ogden은 2013년『생명 과학』에 발표한「산성에 잠긴 해양 생명」에서, "해양 산성화"라는 용어는 2003년에 처음 만들어졌지만 산성화 문제는 2003년 이전 "기후 변화의 사악한 쌍둥이"[63]로 이미 알려져 있었다고 설명한다. 오그든은 현재 발생하는 일을 이렇게 설명한다.

> 바다는 거대한 탄소 씽크sink로써 인간이 만들어내는 이산화탄소 전체의 1/3을 흡수하는 것으로 추정된다. 1980년대 중반부터 바다 탄소 농도를 추적하기 시작했는데, 이 추적에 따르면 이산화탄소의 농도는 대기의 이산화탄소 가스의 양이 증가하는 것과 나란히 증가하고 있다. 탄소는 대기, 바다, 육지에서 단기/장기적 순환을 통해서 계속적으로 교환되고 있다. 이산화탄소는 바닷물과 반응하여 탄산을 형성하지만 탄산은 약산성으로써 거의 즉각적으로 분해되어 중탄산염 이온과 수소 이온을 형성한다. 수소 이온의 농도가 증가하면서 바닷물은 더욱 산성화된다.[64]

62 예를 들어 제임스 캐머런James Cameron이 감독한 다큐멘터리 *Aliens of the Deep*(2005)는 심해를 탐험하면서 반복적으로 바다를 행성으로 표현한다. 심해는 우주 탐험가의 예행 연습을 위한 완벽한 장소로 제시되고, 해양 생물학은 우주 생물학을 위한 훌륭한 출발점이며, 바다 표본은 우주 과학자들에게 우주 다음으로 최고의 연구 대상으로 제시된다. 우주 생물이 바다 생물보다 중요하고, 초월적인 것이 내재적인 것보다 우선시된다. 해양 생물학자인 디자나 피구로아Dijanna Figueroa가 거대한 사관충riftia의 공생에 대해 놀라운 논의를 하자, 캐머런이 끼어 들어 과학자에게 이렇게 일격을 가한다. "진짜 질문은 목성의 위성인 유로파에 이런 생물들의 식민지를 상상할 수 있는가죠." Stacy Alaimo, "Dispersing Disaster: The Deepwater Horizon, Ocean Conservation, and the Immateriality of Aliens," in *Disasters, Environmentalism, and Knowledge*, ed. Sylvia Mayer and Christof Mauch (Heidelberg, Ger.: Universitätsverlag, 2012), 175-92.

63 Lesley Evans Ogden, "Marine Life on Acid," *BioScience* 63, no. 5 (2013): 322.

64 Ibid.

오그든은 바다가 "산업화가 시작하던 때보다 현재 거의 30% 더 산성화"되었고, "이와 비교할 만한 산성화의 사건"을 찾으려면 "오천오백만 년을 거슬러 올라가야 한다"[65]고 말한다. 바다 알카리도의 변화가 바다 생명체와 생태계에 어떤 영향을 끼치는지, 이에 대한 연구는 이제 막 시작되고 있다. 그러나 이미 이상한 일련의 현상이 포착되고 있었다. 산성화는 바다 성게의 알이 두 번째 정자를 밀어낼 만큼 충분히 빠르지 못하게 만들고, 그 결과 수정란이 살아남지 못한다. 아주 미세한 플랑크톤인 오스트레오코쿠스 타우리Ostreococcus tauri는 보통 1 마이크로미터인데, 이산화탄소가 증가하면 1.5 마이크로미터로 커진다. 그 의미인즉 이 플랑크톤에 의존하는 생명체가 더 이상 이를 먹을 수 없다는 뜻이다.[66] 해양 알카리도의 변화는 물고기에게 혼란과 파괴적 행동을 야기한다. 수소 이온 농도(pH)가 생물의 기호학biosemiotics을 흐트리기 때문이다. 점점 더 산성화되는 바다는 훨씬 더 극적으로 바다 동물의 껍질을 용해시키고 있다. 니나 베드나섹Nina Bednaršek은 아주 작은 해양 달팽이인 익족류의 껍질이 전점 얇아지고 일부 녹아버린 상태를 기록하고 있다. 이 작은 해양 달팽이는 "다른 동물 플랑크톤, 물고기, 해양 포유류를 위한 중요한 먹잇감이다."[67] 크릴새우부터 고래에 이르기까지 많은 해양종들은 바다 나비sea butterflies라고도 불리는 익족류에 먹이를 의존한다. 만일 익족류가 극 지방과 아극 지방(두 지역에만 초점을 맞춘다면)으로부터 사라진다면, "그들의 포식자들도 즉시 영향을 받게 될 것이다." "예를 들어, 바다 천사gymnosomes는 껍질이 있는 익족류만을 먹고 사는 동물 플랑크톤이다. 익족류는 다양한 육식 플랑크톤, 믹토피드, 노토테니드 물고기, 북태평양 연어, 고등어, 청어, 대구, 수염고래의 식량에 기여한다."[68] 익족류는 죽은 후 그 껍질이 바다 밑바닥에

---

**65** Ibid., 328.

**66** Ibid.

**67** Ibid., 323.

**68** James C. Orr et al., "Anthropogenic Ocean Acidification over the Twenty-First Century and Its Importance to Calcifying Organisms," *Nature*, September 29, 2005, 685.

가라앉으면서, 탄소 순환의 일부가 되어 "생물학적-지질학적-화학적으로" 중요하다.[69] 이러한 생명체들이 다수 다른 해양종을 생존하게 만드는 먹이망과 탄소 싱크로써 얼마나 중요한지 고려하면 생물학, 생태학, 지질학, 화학의 문제들이 얼마나 서로 밀접하게 연결되고 뒤엉켜있는지 알 수 있다.

점점 더 산성화되는 바닷물을 강력하게 재현하기는 힘든 반면, 해양 동물의 껍질이 녹아내리는 미학적으로 매혹적인 이미지들을 통해 해양 산성화에 대한 우려를 표현한다. 두 개의 익족류 껍질을 현미경으로 찍은 니나 베드나섹의 아름다운 사진은—하나는 온전하고 다른 하나는 녹아내리는 익족류—오그든의 논문 「산성에 잠긴 해양 생명」에 나온다. 그 사진들은 「국립 자원 보호 협회」의 온라인 잡지인 『지구에서』, "국립 기후 측정" 리포트, 온라인 기술 출판물 『아르스 테크니카』[70]에도 나온다. 시리즈로 된 저속 동영상이나 사진들은 이렇게 녹아내리는 장면을 생생하게 보여준다. 한 패널에는 다섯 개의 충격적인 이미지가 있는데, 이들은 익족류의 껍질이 첫날부터 15일째, 30일째, 45일째 녹아내리는 모습을 생생하게 보여준다. 이들은 데이빗 리취웨거David Littschwager가 찍었고, 『내셔널 지오그래픽』이 이 이미지에 대한 저작권을 소유하고 있다. 이 이미지는 「국립 해양 대기 행정국」NOAA의 웹사이트와 「우크라이나 과학 클럽」의 웹사이트를 포함한 많은 다른 사이트에 소개된다.[71] 흥미롭게도 이 이미지들에는 살을 가진 실제 생명체가 껍질 속에 없다. 텅 빈 껍질은 동물이 살아 남지 못했음을 말해줄 뿐만 아니라, 불안한 거주지의 삶을 상상하도록 초대한다. 안팎 사이에 계속적으로 부드럽게 변

69 Ogden, "Marine Life," 323.

70 Jason Bidel, "Our Climate Change, Ourselves," *On Earth*, May 6, 2014, http://www.onearth.org/articles/2014/05/national-climate-assessment; National Climate Assessment report, U.S. Global Change Research, 2014, http://nca2014.globalchange.gov/downloads; Scott K. Johnson, "Sea Butterflies Already Feeling the Sting of Ocean Acidification?" *Ars Technica*, November 27, 2013, http://arstechnica.com/science/2012/11/sea-butterflies-already-feeling-the-sting-of-ocean-acidification/.

71 NOAA website, "What Is Ocean Acidification?" n.d., http://www.pmel.noaa.gov/co2/story/What+is+Ocean+Acidification%3F; Richard A. Kerr, "Ocean Acidification: Unprecedented, Unsettling," 2010, on the Ukrainian Science Club website http://nauka.in.ua/en, originally published in *Science*, June 18, 2010, 1500-1501.

형되면서 소용돌이치는 껍질의 나선 모양은 우리의 몸이 주변과 서로 엉켜 있음을 상상하도록 만든다.

녹아내리는 껍질을 찍은 동영상은 사진 이미지보다 훨씬 더 충격적이다. 훌리아 위티Julia Whitty는 『어머니 존스』(그림 10)에 발표된 「달팽이가 산성의 바닷물에서 녹고 있다」는 에세이에서 팀 센든Tim Senden이 껍질 있는 익족류Limacina helicina antarctica를 엑스레이 마이크로-CT로 찍은 동영상을 소개한다. 조용한 22초짜리 흑백 동영상은 빙빙 돌면서 소용돌이치는 흰 껍질을 묘사하는데, 가장자리가 투명한 구름처럼 녹아 내린다. 이 동영상은 사람의 마음을 변형시키는 일종의 명상으로 초대하면서 더욱 매혹적이다.[72] 회전하는 연약한 껍질은 아름답고, 짤막한 흑백 동영상은 중독적이다. 이 이미지들은 고도로 조정되어 생명체의 살보다는 껍질을 그린다. 그럼에도 이들은 우리에게 관심의 규모를 전환하고, 관심을 총동원해 보라고 요구하고 유혹한다.

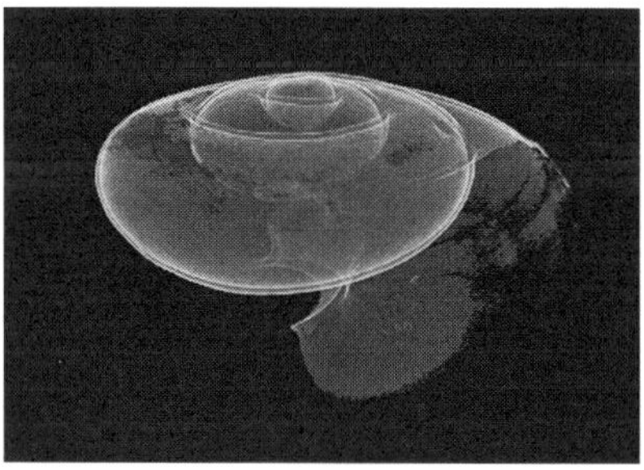

그림 10. 동영상 스틸.
껍질이 있는 익족류의 엑스레이 마이크로 CT로 찍은 동영상 스틸.
오스트레일리아 국립대학 CT 실험실, 팀 센든.

72 Julia Whitty, "Snails Are Dissolving in Acidic Ocean Waters," *Mother Jones*, November 2012, http://www.motherjones.com/blue-marble/2012/11/first-evidence-marine-snails-dissolving-acidic-waters-antarctica. Tim Senden of the Department of Applied Maths at the Research School of Physics and Engineering, Australian National University, produced this video, which is available on YouTube at https://www.youtube.com/watch?v=48qrlTFqelc. Information about complex technologies and procedures of the X-Ray CT Lab is available at http://www.anu.edu.au/CSEM/machines/CTlab.htm.

오스트레일리아의 섬인 태즈메이니아의 예술가인 멀리사 스미스Melissa Smith는 기후 변화의 효과에 대한 예술을 창조한다. 그는 「용해와 용해 II 시리즈」 안에서 익족류를 표현하는 몇 개의 작품을 만들었다. 그 중에는 『쫓아버리다』*Dispel*라는 놀라운 2분 30초짜리 동영상이 있는데, 앞서 말했던 팀 센든의 흑백 동영상에서 영감을 받았다. 제목 『쫓아버리다』는 분산과 소실을 동시에 뜻하면서, 밝고 강한 붉은 색을 배경으로 우윳빛의 투명한 껍질을 보여준다. 스미스는 이 동영상을 이렇게 묘사한다. "이 작품은 시청각이면서 동시에 감정이 실려있다. X-레이 마이크로-CT는 폭포처럼 떨어져 내리는 익족류의 껍질 이미지를 스캔한다. 이 이미지는 빙빙 돌면서 완전히 소멸할 때까지 아름다운 모습을 보여준다. 배경 음악은 관객의 시각적 인식을 확장하면서 훨씬 깊은 상실감을 불러일으킨다."[73] 이 동영상은 껍질이 카메라 틀 안으로 부드럽게 떨어져 내리면서 시작되고, 최면을 걸듯 화면을 가로질러 회전한다. 그리고 껍질은 점차 가까이 다가와 에워싸고, 소용돌이 안에서 또 소용돌이를 관통하여 시선을 끌어 모아 투명한 속내를 보여준다. 껍질의 놀라운 취약함은 슬픈 첼로와 피아노 곡조와 동반된다. 흰 껍질이 조그맣게 소용돌이치다가 결국 붉은 배경 속으로 사라진다. 붉은 배경은 긴급성을 표시하며 슬픈 음악과 최면을 거는 듯한 느린 회전과 충돌한다. 보는 이는 처음엔 편안히 지켜보는 방관자였지만, 용해의 일부로 변화하고 결국 빨강 안에 남아 맴돈다.

살점이 모두 떨어져 나간 껍질 생명체는 얼굴이 없어도 우려, 연결, 공감을 불러일으킨다. 살아있는 생명체가 소멸을 맞는 잔혹한 장면은 선정적이고 절망적이어서 그렇지 않아도 이미 너무나 멀게 느껴지는 해양 생명으로부터 인간 관람자를 분리한다. 반면 껍질의 우아한 미니멀리스트 미학은 즐

---

73 Melissa Smith, "Climate Change as Art," *Australian Antarctic Magazine* 25 (December 2013), http://www.antarctica.gov.au/about-us/publications/australian-antarctic-magazine/2011-2015/issue-25-december-2013/art/climate-change-as-art.

거운 만남으로 우리를 유혹하면서 동시에 묵시록을 향하여 손짓한다. 환경단체, 과학자, 대중 미디어는 바다 생명을 매우 아름답게 제시한다. 이런 현대 디지털 풍경에서 껍질은, 사라져 버린 살 생명fleshy life에 사로잡힌 채, 미학적인 바다의 쾌락을 전시하는 가상의 갤러리에 자리를 잡는다.[74] 이 껍질들은 산성에 잠겨있는 우리 자신의 "껍질"—몸과 마음의 경계—을 생각해 보도록 촉구하는데, 이는 환각적 경험과 흡사하다. 특히 동영상 버전에서 나선의 껍질이 회전할 때 사실상 나선은 변형된 상태의 아이콘으로 제시된다. 이런 형태와 유형은 종종 인간과 "외부 세상" "사이의 경계가 용해되는 것"을 의미하고, 이런 현상에 관심갖고 참여하도록 촉구한다. 위키피디아는 우리에게 이렇게 말한다. 몇 가지 "심리적 효과로는 빛나는 색깔, 물체, 물결치거나 '숨쉬는' 듯한 표면을 경험한다든가, 눈을 감고 눈꺼풀 뒤에서 나타나는 색깔 있는 패턴(직관상 eidetic imagery), 변형된 시간 감각(시간이 확장된다든가, 반복된다든가, 속도를 내거나 멈추는 것), 벽과 다른 물체에 기하학적 패턴이 우글거리는 것, 모양이 변형하는 물체들, 생가이 내부에서 소용돌이치는 느낌, 정체성이나 자아의 상실감('자아 죽음'으로 알려진 것), 그 외 다른 강력한 심리-신체적 반응들이 있다. 여러 사용자들이 자신과 '외부 세계' 사이 경계의 용해를 경험한다."[75] 이를 보는 이들 중 용기있는 사람들은 용해 속에서 동일시 혹은 탈동일시할 수도 있다. 즉 껍질 생명체와 동일시하면서도 동시에 멸종이 어떻게 파문처럼 바다로 퍼지는지 상상하면서 인간의 예외성을 강화하는 경계가 와해된다는 사실을 진지하게 받아들이게 된다.

74 예를 들어, 해파리와 다른 젤라틴 생물체는 박물관 전시, 차 탁자용 책, 쉼을 위한 동영상, 과학적이고 대중적인 웹사이트에서 "예술"로 묘사되었다. Stacy Alaimo, "Jellyfish Science, Jellyfish Aesthetics: Posthuman Reconfigurations of the Sensible," in *Thinking with Water*, ed. Janine MacLeod, Cecilia Chen, and Astrida Neimanis (Kingston, Ont.: McGill-Queen's University Press, 2013), 139-64 참조.

75 Wikipedia, "Lysergic acid diethylamide," n.d., http://en.wikipedia.org/wiki/Lysergic_acid_diethylamide.

인간 자아와 세계 사이 경계가 용해되는 것은 리처드 M. 도일Richard M. Doyle의 책 『다윈의 약방: 섹스, 식물, 누스피어의 진화』에서 "에코델릭 통찰"ecodelic insight과 흡사하다. "심리 탐험가psychonaut는 밀접하게 상호 연결된 생태계에 포함되어 있다는 갑작스럽고도 절대적인 확신을 갖는데, 이 확신은 인간 정체성의 현재 전략으로는 불충분하다."[76] 도일이 인류세 규모의 질문을 던지지는 않지만, 에코델릭이라는 그의 개념은 인류세 인간을 환경론적 방향으로 주조하는 데 유용할 수도 있다. 즉, 인간을 경계에 묶인 존재나 추상적인 세력이 아니라 일종의 물질화 현상manifestation으로 보는 데 유용하다. "경이로움 속에서 우리는 자신을 잊는다. 우리는 훨씬 더 큰 규모의 시간과 공간—질적으로 분리되어 있는—의 맥락 속에 있음을 깨닫게 된다. 계속 반복해서 내재성immanence과 만나게 되면 자아를 불합리한 추론non sequitur으로 표현하게 되고, 자아는 훨씬 더 큰 분산 구조—행성, 은하, 우주—에 의해 현현된 명백한 선물임을 읽을 수 있다."[77] 내가 관심있는 것은 어떻게 에코델릭이 "내재성과의 만남"에서 개인의 자아를 없애버리고, 규모가 변형되는 매혹적인 의식 상태를 만들어낼 수 있는가다. 그러나 여기서 문제는 명상이나 사이키델릭 활동이 적어도 서구 문화에서는 환경론에 필수적으로 필요하다고 생각하는 '물질적으로 잠겨있는 주체성'과는 정반대인 자기 명상과 영적 초월에 관련된다는 사실이다. 도일의 시나리오를 수정하면 완전하고 우아한 우주의 광활함보다는 인류세로 인해 산성화되고 변형된 바다를 상상함으로써, 생명을 특히 인류세 안에서는 견고하지도 영원하지도 않은 물질과 화학물 속에서 항상 잠겨있는 것으로 인식할 수 있게 된다. 그러나 에코델릭의 용해 비유는 사회 정의와 기후 정의의 측면에서 별 소용이 없어서 함께 논쟁하기 어렵다. 왜냐하면 에코델릭은 인간의 책임과 취약성이 미세

**76** Richard M. Doyle, *Darwin's Pharmacy: Sex, Plants, and the Evolution of the Noösphere* (Seattle: University of Washington Press, 2011), 20.

**77** Ibid., 21.

하게 다르다는 사실을 고려하지 않기 때문이다. 그러나 에코델릭은 느린 폭력을 선명한 이미지로 전달함으로써 다른 종류의 비가시적 환경 피해와 다투는 특정 그룹의 사람들에게는 연대와 탈/동일시를 촉구할 수 있다. 엘리자베스 드라우리는 뉴질랜드 마오리 작가인 케리 흄Kerri Hulme의 이야기들은 "체현된 사고를 경험하면 다른 종과 합쳐지는 것을 허용한다"고 주장한다. 그러나 드라우리는 종말을 다루는 소설을 좋아하지 않는데도 용해라는 비유는 오히려 종말론적이다. 드라우리가 흄의 "화석과 (나중에는 바다와) 합쳐지는 이야기"가 "종과 종의 관계를 표현하는 깊은 행성적 시간과의 만남"[78]을 의미한다고 해석할 때 또 다른 유사성이 있다.

녹아 내리는 껍질을 아름답게 찍은 사진과 동영상은 인류세를 표현하고, 또 미세하지만 생명체에게 확실한 위협이 되는 알카리도의 변화를 묘사하는 문화적 작업을 수행한다. 인류세의 집단 주체는 안전하게 추출된 세력이라는 느낌이 지배적일지라도 산성에 잠겨있는 당신의 껍질을 상상하라는 요청은 살을 지닌 포스트휴먼의 취약성을 환기하면서, 어떤 살아있는 생명체도 환경과 분리된 상태에서 존재 불가능함을 인정하게 만든다. 연약한 껍질이 녹아 내리는 작은 생명체가 깊이를 알 수 없는 심해의 일부여도 그들은 친밀감, 붙잡아 보호하고 싶은 욕망을 불러일으킨다. 녹아 내리는 장면은 사유의 규모를 작은 생명체로부터 거대한 바다로 전환하는 참여와 활동을 요구한다. 로지 브라이도티는 『포스트휴먼』에서 죽음을 생명의 유지에 필요한 개념으로 상상해 보라고 도전한다. 즉 "친숙함에서 벗어나는 실험은 공허에 대한 공포에 대항하고, 우리 눈 앞에 매달려 있는 죽음의 그림자와 함께 비인간nonhuman 의식 풍경에 대한 무지함을 인정하면서, 무한으로 생각을 확장하는 것이다."[79] 브라이도티는 초월이 아니라, "경험의 근본적 내재성"radical

---

**78** DeLoughrey, "Ordinary Futures," 365.

**79** Rosi Braidotti, *The Posthuman* (Cambridge, U.K.: Polity, 2013), 134.

empirical immanence을 주장하면서 "우리 인간이 진실로 열망하는 것은 우리 자신이 사라지되 생성의 흐름으로 합쳐지는 것이고, 그 전제는 진정 상실되고 사라지고 붕괴되는 것이 원자화된 개별 자아라는 사실이다"[80]고 말한다. 그래서 용해를 상상하는 것은 내재적, 몰인간inhuman, 혹은 포스트휴먼 실천이다.

여섯 번째 대멸종의 시대에 죽음의 그림자를 알아채는 것은 어렵지 않다. 해양 생물은 산성화뿐만 아니라 다른 위협에도 직면하고 있다. 그 위협에는 바닷물 온도 상승, 해저 광산의 약탈, 굴착, 유령망, 상어 지느러미 자르기, 기업적 과잉 어업이 포함된다. 해양 서식지는 방사능 쓰레기, 독성 화학 물질, 플라스틱, 미세 플라스틱으로 가득하고, 이들 모두는 바다 생명체의 일부가 된다. 이들 모두는 벡이 말하는 위험 사회의 시민과 다르지 않게 위험을 식별할 수 있는 수단이 없고, 위험을 배제할 수 있는 불투과성도 결여하고 있다. 산성에 잠겨 있는 당신의 껍질을 상상하는 것은 포스트휴먼적 횡단-신체성의 양태로써 인류세의 모든 생명체가 신체와 장소의 교차로에 거주하고 있음을 주장하는 것이다. 그 교차로에는 그 어느 것도 자연적이거나 안전하거나 분리되지 않는다. 산성, 독성, 방사능처럼 눈에 보이지 않는 위협을 무시한다면 우리 존재가 덜 투과적이라고 착각하는 동시에 인류세의 시간과 공간 바깥의 인식론적/존재론적 영역으로 도피하는 것이다. 탄소 배출, 추출, 오염에 가장 책임 있는 사람들은 우리의 껍질이 산성에 잠겨 있다는 사실을 고려해야 한다. 이는 안전하게 피신하기보다는, 용기 있게—심지어 사이키델릭하게—공감하면서 사고의 규모를 변경하라는 요청이다. 당신의 껍질이 산성에 잠겨있다고 생각한다면, 세상이 기본적으로 외부화된 실체이며 인간 소비를 위한 대상이라고 생각하는 개인주의적이고 소비주의적인 주체를 녹여버릴 것이다. 껍질이 산성에 잠겨있다는 생각은 용해 속에서 거주하는 것이며, 위험한 쾌락, 인간의 역설적이고 에코델릭한 확장과 용해, 취약한

80 Ibid., 136.

생명체, 바다의 몰인간적inhuman이며 깊이를 알 수 없는 거대함으로 뻗어 연결하는 미학적 자극 속에 거주하는 것이다. 이는 또 자신을 정치적 행동에 노출하는 것이며, 특히 페미니즘의 윤리적 정치적 참여를 향하여 움직이는 것이다.

# 결론

## 세상에 속한 물질로서 생각하기

# 결론

## 세상에 속한 물질로서 생각하기

조리 그레엄Jorie Graham의 시 「바다의 변화」 몇 구절은 곧 닥쳐올 미래, 예측할 수 없는 미래, 수리가 필요한 미래에 대한 불안을 환기시킨다.

> 미지의 미래 아침들. 누가 이것을 고칠 것인가.
> 그리고 어떻게 고칠 것인가.
> 미래는
> 명확해진다
> 너무 빨리. 영원이 썰물로 쓸려나간다. 떠나고 있다.[1]

영원할 거라는 느낌이 갑작스럽게 사라지면 변화를 붙잡으려는 욕망, 견고성을 강화하고픈 욕망, 물건과 시스템과 생활 수준을 "지속 가능"하도록 만들

---

1 Jorie Graham, "Sea Change," in *Sea Change* (New York: HarperCollins, 2008), 3.

고픈 욕망이 생겨난다. 이전 장에서 산성에 잠긴 자신의 껍질을 생각하고 용해 속에서 거주하라는 요청은 지난 수십 년간 "환경론"의 가장 영향력 있는 버전인 '지속 가능성'으로부터 빠르게 벗어나는 최근의 맥락에서 이해되어야 한다. 나는 지난 십 년 이상 환경 인문학과 과학 연구에 참여했고, 수년 동안 알링톤 텍사스대학에서 대학의 「지속 가능성 위원회」의 학술공동대표로 일해 왔다. 21세기로 넘어오면서 나는 미국의 "지속 가능성" 담론이 생생하게 살아있는 세계를 엘리트를 위한 물품 저장소로 여긴다는 점에서, 특히 20세기의 "보존"conservation 담론과 얼마나 똑같은지를 깨닫고 놀랐다. 테오도르 루즈벨트 행정부의 삼림부 수장이었던 기포드 핀쇼트Gifford Pinchot는 숲을 "목재를 위한 제조 공장"으로 정의했다. 그는 자연을 인간이 활용할 수 있는 자원으로 보았던 진보시대 실용주의적 보존운동을 대표하는 사람이었다. 20세기 초 핀쇼트의 자연관은 미학적 보존관이나 그 당시 막 생겨나던 생태과학관과 같은 다른 사상들과 서로 대립했다. 핀쇼트는 「시정 살림」Municipal Housekeeping 운동의 일부인 '진보 여성 보존주의자'The Progressive Women Conservatists들과 함께했는데, 이들은 여성이 "어제 구운 요리를 오늘 다진 요리로 변환시킴으로써"[2] 가정 생활을 보존하는 특별한 재능을 지닌다고 주장했다. '진보 여성 보존주의자' 중 다수는 전통적인 젠더 역할을 강화했을 뿐만 아니라 계급 차별과 인종 차별을 자신들의 보존 운동 안으로 엮어 넣었다. 그래서 "보존 운동"은 자신이 이미 지닌 기득권을 보존하는 것과 결합되었다. '진보 여성 보존주의자'의 인간중심주의는 유명하다. 1909년 「제1회 전국보존대회」의 참가자 한 명은 이렇게 말했다. "우리가 숲과 시냇물을 왜 보존해야 하는지 아십니까? 다가오는 미래, 이 위대한 보존 작업을 하는 사람들이 일을 제대로 하지 못하면, 우리 아이들이 숲과 나무 없이 헐벗고 가난해지기 때문

2 Stacy Alaimo, *Undomesticated Ground: Recasting Nature as Feminist Space* (Ithaca, N.Y.: Cornell University Press, 2000), 63-70 참조.

이죠." 이 대회가 열리는 동안 보존 담론은 음식 보존하기, 가정 보존하기, 도덕 보존하기, "진정한 여성스러움" 보존하기, "인종" 보존하기, "농부의 아내" 보존하기, 연설은 생략하고 시간 보존하기 등, 농담반 진담반으로 수많은 명분을 내세웠다.[3]

수많은 이민자들이 미국으로 파도처럼 밀려들던 20세기 초반 미국은 자연을 보존해야 한다고 열렬히 주장했다. 그런데 이 열광은 국가의 자원을 다른 사람 아닌 특정 집단에만 속하도록 분리하려는 욕망이었다. "지속 가능성"이라는 용어가 최근 폭발적으로 사용되는 이유 역시 경제적으로 불안정한 시기에 국가 시스템의 불평등을 공고하게 만들려는 욕망일 뿐만 아니라 이민자에 대한 적대감 때문일 것이다. 21세기가 시작되면서 특히 미국 서남부 국경 지역에 초점을 맞췄던 반이민운동은 중국, 동아시아, 인도의 경제가 번영하면서 이번엔 동쪽으로 불안한 시선을 돌렸다. 언론이 경제, 국가 부채, 개인 부채, 주택시장, 식량 시스템, 유로존, 더욱 사소한 문제들까지 모두 "지속 가능"하기 힘들다고 우려를 표명하자, 흠결 없이 잘 사용되던 단어인 "지속 가능성"이라는 말에 공포가 어른거리게 된다. '지속 가능성'은 성장이 계속되어 경제적 번영이 탄력을 받아야 한다는 가정을 대체로 비판하는 경제 이론으로부터 나온 것이다. 하지만 경제 분야와 다른 뉴스들은 무한 확장이라는 자본주의적 이상을 전혀 의문시하지 않는 채 지속 가능성이란 단어를 종종 사용한다.[4] "보존"과 마찬가지로 '지속 가능성'은 언제든지 변형될 수 있겠지만 현재 유력한 기표다. 지속 가능성이란 대략 경제적/환경적 위기 때문에 지속이 불가능하다는 의심에도 불구하고 혹은 의심 때문에, 어쨌거나 현 상태를 계속 진행하도록 만드는 역량을 의미한다. 달리 말해서, "지속 가능

3 Ibid.

4 미국에서 지속 가능성이 지배적인 패러다임이 되었음을 감안할 때, 그 용어 자체는 "지속 가능한 개발" 운동의 일환으로 출발했다는 사실은 아이러니하다. 카트리오나 샌딜랜즈는 "개발"이라는 단어가 "대체로 사라지긴 했지만 (사적 소통에서) 여전히 망령처럼 떠오르는 수사"라고 말한다.

성"은 아무 것도 하지 않는 수동성에 대한 욕망을 드러내고, 뭔가를 부정함으로써 추동된다. 존 P. 오그레이디John P. O'Grady는 이 아이러니를 지적한다. 즉, "그 무엇도 똑같은 상태로 머물지 않는다는 것은 역사[와] 진화론의 기반이다." 그러므로 "지속 가능성이라는 개념은 생태학적으로 정당화될 수 없다"[5]고 말한다. 지속 가능성이란 기표는—기업, 과학, 학계, 대중문화에서—담론적 성공을 거두었지만, 과연 그 단어가 단순히 사회 의식의 심리적 기능에 봉사하는 것이 아닌지 의심하게 만든다. 슬라보예 지젝Slavoj Žižek은 『종말의 시대에 살아가기』*Living in the End Times*에서 지속 가능성에 대해 논의하지는 않지만, 종말이 우리에게 긴박하게 닥쳐올 때 심리적으로 우리 자신을 유지할 수 있게 만드는 메커니즘을 분석한다. 예를 들어 우리는 "(생태적) 재앙이 가능하고 심지어 확실함을 알고 있지만, 정말로 일어날 거라고 믿지 않는다."[6] 모든 것이 녹아내리는 가운데 살려면 이런 불신을 잠시라도 유보시켜야 하지 않을까?

## 즐겁고 유효한 인문학적 환경론

보다 지속 가능한 대학, 기업, 도시, 국가, 가정을 만들려는 운동은 긍정적인 발전이다. 에너지와 물 사용을 줄이고, 쓰레기를 줄이며, 독성이 덜한 제품을 사용하고, 탄소 발자국을 축소하려는 체계적인 시도는 무의미하지 않다. 그럼에도 불구하고 우리는 환경론을 하나의 사회운동으로써 "지속 가능성" 만큼이나 무리 없이 제도화할 수 있을지 질문하게 된다. 지속 가능성의 담론은 "나무 껴안는 사람들"과의 연관성을 없애버리고, 대신 기술적이고 비정치

---

**5** John P. O'Grady, "How Sustainable Is the Idea of Sustainability?" *ISLE: Interdisciplinary Studies in Literature and Environment* 10, no. 1 (2003): 3.

**6** Slavoj Žižek, *Living in the End Times* (London: Verso, 2011), 328.

적인 영역으로 표현되기 때문에 학계, 정부, 기업에 쉽게 다가온다. 대학이 환경론 자체와 제휴하는 것은 정치적으로 어색해서 대학의 기부자나 입법자의 마음을 불쾌하게 만들 수도 있다. 그러나 '고등교육기관의 지속 가능성 진흥'을 위한 연합 기구에는 이미 840개 대학이 회원으로 가입하고 있다. 「미국 환경 보호청」은 대학 캠퍼스 내 "환경 관리 시스템"을 "환경적 충격을 감소하고 운영의 효율성을 증진하도록 만드는 일련의 과정과 실천"[7]으로 정의한다. 바로 이 "환경 관리 시스템"과 같은 것이 점점 더 커지는 교수 관리 시스템을 보완하는 역할을 하고 있다. 이 교수 관리 시스템에서 학문은 더욱 "효율적"이 되어야 할 뿐만 아니라 그 어느 때보다 더욱 양적인 방식으로 측정된다. 효율성이라는 새로운 복음[8]이 사태를 수리할 수 있는 분야들인 공학, 과학, 건축과 도시 계획을 중시하는 것은 놀랍지 않다. 세상이 빠르게 뜨거워지고 "자원"이 고갈되는 마당에 그 누가 철학적 질문, 사회적/정치적 분석, 역사적 성찰, 문학적 사색을 할 시간이 있더란 말인가?

이윤, 사람, 지구, 세 개의 기본 요소를 마주할 때 인문학은 금방 무시당하게 된다. 스테파니 레메나거와 스테파니 푸트Stephanie Foote는 세대 간의 기억과 박탈 당한 민간 영역을 계발함으로써[9] 인문학 교육의 생태적 가치를 표방하는 자칭 "지속 가능한 인문학"을 옹호한다. 다니엘 J. 필리폰Daniel J. Philippon은 「지속 가능한 인문학: 광범위한 쾌락」이란 글에서 지속 가능성을 위해서 인문학이 제공할 수 있는 여덟 가지 도구—정의하기, 이론화하기, 상상하기, 구체화하기, 분류하기, 역사화하기, 맥락화하기, 비교하기—를 제시한다. 그러고는 각각의 정의, 이론, 분류 등에서 의문 제기하기가 함께 들어가야 한다고 주장하면서 목록을 두 배로 늘린다.[10] 애리조나 주립대학의 인문

---

7 U.S. EPA website, "Environmental Management Systems," n.d., http://www.epa.gov/EMS/.

8 Samuel P. Hays, *Conservation and the Gospel of Efficiency: The Progressive Conservation Movement, 1890-1920* (Pittsburgh: University of Pittsburgh Press, 1999).

9 Stephanie LeMenager and Stephanie Foote, "The Sustainable Humanities," *PMLA* 127, no. 3 (2012): 572-73.

10 Daniel J. Philippon, "Sustainability and the Humanities: An Extensive Pleasure," *American Literary History* 24, no. 1 (2012):

학연구소가 『지속 가능성 문제에 대한 인문학의 기여』라는 제목의 백서를 만들었다는 사실은 인문학의 기여가 굳이 설명을 필요로 한다는 사실을 말해준다. 17개의 글을 수록한 이 설득력 있는 백서의 첫 번째 글은 인문학이 환경적 위기를 이해하고 해결하는 데 중요하다고 주장한다. 왜냐하면 인문학자들이야말로 "문제의 기원과 해결이 기본적으로 사회적이고 문화적인데도 문제를 해결하는 데 '자연'이나 '과학'의 권위에 의존하는 것에 이의를 제기"[11]하기 때문이다. 거트 궈민Gert Goeminne은 이 주장에 동의할 것이다. 「한때 나는 핵물리학자였다: 지속 가능성의 정치학이 핵실험실로부터 배울 수 있는 것」이라는 글에서 궈민은 "전문가 중심의 기술적 결정론은 생태적 현대화 담론에 뿌리를 두고 있고, 지속 가능성을 실행하는 데 인간의 선택이라는 문제를 소홀히 취급하고, 그런 선택과 관련된 사회문화적 실천, 행위, 구조에 대한 성찰을 경시하게 만든다. 이렇게 기술 과학에만 초점을 맞춤으로써, 함께 수반되어야 할 사회 변화는 시야에서 사라지고 만다. 그래서 지속 가능성이 실제로 일어날 가능성은 희박해진다"[12]고 주장한다. 기술에만 초점을 맞추면 권력의 등급이나 정치적 차이들, 문화적 가치와 인간의 일상생활은 이해하기 힘들어진다. 문제를 기술적으로 해결하는 것은 단순하고 축소되어 있다. 기술적 문제 해결은 귀중한 발명품과 디자인을 생산해낼 수도 있지만, 더 폭넓은 인간적, 지리적, 사회적, 정치적, 경제적 맥락과 상호 관계는 이해하기 어렵고, 이것들의 다양한 규모를 이해하는 것도 힘들다. 지속 가능성이라는 협소한 기술적 개념은 레메나거와 푸트가 주장하는 '비판적 리얼리즘'에 의해 대응 가능하다. '비판적 리얼리즘'은 인문학 연구와 교육이 "오늘날 자

---

164-66.

11 Sally Kitch, Joni Adamson, and members of the Faculty Working Group on Humanities and Sustainability, *Contributions of the Humanities to Issues of Sustainability* (Tempe: Arizona State University, 2008).

12 Gert Goeminne, "Once upon a Time I Was a Nuclear Physicist: What the Politics of Sustainability Can Learn from the Nuclear Laboratory," *Perspectives on Science* 19, no. 1 (2011): 20.

본주의에서는 그 엄청난 규모와 사유화 때문에 잘 보이지 않는 현실"[13]을 예술적으로 재현해서 제공하는 데 유리하다고 주장한다.

기술 과학적 관점은 환경 정의 운동과 환경 보건 운동으로부터 출현한 "대중 예방학"과 "일반 전문가"의 대안적 인식론과 대조된다.[14] 과학적 배경이 없거나 충분하지 않은 시민은 표본을 취하고 민간에서 모은 자료를 분석한다. 그래서 과학은 정치적으로 착근된 실천으로 보이며, 이 실천은 매우 중요해서 일반 전문가에게 맡겨둘 수 없을 것처럼 보인다. 그러나 과학의 거리두기, 객관성, 권위적인 전통 모델은 도전을 받고 있다. 환경 정의 그룹뿐만 아니라 환경 보건 운동, 다양한 화학 물질에 민감성을 지닌 사람들, 가정의 탄소 발자국 분석가들, 모든 종류의 환경 운동가들은 'DIY(Do it yourself) 과학'을 실천한다. 화학 물질에 민감한 사람들은 자신의 몸을 모니터링 장치로 활용하면서 전 세계를 돌아다닌다. 남서 태평양에서는 나무 수호자들treesitters이 지상에서 수백 피트 공중 높은 곳에 앉아 벌목이 어떻게 산사태를 야기할 수 있는지 가늠해본다. 텍사스 해변의 돌고래 옹호자들은 고래목 동물의 행위, 소통, 친족 패턴을 모니터링한다.[15] 이런 형태의 지식은 직접적으로 현장에 뿌리를 내리고 있고, 열정적이며, 목적 의식이 뚜렷하다. 과학적 객관성과는 정반대인 거울 이미지다. 지속 가능성의 실천은 누군가의 행위가 더 큰 환경 이슈들에 영향을 준다는 사실을 인식하도록 만들긴 한다. 하지만 지속 가능성의 인식론적 입장이 시스템 관리와 기술적 해결과 연결될 때엔 문제가 자신과 상관 없이 멀찌감치 밖에 있다는 일반적인 느낌, 오히려 안심시키는 느낌을 주게 된다. 지속 가능성 담론의 지배적 스타일은 이전 장에서 논의했던 인류세

13 LeMenager and Foote, "Sustainable Humanities," 574.

14 "popular epidemiology"의 정의를 보려면 Phil Brown을 참조하고, "ordinary experts"의 정의를 보려면 Giovanna Di Chiro를 참조. "When the Public Knows Better: Popular Epidemiology," *Environment* 35, no. 8 (1993): 17-41; Di Chiro, "Local Actions, Global Visions: Remaking Environmental Expertise," *Frontiers* 18, no. 2 (1997): 203-31.

15 Stacy Alaimo, "Deviant Agents," in *Bodily Natures: Science, Environment, and the Material Self* (Bloomington: Indiana University Press, 2010); and the film *Tree-Sit: The Art of Resistance*, dir. James Ficklin (Earth Films, 2005) 참조.

비전의 스타일과 똑같다. 인류세 비전에서는 탈신체화된 관객이 대상화된 불활성 세상의 바깥에 놓여있다. 지속 가능성은 인간의 행위능력, 기술, 마스터 플랜이 모든 것을 통제할 수 있으리라는 전제를 가지고 나아간다. 그러나 인류세의 위기는 그런 입장이 터무니없다고 본다. 왜냐하면 인간 행위가 의도하지 않는 결과들을 만들고 그 결과들이 다른 세력들과 상호 작용하게 되면 최선의 조치보다 더 빨리 움직이기 때문이다. 이 책 전체에 걸쳐서 논의한 대로 지구에 뿌리를 내리고 있는 존재-인식론, 잠정적 지식 실천, 노출의 공연들, 상상력 풍부한 용해 작품들은 몸을 낮추어 세상에 몸을 열고 낯선 행위능력들에 적응함으로써 지속 가능성의 지배 패러다임으로부터 벗어난다.

로지 브라이도티는 지속 가능성 개념이 지닌 가능성을 인정한다. 브라이도티는 지속 가능성이 상징하는 것은 "주체가 거주하는 환경에 대해 주체가 윤리적으로 설명할 의무감과 물질적으로 깊이 뿌리내리는 책임감에 주체의 기초를 세우는 일"[16]이라고 주장한다. 브라이도티는 지속 가능성에다 들뢰즈적 생성 개념을 결합시키면서 이렇게 말한다. "지속 가능하게 생성하는 윤리적인 주체는 일상의 평범한 미시적 실천에 뿌리를 둔 겸허한 희망을 실천한다. 지속 가능한 변형의 문턱을 붙잡고, 유지하고, 지도를 그리는 단순한 전략이다."[17] 세상을 변형시키는 일상적 실천이 주는 긍정적 감각은 지젝에 의해 반박 당한다. 지젝은 유기농 식품을 구입하는 행위는 그저 또 다른 형태의 부정disavowal이라고 비난한다. 지젝은 이렇게 말한다. "(마치 화산 폭발처럼) 나를 파멸시키는 과정에 내가 영향을 끼칠 수 없다는 사실을 아주 잘 알면서도, 이는 너무나 충격적이라서 받아들이기 어렵다. 그래서 나는 궁극적으로 의미 없음을 알지라도 뭔가를 해야 하는 열망을 멈출 수 없다."[18] 변화에 대한 브라이도티의 겸허하지만 유토피아적인 감각과, 부정이라는 지젝의 무력한

---

16 Rosi Braidotti, *Transpositions* (Malden, Mass.: Polity, 2006), 137.

17 Ibid., 278.

18 Žižek, *Living in the End Times*, 424.

행위 사이 중간 어딘가에 덜 열광적이고 덜 확신 있는 환경 정의 활동가들과 아마추어 실천가들이 있다. 그들은 자신들의 몸적 존재가 알아채기 힘들지만 종종 도망칠 수 없는 물질 작용 속에 포획되어 있다는 사실을 깨닫고 있다.

지속 가능성의 인식론적 입장은 과학적인 거리두기와 객관성이 갖는 위안을 제공하지만, 횡단-신체적 주체는 자신의 물질적 자아가 스스로 이해하려고 노력하는 행위주체적 세상 자체임을 어쩔 수 없이 인정하게 된다. 내가 명명한 "물질적 회고록"material memoir이라는 문학적이면서 대중적 장르 중에 가장 주목할 만한 수잔 앤토네타Susanne Antonetta의 『신체 독성』은 자서전을 변형시켜 자아가 환경과 어떻게 공존하는지—종종 과학적으로—관찰한다.[19]

유사하게 "지속 가능한 해산물"을 홍보할 때 그 해산물을 먹는 사람들이 건강을 해치거나 해산물의 존재를 위협하지 않은 채 해산물을 소비할 수 있다고 생각하게 만든다. 하지만 5장에서 논의했듯이, 『공유하는 운명』이라는 짤막한 동영상은 수은과 폴리염화비닐PCBs이 수많은 돌고래와 다른 해양 포유류를 죽일 뿐만 아니라 돌고래와 고래를 먹는 인간들과 심지어 돌고래와 고래가 먹는 똑같은 물고기를 먹는 사람들까지 위협하는지 상세하게 기록하고 있다. 그 짤막한 동영상은 하디 존스Hardy Jones라는 인물을 보여주는데, 그는 고래목 동물들이 학살당하지 않도록 보호하는 데 인생 전체를 헌신한 사람이다. 그런데 그의 몸 속에서 다량의 수은과 중금속이 발견되어서 결국 고래목을 죽이는 똑같은 형태의 암에 걸려 고통을 받는다. 다량의 수은과 독성 화학 물질이 바다로 진입하는 것을 막으려면 더욱 엄중한 환경 활동과 대처가 필요하다. 그런데 단지 "지속 가능성"에 호소하는 것은 추상적이고 비효율적인 제스처에 불과하다. 횡단-신체적 독성의 흐름과 물질적 착근성embeddedness을 추적하는 것은 침울한 존재-인식론적 활동으로 보인다. 하지만 필리폰은 케이트 소퍼Kate Soper의 "대안적 쾌락주의"에 의거하여, 또 윤

19 Alaimo, "Material Memoirs," in *Bodily Natures*, 85-112 참조.

리적 양태의 식생활을 "광범위한 쾌락"extensive pleasure으로 여기는 웬델 베리Wendell Berry의 개념에 의거하여, 재미없는 환경론을 지적이고, 정치적이고, 미학적이고, 즐거운 활동으로 만들어 보라고 촉구한다. 필리폰은 지속 가능성을 잠재적으로 즐거운 활동으로 느끼는데, 이는 이 책이 종종 주장했던 쾌락과 일치한다. 필리폰은 지적 참여에 대해 놀라운 설명을 제공한다. 그는 "학문적인 쾌락을 추구하는 것은 그것을 추구하는 맥락으로부터 분리될 수 없다"고 주장할 뿐만 아니라 "그 쾌락의 의미는 정치적 함축성이 명확해질 때 더욱 증가한다"[20]고 주장한다. 학계의 실천은 광범위한 쾌락을 제공하기 때문에 인문학을 지속 가능하게 만들 수 있다. 인문학은 더 큰 지속 가능성 프로젝트에 공헌하기 때문이다.

## 물질적 행위능력과 포스트휴먼 미래

인문학자들 혹은 보다 적절한 표현으로 포스트-인문학자들은 이렇게 질문할 수도 있다. "지속 가능성은 대체 무엇을 지속하려고 하는가?" "누구를 위해서?" 사회 정의, 전 지구적 자본주의의 탐욕, 북반구와 남반구 사이의 불평등에 대해 문제를 제기하는 것은 매우 중요하다. 잔인할 정도로 불평등한 현 상태의 유지 그 이상을 할 수 있는 지속 가능성 모델을 개발하려면 문제 제기는 필수적이다. 줄리안 애즈먼Julian Agyeman은 "환경의 질과 인간의 평등은 불가분의 관계에 있다"고 강조하면서, 인종과 계층에 초점을 맞추고 재분배와 변형에 관심을 두는 "정의로운 지속 가능성"just sustainability을 주장한다.[21] 나는 지속 가능성 운동이 사회 정의를 포함하고 임금 불평등이 재분배를 필요로 한다는 사실에 동의하지만, 지속 가능성의 모델 안에서 재분배에 초점을

20 Philippon, "Sustainability and the Humanities," 175.

21 Julian Agyeman, "Toward a 'Just' Sustainability?" *Continuum: Journal of Media and Cultural Studies* 22, no. 6 (2008): 752.

맞추면 자연은 여전히 인간의 활용을 위한 수동적인 자원이 될 뿐이며 다종적 공존에 대한 주장multispecies claim은 간과된다. 더욱이 많은 환경론적 피해는 침묵 당하고, 보이지 않고, 추적하기 힘들어진다. '지속 가능성' 개념들, 심지어 '정의로운 지속 가능성'조차 롭 닉슨Rob Nixon의 용어로 "가난한 자의 환경론"[22]의 특징을 이루는 "느린 폭력"의 지배를 인식하려면 재고될 필요가 있다. 환경 관리 시스템의 측정 기준이 장기적으로 "자원"을 추출/제조/사용/폐기하는 과정으로 생겨난 "폭력", "질병", "유전적 훼손", "죽음"에 관련된 데이터를 포함한다면 어떨까 상상해보라. "자원"의 행위는 통제될 수 없다. 이런 종류의 데이터는 놀랍게도 부재하고, 이상하게도 "지속 가능성"은 환경 없는 환경론, 다른 생명체가 없는 생태학을 만들 뿐이다. 1987년 브룬트랜드Brundtland 리포트의 표준 정의에 따르면, 지속 가능성이란 "미래 세대의 필요를 손상하지 않으면서 현재의 필요를 충족시키는 발전"[23]이다. 여기서 "세대"는 보통 인간을 의미하고, 살아있는 세계는 미래 인간들의 "필요"를 충족하기 위한 물질로만 축소된다. ("우리가 숲과 시냇물을 왜 돌봐야 한단 말인가? 아이들 때문에…")

지속 가능성에 대한 인류세의 수사학은 기후 변화 운동의 수사학과 똑같다. 4장에서 논의되었듯이, 유엔과 글로벌 페미니스트 NGO들의 기후 변화 운동에는 이상하게도 비인간 생명체가 없다. 심지어 "기후 위기 문제를 해결하기 위해서 글로벌 민초 운동을 만드는 데 헌신하는" 빌 맥키벤Bill McKibben의 『350.org』 사이트도 숫자 "350"을 보여주는 피켓이나 깃발을 들고, 티셔츠를 입은 전 세계 사람들의 집회 사진들만 보여준다. "350"은 "대기 중 이산화탄소의 안전 상한 피피엠parts per million"이다. 그 사진들에는 연 날리는 사람들, 자전거 타는 사람들, 걷는 사람들, 행진하는 사람들, 서 있는 사람들, 상

---

22 Rob Nixon, *Slow Violence and the Environmentalism of the Poor* (Cambridge, Mass.: Harvard University Press, 2011).

23 United Nations World Commission on Environment and Development, *Our Common Future* (Oxford, U.K.: Oxford University, 1987), 43.

징적인 모양으로 배열된 큰 집단의 사람들이 있다. 거기에는 기후 변화 운동에서 기대할 만한 끔찍한 사진은 없다. 이를테면 가뭄으로 망가진 농업 지역, 벌목된 숲, 기름과 침전물로 가득 찬 아마존 지역, 녹아내리는 빙하와 같은 사진은 없다. 대신에 우리는 숫자 350을 위해 몰려든 행복하고 미소 짓는 사람들의 얼굴을 보게 된다. 그 어떤 사진에도 비인간 동물—야생이든 가축이든—은 보이지 않는다. 2010년 맥키벤이 알링톤 텍사스대학에서 연설할 때 그는 비슷한 전 세계 사람들의 실제 행진 같은 비슷한 종류의 사진들을 보여주었었다. 그는 기후 변화가 2050년까지 어떻게 백만 개의 종을 멸종에 이르게 할지 언급하지 않는다. 그는 멸종하는 종들이나 그들의 서식지 사진 중 그 어느 것도 보여주지 않는다. 비인간 종은 적어도 가시성이나 관심의 측면에서는 이미 사라져버린 듯하다. 『350.org』 사이트는 누구든지 어디에 있든지 운동을 이해할 수 있도록 말없이 설명하는 방식으로 디자인되어 있다. 그래서 그 그림에서는 인간 막대기가 텅 빈 생기 없는 배경에서 움직이고 있다. 인간과 인간의 활동은 살아 있다. 그런데 물질 세계는 다양한 생명체가 거주하는 실제 공간이나 훼손된 생태계가 아니라 추상적 공간으로만 표현된다. 물질 세계는 보이지 않으면서 어디에나 있는 공간으로 제시된다. 맥키벤은 그의 책 『자연의 종말』에서 ("자연"이 인간의 손이 닿지 않는 뭔가를 의미한다면) 이제 아무 것도 자연으로 불릴 수 없다는 책 제목과 동일한 선언으로 유명하다.[24] 그는 기후 변화 운동을 하면서도 인간 이외의 다른 생명체, 행위 능력, 서식지, 시스템이 전적으로 부재하는 세상을 전제로 한다.

지젝은 그의 저작 『종말의 시대에 살아가기』의 후기에서 공유 자원the commons(공기, 물, 지구와 같은 자연물을 포함에서 사회 구성원 모두가 접근할 수 있는 문화 자연적 자원, 역주)을 고려하라고 촉구하면서 이렇게 말한다. "오늘날 공산주의는 해결책이 아니라 문젯거리다. 모든 차원의 공유 자원, 우리의 생명 물질

24 Bill McKibben, *The End of Nature* (New York: Random House, 1989).

로서 자연이라는 공유 자원, 우리의 유전 생물학적 공유 자원, 우리의 문화적 공유 자원('지적 재산'), 마지막으로 누구도 배제되지 않는 인류 보편적 공간으로서의 공유자원 문제 말이다."[25] 여기서 지젝이 말한 "인류의 보편적 공간"이 브루노 라투르의 인간과 비인간의 집합과 유사한 방식으로 모든 비인간 생명체까지도 포함하는 것일까? 그렇지 않을 가능성이 많다. 아마도 비인간 생명체는 "누구도 배제되지 않는" 공간으로부터 이미 배제되어 왔다. 다양한 생명체가 살아있고 행위능력을 발휘하는 세상은 텅 빈 "보편적 공간"이거나 "인간 삶"의 "재료"가 될 뿐이다. 슬프게도 지젝이 말한 공유 자원은 오로지 인간만의 배타적 소유라는 점에서 비극이다. 살아있는 다른 존재들, 거주지, 생태계의 주장, 요구, 행위능력을 어떻게 포함할 것인가. 이 도전은 여전히 남아 있다.

"지속 가능성"이라는 용어는 확실히 과학 기술적 인류세 관점만을 지닌 것일까? "지속 가능성"의 의미를 새로 고침으로써, 세상을 인간이 활용할 수 있는 자원으로 보고 거리를 두는 인식론의 진형이 되지 않도록 만들 방도는 없을까? 다양한 종은 고정되지 않고 끊임없이 변화해야 생존할 수 있다는 사실에도 불구하고 생물다양성은 가장 중요하게 "지속"되어야 하지 않을까? 지속 가능성의 의미를 그렇게 변형하여 포스트휴먼 인식론, 윤리학, 정치학, 심지어 미학을 계발해낼 수는 없을까? 바다를 생각해보라. 원양 서식지의 액체성 자체는 인간이 이해하기에 낯설다. 하지만 그 낯섦 때문에 우리가 세상에 접근할 때 몸에 밴 습관으로부터 벗어날 수 있을지도 모른다. "예를 들어, 드니스 L. 브라이트버그Denise L. Breitburg와 동료들은 그들의 논문 「원양 지역의 생태계 엔지니어들: 미생물 종에서 해파리 종에 이르기까지 거주의 변동」에서 바다의 공해에 사는 여러 종은 "원양 거주지를 완전히 변형한다"[26]고 설명

25 Žižek, *Living in the End Times*, 481.

26 Denise L. Breitburg et al., "Ecosystem Engineers in the Pelagic Realm: Alteration of Habitat by Species Ranging from Microbes to Jellyfish," *Integrative and Comparative Biology* 50, no. 2 (2010): 197.

한다. “수많은 작은 행위들”의 축적은 “결국 거대한 공간적 시간적 규모에 걸쳐서 거주지를 창조하거나 변화시키는”[27] 결과를 낳게 된다. 미생물로부터 해파리에 이르기까지 생명체들 자신이 “생태계의 엔지니어”가 된다는 사실을 통해 바다 세계 안에 살아있는 상호관계를 강조할 수 있게 된다. 한편 물리적 환경이 결코 단순한 “배경”이거나 추상적 공간이 아님을 강조한다. 이제 “영원함이 쇠퇴”하고 “미지의 미래”는 “수리”repair가 필요함을 알아야 한다. 그래야 세상이 “우리”를 위해 계속 뭔가를 제공하도록 “세상”을 뜯어 고쳐야 한다는 생각에 안이하게 멈추지 않을 수 있다. 우리가 “지속 가능성”이란 용어를 계속 써야 한다면 환경 인문학과 과학 연구는 더욱 복잡한 인식론적, 존재론적, 윤리적, 정치적 관점을 만들어냄으로써 지속 가능성에 기여할 수 있다. 그런 관점에서는 인간이 분리와 부정의 피난처로 물러서거나, 수동적이고 분리되고 외부화된 뭔가의 확보가 가능할 것처럼 행동할 수 없다. 신물질론적 행위능력의 개념들이 명확하게 이론화되고 다양한 환경 운동의 형태로 실천된다면 지속 가능성 개념의 잘못된 근원에 일격을 가할 수 있다. 예를 들어 버라드의 포스트휴먼 윤리학은 관리 시스템과 기술을 고침으로써 세상을 외부화하고 객관화하는 지속 가능성 개념에 맞선다. 버라드는 그의 “물질의 윤리학”ethics of mattering이 “근본적으로 외부화된 타자에 대한 올바른 반응이 아니라, 우리가 부분이 되어 생성하는 것들의 살아있는 관계성에 대해 반응하고 설명하는 책임에 대한 것이다”[28]라고 주장한다. 인간 활동의 놀라운 규모와 속도 때문에 벌어지는 물질들의 상호 작용 능력이 가져올 미래는 분명히 알 수 없다. 이러한 세상에 접근할 때는 나중에 사용하고 싶은 물건을 잔뜩 쌓아놓은 불활성 물질의 창고에 접근하는 방식이 아니라, 세상의 물질성에 책임을 지는 방식이어야 한다. 이 물질성은 결코 외부적이거나 텅 비어 있거나 불활성 공간이 아니라, 우리들 자신과 다른

27 Ibid., 198.

28 Karen Barad, *Meeting the Universe Halfway* (Durham, N.C.: Duke University Press, 2007), 393.

존재들이 적극적으로 출현하는 물질적 공간이다.

## 세상에 속한 물질로서 생각하기

『오-존: 객체-지향 연구 저널』*O-Zone: A Journal of Object- Oriented Studies*의 창간호에 글을 써달라는 요청을 받고 나는 이론상 물질론으로 전환되는 다양한 운동들 사이에 존재하는 유사성과 차이점을 생각할 기회가 있었다. 물질의 행위능력을 전경화하는 "횡단-신체성"이라는 개념을 개발한 신물질론자이면서 물질적 페미니스트로서 나는 물질적 본질, 세력, 시스템이 지닌 행위능력과 그 중요성을 새롭게 설명할 수 있는 이론과 문화 비평의 필요성을 잘 알고 있다. 하지만 생태 문화 이론가이면서 동물 연구가이기도 한 나는 '객체-지향 존재론'(OOO)의 "객체"obejct라는 첫 단어에 신경이 쓰인다. 왜냐하면 "객체"란 단어는 소비품과 살아있는 생명체 간의 구분을 싹 지워버리기 때문이다. 지난 수십 년 동안 과학 연구, 페미니스트 이론, 다른 분야들이 주체와 객체, 자연과 문화에 존재하는 기존의 분리를 재구성해오지 않았던가? 그래서 "객체"objects에 대한 평평한 존재론을 결과적으로 만들어내지 않았던가? '객체-지향 연구'의 "객체"란 해러웨이의 '온코마우스'oncomouse(이 단어는 인간과 동물, 문화와 자연, 과학과 기술 사이에 이원론의 인위성을 비판하기 위한 해러웨이의 용어임, 역주)나 라투르의 오존 구멍과는 근본적으로 다른가? 리바이 브라이언트Levi Bryant는 평평한 존재론으로 인간의 예외성을 극복하고자 이렇게 설명한다. "존재를 두 개의 영역, 즉, 주체와 객체의 영역, 자연과 문화의 영역으로 이분화하는 대신에 우리는 존재를 하나의 납작한 평면으로 인식해야 한다. 즉 인간을 다른 존재들 가운데 있는 자연으로 인식해야 한다."[29] 대다수 서구 용어들

---

29 Levi R. Bryant, *Onto- cartography: An Ontology of Machines and Media* (Edinburgh: Edinburgh University Press, 2014), 215.

은 이미 항상 문화든 자연이든 어느 한쪽에 뿌리를 두는 까닭에 자연/문화의 분리를 횡단할 수 있는 언어를 이론가들이 만들어내기 힘들었다. 예를 들어 "평등"이란 단어는 정치 사회적 영역에 한정된다.[30] 이안 보고스트Ian Bogost가 "그 어느 것도 특별한 지위를 가지고 있지 않고 모든 것—예를 들어, 배관공, 목화, 보노보, DVD 플레이어, 사암—은 평등하게 존재한다"[31]고 주장한다. 하지만 나는 보노보와 DVD 플레이어와 배관공을 왜 동등한 평면에 두는지 궁금하다. 이 평평한 평면은 동물 마음, 동물 문화, 동물 소통을 주장하는 동물 연구를 무효로 만드는 것이 아닌가? (물론 그 목록에는 배관공이 있지만, 목화와 가깝게 배열되었다고 해서 견고한 인본주의적 전제를 해체할 위험은 없다.) 객체에 초점을 맞추는 것은 지나치게 포스트휴먼적인가? 아니면 충분히 포스트휴먼적일 수 없는 것일까? '객체-지향 연구'의 철학적 개입은 대중문화, 정치, 운동, 일상에서 어떻게 전개되고 있으며 어떻게 전개되어 나갈까? '객체-지향 연구'의 객체와 소비품 사이에는 어떤 관계가 있을까? 또 비인간적 전회, 물체 이론, 신생기론, 추론적 리얼리즘, 감응이론, 신물질주의, 물질적 페미니즘, 포스트휴머니즘, 동물 연구, 객체-지향 연구와 같이 지금 출현하고 있는 초분과 학문적 분야들과 운동 사이에는 어떤 연관이 있는 것일까? 여기서 이런 모든 질문을 던질 수는 없다. 그래서 나는 '객체-지향 연구'가 이 책의 입장, 선호, 정치학, 주장들과 어떻게 대조되는가에 초점을 맞추려고 한다.

보고스트는 『이질적 현상학; 혹은 사물이 된다는 것은 어떨까』에서 환경 연구, 동물 연구, 과학 연구, 포스트휴머니즘이 충분히 포스트휴먼적이지 못

30 리바이 브라이언트는 "객체의 민주주의"라는 말을 사용하는데, 이는 "평등"과 비슷하다. 그는 이렇게 말한다. "객체의 민주주의란 모든 객체가 평등하게 취급받고 모든 객체가 인간사에 참여하는 정치적 문제를 의미하지 않는다. 객체의 민주주의란 이안 보고스트가 멋지게 표현하듯이 모든 존재가 평등하게 존재한다는 존재론적 문제다⋯ 짧게 말해서 주체나 문화와 같은 어떤 객체도 다른 것에 [종속되는] 기반일 수 없다." Bryant, *The Democracy of Objects* (Ann Arbor, Mich.: Open Humanities Press, 2011), 19 참조.

31 Ian Bogost, *Alien Phenomenology; or, What It's Like to Be a Thing* (Minneapolis: University of Minnesota Press, 2012), 6.

하다고 단 두 쪽 분량의 설명으로 무시해버린다. 그러나 보고스트는 "포스트 휴머니즘은 여전히 인간을 1차 행위자로 보유"[32]하고 과학 연구는 "분석의 중심에 여전히 인간 행위 주체를 [보유]"한다고 주장한다. 하지만 예를 들지는 않는다. 이 주장은 잘못된 것이다. 또한 그는 환경론이 "살아있는 생명체"[33]에만 관심을 제한한다고 올바르면서도 이상하게 비난한다. 그는 도나 해러웨이, 낸시 투애나, 캐런 버라드와 같은 페미니스트 과학 연구자들의 작업은 무시하면서 '객체-지향 연구'를 "우리 자신이 만들어낸 작은 감옥"으로부터 탈출할 수 있는 유일한 길로 제시한다. 그 감옥 안에서는 "모든 존재가 인간이라는 체에 걸러져 빠져나간다"[34]고 말한다. 예를 들어, 버라드의 행위주체적 리얼리즘angential realism 이론은 인간의 행위능력을 특권화하지 않는 물질적 행위능력으로써 강력하게 제시한다. 더욱이 버라드는 '객체들'이 분리되었다는 개념 자체에 도전한다. 보고스트는 물체 목록에서 인간을 동물, 가전제품, 일상 소비품, 그 외 다른 것들과 섞어 놓고, 각각의 물체들을 분리된 개체로 구획 짓는다. 한편 버라드는 닐즈 보어Neils Bohr에 기대어 "각 물체를 내재적 경계와 속성을 지닌 독립된 물체가 아니라 기본적으로 존재론적 통일성을 현상으로 받아들인다… 현상은 내부적으로 작용하는 행위능력들이 존재론적으로 분리되지 않는다는 뜻이다"라고 말한다. 다시 말해서, "현상은 존재론적 엉킴"[35]이라는 뜻이다. 나는 이런 버라드의 이론에 동의한다. 세상이 분리된 객체들이 아니라 내부적으로 작용하는 행위능력으로 구성되어 있다는, 상식으로는 이해하기 힘든 세계관이야말로 내겐 훨씬 아찔하면서도 생산적이다. 분리된 객체에 초점을 맞추는 객체-지향 이론은 소비자 이데올로기를 강화할 뿐이다. 특히 객체의 생산은 착취적 작업 조건과 환경적 훼손과 뒤엉

**32** Ibid., 10.

**33** Ibid., 7.

**34** Ibid., 3.

**35** Barad, *Meeting the Universe Halfway*, 337.

켜지는데도 자본주의는 이러한 뒤엉킨 생산 관계를 전적으로 모호하게 만들 뿐이다. 반대로 물질, 시스템, 몸을 가로지르는 뒤엉킨 내부 작용을 추적하는 것은 정치적 비판, 경제적 개입, 피해를 덜 주는 실천의 개발을 가능하게 만든다.

리바이 브라이언트는 보고스트의 "이질적 현상학" 개념을 취하여 "모든 경우에서" 이질적 현상학은 "세상을 관리하고 처리하는 인간적 방식을 보류하려는 노력이며 이는 세상과 조우하는 비인간적nonhuman인 방법을 탐구하려는 목적을 지닌다"[36]고 주장한다. 이는 포스트휴머니즘, 동물 연구, 식물 연구를 위해서는 소중한 기획이다. 그리고 브라이언트의 "기계" 개념은 인간과 비인간을 공평하게 취급하여 인류세를 피할 수 있도록 만들고, 또 "객체와 주체를 둘러싼 고도로 분할된 철학 전통"[37]을 피할 수 있게 된다. 브라이언트는 "이질적 현상학이 윤리적이고 정치적인 잠재력을 지닌다고 주장한다. 성차별주의, "식민주의 착취, 억압, 집단학살" 그리고 동물 학대 등 "인간이 저지른 거대한 잔인함은 이질적 현상학을 실천하지 못했기 때문에 발생했다"고 주장한다. 브라이언트는 "이질적 현상학을 실천함으로써 타자들에게 보다 공감적인 삶의 양식, 관련된 모든 기계들에 대해서도 더욱 만족스러운 사회적 배치체를 개발하는 삶의 양식을 만들어낸다"[38]고 주장한다. 그러나 실제로 보고스트는 자신의 이론이 지닌 환경론적 사회적 함축성을 간과한다. 그는 인본주의적이고 남성적인 탈신체적 주체를 재설정한다. 보고스트는 이렇게 질문한다. "컴퓨터, 마이크로프로세서, 리본 케이블이 된다는 것은 어떤 것일까? … 운영자이거나 엔지니어로서 우리는 그것들이 어떻게 작동하는지 묘사할 수 있다. 하지만 그것들이 무엇을 경험할까? 그것들의 적절한 현상학

**36** Bryant, Onto- cartography, 63.

**37** Ibid., 37.

**38** Ibid., 71.

은 무엇일까? 간단히 말해서 물체가 된다는 것은 어떤 느낌일까?"[39] 과학 연구는 "분석의 중심에 인간이라는 행위자를 설정[40]하기 때문에 보고스트는 과학 연구가 이런 질문에 답하지 않는다고 생각한다. 그러나 철학적 추론 방법에서도 인간이 분명히 "분석의 중심"에 놓이기 때문에 대상에 접근할 수 없다. 나는 케이블이 뭔가를 경험한다고 믿지 않는다. 케이블이 "된다"는 것이 어떤 느낌일지 상상하는 것이—개인적으로, 지적으로, 윤리적으로, 정치적으로, 혹은 환각적 선문답을 제외한 어떤 방식으로도—유용하리라 생각하지도 않는다. 그러나 인류세적인 방법이긴 하지만, 물건이 된다는 것이 무엇을 의미하는지 상상하는 인간이 된다면 어떤 느낌일지 궁금하긴 하다. 이 경우에는 특정한 물체가 되는 느낌에 대한 보고스트의 추론은 대상과 동떨어진 이성적인 정신으로부터 나올 뿐이다.[41] 객체-지향 연구에는 지식이 체현되고, 상호작용적이며, 내부적으로 작용하며, 상황에 따라 혹은 과학적으로 매개된다는 느낌이 없다. 페미니스트, 탈식민주의, 환경론적 인식론은 오랫동안 지식의 주체와 객체 사이에 거리를 두는 앎의 형태를 비판해왔다. 하지만 자신을 둘러싼 이질적인 것들을 현상학적으로 탐구하는 앎의 주체는 그를 사유하는 것으로부터 분리한다. 나는 케이블이 "존재"의 감각을 소유한다고 기대하지 않기 때문에 케이블이 된다는 것이 어떤 느낌일지 선명하게 설명할 수 없다는 사실이 놀랍지 않다. 하지만 이질적인 현상학은 결국 케이블이나 다른 대상에 대해 별로 말해줄 것이 없다. 철학자와 그가 사유하는 대상 사이에 놓인 심연은 데리다를 상기시킨다. 동물을 추적하는 데리다를 따라가 보면, 우리는 여기서 비슷한 점을 발견할 수 있다. 데리다의 발화 지점은 단어

---

39 Bogost, *Alien Phenomenology*, 9-10.

40 Ibid., 10.

41 제프리 제롬 코엔은 객체-지향적 철학을 (추론적) 리얼리즘으로 보고, 좀 더 너그럽고 연합하는 방식으로 읽는다. 그는 이렇게 말한다. "그러나 이 리얼리즘의 세상은 상식이나 마음의 느낌과 다르고, 인간의 질서를 부과하는 여러 방식과 다르기 때문에 괴이하다weird. 그래서 마치 사변소설—과학소설, 공포, 판타지—과 표현 면에서 유사하다. 이런 기이한 장르의 중세 버전은 로맨스, 노래, 비석문이 있고, 중세를 공부하는 사람에게는 비판적 대화로 들어가는 풍요로운 입구를 제공한다." *Stone: An Ecology of the Inhuman* (Minneapolis: University of Minnesota Press, 2015), 45 참고.

를 "주는 권리를 스스로에게 주었던" 자들이 되는 지점이라는 면에서 비슷하다. 이 경우 그 단어는 "동물"의 언어가 아니라 "객체"의 언어다. "그들이 하나의 목소리로 동물에 대해 말할 수 있고, 반응 없이, 반응할 수 있는 언어가 없이 남아있는 하나의 존재로서 그를 지칭할 수 있도록 만드는 언어[42]를 말한다." '객체-지향 연구'는 인간을 다른 "객체"들과 동일한 존재론적 평면에 위치시키면서 다양한 존재들을 균등하게 만들지만, 인간의 목소리만이 우리가 들을 수 있는 전부다.

철학적 숙고가 대상, 물질, 물질성에 접근하는 가장 생산적인 방법은 아닐지도 모른다. 앤드류 피커링Andrew Pickering의 모델인 "실천의 난도질"mangling of practice은 과학, 경제, 사회 간의 상호 작용을 설명할 때조차 비인간 행위능력을 중시한다는 점에서 뜻깊은 대조점이다.[43] 킴 톨베어의 특별히 유망한 다차원적 프로젝트도 파이프 돌에 접근하는 과학적이면서 잘 통제된 토착 접근법을 제시하는데, 이는 또 다른 놀라운 모델이다. 이 모델은 물질에 접근할 때 물질이 삶, 이야기, 실천과 밀접하게 상호 연결된 것으로 여긴다. 킴 톨베어는 돌을 이질적 존재가 아니라 친족으로 대하는 다코다 방식으로 돌을 분석함으로써 "파이프 돌의 생기를 빼앗아버리는 방식 즉 기념비를 세우고 과학을 수행하는" 방식에 맞선다. 그녀는 이렇게 말한다.

> 그 돌은 종종 친척처럼 언급된다. 피나 유전자와 다르게 파이프 돌은 세포가 가진 생명력을 가지고 있진 않다. 그러나 돌 없이는 기도가 묻혀지고, 인간의 사회적 관계는 손상되고, 채석하고 조각하는 매일의 삶엔 의미가 고갈된다. 그들은 돌과 함께 작업하면서 의미를 얻는다. 토착민들이 자신의 유전자로 계속적인 생존과 관계를 주장하듯이, 토착 채석장과 조각가들, 의료인, 일상적으로 기도하는 사람들은 빨간 돌과 매일 함께 살기를 고집한다.[44]

42 Jacques Derrida, *The Animal That Therefore I Am* (New York: Fordham University Press, 2008), 32.

43 Andrew Pickering, *The Mangle of Practice: Time, Agency, and Science* (Chicago: University of Chicago Press, 1995).

44 Kim TallBear, "An Indigenous Reflection on Working beyond the Human/Not Human," *GLQ* 21, nos. 2-3(2015): 233.

톨베어의 방식은 과학, 현장 기반 연구, 기록 보관, 참여 방식의 관찰을 포함한다. 톨베어가 "비판적 '동물 연구'와 신물질론에 대해 토착적, 페미니스트, 퀴어 이론적 접근"[45]을 발전시킬 때 그녀의 방식은 풍부하고 건실한 분석을 생산할 것이 분명하다.

독자들은 이 책의 바로 이전 장에서 케이블에 대한 숙고와 유사한 뭔가가 있었다고 반발할지도 모른다. 산성화되는 바다가 녹아내리는 가운데 거주하려면 심연을 가로지르는 상상력 풍부한 숙고가 필요하다. 그러나 산성에 잠긴 당신의 껍질을 생각하는 것은 인간의 자아를 투과할 수 있는 존재로 느끼도록 만들어준다. 즉 인간 자아가 세상 물질의 부분으로써 인류세의 밀물과 조류의 부분임을 느끼게 해준다. 이는 과학적 데이터가 말해주는 대로 바다의 실제 산성화를 숙고해 보자는 요청이며, 여섯 번째 대멸종의 순간을 미리 생각하는 것이고, 자아가 변화하는 세계 안에 잠겨있다는 환경적으로 윤리적인 감각을 갖고 살자는 요청이다. 횡단-신체성은 물질, 객체, 몸, 환경을 가로지르는 물질적 행위능력을 고려하기 때문에, 사회 경제적 세력으로 인하여 항상 이미 난도질당했을 데이터에도 불구하고 과학적 데이터 획득을 무시하지 않는다.

나는 환경론자들과 마찬가지로 티모시 모튼의 다음 주장에 동의한다. 그는 "그렇다면 생태적 사유가 할 일은 인간을 땅으로부터 빼내서 다시금 땅으로 되돌아가게끔 하는 것이다"라고 주장한다. 하지만 그의 또 다른 주장인 "생물계biosphere라고 불리는 거대한 전체 안에 있는, 지구라고 불리는 거대한 대상 위에 서야 한다"[46]에는 동의하지 않는다. 물론 낯설게 하기defamiliarization는 미학적 쾌락을 줄 수 있지만, 인간이 사는 땅으로부터 "거대한 객체" 지구로의 규모적 도약은 윤리적 정치적 관계 자체인 뒤엉킴을 희미

---

45 Ibid.

46 Timothy Morton, *Hyperobjects: Philosophy and Ecology after the End of the World* (Minneapolis: University of Minnesota Press, 2013), 18.

하게 만든다. 모튼은 자신의 입장을 "생태 현상학"과 구분한다. "생태 현상학은 착근성embeddedness이라는 판타지로 퇴행한다"[47]고 생각하는 까닭이다. 그러나 착근성은 현상학적이지도 퇴행적 판타지도 아니다. 오히려 횡단-신체성의 착근성은 데이터, 정보, 과학적인 획득, 다양한 규모에 걸친 상호 작용과 관계의 지도를 그리는 정치적 양태를 이해하려고 노력한다. 여기에서는 많은 작업이 필요한 까닭에 퇴행적 판타지일 수 없다. 이 책에서 내내 보았듯이, 인간에 대한 더욱 편리하고 지배적인 판타지는 인간이 방해 없이 자유롭게 부유하며 착근되지 않는 존재라고 보는 견해다. 모튼의 뿌리 뽑힌 인간은 지구를 "거대한 전체"로 사유하는데, 이런 인간은 이전 장에서 논의했듯이 인류세에 대한 지배적 시각 묘사를 바라보는 인간과 비슷하다. 둘 다 구체적 현장으로부터 유리되어 있고 탈신체화된다. 그러나 모튼의 책 『하이퍼객체들』*Hyperobjects*의 「점성」Viscosity이라는 장은 좀 다르다. 여기서 모튼은 자기 자신의 구체적 경험을 바탕으로 글을 쓴다. 지구 온난화가 목 피부를 태우자, 자신의 피 속에 들어있는 하이퍼객체와 수은과 독성의 행위능력에 대해 이야기한다.[48] 구체적 몸을 가진 이 사람은 횡단-신체적 주체와, 낸시 투애나Nancy Tuana의 「점착성의 다공성: 카트리나 목격담」에서 개념화된 주체와 닮았다. 투애나는 "카트리나를 목격하면서 사회를 재물질화하고, 자연의 행위능력을 진지하게 고려하는 존재론이 시급해졌다"[49]고 주장한다. 투애나는 플

---

**47** Ibid., 18. 여기서 모튼이 어떤 "생태 현상학"을 대상으로 삼고 있는지 나는 모른다. 왜냐하면 그의 미주에 아무 설명도 없기 때문이다. 나는 내 작업이 "생태 현상학"이라고 생각하지 않고, 오히려 신물질론, 물질적 페미니즘, 생태물질주의, 과학 연구의 일부로 본다. 현상학의 한계에 대해 간단한 토론을 보려면 이 책의 서론을 참조.

**48** Ibid., 27-29.

**49** Nancy Tuana, "Viscous Porosity: Witnessing Katrina," in *Material Feminisms*, ed. Stacy Alaimo and Susan J. Hekman (Bloomington: Indiana University Press, 2008), 188. 모튼은 『하이퍼객체들』에서 낸시 투애나나 캐런 버라드를 인용하지 않는다. 「점성」 다음 장은 「비지역성」인데, 이 글에는 나의 횡단-신체성 개념과 투애나의 「점성적 다공성」과 비슷한 묘사가 들어있다. "비슷하게 환경 호르몬이 피부, 폐, 음식을 통해서 내 몸을 관통한다. 고엽제(몬산토에서도 만들어진)의 사촌인 라운드업Roundup과 같은 살충제의 환경 호르몬은 종종 다이옥신들이 내 몸에서 연쇄 반응을 일으켜 호르몬의 생산과 순환을 방해한다"고 말한다. Morton, *Hyperobjects*, 38 참조. 이 묘사는 라운드업을 제조하는 노동자들뿐만 아니라 라운드업과 만나는 비인간 생명체까지도 포함할 수 있도록 확장되어야 한다. 그저 고립된 인간과 고립된 하이퍼객체들에만 한정해서는 안 된다.

라스틱 병으로부터 물을 마시는 것이 살을 어떻게 변형시키는지 이렇게 설명한다. "일단 분자적인 상호작용이 발생하면 자연/문화, 자연적/인위적인 것의 구분이 없어진다."[50] 플라스틱은 심지어 빈곤처럼 사회적인 것과도 상호작용한다. 투애나는 이렇게 설명한다. "정치가 플라스틱이 지닌 환경적 위험의 문제를 제기하는 데 실패했기 때문에 그 실패의 표식이 신체의 살 속에 남겨졌다. 하지만 플라스틱 공장이나 쓰레기 소각장에서 일하는 산업 노동자의 신체와, 오염 물질이 지나는 길목에 사는 사람들의 신체는 이러한 물질적-기호적 상호 작용의 부정적인 효과로 인하여 다른 사람들보다 더 많이 고통을 받아왔다."[51]

그래서 노출은 계층이나 인종과 같은 사회적 물리적 분류에 따라, 또 북반구와 남반구의 격차에 따라 들쑥날쑥 몹시 다르다. 이 책은 주로 노출의 물질적인 차원을 강조했지만, 이데올로기적 담론의 분류에 따라 신체를 다르게 위치시키고 다른 물질적 효과를 낼 수 있음을 지적하는 것은 중요하다. 페미니스트, LGBTQ 사람들, 유색인, 장애인, 또 나른 사람들에게 신체적 과정, 욕망, 지향, 피해가 사회적 카테고리, 규범, 담론에 따라 얼마나 일치하고 또 얼마나 다른지를 잘 생각해서 해결하는 것이 필요한 인식론적 정치 과정이다. 어떤 사람들에겐 이것이 생존의 문제이기도 하다. 엘리 클레어Eli Clare는 「자연 세계, 장애, 치료의 정치학에 대한 사유」라는 글에서 처음으로 "자연스러움과 부자연스러움, 정상적인 것과 비정상적인 것"이라는 용어들을 '초원 회복 프로젝트' 안에서 언급하며 이렇게 쓴다. "부자연스럽고 비정상적이라는 단어들이 내가 장애인이기 때문에 늘 나를 괴롭힌다고 말하는 것은 과장이 아니다. 좀 더 정확하게 말하면 그 단어들은 나를 주먹으로 연타한다."[52]

---

**50** Tuana, "Viscous Porosity," 202.

**51** Ibid., 203.

**52** Eli Clare, "Meditations on Natural Worlds, Disabled Bodies, and a Politics of Cure," in *Material Ecocriticism*, ed. Serenella Iovino and Serpil Oppermann (Bloomington: Indiana University Press, 2014), 205.

클레어는 장애 담론[53]과 환경 회복 사이에 고통스러운 충돌을 헤쳐 나가고 있다. 그래서 "한 쪽에는 단일 문화들, 다른 한 쪽에 문화적 다양성" 중 하나를 선택하고, "뿌리 뽑힘과 억제 불능 번영"[54] 사이에 하나를 선택하기에 이른다. 클레어는 명백한 입장으로 결론을 맺는다. 그러나 그가 그 글을 쓰는 이유는 결코 "회복"될 수 없는 신체로 살아가는 경험뿐만 아니라, 생태적 회복의 언어와 실천이 담긴 물질적-기호적 풍경 안에서 자신의 복잡한 입장을 설명하기 위해서다.

안정된 생태계와 자연적인 젠더로 돌아가는 복원의 이상은 폴 비아트리즈 프레시아도Paul Beatriz Preciado의 작업 안에서는 성취 불가능하다. 프레시아도는 그의 책 『테스토에 심취한 자들: 약제 포르노 시대의 섹스, 마약, 생명정치학』에서 남성호르몬인 테스토스테론을 정치적 행위로 받아들임으로써 젠더, 섹스, 몸, 마음을 변형하는 일에 참여한다. 프레시아도의 "이론"은 이론화된 "약제-포르노적 몸"pharmacopornographic body (생물 분자적이고 기호-기술적으로 성적 주체성을 지배하는 과정, 역주)을 변형하고 경험하는 데서 출현한다. "약제-포르노적 몸"이란 "수동적으로 살아있는 물질이 아니라, 기술-유기체의 접촉면이고 서로 다른 (텍스트, 데이터처리, 생화학적) 정치적 기술에 의해 분할되고 영토화된 과학 기술 생활 시스템"이다. 프레시아도는 "몸이 훈육하는 공간에 거주한다"는 관념으로부터 "비판적/이론적/신체적/정치적 실천으로 이동한다. 새롭게 이동한 실천에서는 "몸이… 생명정치적인 통제 시스템에 의해 거주한다"[55]고 주장한다. 이것이 바로 횡단-신체성의 급진적 의미로써 호르몬, 젠더, 섹스, 약리학을 강조하고, (포스트)휴먼은 결코 자연적이거나, 분리되거나, 구분되지 않는다는 사실을 증명한다. 누군가의 몸을 생명정

---

53 장애와 환경론의 관계를 연구하려면 Sarah Jaquette Ray, *The Ecological Other: Environmental Exclusion in American Culture* (Tempe: University of Arizona Press, 2013) 참조.

54 Ibid., 218.

55 Beatriz Preciado, *Testo Junkie: Sex, Drugs, and Biopolitics in the Pharmacopornographic Era* (New York: Feminist Press, 2013), 114, 79.

치적 시스템과 생화학적 과정과 결코 분리될 수 없는 존재로 분석하고, 이론화하고, 비판하고, 창조하고, 저항하고, 변형한다는 것은 몸을 바로 이 세상에 속한 물질로써 생각함을 의미한다.

이바 헤이워드Eva Hayward의 탁월한 작업은 노출의 정치학으로써 페미니즘과 퀴어 연구의 오랜 역사가 어떻게 새롭게 변형된 포스트휴머니즘으로 성장할 수 있는지 보여준다. 캐리 울프Cary Wolfe가 『포스트휴머니즘은 무엇인가?』에서 "포스트휴머니스트가 되려면 생각이 변해야 한다"[56]고 주장하는데, 그의 강력한 도전에 내가 보기엔 헤이워드의 작업이 잘 대응하고 있다. 헤이워드는 자신의 글 「불가사리가 주는 더 많은 교훈」에서 트랜스섹슈얼리티에 대해 쓴다. 트랜스섹슈얼리티가 불가사리와 "공유하는 존재론"을 지니며, "상호성"을 지닌다고 설명한다.

> 몸의 모양이 변화하는 것을 동물의 모양 변화로 견주어 볼 수 있다. 만일 우리가 '자르기'cut를 사랑의 행위로 이해할 수 있다면, "불가사리처럼"이란 말은 종을 넘어 새로운 종으로 분화하는 행위임을 우리는 상상할 수 있을까? 트랜스섹슈얼하면서 불가사리인 우리는 살아있는 신체다. 우리의 신체는 다른 살아있는 신체와의 만남을 통해서 경험하고 안다. 이러한 인식론은 현상학적으로 존재를 공유하고 있음을 기술해준다. 몸들 사이에 상호신체적 영역들이—언어로 또 경험적으로—얽힌다. 이 얽힘은 오감으로도 지각 가능하다. 불가사리와 트랜스섹슈얼은 기호적 의미의 세계성worldhood과 현상학적 재현으로서의 세계성 모두를 공유한다. 이것이 바로 모종의 상호신체성intercorporeality이 아닌가?[57]

헤이워드는 자신의 몸이 건너편 불가사리로 재생했다고 생각한다. 캐리 울프가 표현하듯이 이는 "앎의 주체라는 질문을 근본적으로 흔들고 재구성한

---

56 Cary Wolfe, *What Is Posthumanism?* (Minneapolis: University of Minnesota Press, 2010), xvi.

57 Eva Hayward, "More Lessons from a Starfish: Prefixial Flesh and Trans+speciated Selves," *WSQ: Women's Studies Quarterly* 36, nos. 3-4 (2008): 81-82

다."[58] 왜냐하면 불가사리와—인간 자아—는 일종의 상호신체성을 통해서 서로 알게 되기 때문이다. 이는 생생하고 놀라운 포스트휴먼적 표현이다. 불가사리와 공유하는 존재는 "종을 넘어 분화하는transspeciated 자아", 즉 다른 종과의 만남을 통해서 존재하고 알게 되는 자아에서 절정에 이른다. 헤이워드는 자신의 방법을 "개인적인 설명이기보다는 결정적 얽힘critical enmeshment"이라고 기술한다. 그러면서 "존재의 물질, 말 그대로 실제 물질이 인류가 우려하는 산성액 속에서는 분해될 수 없는 구성적 세력으로써 계속 떠오른다"[59]고 말한다. 헤이워드의 작업은 신물질적 사유가 젠더, 섹슈얼리티, 노출에 대한 다른 구체적 지식과 실천으로부터 출현할 수 있다는 가능성을 예시해준다. 또 신물질론을 다수의 생명체와 함께 생각하면 이론이 얼마나 더 풍성해지는지, 신물질론, 포스트휴머니즘, 동물 연구들 사이에 얼마나 유익한 협력을 만들어낼 수 있는지를 예시해준다. 헤이워드의 작업은 추론적이고, 창의적이고, 대담하지만 그저 단순히 존재를 상상하기보다 불가사리에 대한 과학적 사실에 의지하고 있음을 지적하는 것은 중요하다. 헤크만은 공개disclosure 개념이 "재현"과 상대주의의 "문제를 피하고", 앤드류 피커링의 난도질과 같은 모델을 제시해준다고 주장한다. 그런 모델은 "다양한 요소가 상호 작용하거나 내부적으로 작용하는, 우리가 공유하는 실재를 이해할 수 있도록 돕는다."[60] 그 실재는 공유되지만, 동물 연구 분야의 주장에 따르면, 특정 종은 특정한 방식으로 세상을 경험하고 이해한다. 예를 들어 헤이워드는 "극피 동물들이 분명한 감각 수용체가 없는데도 어떻게 촉각, 빛, 온도, 방향, 물의 상태에 민감할 수 있는지" 탐구한다. 즉, "그들의 존재 자체가 시각-촉각을 감지하는 장치다."[61]

---

**58** Wolfe, *What Is Posthumanism?* xxix.

**59** Ibid., 65, 82.

**60** Susan J. Hekman, *The Material of Knowledge: Feminist Disclosures* (Bloomington: Indiana University Press, 2010), 93.

**61** Hayward, "More Lessons from a Starfish," 69, 70.

『이질적 현상학』에 들어있는 한 장의 제목은 「존재의 풍요로운 다양성 드러내기」다. 하지만 거기에는 헤이워드의 불가사리와 비슷한 생명체는 없다. 여섯 번째 대멸종을 언급하지도 않는다. 이런 점은 분명히 존재의 풍부한 다양성을 축소시킨다. 소비 객체를 매력 있고 이질적인 것으로 칭송하는 것은 살아있는 생명체의 상실로부터 주의를 딴 데로 돌린다. 티모시 모튼은 용감하게도 "우리 존재가 존재하는 모든 것이 아니며, 오히려 종이컵의 존재가 내 존재만큼이나 심오하다고 주장함으로써 객체-지향 연구가 인간을 대체해버린다고 덧붙여야 할지도 모른다"[62]고 주장한다. 그때 우리는 "심오한" "존재"가 이 맥락에서 무슨 뜻인지 궁금할 것이다. 그런 주장은 비인간 생명체의 권리, 복지, 존재 지속을 위한 귀류법적reductio ad absurdum 주장으로 유통될 것이다. 왜냐하면 의식, 지성, 소통, 고통 받을 수 있는 능력처럼 오로지 인간에게 속한 특질들이 사실상 다른 비인간 생명체와 문화에 폭넓게 분배된다고 주장한다면—결국 컵마저도 심오한 존재로 여겨지는 부조리에 이르게 되기 때문이다. 소비품에 대해 이와 다른 종류의 관심이 환경 운동과 신물질론에 퍼지고 있다. 이런 관심은 평범한 물건을 생산하는 종종 보이지 않는 시스템과 네트워크를 추적하고 이해하며, 이러한 물건들의 물질적 행위능력이 가져오는 종종 의도하지 않는 결과를 폭로하고, 세상의 물질적-기호적 뒤엉킴으로부터 일어나는 새로운 윤리적 정치적 실천을 만들어 낸다. 중요한 것은 각각의 물체가 어떻게 고립된 상태에서 존재하는가가 아니라, 그들이—몸과 생태계와 이미 만들어진 환경을 가로질러 경제적으로, 정치적으로, 물질적으로—어떻게 뒤엉켜있는가다.

"경이로움은 현대적 사유에서 거의 제거되었다"는 보고스트의 주장에 동의한다. 이질적 현상학의 세속적 숭고함은 "일상의 놀라운 풍요로움"[63]을 기

62 Morton, *Hyperobjects*, 17.

63 Bogost, *Alien Phenomenology*, 124, 134.

리게 만들고, 더 이상 존재하지 않는 것에 대한 불안한 걱정을 거두고, 현재에 감사하는 선불교적인 태도를 제공해줄 것이다. 보고스트의 냉정하지만 매력적인 산문 스타일은 일상적 물건의 경이로움을 인식하는 축복을 누리게 만든다. 이런 비전에 반대하는 것은 분위기 깨는 페미니스트처럼 똑같이 분위기 깨는 환경론자처럼 느껴지게 만든다.[64] 그 누가 이런 푸짐한 초대를 거절할까. 그가 주장하듯이, "존재의 우둔함은 초대가 난잡하고, 차이를 무시하고, 다른 모든 것에 영향을 준다고 본다. 하지만 무엇이든지 파티를 열 만하다."[65] 프로-섹스 페미니스트는 그런 초대에 매료되지 않을 수 없다. 하지만 나는 소비주의적 황홀이 특별히 독성 있는 숙취를 낳을지도 모른다고 생각한다. 다행히도 애니 스프링클Annie Sprinkle과 베스 스티븐스Beth Stephens는 그들의 "에코섹슈얼 매니페스토"[66]에서 보다 풍성하고 덜 자본주의적인 축제로 초대한다. 이 책의 시작과 마찬가지로 윤리적인 거주 양태로부터 시작해서 고통스러운 에코델릭 인류세의 용해까지 그러한 쾌락들은 인간을 인간 이외 모든 것들로부터 분리하는 지배적 방식을 거부한다. 우리가 세상에 속한 물질로서 생각한다는 것은 결국 현장에서 생각하는 것이다. 자아의 물질성과 물질 세계의 거대한 네트워크인 현장에서 생각하는 것이다.

객체들의 경이로운 풍부함은 탈식민주의적 생태학의 관점, 환경 보건과 환경 정의 운동, "느린 폭력"을 견디는 자들, 기후 난민, 인도의 보팔 생존자들, 해양 보존 운동의 관점에서 볼 때 다르고, 또 수많은 비인간 생명체의 관점으로 봐도 다르게 보일 것이다. 우리는 비닐 봉지나 플라스틱 병뚜껑이 "되

---

64 새라 아메드Sara Ahmed의 *The Promise of Happiness* (Durham, N.C.: Duke University Press, 2010) 참조. 보고스트는 플레이보이 토끼 옷을 입은 여자의 이미지에 대해 이야기를 하나 들려주는데, 그 이미지는 여자들이 유머 감각도 없고, 지적인 세련됨도 없다는 두려움을 드러낸다. *Alien Phenomenology*, 93-99 참조. 페미니즘, 퀴어 이론, 장애 연구는 통상 성적 대상화로 단순하게 여길 만한 몸, 물건, 쾌락, 욕망에 대해 즐겁고 프로섹스pro-sex적 이해를 발전시켜왔다. 이런 신나는 연구들—이론들이 함께하는 활발한 성적 (하위) 문화는 말할 것도 없이—을 감안할 때, 우리("여성, 소녀, 성적 매력")가 "다람쥐, 등대, 덧신과 더불어 우리의 존재론적 지위"(99)를 갖기 위해서 객체 지향 연구가 필요하다고 상상하기는 힘들다.

65 Bogost, *Alien Phenomenology*, 24.

66 에코섹슈얼을 찾으려면 3장을 참고.

는" 것이 어떤 건지 궁금할 수 있다. 혹은 거대한 태평양 쓰레기 더미를 만들어낸 화학, 자본주의, 내륙의 수로, 해양 조류, 액상 과당 옥수수 시럽 중독의 네트워크를 고려할 수도 있다. 신물질론과 신정치운동은 물질에 초점을 맞추면서도 세상을 수동적인 자원이나 분리된 물체들로 구성되었다고 보지 않는다. 대신 모든 물체의 이상한 행위능력을 강조한다. 칫솔, 면도기, 플라스틱 병, 비닐 봉지, 음식 포장, 아이들 장난감 등등과 같은 일상 용품들이 인간 사용을 위해 일시적으로 제작되었지만 그 오염은 영원하다. 그 깨달음은 그 물건들이 괴이하게 악의적이라고 여기게 만든다. 5장에서 논의했듯이, 플라스틱 오염에 반대하는 운동가들은 플라스틱의 이상한 행위능력을 극화한다. 플라스틱은 바다에 있는 독성을 흡수하고, 해양의 먹이 사슬로 진입하여 새, 포유 동물, 파충류, 물고기에게 피해를 주면서, 질병을 일으키고, 기도를 막고, 소화를 방해한다. 예술가인 팸 롱고바르디Pam Longobardi는 바다의 플라스틱 쓰레기를 모아 예술 재료로 활용한다. 그는 인간을 둘러싼 일상품이 해양 생태계의 관점에서 이해될 때 선혀 다른 것이 될 수 있다면서 이렇게 설명한다. "플라스틱 재료는 장난감처럼 매력적이고 겉으로는 무해해 보인다. 어떤 것은 으스스할 정도로 친숙하고 어떤 것은 완전히 낯설기도 하다. 처음에 플라스틱은 무해하고 재밌게 보이지만 그렇지 않다. 플라스틱은 위험하다. 우리는 새로운 것에 대한 열망 때문에 우리의 형상대로 세상을 플라스틱으로 다시 만드는 중이다. 이 독성의 유산, 이 대용물, 이 사기꾼을 말이다."[67]

인간이 만들어냈지만 인간 통제를 넘어서는 플라스틱 인류세는 우리를 둘러싸고 있을 뿐만 아니라 우리를 침범한다. 투애나가 설명하듯이 문자 그대로 우리의 살을 변형시킨다. 현재 지배적인 지속 가능성 패러다임이나 이전 장에서 논의했던 초월적 인류세 비전은 투과하는 '살'인 인간을 설명할 수 없고, 취약함, 과실, 책임, 우려에서 현격한 차이를 보이는 좌표grids를 이해할

67 Pam Longobardi, "Drifters Project Statement," 2016, http://driftersproject.net/about/.

수 없다. 우리는 인류가 만들어낸 급격한 변화, 이상한 행위능력, 인간/비인간 생명의 불안함이 만연한 세계 안에서는 더 이상 방어 불가능한 존재-인식론에 도피하기를 거부하는 환경론이 필요하다. 물질 세계의 일부로써 안으로부터 사유하는 실천은 존재론, 인식론, 과학적 폭로, 정치적 관점, 포스트휴먼 윤리학, 환경론적 운동과 함께 가야 한다. 바깥에는 자리가 없다. 반듯한 길도 없다. 전 지구적 지식 체계가 투명하리라는 신념도 없다. 확실히 수리가 필요한 미래로 인하여 그늘지고 위태로운 곳, 오로지 그 안으로부터 겸허한 저항과 나름의 쾌락이 나올 뿐이다.

# 포스트휴먼 시대 "노출"의 신물질론적 페미니즘 존재-인식-윤리-정치학

이론Theory은 당대의 도전에 대한 응전이다. 날로 깊어가는 불평등, 팬데믹, 여섯 번째 대멸종을 예기케 하는 환경 재앙, 타협 없는 극단적 적대, 첨단 과학 기술 발전에 대한 환호와 우려 등 인류 앞에 놓인 도전에 이론이 응답한다. 서서히 때로 급박하게 밀어닥치는 도전을 분석하고, 성찰하고, 해법을 모색하는 것이 이론이다. 도전의 양상이 매번 다르듯 도전에 응전하는 방식도 매번 다를 수밖에 없다. 그래서 이론은 시대마다 다르다.

우리 시대의 도전에 응답하는 이론들은 포스트휴머니즘, 신물질론, 물질적 페미니즘, 환경 인문학, 생태 물질론, 동물 과학 연구 등등 다양한데, 최신 이론적 지형에서 이 책의 저자인 스테이시 얼라이모는 가장 빈번하게 출현하는 이름 중 하나다. 얼라이모는 현재 오레곤주립대학의 영문과 교수이며, 환경학과 겸무 교수이기도 하다. 얼라이모가 홈페이지에 소개한 자신의 연구 분야는 환경 인문학, 블루 인문학과 해양 과학 연구, 신물질론, 이론, 20세기/21세기 문학/문화 연구다.

얼라이모는 포스트휴머니즘, 신물질론, 페미니즘에 대한 가장 권위 있는 이론서인 『물질적 페미니즘』을 편집했으며, 『길들여지지 않은 땅: 자연을 페미니즘 공간으로 재구성하기』, 『몸적 자연: 과학, 환경, 물질적 자아』에 이어 세 번째 저서인 바로 이 책 『노출: 포스트휴먼 시대 환경 정치학과 쾌락』을 썼다. 영문학자 얼라이모는 탄탄한 문학 텍스트 분석력을 기반으로 다양한 장르의 텍스트를 분석하는데, 이 책 역시 문학 작품으로부터 영화, 동영상, 시각 예술, 나체 시위에 이르기까지 이들을 포스트휴머니즘과 페미니즘뿐만 아니라, 신물질론, 환경론, 노출, 쾌락, 횡단-신체성이라는 키워드로 분석한다.

왜 하필 "노출"일까? 왜 하필 "쾌락" 일까? 포스트휴먼 환경 정치학을 표방하는 이 책에서 왜 뜬금없이 "노출"이나 "쾌락"이란 단어를 제목으로 뽑은 것일까? 이 책을 번역하면서 줄곧 되뇌었던 질문이다. 얼라이모는 특히 "노출"이라는 단어를 가장 전면에 내세웠다. 한국 독자를 위한 서문에서도 얼라이모는 "반란을 일으키는 노출"insurgent exposure을 강조하고, 책 안에서도 자주 "노출의 정치학", "노출의 윤리학"이란 말을 반복하면서 "노출"을 현재의 문제들에 대한 해법의 정치학과 윤리학으로 제시한다. 그래서 도저히 "노출" 말고는 한국 독자에게 더욱 매력적일 수 있는 다른 제목을 새롭게 만들 수 없었다.

우리 번역자들은 이 책의 제목을 어떻게 번역할까 고심했다. 얼라이모의 존재론, 인식론, 윤리학, 정치학을 명료하게 종합할 단어, 독자의 지적 욕망을 자극할 단어인 "횡단-신체성"이나 "신물질론"을 제목으로 삼고픈 유혹을 느꼈다. 최신 이론에 대한 독자의 갈증을 염두에 둔다면 그런 제목들이 더욱 매력적일 듯했다. 하지만 결국 우리는 얼라이모가 고심 끝에 결정했을 "노출"이라는 제목을 존중해 살리기로 결정했다. 책을 여러 번 읽으면서 기본적으로 문학 연구자인 얼라이모가 '개념'보다 '비유'를 선호하는 성향을 파악했고, "노출"은 얼라이모가 주장하는 중심 개념들의 복잡하고 다층적 의미를 잘 담아낸 '문학적 비유'임이 점점 더 명확해졌기 때문이다. 그래서 한국의 책 시장에서 외면 당할 위험 부담에도 불구하고 원제를 그대로 번역하기로 했다.

"쾌락"이란 단어 역시 이 책에서 얼라이모의 핵심어인데 번역이 고민스러웠다. "쾌락"이라는 우리말 단어는 단순히 유쾌한 감정을 넘어 그 감정을 탐닉한다는 부정적인 뉘앙스를 지니고 있어서 고민이었다. "쾌락"은 영어로 "pleasure"인데, 맥락에 따라 즐거움, 기쁨, 유쾌함 등으로 번역했지만 책 제목은 "쾌락"으로 했다. 다양한 긍정적 감정을 포함하는 "pleasure"에서 부정적 뉘앙스를 빼고 단순히 즐거움, 기쁨, 유쾌함으로 번역하기에 "pleasure"는 탐닉까지는 아니어도 훨씬 강렬하고 밀도 있는 감정을 내포하기 때문이다. 적어도 제목에서는 그 단어가 지닌 강렬함을 드러내고 싶어서 "쾌락"을 선택했다. 하지만 책 안에서는 맥락에 따라 다양하게 번역했음을 밝힌다. 1장 "거주의 윤리학"에서 나오는 "pleasure"는 "쾌락"보다는 의미 문맥상 "유쾌함" "즐거움" "기쁨"이 적절해 보였다. 그러나 2장을 포함해서 이후 장에서는 보다 강렬한 단어가 필요해서 대체로 "쾌락"으로 번역했음을 밝힌다.

"노출"과 "쾌락"은 의미상 연결된다. "노출"의 의미를 중심으로 "쾌락"의 의미를 곁들여 설명하겠다.

## 물질 세계에 "노출"되다

"노출"은 일차적으로 인간의 몸이 유해한 환경 오염 물질에 노출됨을 의미한다. 독성, 핵방사능, 플라스틱 오염, 해양 산성화에 인간의 몸은 노출되어 있다. 얼라이모의 "노출"은 지구 환경을 변화시킨 인류세의 환경 재앙에 "노출"된 인간의 몸을 의미한다. 필사적으로 막아보아도 물질은 또 다른 물질인 인간 몸에 스미고 뒤엉킨다.

그런데 "노출"되는 환경은 환경 오염물질만이 아니다. 얼라이모는 인간의 몸이 이방인과 낯선 문화에도 "노출"된다는 사실을 적시한다. 외부로부터의 침입과 공격에 국수주의와 민족주의로 철통 방어해도 이 역시 부질없다. 문화는 경계를 넘고, 문화의 내부는 외부에 노출된다. 우리는 견고한 국경과 울타리, 벽, 통제문을 세워 외부의 공격과 오염을 차단하고자 하지만 인간의 몸은 속절없이 노출된다. 결국 몸과 몸이 만나고, 몸과 물질이 만나며, 물질이 물질을 만나고, 문화가 다른 문화로 횡단하면서 새롭게 생성된다.

이렇게 "노출"은 얼라이모의 핵심 개념인 "횡단-신체성"과 상통한다. 인간은 인간들끼리 노출되어 상호 연결될 뿐만 아니라 몸, 물질, 장소 사이에서도 물질적 노출과 교환으로 상호 연결된다. 그래서 모이라 게이튼스의 말대로 인간의 몸은 몸을 둘러싼 환경에 노출되고 투과되며, 다른 몸들에 의해 구성되고, 재구성되며, 해체될 수도 있는 것이다. 얼라이모는 자신의 횡단-신체성 개념이 게일 웨이스의 '상호신체성'과 유사함을 인정하지만, 웨이스의 '상호신체성' 개념이 인간끼리의 상호성을 강조하는 반면 얼라이모의 횡단-신체성은 인간을 넘어, 물질, 장소까지 상호성을 확대한다는 점에서 차별화된다.

물질적 노출과 교환으로 상호 연결되는 몸들이 늘 유쾌하지는 않다. 특히 오염 물질과의 노출과 교환은 단순한 재구성이 아니라 파괴적 재구성일 수도 있다. 하지만 얼라이모가 강조하는 것은 유쾌하든 불쾌하든 "횡단-신체성"은 실제적 존재 양태라는 사실이다. 얼라이모는 피할 수 없는 사실은 차라리 즐기라고 말하려는 것일까? 상호 연결은 상생적일 수도 있고 상극적일 수도 있을 텐데, 얼라이모는 상극적인 상호 연결에 대해서는 집중 논의하지 않는다. 상극적인 상호 연결은 피하는 것이 상책이겠지만, 피할 수 없다면 견디거나 즐기는 것이 현명한 것인가?

얼라이모는 그런 의미에서 탐욕적 자본주의와 트랜스 휴머니즘을 제외한 당대의 모든 도전을 거의 긍정하는 로지 브라이도티를 닮았다. 서론의 제목처럼 "소멸하는 가운데 거주하기"라는 얼라이모의 말은 "문제와 더불어 머물기"Staying with the Trouble를 말하는 도나 해러웨이와 닮았고, 내일 지구의 종말이 와도 오늘 사과나무를 심겠다는 말을 떠올리게 하며, 키츠가 셰익스피어의 천재성으로 꼽았던 "부정적 능력"Negative Capability을 상기시킨다. 얼라이모는 도전과 모순을 참고 견디는 능력, 더 나아가 유쾌하게 견디는 능력을 강조한다. 그러나 얼라이모는 브라이도티만큼 희망적이진 않다. 얼라이모는 자신의 입장을 불교식 "올바른 의도"라고 부르면서 자신은 현실을 수리하는 데 최선을 다하지만 결과에는 초연하다고 말한다. 수많은 행위능력들이 횡단하는 현실을 통제하는 것이 불가능함을 알기 때문이다.

"횡단-신체성"과 관련하여 이 책이 소개하는 줄리아 버터플라이 힐의 이야기는 인상적이다. 그는 루나라는 거대한 삼나무 숲에서 일년 반 동안 살면서 자신의 신체 안에 일어난 물질적 변화를 감지한다. 발에는 삼나무 같은 두툼한 새 근육이 자라고, 갈라진 피부의 틈새는 삼나무의 소용돌이 패턴을 닮고, 손가락은 삼나무 껍질처럼 물이 들어 갈색과 녹색으로 변색되며, 심지어 자신의 몸에서 삼나무 향기가 난다고 말한다. 그녀는 삼나무의 일부가 되고, 삼나무는 그녀의 일부가 된다. 부부가 오랜 시간 기쁨과 슬픔을 공유하고, 비슷한 음식을 섭취하면서 어슴프레 모습이 같아지는 것도 혹시 그런 연유일까. 인간 세포는 끊임없이 분열하고 두근 반 인간의 간은 1년이 지나면 완전히 새것이 되고, 분열이 빠른 피부와 소화 기관 상피 세포는 간보다 더 자주 새로워진다고 한다. 간단없는 세포의 분열에 필요한 물질과 에너지는 우리가 먹는 음식들로 충당된다. "We are what we eat!"라는 말처럼 먹는 물질이 같다면 조금은 비슷한 형태로 변형될 가능성이 상식적으로 충분하다. 외부의 물질은 몸을 구성하고, 몸은 다른 몸과 물질에 영향을 끼치면서 서로가 서로에게 "노출"되어 있다.

한 걸음 더 나아가면, 얼라이모의 "노출"은 나와 외부, 주체와 객체, 자연과 문화의 경계가 와해됨을 의미한다. 몸이든 물질이든 장소든, 모두가 서로에게 노출되고 투과되어 뒤엉켜버리니, 견고하다고 믿었던 경계는 붕괴된다. 그런데 "와해" "붕괴"라는 부정적인 단어를 썼지만, 얼라이모는 경계가 허물어진 공간에서 매우 유쾌하다. 여기서 전형적인 포스트휴먼적 존재론과 인식론이 부각된다. 이 지점에서 얼라이모 스스로 고백하듯이, 얼라이모는 캐런 버라드, 도나 해러웨이, 주디스 버틀러, 브루노 라투르에게 빚지고 있다.

인간의 몸, 장소, 물질은 서로 뒤엉켜 존재한다는 얼라이모의 "횡단-신체성" 은 '뒤엉킴'이 물질의 존재론적 양상이라는 버라드의 주장과 연결된다. 또한 『반려종 선언』에서 개와 인간이 진화론적 시간에 걸쳐 의미 있는 관계를 형성함으로써 서로를 공-구성한다고 주장한 도나 해러웨이의 존재론이 공명하며, 주체는 담론 시스템의 매트릭스에 잠겨있다는 주디스 버틀러의 주장과도 연결된다. 또한 '인간'이 세상의 물질을 부정하거나 물질로부터 분리되어 있다면 '인간'은 결코 인간인 적이 없다는 브루노 라투르의 존재론과도 일치한다. 이른바 '포스트휴먼'은 인간에 뒤이어 나온 어떤 존재가 아니라, 인간이 다른 존재들과 항상 이미 뒤섞여 있는 존재임을 새롭게 인식한 인간이다. 얼라이모, 버라드, 해러웨이, 버틀러, 브루노는 모두 한결같이 개체성 대신 개체를 포함하는 매트릭스, 텍스트와 컨텍스트가 물질적으로 노출되고 교환하면서 부단히 생성하는 존재론을 주장한다.

이론은 당대의 필요에 의해 생성된다. 아인슈타인은 "이론이 무엇을 관찰할 수 있을지 결정한다"고 말했다. 그 의미인즉, 관찰을 통해 이론을 생성할 수도 있지만, 이론이 우리의 관찰 대상과 관점을 선택하게 만들 수도 있다는 뜻이다. 이 글의 첫 문장, "이론은 당대의 도전에 대한 응전"이라는 말도 비슷한 뜻이다. 결국 이론은 세상의 전모를 새롭게 발견하는 것이 아니라 필요에 의해 세상의 일부를 새롭게 조명하는 것이다. 우리가 당면한 도전들에 응전하기 위해서는 타자로써 정복하고 착취해왔던 것들과의 연관성을 새롭게 조명하는 이론이 필요한 시점이다. 클레어 콜브르크가 주장하듯이, "누구나 타자의 생성을 긍정하면 자기 자신의 생성이 극대화됨"을 깨달아야 하는 시점이다. 신물질론, 포스트휴머니즘, 물질적 페미니즘, "노출" 개념 모두 우리 시대의 파괴적 환경 재앙과 불평등이라는 도전에 응전하는 존재론이다. '인간'Man이 타자화하는 유/무해 물질, 환경, 자연, 외부인, 여성, 유색인 모두가 분리되지 않고 사실상 서로 뒤엉켜 있음을 조명하는 존재론, 타자가 바로 나 자신과 연결되어 있음을 아는 존재론은 결코 타자를 함부로 대할 수 없다. 타자의 파괴가 곧 나의 파괴로 이어진다는 화엄적 인식이 바탕에 깔린다. 여기서 윤리학과 정치학이 출현한다. 버라드의 표현대로 윤리학이란 "급진적으로 외부적이고/외부화된 타자에 대한 올바른 반응이 아니라, 살아있는 생성의 관계성에 대해 설명하고 반응할 책임"이다. 즉, 윤리학이 어떤 특정한 행위 규범을 제시하는 것이 아니라, 존재들의 뒤엉킴을 알고, 설명하고, 이에 적절히 반응한다는 점에서, "노출"의 존재론은 타자들에 대한 윤리학을 내포하며, 이를 집단적으로 운동화하고 이에 대한 제도화를 도모한다면 정치학과도 연결된다.

"노출"의 존재론은 인식론과도 직결된다. 얼라이모는 인식 주체가 언제나 세상의 물질 속에 착근되어 있기 때문에 물질 세계를 벗어나 전체를 조망하는 것은 언제나 불가능하고 추론에 불과하다고 주장한다. 이미 익숙하지만, 인식의 한계를 인정하는 인식론이다. 또한 양자론에서 양자는 관찰자의 존재 유무에 따라 그 실체가 파동이 되기도 하고 입자가 되기도 한다. 관찰자의 유무뿐만 아니라 관찰자의 관점도 실체의 형태와 질을 결정한다. 인식적 관계에 선행하는 어떤 실체도 없다. 그래서 얼라이모는 "착근된"embedded 관점을 중시한다. 그녀는 물질적 존재와 동떨어진 조망적 관점을 "관점 없는 관점", "전 지구적 시스템들의 시스템", "신의 관점"과 동일시한다. 이는 "신의 관점"을 비판하고 대신 "상황적 지식"situated knoweldge을 제인한 해러웨이와 일맥상통한다. 관찰자의 한계와 중요성에 대한 인식론은 다시금 윤리학과 정치학으로 발전한다. 지식의 한계를 아는 까닭에 누구에게도 함부로 교만해질 수 없다. 각 관찰 지점의 유효성을 아는 만큼 누군가의 관점도 소중하다. 아는 만큼 당당하고, 모르는 만큼 겸손한 윤리에 기반한 정치학이라면 나를 포함해서 세상은 한결 부드러워질까? 물론 그렇게 단순하진 않다.

## 나체(취약성, 친밀성, 강인함, 쾌락)를 "노출"하다

"노출"은 유해한 오염 물질과 낯선 문화에 노출되어 있다는 의미뿐만 아니라, 맨몸으로 메시지를 전달하는 나체 시위를 의미하기도 한다. 몸을 노출함으로써 뜻을 관철하려는 정치학이다. 어떤 뜻일까? 나체의 노출은 우선 취약함을 전달한다. 몬타나주의 헬레나에서 여성들은 가시투성이 선인장이 있는 땅과 눈 위에 엎드려 온몸을 나체로 "노출"하고 '평화'라는 단어를 만든다. 숲의 황폐화를 초래하는 벌목을 막기 위해 라 티그레사라는 여성은 벌목꾼 앞에서 가슴 노출 시위를 한다. 기후 변화에 반대하기 위해 육백 명의 남녀가 맨몸을 "노출"하고 빙하 위에 선다. 이들은 모두 취약하다. 선인장 가시, 벌목꾼의 관음증적 시선, 차가운 빙하는 "노출"된 나체를 취약하게 만든다. 얼라이모는 외부의 공격에 무방비로 "노출"된 나체가 물질적 존재들의 취약함을 상징적으로 드러낸다고 본다.

그런가 하면 나체의 "노출"은 자연과의 친밀성을 드러내기도 한다. 얼라이모에 따르면, 맨몸이 들판을 직접 접촉하고, "노출"된 가슴이 숲속의 맑은 공기를 접촉하고, 실오라기 하나 걸치지 않은 나체가 빙하를 접촉하는 장면은 그들의 나체가 그들을 둘러싼 환경의 일부로 느끼게 만든다. 외설스럽지 않다. 그들의 몸이 자연임을 느끼게 만든다.

세 번째 나체는 강인함을 "노출"한다. 취약함과 강인함은 모순이지만 양립 가능한 역설이다. 가시밭, 관음증, 빙하의 악조건에서 그 안에 서 있는 사람들(특히 여성)은 취약하면서도 악조건을 무릅씀으로 인하여 더욱 강인해 보인다. 여성의 나체 노출은 페미니즘 입장에서 볼 때 꽤 복잡하다. 너무도 쉽게 관음증적 시선에 의해 대상화될 수 있는 여성의 몸을 시위에 활용하는 것은 복잡한 논의를 필요로 하는데 이 문제에 대해 얼라이모는 갈등의 지점만을 포착할 뿐 명쾌한 논의를 이끌지는 않는다. 단지 페미니즘 입장에서 여성의 나체는 강인함을 노출할 수 있다고 간단하게 서술하고 넘어간다.

네 번째, 나체의 노출은 몸의 감각과 쾌락의 회복을 주장한다. 어떤 대상과 온 몸으로 직접 접촉하는 경우는 매우 드물다. 나체로 바다에서 헤엄치기, 나체를 바깥공기에 노출하기 정도면 가능할지도 모르겠다. 몸 구석구석 바닷물에 밀착하는 감각, 바깥 공기와의 매개없는 만남이 주는 쾌감은 금욕적인 기독교 문화나 유교 문화에서는 거의 금지되어 있다. 얼라이모는 나체의 노출에서 몸의 감각과 쾌락의 회복이 가능할 것이라고 짧게 말한다.

## 퀴어를 "노출"하다

'퀴어'queer는 본래 이상하고 야릇하다는 뜻이다. 이상하고 야릇한 이유는 기존의 개념으로 범주화되거나 이해되지 않기 때문이다. 기존의 젠더 범주 틀에 포획되지 않은 채 빠져나가는 것, 그것을 퀴어라 부른다. 통상 젠더는 남성성과 여성성 두 개로 범주화되고, 그 범주는 '자연적'이라서 고정불변으로 여겨진다. 얼라이모는 주로 브루스 배게밀의 저서인 『생물학적 풍부함: 동물 동성애와 자연의 다양성』, 조안 러프가든의 『진화의 무지개: 자연과 인간의 다양성, 젠더, 섹슈얼리티』에 기대어 고정불변의 통념인 젠더 이분법에 도전하면서 퀴어를 "노출"한다. 퀴어의 "노출"은 단단한 젠더 이분법의 경계를 허문다. 일부 도마뱀 종은 오로지 암컷만 있고, 암컷끼리 섹스하여 단성 생식한다. 사카오 사람들은 성기의 모양에 따라 젠더를 두 개가 아니라 일곱 개로 나눈다. 곰팡이 속에 속하는 버섯은 28,000가지 종류의 성을 가진다. 이처럼 자연은 결코 두 개의 성이 아니다. 자연에는 퀴어가 넘쳐난다.

얼라이모는 동성애가 "자연스럽지 않다"는 견해에도 도전한다. 자연은 성적으로 매우 다양해서 동성애가 1,500종이 넘는 동물에서 발견된다고 한다. 동물 세계에서 넘쳐나는 동성애는 이성애가 자연스럽다는 고정 관념을 허물어뜨린다. 즉 동물은 생식을 위해서만 섹스한다는 고정 관념에도 불구하고 동성애의 존재는 반드시 동물의 섹스가 생식만을 위한 것은 아닐 수 있음을 증명한다. 특히 흥미로운 사례는 보노보인데, 보노보는 성적 쾌락을 위해서 원하는 성행위의 체위를 손동작으로 제안하고, 자위를 위한 도구를 조작한다. 그래서 배게밀은 도구의 발전이 섹슈얼리티의 영향 때문이라고 주장하기도 한다. 일부 과학자들은 보노보의 성적 방탕함이 결속을 위한 사회적 기능이라고 주장하지만 얼라이모는 보노보의 일견 난잡한 섹스는 순전한 쾌락

추구라는 견해를 제시한다. 얼라이모는 고정화된 젠더 이분법의 경계 너머 쾌락을 추구하는 퀴어를 유쾌하게 노출한다.

## 쾌락이 관건이다

얼라이모는 자신의 책을 '환경 정치학'으로 규정하면서 왜 노출과 쾌락을 핵심어로 삼은 것일까. 얼라이모는 종종 우울하다고 여겨지는 환경론을 유쾌하고 적극적이고 긍정적으로 만들고자 한다. 얼라이모는 환경 운동이 즐거워야 한다고 주장한다. 비슷한 맥락에서 얼라이모는 현재 환경 운동의 지배 패러다임인 '지속 가능성'을 비판한다. 얼라이모가 보기에 '지속 가능성'은 너무나 수동적이고 부정적이라고 비판한다. 즉 지속 가능성이라는 말 자체가 이미 파괴된 현 상태를 지속할 뿐 손 놓겠다는 뜻이니 수동적이고, 새로운 시도조차 그 실현이 회의적이라는 점에서 부정적이라고 비판한다. 얼라이모는 노출을 통해 유쾌한 상호 연결, 즐겁게 개방된 "횡단-신체성"을 말하고자 한다. 혹시 아는가. 유쾌함이 더 큰 유쾌함을 생성해낼지!

이 책의 표지에 대해서도 설명이 필요하다. 원 저자 스테이시 얼라이모는 원저의 표지로 J.G 밸러드의 소설 『익사한 세계』에서 영감을 얻어 마리아 저카우가 그린 다소 만화 같은 그림을 활용하였다. 하지만 번역자들은 이 책의 표지에 저카우의 그림보다는 이 책의 그림 5로 삽입된 스펜서 튜닉과 그린피스의 작품 사진을 넣기로 결정했다. 이 사진에는 스위스의 빙하 위에 수백 명의 나체들이 살아있는 조각처럼 서 있다. 이 사진은 차가운 빙하 위에 맨몸으로 노출된 인간 몸의 취약함과 강인함을 충격적으로 전달하고 있기에, 소멸하는 세계 가운데 무방비로 노출된 인간과 비인간의 곤경을 담고 있는 이 책의 환경 정치학에 적절한 이미지로 여겨졌다. 또한 이 사진 속 인간들의 벌거벗은 몸은 전혀 외설스럽지 않다. 벌거벗은 몸들은 '살'로서 인간이 자연 그 자체임을 적나라하게 각인시킨다는 점에서 자연과 인간의 경계를 허물어뜨리는 동시에 도나 해러웨이의 자연-문화의 개념을 이미지로 극화하고 있다. 그래서 우리 번역자들은 이 사진이야말로 이 책의 취지를 적절하게 보여주는 이미지라 여겨 표지로 선택했다.

이 책의 번역은 김명주, 김정숙, 이연숙, 지명훈, 네 명이 맡았다. 영문학자인 김명주와 이연숙 박사는 영문 번역을 책임졌고, 김정숙 교수는 영문 번역 검토뿐만 아니라 국문이 매끄럽도록 윤문해 주었고, 지명훈 박사도 윤문과 더불어 철학 용어를 검토해 주었다. 2022년 4월부터 매주 모여 번역 작업을 함께 읽으면서 오역을 수정하고 국문을 윤문했다. 초벌 번역이 끝난 후엔 장별로 각자 분담하여 원문 대조 및 문장을 다시 수정했다. 최종적으로 김명주가 다시 검토했으니 오역이 있다면 모두 김명주 나의 책임이다.

대학혁신사업의 지원을 받아 이 책의 원 출판사인 미네소타 대학에 저작권을 지불할 수 있어서 다행이었다. 애초 포스트휴먼 시대 우리는 어떻게 살아야하는지를 고민하는 포스트휴먼 윤리학 서적을 번역해보고 싶었는데, 얼라이모의 이 책이 결국 찾던 주제에 딱 맞았다. 책이 나오기까지 수고하신 번역자들과 출판사 양광준 과장, 김민지 선생, 영문과 김용남 조교 선생께 감사한다.

2023.3.

역자를 대신하여 김명주 씀.

# 색인

ㅁ



ㅂ

## ㅅ

## ㅇ

ㅈ



ㅊ



ㅋ

ㅌ



ㅍ

## ㅎ